中国古代名著全本译注丛书

春秋公羊传译注

王维堤　唐书文　译注

图书在版编目(CIP)数据

春秋公羊传译注／王维堤，唐书文译注. —上海：上海古籍出版社，2016.11（2025.5重印）
（中国古代名著全本译注丛书）
ISBN 978-7-5325-8226-6

Ⅰ.①春… Ⅱ.①王… ②唐… Ⅲ.①中国历史—春秋时代—史籍②《公羊传》—译文③《公羊传》—注释
Ⅳ.①K225.04

中国版本图书馆 CIP 数据核字(2016)第 225930 号

中国古代名著全本译注丛书
春秋公羊传译注
王维堤　唐书文　译注
上海世纪出版股份有限公司
上　海　古　籍　出　版　社　出版
(上海市闵行区号景路159弄1-5号A座5F　邮政编码 201101)
(1)网址：www.guji.com.cn
(2)E-mail：guji1@guji.com.cn
(3)易文网网址：www.ewen.co
上海世纪出版股份有限公司发行中心发行经销
江阴市机关印刷服务有限公司印刷
开本 890×1240　1/32　印张 18.625　插页 5　字数 534,000
2016 年 11 月第 1 版　2025 年 5 月第 4 次印刷
印数 5,201—5,800
ISBN 978-7-5325-8226-6
B·963　定价：52.00 元

前　　言

一

《春秋》是孔子根据鲁国史记修定的，这一点，传《春秋》的《左传》、《公羊传》、《穀梁传》说法是一致的。杨伯峻先生在《春秋左传注·前言》中说："孔丘未曾修或作《春秋》"，只"用《鲁春秋》作过教本，传授弟子"。在这里，我们要对孔子修定《春秋》多说几句。

《孟子》记录了孔子自己对《春秋》所说的两句话，一句见于《滕文公下》：

> 世衰道微，邪说暴行有作，臣弑其君者有之，子弑其父者有之，孔子惧，作《春秋》。《春秋》，天子之事也。是故孔子曰："知我者其惟《春秋》乎，罪我者其唯《春秋》乎！"……孔子成《春秋》而乱臣贼子惧。

一句见于《离娄下》：

> 王者之迹熄而《诗》亡，《诗》亡然后《春秋》作。……其事则齐桓、晋文，其文则史，孔子曰："其义则丘窃取之矣。"

可见孔子把《春秋》看成是表现自己政治观点的著作，《春秋》之"文"虽是编年史，可是它还有"义"，那就是"王者"之道。

与孟子同时的庄子，在《天下篇》里谈到他对儒家六艺的看法时也说：

> 《春秋》以道名分。

他也看出《春秋》不是纯粹的编年史，而存在着正定“名分”的功能和作用。这种功能与作用，当然是孔子修《春秋》时赋予它的。

司马迁在《史记》里多次提到孔子修《春秋》的目的和经过。《太史公自序》用很大的篇幅回答了上大夫壶遂提出的问题：“孔子何为而作《春秋》?”《孔子世家》说，鲁哀公十四年(孔子七十一岁)西狩获麟后，孔子深感“吾道穷矣”，认为“君子病殁世而名不称焉，吾道不行矣，吾何以自见于后世哉?乃因史记作《春秋》”。他对原始史料作了处理，“约其文辞而指博”，“笔则笔，削则削，子夏之徒不能赞一辞”。《十二诸侯年表·序》说：“孔子明王道，干七十余君莫能用。故西观周室，论史记旧闻，兴于鲁而次《春秋》。上纪隐，下至哀之获麟。约其辞文，去其烦重，以制义法。王道备，人事浃。”司马迁对整理、采撷、编定史料有丰富经验，所以他把孔子修《春秋》的过程表述得如此简明扼要，是有实际体会的。

孔子在修《春秋》之前，对所谓“史记旧闻”必早有搜集，并相当熟习。《艺文类聚》卷八十引《庄子》佚文：

> 仲尼读书，老聃倚灶觚而听之，曰：“是何书也?”曰：“《春秋》也。”

这个“《春秋》”，当然不是孔子编定的《春秋》，而是孔子修《春秋》的素材——鲁国或各国的史记。《孔子世家》记孔子早年曾与南宫敬叔一起“适周问礼，盖见老子云”，那么，他回答老子所说的“《春秋》”，可能是周室所藏的史记。孔子晚年不曾到过周，所以杨先生说，《十二诸侯年表·序》所说的“西观周室”与《孔子世家》是有矛盾的，其实太史公这里只是笼统的叙述，并不严格按照时间顺序的。至于《公羊注疏》徐彦题下疏引《闵因叙》说：“昔孔子受端门之命，制《春秋》之义，使子夏等十四人求周史记，得百二十国宝书，九月经立。”则是汉代纬书之说，可信度是不高的。孔子修《春秋》，主要依据的是鲁国的史记，即所谓《鲁春秋》。当时各诸侯国之间有将史官所记大事互相通告的规矩，所以《鲁春秋》不仅记有鲁国的史事，也记有别国的大事，《礼记·坊记》说：“《鲁春秋》记晋丧曰：‘杀其君之子奚齐及其君卓。’”记的就是晋国的大事。

《鲁春秋》的内容可能有些芜杂，所以孔子修《春秋》时才要“去其烦重”，“削则削”。《公羊传·哀公三年》说：“《春秋》见者不复见。”就指出了这个特征。例如《襄公三十一年》：“夏六月辛巳，公薨于楚宫。”这个楚宫，是鲁襄公出访楚国时看到楚国宫室相当华美而有南国情调，回国后仿造的。“作楚宫”是鲁国的一件新鲜事，《鲁春秋》应该记的，但《春秋》却不书。何休《解诂》云：“作不书者，见者不复见。”孔子“去其烦重”而把它“削”了。又如《哀公十二年》：“夏五月甲辰，孟子卒。”《公羊传》云：“孟子者何？昭公之夫人也。其称孟子何？讳娶同姓，盖吴女也。”周代强调同姓不婚，吴是周文王的伯父太伯、仲雍之后，与鲁国同属姬姓，因此鲁昭公娶吴女是非礼的。《礼记·坊记》说：“《鲁春秋》犹去夫人之姓曰吴，其死曰孟子卒。”这里说了两件事，一件是“去夫人之姓曰吴”，即不称孟姬，而改称“吴孟子”；一件是记其死曰“孟子卒”，连吴也不加了。可见《鲁春秋》原本记有娶夫人吴孟子的一条，还记有孟子卒的一条，到孔子修《春秋》时，把娶夫人吴孟子的一条删削掉了。《论语·述而》说：

> 陈司败问昭公知礼乎，孔子曰“知礼”。孔子退。揖巫马期而进之曰：“吾闻君子不党，君子亦党乎？君取于吴为同姓，谓之吴孟子，君而知礼，孰不知礼！”巫马期以告，子曰：“丘也幸，苟有过，人必知之。”

可见鲁国称昭公夫人为“吴孟子”，是其他诸侯国也知道的，这可能是昭公娶她时通告了各国。因而《鲁春秋》曾有关于昭公娶夫人吴孟子的记载，完全合乎情理。《春秋·昭公十年》“十有二月”前阙一“冬”字。何休《解诂》说：“去冬者，盖昭公娶吴孟子之年，故贬之。”虽为臆测，不为无理。但贬之之说未必是，盖是年冬十月或十一月有一条因“见者不复见”而删节了，连带也阙了个冬字。这一条，即《礼记·坊记》所称“去夫人之姓曰吴”的那一条是完全可能的。

但《春秋》也不完全是削，还有“笔则笔”的一面。例如桓公娶文姜，《春秋》记得就十分详细。《桓公三年》：“春正月，公会齐侯于嬴。”据《左传》说是桓公无媒而聘文姜，这在古代是非礼的事。《春秋》据实而书，讥贬之意自见。接着，“（秋七月）公子翚如齐逆女。九月，齐侯送姜氏于讙（鲁国地名）。公会齐侯于讙。夫人姜氏至自齐。”可说是不厌其烦了。《公羊传》在“齐侯送姜氏于讙”下说：“何以书？讥。何讥尔？诸侯越竟（境）送女，非礼也。”古代诸侯女儿出嫁，国君不能自送，要由卿大夫送。齐僖公无媒把女儿许婚在前，又亲自送女儿出嫁在后，如此一再非礼，这是《春秋》“微而显，志而晦，婉而成章，尽而不污”（《左传·成公十四年》）的地方。后来桓公因文姜与其兄齐襄公私通而被害身亡，文姜在桓公死后继续与齐襄公私通，《春秋》都含而不露地作了微妙的揭露。庄公元年、二年、四年、五年、七年都有文姜与齐襄公相会的记录，直到庄公八年齐襄公被弑为止。回过头去再读齐僖公急于嫁女甘冒非礼的文字，才明白这个当父君的自有“女大不中留”的隐衷了。这是《春秋》“笔则笔”的地方。

《礼记·经解》说：“属辞比事，《春秋》教也。”属辞是遣词造句，比事是排比史事。上述文姜与齐襄公事就是排比史事，因史旧文而见义，字句上虽没有什么变动，但让事实说话，自寓讥贬之意。

属辞，即对史记原文字句上有所修改。这种情况，有时是纯粹修辞上的问题，如《公羊传·庄公七年》云：“《不修春秋》曰：‘雨星不及地尺而复。’君子修之曰：‘星霣如雨。’”《不修春秋》，就是《鲁春秋》，指鲁史旧文；“君子修之”，则指孔子所修的《春秋》。类如这种文辞上的修改，因秦火以后《鲁春秋》的佚失，我们已经不能知道得更多了。另外，在史实上，孔子取审慎态度，不随便改动。如《昭公十二年》“齐高偃帅师纳北燕伯于阳”，孔子根据青年时代的亲身见闻，认为“纳北燕伯于阳”应该是“纳北燕公子阳生”之误。但是他尊重鲁国史记原文，不率尔以自己的记忆为准，去修改《鲁春秋》。他说《春秋》是“信史”，“其词，则丘有罪焉尔”，即他的改动只是在词句上。所以属辞更多的是义理方面的问题，即世称“一字褒贬”的“《春秋》笔法”。首先提到这一点的是《左传》。《春秋·昭公二十年》：“盗杀卫侯之兄絷(《公羊》、《穀梁》作辄)。”这个“盗”，据《左传》说原作“齐豹”，《左传·昭公三十一年》：

> 齐豹为卫司寇、守嗣大夫，作而不义，其书曰“盗”。……是以《春秋》书齐豹曰“盗”……以惩不义……其善志也。故曰：《春秋》之称微而显，婉而辨。上之人能使昭明，善人劝焉，淫人惧焉。是以君子贵之。

又如《春秋·僖公二十九年》：“夏六月，公(《左传》脱)会王人、晋人、宋人、齐人、陈人、蔡人、秦人，盟于翟（《公羊》作狄）泉。”公是鲁僖公，王人是王子虎，其他诸侯国的“人”实际上都是该国的卿，《左传》一一列举了他们的氏和名。卿不书氏和名而书人，在《春秋》就是一种贬。《左传》：

卿不书，罪之也。在礼，卿不会诸侯，会伯子男可也。

这种一字褒贬，《公羊传》说得很多，在此不一一列举。但《公羊传》的说法，往往与《左传》有歧异，与《穀梁传》也互有异同，有时是非很难定夺。有人便趋于极端，说“以《春秋》为褒贬者，乱《春秋》者也”（郑樵），想否定孔子修《春秋》寓褒贬之意。善于用独到见解论古议今的王充在《论衡·超奇》篇中则说：“孔子得史记以作《春秋》，及其立义创意，褒贬赏诛不复因史记者，眇思自出于胸中也。”他明白修史是有思想倾向性的。

《史记·孔子世家》谈到孔子修《春秋》时举例说：

吴、楚之君自称王，而《春秋》贬之曰“子”；践土之会实召周天子，而《春秋》讳之曰“天王狩于河阳”。推此类以绳当世。

司马迁是明白记载孔子修《春秋》的。他以史学家的眼光，比较推重《左传》，所以在《十二诸侯年表·序》中叙明了孔子修《春秋》以后说：

七十子之徒口受其传指，为有所刺讥褒讳，挹损之文辞不可以书见也。鲁君子左丘明惧弟子人人异端，各安其意，失其真，故因孔子史记具论其语，成《左氏春秋》（即《左传》）。

可见，司马迁认为，《左传》传《春秋》，是比较得其真的。但他在《太史公自序》中论《春秋》之义时，又全用《公羊》学家之语和子夏之说。司马迁生活的年代，《穀梁传》还没有兴起，他是同时受《左传》和《公羊传》影响的。

二

《公羊传》和《穀梁传》都传自子夏。相传，孔子是着重把《春秋》传授给子夏的，《孝经钩命决》说："孔子曰：'《春秋》属商，《孝经》属参。'"商就是子夏，参就是曾参。这说法出自纬书，有不可尽信的一面（"《孝经》属参"），也有不可不信的一面（"《春秋》属商"）。从后人所记子夏本人的言论看，他对《春秋》确实很有心得。《韩非子·外储说右上》：

> 患之可除，在子夏之说《春秋》也。……子夏曰："《春秋》之记臣杀君、子杀父者以十数矣，皆非一日之积也，有渐而以至矣。"凡奸者行久而成积，积成而力多，力多而能杀，故明主蚤绝之。

董仲舒《春秋繁露·俞序》：

> 卫子夏言："有国家者不可不学《春秋》，不学《春秋》，则无以见前后旁侧之危，则不知国之大柄、君之重任也。故或胁穷失国，揜杀于位，一朝至尔。苟能述《春秋》之法，致行其道，岂徒除祸哉？乃尧舜之德也。"

又：

> 子夏言："《春秋》重人，诸讥皆本此。或奢侈使人愤怨，或暴虐贼害人，终皆祸及身。"

刘向《说苑·复恩》：

> 子夏曰："《春秋》者，记君不君、臣不臣、父不父、子

> 不子者也。此非一日之事也，有渐以至焉。”

显然，子夏概括的《春秋》之义，一是“君君、臣臣、父父、子子”，即礼；一是“重人”，即仁。礼和仁，正是孔子思想的核心。

《公羊传》最初是口头传授的，据《春秋公羊传注疏》徐彦疏引戴宏序：

> 子夏传与公羊高，高传与其子平，平传与其子地，地传与其子敢，敢传与其子寿。至汉景帝时，寿乃与齐人胡毋子都著于竹帛。

景帝时，胡毋子都与董仲舒同治《公羊春秋》，皆为博士。此时传《春秋》者虽有五家(另有邹、夹二家，因“邹氏无师，夹氏未有书”而不传)，只有《公羊传》立于学官。《公羊传》因开宗明义提出“大一统”之说，结末强调“拨乱世反诸正，莫近诸《春秋》”，其所说“君君、臣臣、父父、子子”之义，又利于巩固封建秩序，所以在汉初得到统治者的大力提倡是很自然的。武帝时，诏太子受《公羊春秋》，由是《公羊》大兴。《穀梁传》至宣帝时方始立于学官，《左传》则直至平帝时才一度立于学官，以后王莽、光武帝都曾设《左传》博士，却昙花一现。终汉之世，在经今古文之争中，《公羊传》在官学中的地位都不曾动摇。董仲舒授弟子嬴公，嬴公授眭孟，孟授庄彭祖、颜安乐。至东汉，《公羊》遂分为严(避汉明帝刘庄讳改)、颜之学。灵帝时，何休覃思不窥门十有七年，作《春秋公羊传解诂》，是汉代《公羊》学的总结。

魏晋以后，《左传》渐以其详备完整的史实与丰美流利的文辞崭露头角，越来越见重于世。相比之下，《公羊传》、《穀梁传》逐渐受到冷淡。晋代还有王接、王愆期父子“更注《公羊春秋》，多有新义”(《晋书·王接传》)；又有刘兆“以《春秋》一经而三家殊涂，诸儒是非之议纷然，互为仇敌，乃思三家之异，合而通之。《周礼》有调人之官，作《春秋调人》七万余言，皆论其首尾，使大义无乖。时有不合者，举其长短以通之”（《晋书·儒林传》）。但总的趋势，却是《左传》盛行，而“《公羊》、《穀梁》二传，儒者多不厝怀”（《北史·儒林传上》）。虽然如此，《公羊传》仍是儒者们推崇的一部经传，所以北魏刘兰“排毁《公羊》”，有人便指责他“毁辱理义”，刘兰“由是见讥于世”（同上）。

五经博士是汉武帝建元五年始置的，当时《春秋》只列《公羊》一家。东汉灵帝时的熹平石经也只刻《春秋》和《公羊传》。唐初孔颖达撰《五经正义》，却没有了《公羊传》，而只选定了《春秋左氏经传集解》（杜预注）。唐初李淳风等编撰的《隋书·经籍志》说：

> 晋时，……《穀梁》范宁注，《公羊》何休注，《左氏》服虔、杜预注，俱立国学。然《公羊》、《穀梁》但试读文，而不能通其义。后学三传通讲，……至隋，杜氏盛行，服义及《公羊》、《穀梁》浸微，今殆无师说。

可见到了唐初，《公羊传》的研习几成绝响。但《公羊传》仍列于“九经”（《初学记·经典》），贞观二十一年诏，将卜子夏、公羊高、何休与左丘明等二十一人与颜子俱配享庙堂。唐文宗开成年间所刻石经，也并列《春秋》三传。玄宗天宝末年，啖助“善为《春秋》，考三家短长”而“好《公》《穀》二家”，“缝绽补缺”，十年而成《春秋集传》（《新唐书·儒学传》）。德宗、宪宗之际，殷侑又专为《公羊传》作注，被韩愈赞为“味众人之所不味”（《遗殷侍御书》）。特别是晚唐时徐彦为何休的《春秋公羊经传解诂》作疏，更使《公羊》学有所发展。至于文人引《公羊传》论辩作文者，亦时或可见，如张柬之驳王元感“论三年之丧以三十有六月”之说，即引《公羊传·文公二年》讥丧娶之文及何休《解诂》，指出“三年之丧二十五月，自古则然”（《新唐书·儒学传》）。又如柳宗元《驳复仇议》，也引《公羊传·定公四年》“父受诛，子复仇，此推刃之道”一段作为论据。总之，有唐一代，研究《公羊传》、读《公羊传》的人虽然少，却是不绝如缕。

自宋至明，是《公羊传》比较沉寂的时期。宋代陈德宁有《公羊新例》十四卷，除此之外，治《公羊》学而有所著述的殆不见于史。南宋高宗时，太常少卿吴表臣奏行明堂之祭，当时徽宗尚未祔庙，被誉为“学术深博”的朱震据《公羊》义为陈其非。除此之外，也绝少有人在朝廷上提到《公羊传》。继承前代作综合三传工作的人是有的，如吴孜有《春秋折衷》十二卷，王日休有《春秋三传辨失》三卷，王应麟有《春秋三传会考》三十卷，陈藻、林希逸有《春秋三传正附论》十三卷等。至元代，黄泽考核三传，以《左传》为脉络，作《三传义例考》；程端学作《三传辨疑》。明代的赵汸，是黄泽的弟子，以闻于黄泽者为《春秋师说》三卷，复广之为《春秋集传》十五卷。此外，魏靖国有《三传异同》三十卷，都是综合研究三传的著作。这些工作，为清代对《公羊传》的研究上升到一个新的阶段打下了基础。

清代是《公羊》学又一个兴盛时期。乾隆年间，孔广森著《春秋公羊通义》十一卷，序一卷。《清史稿》本传说他“旁通诸家，兼采《左》、《穀》，择善而从”，“凡诸经籍义有可通于《公羊》者，多著录之”。《春秋公羊通义》是清代《公羊》学的一部代表作。其后，马宗琏有《公羊补注》一卷，凌曙有《公羊注》十七卷、《公羊礼疏》十一卷，刘逢禄有《公羊春秋何氏释例》三十篇，陈奂有《公羊逸礼考证》一卷，陈立有《公羊义疏》七十六卷，包慎言有《公羊历谱》十一卷，龚自珍有《春秋决事比》一卷，王闿运有《春秋公羊传笺》十一卷，康有为有《春秋董氏学》、《春秋笔削大义微言考》等。一时，对《公羊传》的研究，形成了一个小小的高潮。而康有为《公羊》学的托古改制，又成为儒学近代化的前奏。

三

《公羊传》以阐释《春秋》的义理为主，兼涉研讨《春秋》的文理和介绍有关的史实。

一、阐释《春秋》的义理。

《公羊传》的主要内容，是解释《春秋》的“微言大义”。大别之，可概括为恶恶、善善、尊尊、亲亲、贤贤、贱不肖几个方面。

恶，有大恶、小恶之分。小恶如取人之邑，大恶如弑君、灭国，《公羊传》都加以贬斥。例如《春秋·宣公八年》：“仲遂卒于垂。”仲遂就是公子遂，《公羊传》认为不称公子就是《春秋》的一种贬。为什么在公子遂死的时候贬他呢？就因为他生前弑过服丧未逾年之君。又如《春秋·僖公二十五年》：“卫侯燬灭邢。”卫侯燬就是卫文公，古代诸侯除非死后发讣告才称名，活着的时候是不称名的，所以《公羊传》问：“卫侯燬何以名？”回答说：“绝。曷为绝之？灭同姓也。”邢国是一个姬姓小国，是周(也是鲁、卫)的同姓国。灭同姓国又是灭国中之甚者，所以《春秋》要“绝”他。《公羊传》并且概括了一条：“《春秋》不待贬绝而罪恶见者，不贬绝以见罪恶也；贬绝然后罪恶见者，贬绝以见罪恶也。”

善，也有大善、小善之分。小善如邾娄国君在隐公元年就来“与公盟”，加以“渐进”，《春秋》书其字曰“仪父”。《公羊传》

认为称字是一种“褒”。大善如齐桓公的存亡国、继绝世，曹公子喜时的让国等。齐桓公曾有继绝存亡之功，所以后来虽然也有灭国之恶，而《春秋》为之讳，《公羊传》说这是“君子之恶恶也疾始，而善善也乐终”。公子喜时有让国之贤，所以他的后人虽有叛国之恶，《春秋》也为之讳，《公羊传》说是“君子之善善也长，恶恶也短，恶恶止其身，善善及子孙”。

尊尊，是君君、臣臣、父父、子子的一个重要方面，特指尊王，泛指尊上。可举《春秋·僖公二十八年》为例。城濮之战，以“晋侯、齐师、宋师、秦师”为一方，以楚令尹子玉为另一方，《春秋》不书楚令尹子玉，而书“楚人”。《公羊传》说，称楚人是贬，为“大夫不敌君”而贬。这就是一般的尊上。晋文公战胜楚国以后，在践土大会诸侯，后又会诸侯于温，两次召周王至。《春秋》两书“公朝于王所”，《公羊传》前次说：“不与致天子。”后在《春秋》讳言“天王狩于河阳”后说：“不与再致天子。”这就是尊王。尊王不仅止于周王自身，天子之师、天子之使，《春秋》都尊之。《隐公七年》“戎伐凡伯”，《公羊传》指出这里用“伐”是“大”天子之使；《庄公六年》“公至自伐卫”，《公羊传》指出这里“致伐”是“不敢胜天子”。

亲亲，是巩固宗法制的重要道德观念，所以为儒家所提倡。以公子友处理公子牙和公子庆父两个人的问题为例。公子牙预谋篡弑，为公子友处死，《春秋》却讳杀而书“公子牙卒”。《公羊传》说，这是“缘季子(公子友)之心而为之讳”，公子友诛母兄是“君臣之义”，而他不直诛公子牙而酖之，是“使托若以疾死然，亲亲之道也”。公子庆父两次弑君，《春秋》皆不直书。《公羊传》说，前一次是因为“狱有所归”，所以公子友对同母兄庆父“不探其情”，后一次是庆父已出奔莒，公子友“缓追逸贼”，这都是公子友的“亲亲之道”，《春秋》自然也缘其心而为亲者讳。《论语·子路》记孔子说的“父为子隐，子为父隐”，正是这种“亲亲之道”的典型表现。

贤贤，是孔子“举贤才”思想的具体表现。《春秋》书“弑君”而“及其大夫”的共有三起，《公羊传》都解释“及”为累及，并说因弑君而累及大夫的不止这三个人，《春秋》写这三个人是因为他们“贤”。孔父的“义形于色”，仇牧的“不畏强御”，荀息的“不食其言”，都是他们“贤”的地方。《春秋·僖公二十八年》书“晋人执卫侯，归之于京师”，《公羊传》说，卫侯之罪是“杀叔武”，可是《春秋》不书卫侯杀叔武，这是“为叔武讳”。“《春秋》为贤者讳，何贤乎叔武？让国也。”此外，季札、叔术也有“让国”之贤，祭仲有“知权”之贤，曹羁有“三谏不从遂去之”之贤，等等。

贱不肖，如《春秋·桓公二年》直书“公会齐侯、陈侯、郑伯于稷，以成宋乱”。《公羊传》多次说，《春秋》“内大恶(鲁国的大恶)讳”，如隐公时无骇帅师灭极，讳而书“入极”，这里对桓公为什么直书其恶而不讳了呢？传文点明是因为隐贤而“桓贱也”。桓公弑君篡位，第二年就接受宋国贿赂以成宋乱，有此种种不肖，所以贱之而不讳。又如《桓公六年》“蔡人杀陈佗”，陈佗是陈国的国君，《春秋》不称他“陈侯佗”而称他“陈佗”，《公羊传》认为是“绝也”。“曷为绝之？贱也。其贱奈何？外淫也。恶乎淫？淫于蔡，蔡人杀之。”可以看出，善善与贤贤是相通的，恶恶与贱不肖也是相通的。

此外，《公羊传》每抉摘微旨，揭示子夏所说的《春秋》有重人的思想。对统治阶级“丹楹刻桷”，“临民之所漱浣”筑台，以及凶年大兴土木之功等加以讥刺。

《公羊传》阐释《春秋》义理，其中有些今天看来还有积极意义，但也有些只在一定历史阶段内有积极意义，而在今天看来已是迂腐和陈旧的成分，甚至是消极和错误的。有些说教，就是在《公羊传》传述的战国时代和成书的汉初，也是相当不合时宜的。如对宋襄公在泓之战中的表现，《左传》借子鱼之口批评他“未知战”，《穀梁传》更直斥他“过而不改，又之，是谓之过”，《公羊传》却歌颂他“正”，“临大事而不忘大礼”，“虽文王之战也不过此也”，就不免太迂腐可笑了。

二、研讨《春秋》的文理。

《公羊传》有一定的篇幅，牵涉到《春秋》的文理。有些直接训释词义的内容，如“既者何？尽也”(2.3.2)、“锡者何？赐也。命者何？加我服也”(3.1.5)之类，暂且不提。这里只对“属辞”即遣词造句上的问题作一些介绍。

《公羊传》很重视《春秋》对同义词选用的准确性，例如讨论“入”、“归”、“复入”、“复归”的区别(2.15.2)，“侵”和“伐”的区别(3.10.1)，甚至虚词“暨”和“及”在感情色彩上的细微差别(1.1.2)，使我们感受到《春秋》文风的严谨。《庄公十年》“齐师、宋师次于郎”，为什么这里用一个“次”字？《公羊传》向我们层层剖析，说明用这个词是经过斟酌、推敲，符合鲁、齐、宋三方面关系的(3.10.3)；同年“谭子奔莒”，为什么这里用“奔”而不用“出奔”？《公羊传》向我们说明，少用一个“出”字是有原因的。

《春秋》辞约而旨博，常常一个字的差异，使全句的含义起了变化：

> 《僖公二十八年》：“晋人执卫侯，归之于京师。”
> 《成公十五年》：“晋侯执曹伯，归于京师。”

细审这两句句子，除“卫侯”“曹伯”之异不计外，有“晋人”与“晋侯”的不同，“归于”与“归之于”的不同。《公羊传》就向我们说明了“晋人”与“晋侯”的一字之差，表示了“非伯讨”与“伯讨”的不同(5.4.3)；“归之于”与“归于”的一字之差，牵涉到是否执之于天子之侧，和罪是否已定的问题

(5.28.6)。用这个字和用那个字，多一个字和少一个字，都能使全句含义起质的变化。

还有些用词上的差别，对全句基本意义的表达不至于造成严重的后果，但对表述的精确性有重要意义：

《宣公八年》："冬十月己丑，葬我小君顷熊，雨不克葬；庚寅，日中而克葬。"

《定公十五年》："丁巳，葬我君定公，雨不克葬；戊午，日下昃乃克葬。"

一处用"而"，一处用"乃"，《公羊传》细致分辨了二者同中之异、程度上的差别(7.8.2)。

《宣公三年》："春王正月，郊牛之口伤，改卜牛。"

《成公七年》："春王正月，鼷鼠食郊牛角，改卜牛。"

"郊牛之口"用"之"，"郊牛角"不用"之"，《公羊传》对这细微的差异也抓住不放，细致分辨了二者语气、语感上的不同(7.3.1)。

对于《春秋》造句方面的问题，如词序的排列、句式的选择，《公羊传》也给予了关注。前文已提到的对《不修春秋》原句的改动，就不但节缩了字数，也改变了句式。又如《僖公十六年》"贾石于宋五"和"六鹢退飞过宋都"二句，为什么数词"五"与"六"的次序一在句末、一在句首?《公羊传》认为这是造句时细察物理，不失其真的结果(5.16.1)。杨伯峻先生曾以"贾石于宋五"亦见于《竹书纪年》，问道："《竹书纪年》难道也是孔子所修或所作?"想据以否定《春秋》乃孔子所修。殊不知唐代刘贶早就指出："《竹书纪年》序诸侯皆举谥"，故可肯定为"后人追修，非当时正史"(《新唐书·刘贶传》)。从用谥情况可判定《竹书纪年》成书于魏襄王时，晚于《春秋》成书约一百八十年左右，所以编《竹书纪年》的人完全可以参考采录《春秋》的成文，这就是“贾石于宋五”亦见于《竹书纪年》的原因。

《公羊传》偶尔也论及语法问题，例如《庄公二十八年》讨论《春秋》“伐”的用法，就指出“伐”的声调变化可以表示不同的语法意义(3.28.1)。

三、介绍有关的史实。

《公羊传》不像《左传》那样保存了大量的史料，但也涉及一些史事。数量虽然不多，却很有价值。有些史实，是《左传》和其他史书所未曾道及，因而鲜为人知的。如邾娄颜乱鲁宫，鲁公子(当为公孙)弑孝公而为臧氏之母调包计所救，负孝公之周诉天子，周天子诛颜而立叔术，返孝公于鲁，叔术又让国的故事(10.31.2)。《左传》作者因为不熟悉这一段远在春秋之前的史实，因而对《春秋》经文作了不准确的解释。

有些历史故事，因为《左传》无载，一些宗《左》的学者便认为属后世之人撰造。如“曹刿手剑劫齐侯”，《史记》载之《年表》、《齐世家》、《鲁世家》，又专为作《刺客列传》，但《左传》无文。《史记》盖取材于《公羊传》。《公羊传》对此事作了较详细的记载(3.13.2)，且与《战国策》、《管子·大匡》、《吕氏春秋·贵信》等书所载合。对这样的史料，只因《左传》无文便怀疑其真实性，恐怕是不妥的。三传虽互有矛盾之处，但也有许多可以互为补充的地方。如《春秋·桓公五年》“春正月甲戌、己丑，陈侯鲍卒”，《左传》说出现两个日子是“再赴也”，即陈国先后发了两次讣告。但为什么发了两次讣告，《左传》没有说，《公羊传》则回答了这个问题(2.5.1)。又如《春秋·桓公七年》“春二月己亥，焚咸丘”，《左传》无传文。杜预望文生义，以为咸丘为鲁邑，“焚”为“火田”即打猎时烧野火，赖《公羊传》存其实(2.7.1)。又如《春秋·庄公二十四年》“曹羁出奔陈”，

《左传》也无传文。注《左传》者如贾逵以为曹羁是曹君，杜预以为是曹世子，实皆无据臆说(详见 3. 24. 3 注〔2〕)。据《公羊传》则曹羁为曹大夫，其出奔的原因为三谏而君不从，使历史真相得以昭明。又如《春秋·庄公三十一年》“六月，齐侯来献戎捷”，《左传》只说是“非礼也”。《公羊传》则说得具体一些，说“来献戎捷”是“旗获而过我”，实际上是“威我也”(3. 31. 2)，使习史者可以明白是怎么回事。又如《史记·郑世家》以为灭郐者为郑桓公，由于此事发生在《春秋》编年以前，故《左传》未曾提及。据《公羊传》则可知灭郐者实为郑武公(“先郑伯”)，并可知郑在平王东迁之后、灭郐之前曾一度都于留(2. 11. 2)。《左传》翔实的史料固然有补于理解《公羊传》，《公羊传》点滴的史料也可以有补于《左传》叙事之阙略，纠正后世史家和注家的错误和附会。

关于《公羊传》与《左传》说法有歧异的问题，要作具体的分析。《公羊传》曾十分客观地三次重复这样的话：“所见异辞，所闻异辞，所传闻异辞。”两种说法，有时这种对的，那种错了；有时那种对的，这种错了；有时则需要来个折衷，互相补充；有时也只得存疑，以待再考。《公羊传》详于义而略于事，因此其所叙之事不若《左传》有权威性，两者如有不合，一般都以《左传》为是，《公羊》为非，但未必都是这样。经文“星贯如雨”，《公羊传》记为流星雨，对了；《左传》则记为星陨同时下雨，错了。像这种不符实际的记述，不能说《左传》仅此一例。

《春秋·僖公十四年》：“夏六月，季姬及鄫子遇于防，使鄫子来朝。”《左传》把季姬说成是鄫子的夫人，“鄫季姬来宁，公怒，止之，以鄫子之不朝也。夏，遇于防，而使来朝。”但第二年，即僖公十五年，《春秋》才书“季姬归于鄫”。须知《春秋》凡记鲁女“归于”的，都是出嫁。如《隐公二年》“伯姬归于纪”，《隐公七年》“叔姬归于纪”之类，季姬自然也不例外。岂有出嫁在后，归宁在前之理？所以《左传》之误是显然的。杜预懂得这个道理，为了替《左传》补漏洞，提出一个“绝婚”、“更嫁”之说，用“绝婚”来释“止”，用“更嫁”来释“归”，费好大力气，还是说得很牵强。这就不如《公羊传》轻巧地点明一下：“鄫子曷为使乎季姬来朝？内辞也。非使来朝，使来请己也。”原来是季姬与鄫子邂逅，一见钟情，私订终身，而使鄫子来求婚。这与次年的“季姬归于鄫”便十分合得上了。这只是一个从《春秋》经文可判定《左传》有误的例子。由此可知，《左传》和《公羊传》有歧异之处，不能一概认为《左传》是而《公羊》不可信。

杨伯峻先生说，《公羊传》“不是空话，便是怪话，极少具体的有价值的历史资料”（《春秋左传注·前言》），这是对《公羊传》持有偏见的说法。有了偏见，对具体问题就往往不能有正确的评价。如《成公二年》晋齐鞌之战中，齐顷公的战车被晋军追及，车右逢丑父为救顷公，与顷公易位，伪为齐侯，并设计令顷公脱身逃跑。《公羊传》写道：“使顷公取饮，顷公操饮而至。曰：‘革取清者！’顷公用是佚而不反。”《左传》叙述得简单些：“丑父使公下，如华泉取饮。”本来两者大同小异，可以互补，杨先生却说：“依《左传》，顷公仅由此下车而逸。丑父使齐顷公下车，即令之逃，岂顷公如此痴骇，真取饮而来？《公羊》之不可信如此。”顷公首次取饮回来，必有不能脱身的原因，如水源在敌军监视视线之内，难以轻易逃跑之类。何休《解诂》说：“不知顷公将欲坚敌邪？势未得去邪？”“军中人多水泉浊，欲使远取清者，因亡去。”说明齐顷公借取水之机逃逸，也是经历了曲折的。《公羊传》如此写，正是细节的真实。如果今天要把这个情节拍成电视剧，编剧和导演必定倾向于《公羊》之说，而不会觉得它不可信的。

四

本书经、传以《十三经注疏》本《春秋公羊传注疏》为底本。经文凡三传有异同处出校(屡见之异同字，一般只于初见时出校)；传文则参阮元《公羊注疏校勘记》，凡诸本有异文处，择善而从，一般不出校。例如：

《庄公十二年》：“(闵公曰：)‘尔虏，焉知鲁侯之美恶乎!’致万怒，搏闵公。”(3.12.2)

底本“知”作“故”，“致”作“至”，当断作：“尔虏焉故，知鲁侯之美恶(wū)乎至!”阮元《校勘记》据《九经古义》引《春秋繁露》及《韩诗外传》，“故”均作“知”；《春秋繁露》“至”作“致”，《韩诗外传》文至“乎”字而绝。阮校云，《公羊注疏》本“意反迂曲”。故本书从《春秋繁露》(《王道篇》)及《韩诗外传》(卷八)改。其他偶有改动，皆类此。

本书的注释，采用何休《春秋公羊传解诂》(简称《解诂》)与孔广森《春秋公羊通义》(简称《通义》)二家之说较多。何休《解诂》是汉代《公羊》学的总结，保存了一些胡毋生的古义；但何休为《废疾》以难《穀梁》，作《膏肓》以短《左传》，企图“墨守”《公羊》的自我封闭型治学态度，则为本书所不取。孔广森《通义》是清代《公羊》学的代表，能跳出经今古文之争，兼采《左》《穀》及群经之义通于《公羊》者为说；但孔氏为孔子之六十八代孙，不免以圣人之后代自居，致力于探深窥微以神《春秋》，结果反而引出若干迂说。如以“时”“月”“日”为“三科九旨”之“天道”，谓“春以统王，王以统月，月以统日，《春秋》所甚重甚谨者莫若此”(《春秋公羊经传通义叙》)，因而月不月、日不日，都有深意存于其间云云，则为本书所不取。

近一个世纪以来，《公羊传》的研究乏人问津。本书的译注，颇有意于填此空白。但限于学识，我们的工作肯定还有不足的地方，深切盼望得到方家和读者的指教。

王维堤　唐书文

目　录

隐　公

【题解】

鲁隐公名息姑（据《世本》和《史记·十二诸侯年表》，《史记·鲁周公世家》作“息”，脱“姑”字），是惠公（名弗湟，公元前768—723年在位）的庶长子。从鲁国的第一个国君伯禽（周公的长子）算起，他是第七世孙，第十三位国君。据《左传》，惠公娶宋国女孟子为元配夫人，无子；孟子早死，媵妾声子作为继室，生下隐公；宋武公有个女儿仲子，天生手纹有点像“鲁夫人”三字，所以也嫁给了惠公，生下桓公；不久，惠公就死了。《史记·鲁周公世家》则说，声子生下儿子息，息长大后，惠公为他娶宋女，把宋女迎来，惠公发现她十分美丽，就把她夺下做了自己的妻子，生下允（桓公的名字）；惠公去世时，允还年幼。《史记》所说的宋女，当然就是《左传》的仲子，不过它插进的故事，是《左传》所没有的。《左传·隐公元年》和《史记·鲁周公世家》都说惠公在死之前就立桓公为太子，惠公死后，因桓公年少，由隐公摄政，这是和《公羊传》不同的地方。鲁隐公在位11年（前722—前712年）。

【原文】

1.1.1　元年春王正月[1]。

元年者何？君之始年也[2]。春者何？岁之始也。王者孰谓？谓文王也[3]。曷为先言王而后言正月？王正月也。何言乎王正月？大一统也[4]。公何以不言即位？成公意也。何成乎公之意？公将平国而反之桓[5]。曷为反之桓？桓幼而贵，隐长而卑。其为尊卑也微，国人莫知[6]。隐长又贤，诸大夫扳隐而立之[7]。隐于是焉而辞立[8]，则未知桓之将必得立也[9]；且如桓立，则恐诸大夫之不能相幼君也[10]。故凡隐之立，为桓立也。隐长又贤，何以不宜立？立適以长[11]，不以贤；立子以贵[12]，不以长。桓何以贵？母贵也[13]。母贵则子何以贵？子以母贵[14]，母以子贵[15]。

【注释】

〔1〕元年春王正月：《春秋》记时体例：一、纪年，二、别四时，三、有的事记明月份，四、有的事用干支记日。特别四时之记不脱空，即使整个季度无事，也必首书月以记时。　王正月，指周历的正月。夏、商、周三代不同历，《史记·历书》："夏正以正月，殷正以十二月，周正以十一月。"也就是说：殷历以夏历的十二月为正月，周历以夏历的十一月为正月。所谓月改则春移，周历仍以正月、二月、三月为春季，实际上相当于夏历的仲冬、季冬、孟春。这里的"王正月"下并无记事，是因为隐公摄政，所以不书"即位"；但他在元年始月，照例要朝庙举行告朔之礼，所以空书以记时。

〔2〕君：天子或诸侯，这里指鲁侯隐公。

〔3〕文王：周文王。"王正月"的"王"，实际上是泛指周王，《公羊传》把它说成特指周文王，是把周文王看作周历改正朔的代表。《史记·周本纪》："西伯盖受命之年称王……后七年而崩，谥为文王，改法度、制正朔矣。"

〔4〕大一统：指天下诸侯统一于周天子。陈立《公羊义疏》（以下简称《义疏》）引《汉书·王阳传》："春秋所以大一统者，六合同风，九州共贯也。"据说周王每年向诸侯颁历书，各诸侯国都奉行周历。但实际情况并不这样，如杞国行夏历，宋国行殷历，晋、楚等大国，郗、邓等小国，也都不用周历，至于各国民间，多习惯于用夏历，远远没有达到"六合同风，九州共贯"的地步。

〔5〕平：何休《春秋公羊经传解诂》（以下简称《解诂》）："治也。"　反：返。

〔6〕其为尊卑也微，国人莫知：《公羊传》认为桓公虽然比隐公"贵"，但并非贵为太子，两人尊卑差别不明显，身份都是公子。所以《解诂》说他们"母俱媵也"，区别是"桓母右媵"，地位比隐公的母亲

稍高，与《左传》、《史记》说她是夫人有异。孔广森《春秋公羊通义》(以下简称《通义》)则说："盖声子以继室称夫人，仲子再娶，亦称夫人，并妃二嫡，故国人疑于其尊卑矣。"把《公羊传》与《左传》、《史记》折衷起来立说。　国人：国都内外大夫以下的人。

〔7〕扳(Pān)：通攀，挽引。

〔8〕焉：语气助辞。　辞：辞让。

〔9〕未知桓之将必得立：《解诂》："是时公子非一。"所以隐公辞让的话，未必轮得到桓公即位。

〔10〕相：辅助。

〔11〕適：通"嫡"，嫡子，这里指嫡长子。

〔12〕立子：这里指在没有嫡子的情况下，立庶子为嗣子。《解诂》："子谓左右媵及侄娣之子，位有贵贱，又防其同时而生，故以贵也。"根据古代礼法，嫡夫人无子立右媵，右媵无子立左媵。

〔13〕母贵也：《解诂》："据桓母右媵。"《通义》："隐母本以媵至，桓母本以夫人礼至。"两说不同。从下文"仲子，微也"来看，《解诂》对《公羊传》的理解近是。

〔14〕子以母贵：在一夫多妻制下，正妻的儿子称为嫡子，媵妾的儿子称为庶子，嫡子地位尊贵是因为母亲地位尊贵；如无嫡子，则右媵贵于左媵，左媵贵于其他妾，她们的儿子也因此有了身份上的尊卑。

〔15〕母以子贵：庶子如被立为太子或做了国君，他母亲的地位也会随之提高，原来是媵妾的，可以成为正夫人。

【译文】

元年春王正月。

元年是什么？是国君就位的第一年。春是什么？是一年的开始。王指的是谁？是指周文王。为什么先说王而后说正月？是周王的正月。说周王的正月是什么意思？就是尊重天下统一于周天子的意思。隐公为什么不说即位？是成全隐公的心意。成全隐公的心意是什么意思？隐公打算治理好国家而把它还给桓公。为什么把国家还给桓公？桓公年幼而地位尊贵，隐公年长而地位卑贱。他们的尊卑差别不明显，国都内外士农工商不知道。隐公年长而贤能，众大夫挽引隐公而拥立他。隐公在这个时候要推辞就位，那就不能知道桓公将一定会即位；况且如果桓公即位了，恐怕众大夫也不能辅佐他这个年幼的国君。所以大凡隐公的即位，是为了桓公的即位。隐公年长而贤能，为什么不合适即位？立嫡子根据年长，不根据贤能；立庶子根据地位尊贵，不根据年长。桓公为什么地位尊贵？是因为他母亲地位尊贵。母亲地位尊贵那么儿子为什么就地位尊贵？儿子因为母亲而尊贵，母亲也因为儿子而尊贵。

【原文】

1.1.2　三月，公及邾娄仪父盟于眜〔1〕。

及者何？与也。会、及、暨皆与也，曷为或言会，或言及，或言暨？会，犹最也〔2〕；及，犹汲汲也〔3〕；暨，犹暨暨也〔4〕。及，我欲之；暨，不得已也。仪父者何？邾娄之君也。何以名〔5〕？字也〔6〕。曷为称字？褒之也〔7〕。曷为褒之？为其与公盟也〔8〕。与公盟者众矣，曷为独褒乎此？因其可褒而褒之。此其为可褒奈何〔9〕？渐进也〔10〕。眜者何？地期也〔11〕。

【注释】

〔1〕邾娄：鲁国附近的小国，《左传》、《穀梁传》都作“邾”（后文同），《礼记·檀弓》与《公羊传》同，《国语》、《晏子春秋》、《孟子》、《战国策》、《韩非子》等都作“邹”（为“邾娄”之急读），《吕氏春秋》或作“邾”，或作“邹”，所指皆同。仪父，名克，谥庄公，邾娄国君。　眜：鲁国地名，《穀梁传》同，《左传》作“蔑”，古音同。《竹书纪年·周平王四十九年》作“姑蔑”。姑蔑或姑眜当为正称，《春秋》因隐公名姑息而讳省“姑”字。王献唐《三邾附近国邑考》：“今泗水卞城南有姑蔑城……故城在（山东省）泗水县东五十里。”

〔2〕最：聚。《礼记·乐记》：“会以聚众。”郑玄注：“会，犹聚也。聚或为最。”《史记·殷本纪》：“大最乐戏于沙丘。”《集解》引徐广曰：“最一作聚。”可见古最、聚可互通。

〔3〕汲汲：心情急切的样子。《礼记·问丧》：“汲汲然，如有追而弗

及也。”孔颖达疏：“汲汲然者，促急之情也。”

〔4〕暨暨：神态果毅的样子。《礼记·玉藻》：“戎容暨暨。”注：“果毅貌也。”这里解释会、及、暨三个同义词的区别。及、暨在语感上的特有色彩，现在已经不存在了。

〔5〕名：用作动词。

〔6〕字：表字。《礼记·檀弓上》：“幼名，冠字。”疏：“始生三月而加名……人年二十，有为人父之道，朋友等类不可复呼其名，故冠而加字。”称人表字是对人尊敬的一种表示。董仲舒《春秋繁露·爵国》节引《公羊传·庄公十年》文而发挥说：“氏不若人，人不若名，名不若字：凡四等，命曰附庸，三代共之。”意思是说，《春秋》对附庸小国的称呼有四个等级，从上到下分别是称字、称名、称人、称氏。

〔7〕曷为称字？褒之也：《春秋》常用称呼来褒贬。《公羊传·桓公十五年》：“邾娄人、牟人、葛人来朝。皆何以称人？夷狄之也。”可见对邾娄称人是一种贬称。而这里称字，传又说是“褒之”。所以《通义》说：“进退相较，明仪父本在名等。”按照邾娄国的地位，其国君本来只列在以名称呼的一等，现在用字称呼他，所以寓有褒意。

〔8〕为其与公盟也：《通义》：“隐公以贤让居位，邾娄之君能亲义慕贤，讲信修睦，于法当褒也。”

〔9〕奈何：如何。

〔10〕渐进：《解诂》：“渐者，物事之端，先见之辞。”《通义》：“其后仪父至庄公之世，实得王命，为诸侯，故因其有将进之渐而褒之。”指邾娄当鲁庄公时，因追随齐桓公勤王而被周王封爵。

〔11〕地期：约定的地点。

【译文】

三月，隐公及邾娄国君仪父在眛地会盟。

及是什么意思？是与的意思。会、及、暨都是与的意思，为什么有时说会，有时说及，有时说暨？会，就等于是聚；及，就等于是汲汲；暨，就等于是暨暨。及，是我要这样；暨，是不得已的。仪父是什么人？是邾娄的国君。用什么称呼？是表字。为什么称表字？是褒扬他。为什么褒扬他？为他与隐公会盟。与隐公会盟的多了，为什么独独在这里褒扬？因为他可以褒扬而褒扬他。这里他可以褒扬是怎么回事？是逐渐有所进步。眛是什么？是约定会盟的地点。

【原文】

1.1.3　夏五月，郑伯克段于鄢〔1〕。

克之者何？杀之也〔2〕。杀之，则曷为谓之克？大郑伯之恶也〔3〕。曷为大郑伯之恶？母欲立之〔4〕，已杀之，如勿与而已矣〔5〕。段者何？郑伯之弟也。何以不称弟？当国也〔6〕。其地何〔7〕？当国也。齐人杀无知〔8〕，何以不地？在内也〔9〕。在内，虽当国，不地也。不当国，虽在外，亦不地也。

【注释】

〔1〕郑伯：即郑庄公，姬姓，名寤生。公元前743—前701年在位。据《左传》说，“庄公寤生，惊姜氏，故名曰寤生，遂恶之。”朱骏声《说文通训定声》：“寤假借为牾，足先见，逆生也。”《史记·郑世家》也说：“武姜生太子寤生，生之难。”因为牾生难产，所以取名寤生。郑庄公既是一方诸侯，又曾继承父亲郑武公担任过周王的卿士，即周朝的执政官。段：郑武公的次子，小郑庄公三岁，史称太叔段或共叔段。鄢：郑国地名。原为妘姓小国，为郑武公所灭，地在今河南鄢陵县西北。

〔2〕克之者何？杀之也：《尔雅·释诂上》：“胜、肩、戡、刘、杀，克也。”是杀、克可互训。《公羊传》和《穀梁传》都说郑伯杀段，《左传》则说郑伯攻克了鄢地以后，太叔段出奔到共国（今河南辉县），并没有被杀。《隐公十一年》还记载了郑庄公的话说：“寡人有弟，不能和协，而使糊其口于四方。”是太叔段十年以后还活着，与《公羊传》有异。

〔3〕大：用作使动词，有强调的意思。

〔4〕母欲立之：武姜因难产不喜欢郑庄公而钟爱太叔段，武公在世时她就要立段为太子，武公没有同意。武公死后，庄公即位，武姜又要求把比郑国国都还大的京（故城在今河南荥阳市东南）分给段，庄公同意了。段到京城后，缮治甲兵，经过长期准备，与母亲武姜密谋发动武装政变。郑庄公二十二年，太叔段袭郑，武姜为内应，但被庄公打败了，京人又起而叛太叔段，太叔段逃到鄢。这才有郑伯克段于鄢的事。

〔5〕如：《解诂》：“如即不如，齐人语也。”　勿与：指不把京邑分

给段。《通义》认为，庄公把京分给段是“曲从母意”，“济成其逆谋”，“然后从而讨之”，是“忍陷弟于罪以戾其母也”。“庄公诚爱弟者，不如勿与之”，“使无所资，则不生乱。”所谓“郑伯之恶”，也就在此。

〔6〕当国：《尔雅·释诂下》以“当”释“敌”。《通义》：“当，敌也。著其强御，与国为敌，《左传》所谓‘如二君’是也。”

〔7〕地：这里用作动词，指写明地点，下同。

〔8〕齐人杀无知：指《庄公九年》经文：“春，齐人杀无知。”(3.9.1)无知为齐襄公的堂弟，曾发动宫廷政变杀齐襄王自立，旋被齐人雍廪所杀。

〔9〕在内：指在国都之内。《通义》：“在内谓国都之内，统于国，故可无更地也。知在外非谓出境者，鄢亦郑地。”

【译文】

夏五月，郑庄公在鄢地克段。

克是什么意思？是杀的意思。杀，那么为什么把它说成是克？是强调郑庄公的恶。为什么强调郑庄公的恶？母亲想要立段，自己却把段杀了，不如不给他地盘算了。段是什么人？是郑庄公的弟弟。为什么不称弟弟？是因为他与国为敌。写明地点是为什么？是因为与国为敌。齐人杀公孙无知，为什么不写明地点？因为发生在国都之内。发生在国都之内，虽然与国为敌，也不写明地点。不与国为敌，虽然在国都之外，也不写明地点。

【原文】

1.1.4　秋七月，天王使宰咺来归惠公、仲子之赗〔1〕。

宰者何〔2〕？官也。咺者何？名也。曷为以官氏〔3〕？宰，士也〔4〕。惠公者何？隐之考也。仲子者何？桓之母也〔5〕。何以不称夫人？桓未君也。赗者何？丧事有赗，赗者盖以马，以乘马束帛〔6〕。车马曰赗，货财曰赙〔7〕，衣被曰襚〔8〕。桓未君，则诸侯曷为来赗之？隐为桓立，故以桓母之丧告于诸侯。然则何言尔？成公意也。其言来何？不及事也[9]。其言惠公、仲子何？兼之。兼之，非礼也[10]。何以不言及仲子？仲子微也[11]。

【注释】

〔1〕天王：指周平王。春秋时，楚、吴等国相继称王，原来称王的周天子就尊称为天王。 归：通馈，赠送。 赗(fèng 凤)：赠给丧家用以送葬之物。

〔2〕宰：《周礼·天官冢宰》治官之属有“大宰，卿一人；小宰，中大夫二人；宰夫，下大夫四人，上士八人，中士十有六人，旅下士三十有二人”。从下文“宰，士也”可知，这个宰咺的官职是宰夫。

〔3〕以官氏：古代的氏，是姓的支系，由封邑、官职、先辈的字等演变而来，是贵族宗族的标志。男子称名用氏不用姓。秦汉以后氏也演变为姓，后世有些姓就是当初以官为氏发展来的，如司马、司徒、司空(唐有司空图)、史(太史)、卜(太卜)等。

〔4〕宰，士也：《通义》：“言宰属之士故系宰，非以官氏也……自公卿达于士，唯宰属必书，盖治官最尊。”《解诂》：“天子上士以名氏通，中士以官录，下士略称人。”意思是说，《春秋》记身份是士的周王使者有通例：上士名上加氏，如《定公十四年》“天子使石尚来归脤”(11.14.2)中的石尚，尚是名，石是氏；中士录名系于官，如“宰咺”；下士只称“人”，如《僖公八年》“公会王人……盟于洮”(5.8.1)中的王人，就是周王的使者，身份是下士。

〔5〕仲子者何？桓之母也：《左传》也记仲子是惠公之妻、桓公之母，《穀梁传》则说：“仲子者何？惠公之母、孝公之妾也。”与《公羊传》、《左传》不同。《义疏》：“然惠公既为君矣，自必尊其母为夫人，如成风之例，何以仍称仲子？”根据“母以子贵”的原则，仲子如是孝公之妾，因惠公为君，她应称夫人而不称仲子，可见《穀梁传》的说法是不对的。《通义》：“仲子卒在《春秋》前。传不举死号与考对文者，礼入庙称妣，比诸父也。仲子屈于孟子，不得配惠公之庙，故还系桓，言母，所以正名定份。”

〔6〕以马：指士的赗。《解诂》：“以马者，谓士不备四是也。” 乘马：一车四马。《解诂》：“乘马者，谓大夫以上备四也。礼，大夫以上至天子皆乘四马，所以通四方也。” 束帛：古代帛五匹为一束。《解诂》：“束帛，谓玄三纁二。玄三法天，纁二法地，因取足以共(供)事。”

〔7〕赙：以财物助人办丧事。

〔8〕襚：赠送给死人的衣衾。赗、赙都是助生送死之礼，襚则是助死之礼。

〔9〕不及事：指没有赶上办丧事。《解诂》："时以葬事毕，无所复施。"《通义》引荀卿子曰："送死不及柩尸，吊生不及悲哀，非礼也。"实际上《春秋》记奔丧会葬，不管来得早晚、及事不及事，都用"来"。这里说"其言来何，不及事也"，只是为了强调一下不及事。《通义》："盖仲子之卒，经既不见，刺不及事之意未明"，故"特为异辞以起之"。

〔10〕兼之，非礼也：《解诂》："礼不赗妾，既善而赗之，当各使一使，所以异尊卑也。"

〔11〕仲子微也：《解诂》："比夫人微，故不得并及公也。"

【译文】

秋七月，周王派宰咺来赠送为惠公、仲子送葬的物品。

宰是什么？是官。咺是什么？是名。为什么用官作氏？宰，只是表明他是个士。惠公是什么人？是隐公的先父。仲子是什么人？是桓公的母亲。为什么不称夫人？桓公还没有当国君。赗是什么？办丧事有赗，一般用马，用一车四马加一束帛。车马叫赗，财物叫赙，衣被叫襚。桓公还没有当国君，那么诸侯为什么来送赗？隐公是为了桓公才即位的，所以把桓公生母的丧事通告给了诸侯。这样说来那么为什么说这件事呢？是成全隐公的心意。说"来"是为什么？是没赶上办丧事。说"惠公、仲子"是为什么？合在一起送赗。合在一起送赗，是不合礼的。为什么不说"及仲子"？是仲子地位比夫人低微。

【原文】

1.1.5　九月，及宋人盟于宿[1]。

孰及之？内之微者也[2]。

【注释】

〔1〕宿：据《左传·僖公二十一年》，为风姓古国，太皞之后。在今

山东东平县东。

〔2〕内之微者：《解诂》："内者，谓鲁也；微者，谓士也。"

【译文】

九月，与宋国使者在宿国会盟。

谁与宋国使者会盟？是鲁国的士。

【原文】

1.1.6 冬十有二月，祭伯来〔1〕。

祭伯者何？天子之大夫也。何以不称使？奔也〔2〕。奔则曷为不言奔？王者无外〔3〕，言奔，则有外之辞也。

公子益师卒〔4〕。

何以不日〔5〕？远也，所见异辞，所闻异辞，所传闻异辞。

【注释】

〔1〕祭伯：周公之后。祭（zhài 债）国始封之君也是周公之子，所以祭伯与鲁有宗亲之谊。

〔2〕奔：出逃。《穀梁传》以为祭伯来是"来朝"，与《公羊传》异。《汉书·刘向传》载刘向上封事："周大夫祭伯，乖离不和，出奔于鲁。"《通义》："刘向本治《穀梁》，是亦取《公羊》之说为长。"

〔3〕王者无外：《解诂》："王者以天下为家。"也就是《诗·小雅·北山》所说的："溥天之下，莫非王土；率土之滨，莫非王臣。"

〔4〕公子益师：鲁孝公之子，隐公的叔父，字众父。

〔5〕日：这里用作动词，指写明日子。《左传》说，隐公没有参与小敛之礼，"故不书日"；《穀梁传》说，不书日，是因为公子益师"恶也"。这大概就是因为"所传闻异辞"吧。

【译文】

冬十二月，祭伯来。

祭伯是什么人？是周天子的大臣。为什么不称使者？是出奔。既然是出奔，为什么不说出奔？对周王来说是没有外国的，说出奔，那就是有外国的说法了。

公子益师去世。

为什么不写明日子？年代久远，所看到的说法不一样，所听到的说法不一样，所传闻的说法不一样。

【原文】

1.2.1　二年春，公会戎于潜〔1〕。

夏五月，莒人入向〔2〕。

入者何？得而不居也〔3〕。

无骇帅师入极〔4〕。

无骇者何？展无骇也〔5〕。何以不氏？贬。曷为贬？疾始灭也〔6〕。始灭昉于此乎〔7〕？前此矣〔8〕。前此则曷为始乎此？托始焉尔〔9〕。曷为托始焉尔？《春秋》之始也。此灭也，其言入何？内大恶〔10〕，讳也。

【注释】

〔1〕戎：古国名，己氏之戎所建。《水经注·济水》："济渎自济阳故城南，东经戎城，《春秋》'公会戎于潜'是也。"济阳在今河南兰考东北，戎城在今山东曹县东南。戎为古代华夏族对西方少数民族的统称，但实际上春秋时中原地区也华戎杂处，鲁国周边国家中有戎国即是一例。　　潜：鲁国地名。

〔2〕莒：古国名，己姓。初都计斤（也作介根，为一音之异写），地在今山东胶县西南；春秋初迁都莒，地在今山东莒县。后为楚所灭，又一度成为齐邑。向：古国名，姜姓，在今山东莒县西南。《穀梁传》说："向，我邑也。"以为是鲁邑，不确。鲁别有一向邑，参见2.16.1注〔3〕。

〔3〕得而不居：《通义》："得而不居者，克胜都邑，弗取而有也。"事情的经过，据《左传》说，是"莒子娶于向，向姜（莒子所娶的向女）不安莒而归。夏，莒人入向，以姜氏还"。不提是否灭向。但《宣公四

年》:“公伐莒,取向。”(7.4.1)是向已成为莒邑,似《公羊传》所说不确。或后来莒国终于又把向灭了。

〔4〕无骇:《左传》同,《穀梁传》作无侅,通假字。后同。鲁国的卿,任司空之职。 极:附庸小国,一说为戎邑。

〔5〕展:无骇的氏。无骇姬姓,其祖展为鲁国公子,至无骇即以展为氏。展禽(柳下惠)即无骇之子。

〔6〕疾:憎恶。

〔7〕昉:开始。

〔8〕前此:在此之前。

〔9〕焉尔:《解诂》:“焉尔,犹于是也。”

〔10〕内:指鲁国。 大恶:《通义》:“君子恶兵以利动,故取邑为小恶,灭国为大恶。”

【译文】

二年春,隐公在潜邑与戎国国君相会。

夏五月,莒国人进入向国。

进入是什么意思?是攻下都邑而不加占据。

无骇率领军队进入极国。

无骇是什么人?是展无骇。为什么不写出他的氏?是一种贬斥。为什么贬斥?是憎恶开始灭国。开始灭国始于这时吗?在这之前了。在这之前那么为什么始于此?是托始于此。为什么托始于此?《春秋》记灭国由此开始。这是灭国,说“进入”是为什么?是鲁国的大恶,所以讳言。

【原文】

1.2.2 秋八月庚辰,公及戎盟于唐[1]。

九月,纪履緰来逆女[2]。

纪履緰者何?纪大夫也。何以不称使?婚礼不称主人[3]。然则曷称?称诸父兄师友。宋公使公孙寿来纳币[4],则其称主人何?辞穷也。辞穷者何?无母也。然则纪有母乎?曰有。有则何以不称母?母不通也[5]。外逆女不书，此何以书？讥。何讥尔？讥始不亲迎也[6]。始不亲迎昉于此乎？前此矣。前此则曷为始于此？托始焉尔。曷为托始焉尔？《春秋》之始也。女曷为或称女[7]，或称妇，或称夫人？女在其国称女，在涂称妇，入国称夫人。

【注释】

〔1〕唐：王献唐《三邾附近国邑考》以为"即今(山东)鱼台之武唐村，在旧县治北十二里(旧县治在今县治东北十八里)"，"亦宋之疆邑"，"隐公会盟，或借地于宋耳"。按春秋时武唐亭在宋、鲁接壤处，疑为鲁地。参1.5.1注〔1〕。

〔2〕纪履緰：《穀梁传》同，《左传》作"纪裂繻"，纪国大夫。纪：古国名，一作己，姜姓，在今山东寿光南纪台村。 逆：迎。 女：指伯姬，鲁惠公的长女，隐公的妹妹。

〔3〕婚礼不称主人：孔颖达《左传正义》："主人谓婿也，为有廉耻之心，不欲自言娶妇。"所以不由他出面派使者。

〔4〕宋公使公孙寿来纳币：见《成公八年》经文(8.8.2)。宋公，指宋共公。公孙寿，宋国大夫。纳币，纳聘礼，即《仪礼·士昏礼》婚姻"六礼"(纳采、问名、纳吉、纳征、请期、亲迎)中的"纳征"，由男方向女方送聘礼。币，原义是帛，此处不限于帛，泛指聘礼。

〔5〕不通：指母命不通于外国。

〔6〕亲迎：古代婚礼"六礼"中的最后一个程序，由新郎亲至女家迎娶新娘。古礼认为，即使国君也不应不遵从此礼。《诗·大雅·大明》："文王嘉止，……亲迎于渭。"就是写周文王亲迎的。

〔7〕前"女"：泛指出嫁的诸侯之女。

【译文】

秋八月庚辰日，隐公在唐邑与戎国国君会盟。

九月，纪履緰来迎接新娘。

纪履緰是什么人？是纪国的大夫。为什么不说派遣？婚礼不由新婿出面。这样的话那么由什么人出面？由伯父叔父兄长师友出面。“宋共公派遣公孙寿来送聘礼”，那么这件事为什么提到了新婿？是因为没有别的话可说了。没有别的话可说是因为什么？是因为宋共公没有母亲。这样的话那么纪君有母亲吗？回答说有的。有的那么为什么不由母亲出面？母命不与外国相通。外国来迎新娘是不记载的，这为什么记载？是讥讽。为什么讥讽这件事？是讥讽开始不亲迎。开始不亲迎始于这时吗？在这之前了。在这之前那么为什么始于此？是托始于此。为什么托始于此？《春秋》记不亲迎由此开始。新娘为什么有的称“女”，有的称“妇”，有的称“夫人”？新娘还在本国时称“女”，在出嫁的路途上称“妇”，进了夫婿之国称“夫人”。

【原文】

1.2.3　冬十月，伯姬归于纪。

伯姬者何？内女也〔1〕。其言归何？妇人谓嫁曰归〔2〕。

纪子伯、莒子盟于密〔3〕。

纪子伯者何？无闻焉尔。

【注释】

〔1〕内：指鲁国公室。

〔2〕妇人谓嫁曰归：归本有回家的意思。《解诂》：“妇人生以父母为家，嫁以夫家为家，故谓嫁曰归。”

〔3〕纪子伯：《穀梁传》同，《左传》作“纪子帛”，杜预注谓“子帛，裂繻(履緰)字”。《通义》认为“作子帛者是”，因为古文帛、伯二字都省写作“白”，隶定时就造成了歧异。“緰”与“帛”意义相关，可证“履緰”与“子帛”为名、字关系。　密：莒国地名。这次会盟，据《左传》说是“鲁故也”，是纪国调解鲁、莒两国关系进行的一次外交活动。

【译文】

冬十月，伯姬归于纪国。

伯姬是什么人？是鲁国公室的女儿。说她归是为什么？女人出嫁叫做归。

纪子伯、莒子在密邑会盟。

纪子伯是什么人？对这件事没有听说。

【原文】

1.2.4　十有二月乙卯，夫人子氏薨[1]。

夫人子氏者何？隐公之母也[2]。何以不书葬？成公意也。何成乎公之意？子将不终为君，故母亦不终为夫人也。

郑人伐卫[3]。

【注释】

〔1〕薨：《礼记·曲礼下》：“天子死曰崩，诸侯曰薨，大夫曰卒，士曰不禄，庶人曰死。”诸侯之夫人或母夫人死亦曰薨。《春秋》记鲁君或鲁夫人之死都用“薨”，记其他诸侯之死则用“卒”。

〔2〕隐公之母：即声子。《穀梁传》以为“夫人者，隐公之妻也”，与《公羊传》有异。《左传》无传，杜预把“夫人子氏”释为桓公之母仲子，与《公羊传》也不合。

〔3〕郑人伐卫：郑伯克段于鄢之后，段出奔共，段之子公孙滑出奔卫，卫人为之伐郑。此郑人伐卫，是因为公孙滑的缘故。

【译文】

十二月乙卯日，夫人子氏去世。

夫人子氏是什么人？是隐公的母亲。为什么不记载下葬？是成全隐公的心意。成全隐公的心意是什么意思？儿子将不始终做国君，所以母亲也不始终做夫人。

郑国人讨伐卫国。

【原文】

1.3.1　三年春王二月己巳，日有食之[1]。

何以书？记异也。日食，则曷为或日，或不日，或言朔，或不言朔？曰某月某日朔日有食之者，食正朔也。其或日，或不日，或失之前，或失之后〔2〕。失之前者，朔在前也〔3〕；失之后者，朔在后也〔4〕。

【注释】

〔1〕二月己巳，日有食之：杜预用《春秋长历》“推经传，明此食是二月朔也，不书朔，史官失之”（《春秋左传注疏》）。朔，即每月月初第一日。《汉书·五行志》说：“推隐三年之食，贯中央，上下竟而黑。”描写为一次日全食。近人朱文鑫《春秋日食考》推算为公元前720年2月22日之日全食。

〔2〕或失之前，或失之后：《汉书·五行志》说：“周衰，天子不班朔，鲁历不正”，因而“月大小不得其度，史记日食或言朔而实非朔，或不言朔而实朔，或脱不书朔与日，皆官失之也”。意思是说，由于周天子不颁历，鲁历不正确，月大月小常常搞错，所以本来日食应该发生在朔日的，却出现这样那样的误差。《春秋》记日食三十六次，其中二十八次都记明发生在朔日，还有八次未书朔。《左传》认为：“不书朔与日，官失之也。”（《僖十五年》）《穀梁传》以为：“言日不言朔，食晦日也。”晦日，即每月月末最后一日。《公羊传》则认为：“或失之前，或失之后。”即由于鲁历不正，本应发生在朔日的日食，有时错记在初二，有时错记在晦日。《隋书·律历志》说：用祖冲之“甲子元历”推算，《春秋》8次不记朔的日食“俱是朔日”，“《公羊》、《穀梁》皆臆说也。”其实，《穀梁传》的“食晦日”之说可能有些片面，《通义》曾驳之曰：“《穀梁》以有日无朔者为晦食，据《宣十年》‘四月丙辰，日有食之’下有‘己巳，齐侯元卒’，则丙辰非晦明矣。《穀梁》为短。”而《公羊传》用“或失之前，或失之后”立说，前后都照顾到，或者还能多少反映出当时“鲁历不正”的实际情况。但《公羊传》没有把《汉书·五行志》说的“或不言朔而实朔”概括进去，也有不全面的地方。

〔3〕朔在前也：《解诂》：“谓二日食。”指错把日食的发生定位在初二。但《解诂》把隐公三年的日食作为“二日食”的例子则不确，参见注〔1〕杜预的推算，又《隋书·律历志》：“隐公三年二月己巳日有食之，推合己巳朔。”可见这次日食属“不言朔而实朔”，并不是初二日食。

〔4〕朔在后也：《解诂》："谓晦日食。"指错把日食的发生定位在晦日。

【译文】

三年春周历二月己巳日，发生了日食。

为什么写下？是记录异常的情况。日食，那么为什么有的记下日子，有的不记下日子，有的说明是朔日，有的不说明是朔日？说某月某日朔日发生日食的，是日食正好发生在初一。有的记下日子，有的不记下日子，是有的错在前，有的错在后。错在前的，初一在日食的前面；错在后的，初一在日食的后面。

【原文】

1.3.2　三月庚戌，天王崩〔1〕。

何以不书葬？天子记崩不记葬，必其时也〔2〕。诸侯记卒记葬，有天子存，不得必其时也〔3〕。曷为或言崩，或言薨？天子曰崩〔4〕，诸侯曰薨〔5〕，大夫曰卒〔6〕，士曰不禄〔7〕。

【注释】

〔1〕天王：指周平王。平王，名宜臼，周幽王之子，为避戎寇，东迁洛邑，东周自他始。在位 51 年(前 770—前 720)。《左传》记平王崩于壬戌日(3 月 24 日)，而给诸侯的讣告上写了庚戌日(3 月 12 日)崩，杜预注说："欲诸侯之速至。"所以讣告把死日提早了 12 天，《春秋》据之以书。

〔2〕必其时也：《礼记·王制》："天子七日而殡，七月而葬。"葬有定时，故不书葬。《春秋》对不按礼、提前葬的周天子也书葬，如《宣公三年》的"葬匡王"，《襄公二年》的"葬简王"，《昭公二十二年》的"葬景王"。

〔3〕不得必其时也：《礼记·王制》："诸侯五日而殡，五月而葬。"但周代诸侯死后要向天子请谥号，请得谥号才能葬，所以说有天子存，

不一定能定时下葬。

〔4〕崩:《通义》:“自上毁坏曰崩。”

〔5〕薨:《通义》:“毁坏之声。”

〔6〕卒:《通义》:“终也。”

〔7〕不禄:《通义》:“不终其禄。”

【译文】

三月庚戌日,周平王去世。

为什么不写下葬?天子只记去世不记下葬,是因为下葬的时间是一定的。诸侯记去世也记下葬,是因为有天子在,下葬时间不能定。为什么有的说崩,有的说薨?天子死叫做崩,诸侯叫做薨,大夫叫做卒,士叫做不禄。

【原文】

1.3.3 夏四月辛卯,尹氏卒〔1〕。

尹氏者何?天子之大夫也。其称尹氏何?贬。曷为贬?讥世卿〔2〕,世卿非礼也〔3〕。外大夫不卒,此何以卒?天王崩,诸侯之主也〔4〕。

【注释】

〔1〕尹氏:《穀梁传》同,《左传》作“君氏”,曰“声子也”,与《公》《穀》异。

〔2〕世卿:《解诂》:“世卿者,父死子继也。”

〔3〕世卿非礼也:《解诂》:“礼,公卿、大夫、士皆选贤而用之,卿大夫任重职大,不当世为。其秉政久,恩德广大,小人居之必夺君之威权。”《通义》:“周之命官,或曰人,或曰师,或以掌司典职冠所事,唯世其职者乃曰氏。然三百六十之属,以氏名者才四十有四,而其位贵者不过中大夫。则知卿之义不得世也。古者有世禄,无世卿。”

〔4〕诸侯之主:指尹氏在诸侯奔平王丧时,曾代表周王朝接待过诸侯。这里的诸侯指隐公。

【译文】

夏四月辛卯日，尹氏去世。

尹氏是什么人？是周王的大夫。叫他尹氏是什么意思？是一种贬斥。为什么贬斥？是讥讽世世为卿，世世为卿是不合礼法的。鲁国以外的大夫不记去世，这为什么记去世？周平王去世的时候，他代表周王朝接待过隐公。

【原文】

1.3.4　秋，武氏子来求赙〔1〕。

武氏子者何？天子之大夫也。其称武氏子何？讥。何讥尔？父卒，子未命也〔2〕。何以不称使？当丧，未君也〔3〕。武氏子来求赙，何以书？讥。何讥尔？丧事无求，求赙非礼也〔4〕。盖通于下〔5〕。

【注释】

〔1〕赙：见1.1.4注〔7〕、〔8〕。周平王在三月去世，依礼，应过七个月，在九月下葬。此时来求赙，是为下葬作准备。

〔2〕父卒，子未命也：《通义》："时虽世大夫，亦俟三年丧毕，乃即先君之庙而命之。武氏子未没父丧，未受命为大夫。称子者，犹系乎父之辞也。"古代父死，儿子要服丧三年，虽世袭大夫，服丧期内也不受命为大夫，武氏子就属这种情况，所以称他武氏子。

〔3〕当丧，未君也：《解诂》："当丧，谓天子也，未君者，未三年也，未可居君位称使也。"周平王死后，太子泄父早死，立泄父之子林为桓王。这时桓王正在服平王之丧，还没有居君位，所以不出面派使者。

〔4〕丧事无求，求赙非礼也：《周礼·天官·宰夫》郑玄注："凡丧，始死，吊而含、襚（送死者口中所含珠玉及所著衣），葬而赗赠，其间加恩厚则有赙焉，《春秋》讥武氏子来求赙。"《礼记·檀弓上》："吊丧弗能赙，不问其所费。"可见古代吊丧时送死者含、襚而已，不能赠财币；送葬时赗赠是正礼，特别恩厚才加赙。故求赙为非礼。又《解诂》："礼本为有财者制，有则送之，无则致哀而已。不当求，求则皇（惶）皇无孝子之心。"

〔5〕盖通于下:《通义》:“言为臣下者亦通有讥也。”《穀梁传》:“周虽不求，鲁不可以不归(馈);鲁虽不归，周不可以求之。……交讥之。”与《公羊传》讥“通于下”义同。

【译文】

秋，武氏子来求助葬的财币。

武氏子是什么人?是周王的大夫。称他武氏子是什么意思?是讥讽。为什么讥讽这件事?父亲死了，儿子还没有受命为大夫。为什么不说派遣?周王正当服丧，还没有居君位。武氏子来求助葬的财币，为什么写下?是讥讽。为什么讥讽这件事?办丧事没有求人的，求助葬的财币不合礼法。这讥讽也通达到臣下。

【原文】

1.3.5 八月庚辰，宋公和卒[1]。

【注释】

〔1〕宋公和:宋缪公(《左传》作宋穆公)，子姓，名和，公元前728—前720年在位。卒:《解诂》:“不言薨者……贬外言卒，所以褒内也。”《春秋》除鲁君外，其他诸侯死都书卒。

【译文】

八月庚辰日，宋公和去世。

【原文】

1.3.6 冬十有二月，齐侯、郑伯盟于石门[1]。癸未，葬宋缪公。

葬者曷为或日或不日?不及时而日[2]，渴葬也[3];不及时而不日，慢葬也[4]。过时而日，隐之也[5];过时而不日，谓之不能葬也[6]。当时而不日，正也[7];当时而日，危不得葬也[8]。此当时何危尔？宣公谓缪公曰[9]："以吾爱与夷[10]，则不若爱女[11]；以为社稷宗庙主，则与夷不若女。盍终为君矣。"宣公死，缪公立。缪公逐其二子庄公冯与左师勃[12]，曰："尔为吾子，生毋相见，死毋相哭。"与夷复曰："先君之所为不与臣国，而纳国乎君者，以君可以为社稷宗庙主也，今君逐君之二子，而将致国乎与夷，此非先君之意也。且使子而可逐，则先君其逐臣矣。"缪公曰："先君之不尔逐可知矣，吾立乎此，摄也。"终致国乎与夷。庄公冯杀与夷[13]。故君子大居正[14]。宋之祸，宣公为之也[15]。

【注释】

〔1〕齐侯：齐僖公，姜姓，名禄父，公元前730—前698年在位。郑伯：郑庄公。隐公三年，当齐僖公十一年，郑庄公二十四年。两国诸侯会盟，是修旧好。石门：齐国地名。

〔2〕不及时：指不到五个月。

〔3〕渴：急。《解诂》举《僖公二十七年》"六月庚寅，齐侯昭卒"，"八月乙未，葬齐孝公"（5.27.1）为"不及时而日"的例子。

〔4〕慢：轻忽。《解诂》举《隐公八年》"六月己亥，蔡侯考父卒"（1.8.3），"八月，葬宣公"（1.8.4）为"不及时而不日"的例子。

〔5〕隐：痛心。《解诂》举《僖公十七年》"冬十二月乙亥，齐侯小白卒"（5.17.1），《僖公十八年》"秋八月丁亥，葬齐桓公"（5.18.1）为"过时而日"的例子。

〔6〕谓之不能葬：指拖延时日。《解诂》举《隐公四年》"二月戊申，卫州吁弑其君完"（1.4.2），《隐公五年》"夏四月，葬卫桓公"为"过时而不日"的例子。

〔7〕正：指正常的情况。《解诂》举《定公四年》"二月癸巳，陈侯吴卒"，"六月，葬陈惠公"（11.4.1）为"当时而不日"的例子。

〔8〕危：指国有危难。《通义》："水火兵寇，危之小者也；適（嫡）嗣不定，国有争祸，危之大者也。"

〔9〕宣公：宋宣公，名力，宋缪公之兄，公元前747—前729年在位。

〔10〕与夷：宋宣公之子，即宋殇公，公元前719—前711年在位。

〔11〕女：通汝。下同。

〔12〕庄公冯：宋缪公长子，名冯，公元前710—前692年在位。 左师勃：宋缪公次子，名勃，庄公时任左师。春秋时宋国设左师、右师，为执政官。《左传》记宋缪公临终嘱托大司马孔父嘉立与夷以后，才“使公子冯出居于郑”，与《公羊传》小异。

〔13〕庄公冯杀与夷：《左传·桓公元年》：“宋殇公立，十年十一战，民不堪命。”大宰华督看上孔父嘉的妻子“美而艳”，就以连年战争是大司马的责任为借口，杀孔父嘉以宁民，夺其妻，继而又弑殇公，“召庄公于郑而立之”。所以杀与夷的是华督而不是庄公冯。《公羊传》这么说，是因为庄公冯回来做了国君后，明知弑殇公的是华督，而不加罪于他这个凶手。参见2.2.1。

〔14〕大居正：大，尊尚；居正，守正。指坚持把君位传给嫡长子的宗法制度。

〔15〕宋之祸，宣公为之也：指宋国发生的祸乱，是宣公把君位传给弟弟而不传给儿子与夷造成的。《左传》对这段历史的记述与《公羊传》不同，对宣公的评价也不同，认为宋宣公立弟弟为国君“可谓知人矣”，而且是“义”的表现。宋国的祸乱则是华督造成的。

【译文】

冬十二月，齐侯、郑伯在石门会盟。

癸未日，葬宋缪公。

下葬为什么有的记明日子有的不记日子？不满五个月而记下日子的，是急于下葬；不满五个月而不记日子的，是葬得草率。超过了五个月而记下日子的，是痛心死者的遭遇；超过了五个月而不记日子的，称之为不能葬。正好五个月下葬而不记日子的，是正常的情况；正好五个月下葬而记下日子的，是国有危难不好葬。这正好五个月有什么危难呢？宣公对缪公说：“拿我爱与夷来说，则不如爱你；拿做国家公室的主人来说，则与夷不如你。你何不就做了国君呢？”宣公死后，缪公即位。缪公把他的两个儿子庄公冯和左师勃赶走，说：“你们作为我的儿子，生不要相见，死不要相哭。”与夷报告说：“先君之所以不给我国家，而把国家交给您，是因为您可以做国家公室的主人。如今您赶走您的两个儿子，而将把国家交给我，这不是先君的意思啊！况且如果儿子可以赶走的话，那么先君岂不要赶走我了吗？”缪公曰：“先君不赶走你，是可以理解的。我在这里即位，是摄政罢了。”到底把国家交给了与夷。庄公冯杀了与夷。所以君子尊尚坚守正规。宋国的祸乱，是宣公造成的。

【原文】

1.4.1 四年春王二月，莒人伐杞〔1〕，取牟娄〔2〕。

牟娄者何？杞之邑也。外取邑不书，此何以书？疾始取邑也。

【注释】

〔1〕杞：周武王封夏禹之后东楼公于杞，故杞为姒姓国。初都雍丘（今河南杞县），后向东迁移至今山东境内，曾多次迁徙。《史记》虽有《陈杞世家》，因“杞小微，其事不足称”，史迹难考其详。鲁隐公四年，为杞武公三十二年。

〔2〕牟娄：杜预注《左传》以为即城阳诸县东北之娄乡（在今山东诸城市西）。可见当时杞国迁都在此不远处。其后杞成公时迁缘陵（今山东昌乐东南）；杞文公时迁淳于（今山东安丘东北）；清代光绪年间山东新泰市出土杞伯器多种，有人认为新泰也是杞国曾迁址过的都邑。

【译文】

四年春周历二月，莒国人攻伐杞国，拿下了牟娄。

牟娄是什么？是杞国的城邑。国外诸侯拿下别人的城邑是不写的，这为什么写下了？是憎恶开始拿下别人的城邑。

【原文】

1.4.2 戊申〔1〕，卫州吁弑其君完〔2〕。

曷为以国氏[3]？当国也[4]。

【注释】

〔1〕戊申：杜预注《左传》，根据他的《春秋长历》以为戊申日是三月十七日，因而认为这里是“有日而无月”，即没有把三月写出来。

〔2〕卫：姬姓国名，周武王封弟康以原商都周围地区，始都朝歌（今河南淇县），以后被翟击败，卫文公迁都楚丘（今河南滑县），卫成公又迁都帝丘（今河南濮阳）。 州吁：《左传》同，《穀梁传》作“祝吁”，卫庄公的庶子，卫桓公的异母弟。弑，封建时代称臣杀君、子杀父母为弑。 完：卫桓公之名，卫庄公夫人庄姜之子，在位十六年（前734—前719年）。

〔3〕曷为以国氏：州吁的身份是公子，本来应该称他为公子州吁。这里是问，为什么不叫他公子州吁而叫他卫州吁。《通义》：“隐、桓、庄之篇，外弑君者四：州吁、无知皆不言公子，督不言公孙，南宫万不氏。盖弑君之贼，王法所诛，大夫去氏者，绝其位也；去公子、公孙者，绝其属也。”孔广森认为从僖公以后，“乱臣贼子比踵而立”，就“不复枚贬”了。

〔4〕当国：见1.1.3注〔6〕。

【译文】

戊申日，卫州吁杀他的国君完。

为什么用国名为氏？是因为州吁与国为敌。

【原文】

1.4.3　夏，公及宋公遇于清[1]。

遇者何？不期也[2]；一君出，一君要之也[3]。

宋公、陈侯、蔡人、卫人伐郑[4]。

【注释】

〔1〕宋公：宋殇公。清：《通义》：“清地在郑卫之界上，《诗》所赋《清人》者也。时宋公将会诸侯伐郑，公往要与相见，故言及，及，我

欲之也。”孔广森释清地为《诗·郑风·清人》之“清”，恐不确。《清人》之“清”，据《水经注》为清人城，地在今河南中牟县西，属郑邑。宋公既欲伐郑，当不会与诸侯在郑邑相会。杜预注《左传》以为“清，卫邑，济北东阿县有清亭”，为是。地在今山东东阿南。

〔2〕不期：事先未约定。

〔3〕要：半路上拦住。

〔4〕陈侯：陈桓公，名鲍，在位三十八年（前744—前707年）。陈为妫姓国，周武王封舜之后裔胡公满所建国，都宛丘（今河南淮阳）。鲁隐公四年，为陈桓公二十六年。　蔡人、卫人：指蔡、卫二国的士率领人数不多的军队。参阅1.5.2节内容及注。蔡，姬姓国，周武王封弟叔度于此，武王死后叔度随武庚叛乱，周公平叛后，成王又封其中子胡为国君，都上蔡（今河南上蔡西南）。其后为楚所逼，蔡平侯迁新蔡（今河南新蔡），蔡昭侯又迁州来，即下蔡（今安徽凤台）。

【译文】

夏，隐公与宋殇公在清地相遇。

遇是什么意思？是事先没有约定的意思；是一个国君出去，一个国君中途拦住他。

宋殇公、陈桓公、蔡国人、卫国人攻伐郑国。

【原文】

1.4.4　秋，翚帅师会宋公、陈侯、蔡人、卫人伐郑[1]。

翚者何？公子翚也。何以不称公子？贬。曷为贬？与弑公也。其与弑公奈何？公子翚谄乎隐公，谓隐公曰：“百姓安子，诸侯说子[2]，盍终为君矣？”隐曰：“吾否。吾使修涂裘[3]，吾将老焉。”公子翚恐若其言闻乎桓，于是谓桓曰：“吾为子口隐矣[4]，隐曰：‘吾不反也[5]。’”桓曰：“然则奈何？”曰：“请作难弑隐公[6]。”于钟巫之祭焉[7]，弑隐公也。

【注释】

〔1〕翚：字羽父，鲁国大夫，隐公的异母弟。

〔2〕说：通悦。

〔3〕涂裘：鲁国地名，《左传》、《史记》皆作菟裘。《史记·秦本记》："秦之先为嬴姓，其后分封，以国为姓，有……菟裘氏。"可见原为嬴姓小国，后为鲁所并，成一邑。

〔4〕口：用作动词，说。

〔5〕反：返。

〔6〕作难：发难，这里指发动政变。《解诂》："难，兵难也。"

〔7〕钟巫：《解诂》："钟者，地名也。巫者，事鬼神祷解以治病请福者也，男曰觋，女曰巫。"据《左传·隐公十一年》的有关记载，这钟地的女巫已经被神化成为一个神了。

【译文】

秋，翚率领军队会合宋殇公、陈桓公、蔡国人、卫国人攻伐郑国。

翚什么人？是公子翚。为什么不称公子？是一种贬斥。为什么贬斥？是因为他参与杀隐公。他参与杀隐公是怎么一回事？公子翚向隐公拍马，对隐公说："老百姓习惯于你，诸侯喜欢你，何不把国君做到底呢？"隐公说："我不。我派人修整涂裘这个地方，我将要在那里养老。"公子翚怕或者自己的话传到桓公耳朵里，于是就对桓公说："我为你对隐公说了，隐公说：'我不归还国君的位置了。'"桓公说："这样的话那该怎么办呢？"公子翚说："请发动政变杀了隐公。"在隐公祭钟巫的时候把隐公杀了。

【原文】

1.4.5 九月〔1〕，卫人杀州吁于濮〔2〕。

其称人何？讨贼之辞也〔3〕。

【注释】

〔1〕九月：《解诂》："讨贼例时，此月者，久之也。"意思是说，讨

贼照例只说明哪一个季节，这特地写明了月份，是要强调从三月州吁杀其君完到九月卫人杀州吁，相隔得太久了。《通义》引崔彦直曰："卫人不即讨贼，到九月而仅得杀之于濮，故加月以见之。"

〔2〕濮：《通义》："濮，卫地。"非。考《左传》，石碏说州吁朝陈以觐王，州吁既往，又告陈以州吁弑君，请为卫图之。陈遂囚州吁，并要求卫人莅陈处置。故杜预注《左传》说濮为"陈地水名"，是。

〔3〕讨贼之辞：《解诂》："讨者，除也。明国中人人得讨之。"

【译文】

九月，卫国人在陈国濮水边杀死了州吁。

称呼人是什么意思？是人人都讨贼的用语。

【原文】

1.4.6　冬十有二月，卫人立晋〔1〕。

晋者何？公子晋也。立者何？立者不宜立也〔2〕。其称人何？众立之之辞也〔3〕。然则孰立之？石碏立之〔4〕。石碏立之，则称人何？众之所欲立也。众虽欲立之，其立之非也。

【注释】

〔1〕晋：卫宣公之名，庄公的庶子，桓公的异母弟，当时的身份是公子。

〔2〕立者：所立的人，指公子晋。《通义》："《春秋》以立子为正，立弟为不正。"

〔3〕众立之之辞：《解诂》："晋得众，国中人人欲立之。"

〔4〕石碏（què 鹊）：卫国大夫。

【译文】

冬十二月，卫国人立晋为国君。

晋是什么人？是公子晋。立是什么意思？所立的人是不合适立的。称呼人是什么意思？是众人立他的用语。这样的话那么究竟谁立的他？是石碏立的他。石碏立的他，那么称呼人是为什么？是众人所想要立的。众人虽然想要立他，立得也是不对的。

【原文】

1.5.1 五年春，公观鱼于棠〔1〕。

何以书？讥。何讥尔〔2〕？远也。公曷为远而观鱼？登来之也〔3〕。百金之鱼〔4〕，公张之〔5〕。登来之者何？美大之之辞也。棠者何？济上之邑也〔6〕。

【注释】

〔1〕观鱼：《穀梁传》同，《左传》作“矢鱼”；《史记·鲁周公世家》作“观渔”，是“鱼”作动词用，通“渔”。棠：杜预注《左传》云：“今高平方与县北有武唐亭，鲁侯观鱼台。”与《隐公二年》“秋八月庚辰，公及戎盟于唐”之“唐”注为一地。春秋时方与为与鲁接壤之宋邑，但从隐公与戎会盟和观鱼二事看，棠或唐恐当为鲁邑。《水经注·济水》：“菏水又东径武棠亭北，《公羊》以为济上邑也，在方与县故城北十里。”唐代以方与县北有鲁侯观鱼台，改名为鱼台，在今山东省鱼台县偏南。

〔2〕何讥尔：《穀梁传》别有说，以为“鱼，卑者之事也，公观之，非正也”。

〔3〕登来：犹言得利。登，通得。《解诂》：“登读言得(原“得”下衍“来”，从阮元《公羊注疏校勘记》删)。……作得来者，其言大而急，由口授也。”郑玄注《礼记》引作“登戾之”，《礼记·大学》：“一人贪戾，一国作乱。”注：“戾之言利也。……《春秋传》曰‘登戾之’。”此《春秋传》即《公羊传》。《通义》：“来古音狸，又转为戾。”戾训利。《公羊传》四世口传，公羊子又齐人，著之竹帛时，遂据口音记作登来。

〔4〕百金：《解诂》：“百金犹百万也。古者以金重一斤若今万钱矣。”《通义》则谓“鱼价贵不至于此。本缘黄金方一寸重一斤，谓之一金，或可凡物以斤计者亦通言金，百金之鱼，盖大鱼重百斤

者与？”

〔5〕张：《解诂》以为张网罟捕鱼，《通义》以为张弓矢射鱼。

〔6〕济上之邑：参注〔1〕。

【译文】

五年春，隐公在棠邑观看捕鱼。

为什么写下？是讥讽。为什么讥讽这件事？是因为路远。隐公为什么迢迢远路去观看捕鱼？是因为得利，价值百金的鱼，隐公张设网罟弓箭以捕之。得利是什么意思？是美化夸饰的用语。棠是什么地方？是济水上的城邑。

【原文】

1.5.2　夏四月，葬卫桓公。

秋，卫师入盛〔1〕。

曷为或言率师，或不言率师？将尊师众〔2〕，称某率师；将尊师少〔3〕，称将；将卑师众〔4〕，称师；将卑师少〔5〕，称人。君将不言率师〔6〕，书其重者也。

【注释】

〔1〕盛：《左传》、《穀梁传》作“郕”，传世器作“成”，姬姓国名，始封国君为周武王弟叔武，春秋时都郕（今山东宁阳东北）。

〔2〕将尊师众：《解诂》：“将尊者，谓大夫也。师众者，满二千五百人以上也。二千五百人称师。”并举《隐公二年》“无骇率师入极”（1.2.1）作为“将尊师众”的例子。

〔3〕师少：《解诂》：“师少者，不满二千五百人也。”并举《成公三年》“晋郤克、卫孙良夫伐将咎如”（8.3.2）作为“将尊师少”的例子。

〔4〕将卑：《解诂》：“将卑者，谓士也。”并以“卫师入盛”作为“将卑师众”的例子。

〔5〕将卑师少：《解诂》举《隐公二年》“郑人伐卫”（1.2.4）作为“将卑师少”的例子。

〔6〕君将不言率师：《通义》举《隐公七年》“公伐邾娄”（1.7.3）

为例。

【译文】

夏四月，安葬卫桓公。

秋，卫国军队进入盛国。

为什么有的说率领军队，有的不说率领军队？将领高贵军队众多，称某某率领军队；将领高贵军队少，称将领名；将领卑微军队众多，称军队；将领卑微军队少，称人。国君统领不说率领军队，是要写重要的事。

【原文】

1.5.3　九月，考仲子之宫[1]。

考宫者何？考，犹入室也，始祭仲子也。桓未君，则曷为祭仲子？隐为桓立，故为桓祭其母也。然则何言尔？成公意也。

【注释】

〔1〕考：落成，举行落成典礼。《解诂》：“考，成也。”《通义》：“《毛诗》序曰：‘《斯干》，宣王考室也。’《礼记·杂记》曰：‘路寝成则考之。’皆谓宫室既成，设盛食以落之。今亦以庙成盛祭，故言考也。”　宫：指宗庙，祭祀祖先的处所。《春秋》例称周公之庙为大庙，其他先公之庙不称庙而称宫。仲子是桓公之母，因为不是惠公的元配夫人，所以不入惠公庙配享而单独立一庙。

【译文】

九月，为仲子的庙举行落成典礼。

为庙举行落成典礼是什么意思？落成典礼，就等于是进入庙室，第一次祭祀仲子。桓公还没有做国君，那么为什么祭祀仲子？隐公是为了桓公才即位的，所以为桓公祭祀他的母亲。这样的话那么为什么说这件事？是成全隐公的心意。

【原文】

1.5.4　初献六羽〔1〕。

初者何？始也。六羽者何？舞也。何以书？讥。何讥尔？讥始僭诸公也〔2〕。六羽之为僭奈何？天子八佾，诸公六，诸侯四〔3〕。诸公者何？诸侯者何？天子三公称公〔4〕，王者之后称公〔5〕，其余大国称侯〔6〕，小国称伯子男〔7〕。天子三公者何？天子之相也。天子之相则何以三？自陕而东者〔8〕，周公主之；自陕而西者，召公主之；一相处乎内。始僭诸公昉乎此乎？前此矣。前此则曷为始乎此？僭诸公，犹可言也；僭天子，不可言也。

【注释】

〔1〕六羽：规格为六佾的羽籥舞。古代乐舞分文舞与武舞两部分。文舞舞人执羽籥，武舞舞人执干戚。此处献给仲子的是文舞，所以叫六羽。一佾（舞列）为八人，六佾即六列四十八人。《解诂》以为“六六三十六人”，误。羽，指雉尾，插于竿上以舞。《通义》以为“鸿羽”，非。

〔2〕僭：超越本分，以下效上。《礼记·明堂位》：“成王以周公为有勋劳于天下……命鲁公世世祀周公以天子之礼乐。”《礼记·祭统》也说：八佾之舞，“此天子之乐也，康（褒大）周公，故以赐鲁也。”但八佾之舞只能用于祭祀周公。在其他场合，都要按照本分用诸侯的规格。六佾是诸公的规格，用于仲子就是“僭”了。

〔3〕诸公六，诸侯四：《左传》记众仲的说法与此有异：“公问羽数于众仲，对曰：‘天子用八，诸侯用六，大夫四，士二。’”《通义》以为，这是“众仲探公问羽数之意欲僭诸公，特诡词以对耳”。但也可能是“所传闻异辞”。

〔4〕天子三公：周代的三公，据《尚书·周官》：“立太师、太傅、太保，兹惟三公，论道经邦，燮理阴阳。”《通义》：“成王之初，周公为太师，召公为太保，处乎内者太傅毕公也。”

〔5〕王者之后称公：王者本指夏、商二王，但夏之后杞国微小，此处实际上只指商之后宋国。宋国也为诸侯国，但其国君特称宋公。

〔6〕其余大国称侯：如齐、鲁国君称齐侯、鲁侯。《解诂》：“大国谓百里也。”

〔7〕小国称伯子男：如郑国国君称郑伯，莒国国君称莒子，许国国君称许男。《解诂》：“小国谓伯七十里，子男五十里。”《通义》据《周礼》，以为西周时爵五分为三等：“公于上等，侯伯于中等，子男于下等”；至春秋时变之，“以伯与子男同为一等”。

〔8〕陕：《解诂》：“陕者，盖今弘农陕县是也。”即今河南陕县。也有人认为，“陕”当为“郏”，指王城所在的郏鄏（今河南洛阳市西）而言，所谓“成王定鼎于郏鄏”（《左传·宣公三年》）者是。说也有理。

【译文】

初献六羽。

初是什么意思？是开始。六羽是什么意思？是舞。为什么写下？是讥讽。为什么要讥讽这件事？讥讽开始超越本分效仿诸公。六列舞人的羽籥舞成为僭越是怎么回事？天子享用八列规格的舞，诸公享用六列规格的舞，诸侯享用四列规格的舞。诸公是什么样的人？诸侯是什么样的人？天子的三公称为公，王者的后裔称为公，其余的大国称为侯，小国称为伯、子、男。天子的三公是什么人？是天子的相。天子的相那么为什么是三个？从陕以东的地方，周公主管；自陕以西的地方，召公主管；还有一个相居于朝廷内。开始超越本分效仿诸公始于这时吗？在这之前了。在这之前那么为什么始于此？超越本分效仿诸公还可以说，超越本分效仿天子就不能说了。

【原文】

1.5.5　邾娄人、郑人伐宋〔1〕。

螟〔2〕。

何以书？记灾也。

【注释】

〔1〕邾娄人、郑人伐宋：《解诂》：“邾娄小国，序上者，主会也。”据《左传》，邾娄因宋人取其田，主动邀约郑国“释憾于宋”（以隐公四

年宋殇公曾伐郑；释憾，泄忿解恨的意思）。

〔2〕螟：螟蛾的幼虫，一种蛀食稻心的害虫。《尔雅·释虫》：“食苗心，螟。”

【译文】

邾娄人、郑国人攻伐宋国。

螟害。

为什么写下？是为了记录灾情。

【原文】

1.5.6　冬十有二月辛巳，公子彄卒〔1〕。

宋人伐郑，围长葛〔2〕。

邑不言围，此其言围何？强也〔3〕。

【注释】

〔1〕公子彄：鲁孝公之子，隐公的叔父，谥僖字伯，食邑于臧，又称臧僖伯。《左传》记载，隐公观鱼于棠，臧僖伯曾劝谏，隐公未听从。臧僖伯死后，隐公说：“叔父有憾于寡人，寡人弗敢忘。”所以《通义》引胡康侯曰：“所传闻之世也，而书日，见恩礼之厚明矣。”

〔2〕长葛：郑国邑名，今河南省长葛市。

〔3〕强：《通义》：“宋强而无义，围蹙穷邑至于期岁，将为明年取长葛见恶，故张本于此。”

【译文】

冬十二月辛巳日，公子彄去世。

宋国人攻伐郑国，围困长葛。

城邑不说围困，这为什么说围困？是兵力强大。

【原文】

1.6.1　六年春，郑人来输平〔1〕。

输平者何？输平犹堕成也[2]。何言乎堕成？败其成也[3]。曰吾成败矣，吾与郑人末有成也[4]。吾与郑人则曷为末有成？狐壤之战[5]，隐公获焉[6]。然则何以不言战？讳获也。

【注释】

〔1〕输平：《穀梁传》同，《左传》作“渝平”。平，讲和修好之意。《通义》：“渝、输异文同义。”但《左传》对经文“渝平”的解释是“更成”，即弃怨修好的意思，与《公羊传》、《穀梁传》正相反。《穀梁传》：“来输平者，不果成也。”

〔2〕堕成：讲和破裂。堕，毁坏。成，《通义》引《周礼·调人》“凡有斗怒者，成之”曰：“和难平争谓之成。”

〔3〕败其成也：《解诂》以为，隐公四年公孙翚率师会合宋殇公等伐郑以后，“已相与平，但外平不书”，即《春秋》没有记载，这一次则是毁坏“不书”的那次讲和。说较牵强。《通义》则以为：“盖自翚伐郑后，二国未有成，今谋与郑平而不果。”与《穀梁传》合，可取。

〔4〕末：《解诂》：“末，无也。”

〔5〕狐壤之战：据《左传·隐公十一年》，隐公还在做公子时，“与郑人战于狐壤”，曾被俘，“郑人囚诸尹氏”，后赂尹氏而得以逃归。狐壤，郑国地名；尹氏，郑大夫。《通义》以狐壤之战发生于“输平”以后，大误。

〔6〕获：被俘。

【译文】

六年春，郑国人来输平。

输平是什么？输平等于说讲和破裂。说讲和破裂是什么意思？是毁弃和好。说鲁国毁弃和好，鲁国和郑国人没有什么和好。鲁国与郑国人为什么没有什么和好？是因为狐壤之战中，隐公被俘获过。这样的话那么为什么不提狐壤之战？是讳言被俘获的事。

【原文】

1.6.2　夏五月辛酉，公会齐侯盟于艾[1]。

秋七月。

此无事，何以书？《春秋》虽无事，首时过则书[2]。首时过则何以书？《春秋》编年，四时具，然后为年。

【注释】

〔1〕齐侯：齐僖公。　艾：齐国地名，即艾陵，在今山东莱芜东北，一说在今山东泰安东南。

〔2〕首时过：《解诂》："首，始也；时，四时也；过，历也。春以正月为始，夏以四月为始，秋以七月为始，冬以十月为始。历一时无事则书其始月也。"

【译文】

夏五月辛酉日，隐公会见齐僖公在艾邑结盟。

秋七月。

这没有事，为什么写下？《春秋》即使没有事，过了一个季度也要写下它的首月。过了一个季度为什么要写下它的首月？《春秋》是编年的，四个季度都齐了，然后才成为年。

【原文】

1.6.3　冬，宋人取长葛。

外取邑不书，此何以书？久也[1]。

【注释】

〔1〕久也：《解诂》："古者师出不逾时，今宋更年取邑，久暴师，苦众居外，故书以疾之。"参1.5.6。

【译文】

冬，宋国人拿下了长葛。

外国拿下城邑是不写的，这为什么写下？是时间太久了。

【原文】

1.7.1　七年春王三月，叔姬归于纪[1]。

滕侯卒[2]。

何以不名？微国也。微国则其称侯何？不嫌也。《春秋》贵贱不嫌同号[3]，美恶不嫌同辞[4]。

【注释】

〔1〕叔姬：《隐公二年》“伯姬归于纪”，此叔姬即伯姬之妹。古诸侯娶女嫁女，例以侄娣媵，即以侄女与妹妹为陪嫁媵妾。《解诂》：“叔姬者，伯姬之媵也。至是乃归者，待年父母国也。妇人八岁备数，十五从嫡，二十承事君子。”

〔2〕滕侯：滕，姬姓国名，周武王封弟错叔绣于滕（今山东藤县西南）。滕侯为滕国国君，因其国小史迹不著，不知其名与谥。滕国是个小国，根据“大国称侯，小国称伯子男”，《春秋》自桓公以后的记事，其国君皆称滕子。但滕在周初曾称侯，此处沿袭旧称，有褒扬同姓之国的意思。

〔3〕贵贱不嫌同号：《解诂》：“贵贱不嫌者，通同号称也。若齐亦称侯，滕亦称侯；微者亦称人，贬亦称人。皆有起文，贵贱不嫌同号是也。”

〔4〕美恶不嫌同辞：《解诂》：“若继体君亦称即位，继弑君亦称即位，皆有起文，美恶不嫌同辞是也。”

【译文】

七年春周历三月，叔姬出嫁到纪国。

滕侯去世。

为什么不写明名字？因为是小国。小国那么为什么称侯？是不嫌。《春秋》贵的和贱的不嫌名号相同，美的和恶的不嫌用语相同。

【原文】

1.7.2　夏，城中丘[1]。

中丘者何？内之邑也。城中丘何以书？以重书也[2]。

齐侯使其弟年来聘[3]。

其称弟何？母弟称弟[4]，母兄称兄。

【注释】

〔1〕城：用作动词，修筑城墙。　中丘：鲁国邑名。杜预注《左传》曰："中丘，在琅邪临沂县东北。"临沂今属山东。

〔2〕重：《通义》："重用民力，故得时不得时必书。《盐铁论》曰：'《春秋》动众则书，重民也。'"

〔3〕齐侯：齐僖公。年，《左传》称其为夷仲年，夷当为谥号，仲为字，年为名。聘，古代天子遣使至诸侯国以及国与国之间遣使访问都叫聘。

〔4〕母弟：同母所生的弟弟。下母兄同例。

【译文】

夏，修筑中丘城墙。

中丘是什么？是鲁国的城邑。修筑中丘城墙为什么要写下来？因为重用民力，所以写下。

齐僖公派遣他的弟弟夷仲年来访问。

称弟弟是为什么？同母所生弟称弟，同母所生兄称兄。

【原文】

1.7.3　秋，公伐邾娄。

冬，天王使凡伯来聘[1]。戎伐凡伯于楚丘以归[2]。

凡伯者何？天子之大夫也。此聘也，其言伐之何？执之也。执之则其言伐之何？大之也[3]。曷为大之？不与夷狄之执中国也。其地何？大之也。

【注释】

〔1〕天王：周桓王。 凡伯：凡本为姬姓国名，始封之君为周公之子，其地在今河南辉县西南，一说在今河南浚县东北。凡伯盖以诸侯而为周王之卿士者。

〔2〕楚丘：卫国地名，在今山东曹县东。一说为戎州己氏邑。

〔3〕大：用作动词，尊崇，抬高。伐本是国对国的行动，用之于个人，是因为凡伯的身份是天子之使。《通义》引刘敞曰："以一人当一国，大天子之使也。为天子使尊矣，而卑屈乎戎狄，可言伐，不可言执，是亦大天子之使也。"

【译文】

秋，隐公攻伐邾娄国。

冬，周王派遣凡伯来访问。戎国在楚丘攻伐凡伯把他带了回去。

凡伯是什么人？是天子的大夫。这是访问，说攻伐他是为什么？是捉了他。捉了他那么说攻伐他是为什么？是抬举他。为什么抬举他？是不赞许夷狄捉中国人。写明地点是为什么？是抬举他。

【原文】

1.8.1 八年春，宋公、卫侯遇于垂[1]。

【注释】

〔1〕宋公：宋殇公。 卫侯：卫宣公，公元前718—前700年在位，参1.4.6注〔1〕。 垂：卫国地名，杜预注《左传》以为即济阴句阳县东北之垂亭，地在今山东曹县北之句阳店。

【译文】

八年春，宋殇公、卫宣公在垂地不期而会。

【原文】

1.8.2　三月，郑伯使宛来归邴[1]。

宛者何？郑之微者也。邴者何？郑汤沐邑也[2]。天子有事于泰山，诸侯皆从泰山之下，诸侯皆有汤沐之邑焉。

庚寅，我入邴。

其言入何？难也[3]。其日何？难也[4]。其言我何？言我者，非独我也，齐亦欲之。

【注释】

〔1〕郑伯：郑庄公。宛：郑使者名，杜预注《左传》曰："不书氏，未赐族。"下文说他是郑之微者，可能是士。邴：《穀梁传》同，《左传》作"祊"，古音同。郑国在泰山附近的汤沐邑，天子所赐。郑国因邴远，想与鲁国易许田（许田为周成王赐周公之邑，地近王城，亦近郑）。这里说"归邴"，是先把邴邑划给了鲁国。

〔2〕汤沐邑：《礼记·王制》："方伯为朝天子，皆有汤沐之邑于天子之县内。"是供诸侯住宿及斋戒沐浴的封邑。天子祭泰山时，诸侯前去助祭，在泰山附近也各有汤沐邑。

〔3〕其言入何？难也：《解诂》："入者，非已至之文，难辞也。"因邴近齐，齐国也想要，所以鲁国当时要得到它，有种种困难。

〔4〕其日何？难也：《解诂》："言时重难，不可即入，至此日乃入。"《通义》则以为，郑国把天子所赐助祭泰山用的汤沐邑划给鲁国，郑、鲁两国在道义上都有罪，鲁要把罪名推卸到郑国身上，所以才"迟之又久，不得已而许"。

【译文】

三月，郑庄公派遣宛来划给邴邑。

宛是什么人？是郑国地位低微的人。邴是什么地方？是郑国的汤沐之邑。周天子在泰山有祭祀活动，诸侯都跟随在泰山之下，诸侯在这里都有汤沐之邑。

庚寅，我国进入邴邑。

说进入是为什么？是难啊。写明日子为什么？是难啊。说我国是为什么？说我国，是因为不独我国，齐国也想要这地方。

【原文】

1.8.3 夏六月己亥，蔡侯考父卒〔1〕。

辛亥，宿男卒〔2〕。

【注释】

〔1〕蔡侯考父：即蔡宣侯。《史记·十二诸侯年表》及《管蔡世家》皆记宣侯之名为措父，与此异。《春秋》记死者名，一般是根据讣告，故当以此为正。在位三十五年(前749—前715)。

〔2〕宿男：宿国国君，其爵为男。参1.1.5注〔1〕。因讣告上不书名，故《春秋》也不书名。

【译文】

夏六月己亥日，蔡侯考父去世。

辛亥日，宿男去世。

【原文】

1.8.4 秋七月庚午，宋公、齐侯、卫侯盟于瓦屋〔1〕。

八月，葬蔡宣公。

卒何以名而葬不名？卒从正〔2〕，而葬从主人〔3〕。卒何以日而葬不日？卒赴〔4〕，而葬不告。

【注释】

〔1〕宋公：宋殇公。 齐侯：齐僖公。 卫侯：卫宣公。 瓦屋：据

《左传》，三国“会于温，盟于瓦屋”，瓦屋必在温(今河南温县西南)之附近，为周地。

〔2〕正：古代一个人有名、字、谥、号等称呼，以名为正。《解诂》：“卒当赴告天子，君前臣名，故从君臣之正义言也。”蔡侯的谥号“宣”，是讣告天子后天子所赐。

〔3〕主人：指主持葬礼的人。《解诂》：“(葬)不赴告天子，故自从蔡臣、子辞称公。”

〔4〕赴：今作“讣”，报丧。

【译文】

秋七月庚午日，宋殇公、齐僖公、卫宣公在瓦屋会盟。

八月，安葬蔡宣公。

去世为什么记名字而葬礼不记名字？去世遵照讣告上的正式称呼，而葬礼是随着主持葬礼的人称呼的。去世为什么记日子而葬礼不记日子？去世报丧，而葬礼不发讣告。

【原文】

1.8.5　九月辛卯，公及莒人盟于包来〔1〕。

公曷为与微者盟〔2〕？称人则从，不疑也〔3〕。

螟。

【注释】

〔1〕莒人：指莒国大夫。　包来：《穀梁传》同，《左传》作“浮来”，包、浮古音同。杜预注《左传》曰：“浮来，纪邑。”纪、鲁郎舅之国，故隐公借纪地与莒人会盟。据《水经注·沂水》，其地有浮来山、浮来水，浮来水入沂。在今山东沂水西北。

〔2〕公曷为与微者盟：《通义》：“今既称莒人，乃是微者，与公贵贱殊隔。”

〔3〕称人则从，不疑也：从，顺从，《通义》释为“听从约束”。《穀梁传》：“可言公及人，不可言公及大夫。”范宁集解：“称人，众辞。可言公及人，若举国之人皆盟也。不可言及大夫，如以大夫敌公故也。”

古人讲究身份地位的贵贱尊卑，隐公一国诸侯，与小国大夫会盟，有贵贱之别。所以不书“莒大夫”，就是为了避免与大夫处于对等关系。而书“莒人”，尊卑更为明显，莒之顺从，就毫无疑义了。《通义》：“位近则疑，远则不疑。”

【译文】

九月辛卯日，隐公与莒国人在包来会盟。

隐公为什么与地位低微的人会盟？称人就显得对方顺从了，不再有什么嫌疑。

螟害。

【原文】

1.8.6　冬十有二月，无骇卒。

此展无骇也，何以不氏？疾始灭也，故终其身不氏〔1〕。

【注释】

〔1〕参见1.2.1并注〔4〕、〔5〕、〔6〕。《左传》则说，无骇死后方赐族，命以展氏。与《公羊》说异。

【译文】

冬十二月，无骇去世。

这是展无骇，为什么不写出他的氏？是憎恨开始灭国，所以终身不写出他的氏。

【原文】

1.9.1　九年春，天王使南季来聘〔1〕。

【注释】

〔1〕天王：周桓王。　南季：周王的大夫。《穀梁传》：“南，氏姓

也；季，字也。”《通义》：“南，采也。文王之昭有聃季载，《白虎通义》作南季载，然则南即聃也。季，或载之后。”孔广森以为南是采邑，南季是文王之子南季载之后。

【译文】

九年春，周王派遣南季来访问。

【原文】

1.9.2　三月癸酉，大雨震电〔1〕。

何以书？记异也。何异尔？不时也〔2〕。

庚辰，大雨雪〔3〕。

何以书？记异也。何异尔？俶甚也〔4〕。

侠卒〔5〕。

侠者何？吾大夫之未命者也〔6〕。

【注释】

〔1〕震：雷。

〔2〕不时：周历三月，相当于夏历正月，雷电来得早了些，所以说不时。

〔3〕雨：用作动词，降、下。

〔4〕俶：厚。《诗·大雅·崧高》：“有俶其城。”俞樾《群经平议》卷十二：“有俶，形容其厚也。”《解诂》：“盖师说以为平地七尺。”

〔5〕侠：《穀梁传》同，《左传》作“挟”，字可通。《穀梁传》：“侠者，所侠也。”范宁集解：“侠，名也。所，其氏。”杨士勋疏：“徐邈引尹更始云：‘所者，侠之氏。’今范亦云‘所，其氏’。则所者，是侠之氏族，但未备爵命，故略名耳。麋信以为所非氏，所谓斥也。”

〔6〕未命：未经受命。《通义》引《礼记·祭统》解释“命”道：“古者明君爵有德而禄有功，必赐爵禄于大庙，示不敢专也。故祭之日，一献，君降立于阼阶之南，南乡(向)；所命北面。史由君右执策命之。

再拜稽首，受书以归，而舍奠于其庙。”这是国君命大夫之礼的仪式。侠则没有经过这番命大夫之礼的仪式。

【译文】

三月癸酉日，大雨雷电。

为什么写下？是记录异常。这有什么异常？是不当时令。

庚辰日，下大雪。

为什么写下？是记录异常。这有什么异常？是厚极了。

侠去世。

侠是什么人？是我国一位未经受命的大夫。

【原文】

1.9.3　夏，城郎〔1〕。

秋七月。

冬，公会齐侯于邴〔2〕。

【注释】

〔1〕郎：鲁（曲阜）东南近郊之邑。参2.10.2及6.16.2。《左传》曰：“城郎，书，不时也。”因夏季修筑城墙要误农时。

〔2〕齐侯：齐僖公。　邴：《左传》、《穀梁传》作“防”。杜预、范宁并谓鲁邑，非郑伯使宛来归之邴。

【译文】

夏，修筑郎邑城墙。

秋七月。

冬，隐公在邴邑会见齐僖公。

【原文】

1.10.1　十年春王二月，公会齐侯、郑伯于中丘[1]。夏，翚帅师会齐人、郑人伐宋。

此公子翚也，何以不称公子？贬。曷为贬？隐之罪人也[2]，故终隐之篇贬也。

【注释】

〔1〕齐侯：齐僖公。 郑伯：郑庄公。 中丘：见1.7.2注〔1〕。

〔2〕隐之罪人也：见1.4.4。

【译文】

十年春周历二月，隐公在中丘会见齐僖公、郑庄公。

夏，翚率领军队会合齐国人、郑国人攻伐宋国。

这是公子翚，为什么不称公子？是一种贬斥。为什么贬斥？是隐公的罪人，所以一直到隐公的篇章结束都贬斥他。

【原文】

1.10.2 六月壬戌，公败宋师于菅[1]。辛未，取郜[2]。辛巳，取防[3]。

取邑不日，此何以日？一月而再取也。何言乎一月而再取？甚之也。内大恶讳，此其言甚之何？《春秋》录内而略外，于外大恶书，小恶不书；于内大恶讳，小恶书[4]。

【注释】

〔1〕菅：宋国地名，在今山东单县北。

〔2〕郜：宋国地名。《通义》："郜本郜子国，宋灭郜有其地，今为鲁所取也。"杜预注《左传》曰："济阴成武县东南有郜城。"成武县今属山东。

〔3〕防：宋国地名。杜预注《左传》曰："高平昌邑县西南有西防城。"昌邑隋大业中废入金乡县。地在今山东金乡西南。

〔4〕于内大恶讳，小恶书：《春秋》以灭国为大恶，取邑为小恶。灭国讳例，见1.2.1。《解诂》：“明取邑为小恶，一月再取，小恶中甚者耳，故书也。”

【译文】

六月壬戌日，隐公在菅邑打败宋国军队。辛未日，拿下郜邑。辛巳日，拿下防邑。

拿下城邑不写明日子，这为什么写明日子？是因为一月之中再次拿下的缘故。说一月之中再次拿下是什么意思？是过分了。本国的大恶隐讳，这里说过分了是为什么？《春秋》记录本国的而简略外国的。对外国，大恶写下，小恶不写；对本国，大恶隐讳，小恶写下。

【原文】

1.10.3 秋，宋人、卫人入郑〔1〕。宋人、蔡人、卫人伐载〔2〕。郑伯伐取之。

其言伐取之何？易也。其易奈何？因其力也。因谁之力？因宋人、蔡人、卫人之力也。

【注释】

〔1〕宋人、卫人入郑：郑国主力在伐宋，国都空虚，故宋、卫乘虚而入，可见当时混战之一斑。

〔2〕载：《穀梁传》同，《左传》作“戴”，姬姓国名。杜预注《左传》曰：“今陈留外黄县东南有戴城。”外黄县治所在今河南民权西北。

【译文】

秋，宋国人、卫国人进入郑国。宋国人、蔡国人、卫国人攻伐载国。郑伯攻伐载国拿下了它。

说攻伐载国拿下了它是什么意思？是容易的意思。怎样容易？是凭借了别人的力量。凭借了谁的力量？凭借了宋国人、蔡国人、卫国人的力量。

【原文】

1.10.4　冬十月壬午，齐人、郑人入盛[1]。

【注释】

〔1〕盛:《左传》、《穀梁传》作“郕”，见1.5.2注〔1〕。

【译文】

冬十月壬午日，齐国人，郑国人进入盛国。

【原文】

1.11.1　十有一年春，滕侯、薛侯来朝[1]。

其言朝何？诸侯来曰朝，大夫来曰聘。其兼言之何？微国也。

夏五月，公会郑伯于祁黎[2]。

秋七月壬午，公及齐侯、郑伯入许[3]。

【注释】

〔1〕滕侯:滕国国君。《隐公七年》书“滕侯卒”，此为继位之君，不知其名与谥。参1.7.1注〔2〕。　薛侯:薛国国君。薛为任姓国，黄帝之后，祖先奚仲做过夏代的车正，传为车的创造者。都薛(今山东藤县南)，后迁邳(今山东微山西北)，又迁下邳(今江苏邳州市西南)。因国小史迹不著，此薛侯不知其名与谥。滕、薛本小国，此处称侯，因其来朝而褒之。　朝:诸侯相见。《解诂》:“朝、聘所以别外尊内也。不言朝公者，礼，朝受之于太庙。与聘同义。”《通义》:“《周礼》曰:凡诸侯之邦交，岁相问也，殷相聘也，世相朝也。”

〔2〕郑伯:郑庄公。　祁黎:《左传》、《穀梁传》作“时来”，郑国地名。杜预注《左传》曰:“时来，郲也，荥阳市东有厘城。”古厘、

黎、来同音。荥阳今属河南。

〔3〕齐侯：齐僖公。　许：姜姓国名，周武王封文叔于许（今河南许昌市东）。后屡被郑、楚所逼，先后迁至叶（今河南叶县西南）、城父（今安徽亳县东南）、白羽（今河南西峡）、容城（今河南鲁山东南）等地。

【译文】

十一年春，滕国国君、薛国国君来朝。

说朝是为什么？诸侯来访叫朝，大夫来访叫聘。并在一起说是为什么？因为是小国。

夏五月，隐公在祁黎会见郑庄公。

秋七月壬午日，隐公与齐僖公、郑庄公进入许国。

【原文】

1.11.2　冬十月一日壬辰，公薨。

何以不书葬？隐之也。何隐尔？弑也。弑则何以不书葬？《春秋》君弑贼不讨，不书葬，以为无臣、子也。子沈子曰[1]：“君弑，臣不讨贼，非臣也。子不复仇[2]，非子也。葬，生者之事也。《春秋》君弑贼不讨，不书葬，以为不系乎臣、子也。”公薨何以不地？不忍言也。隐何以无正月[3]？隐将让乎桓，故不有其正月也。

【注释】

〔1〕子沈子：《解诂》：“子沈子，后师。……沈子称子冠氏上者，著其为师也。……其不冠子者，他师也。”

〔2〕子不复仇：子字原脱，据唐石经补。

〔3〕隐何以无正月：《春秋》隐公元年至十一年，无一年正月有记事者。元年仅书“春王正月”，二年以后皆无正月。

【译文】

冬十一月壬辰日，隐公去世。

为什么不写葬礼？是悲痛他。为什么悲痛这件事？因为臣子杀国君。臣子杀国君那么为什么不写葬礼？《春秋》国君被杀凶手不诛戮，不写葬礼，认为是没有臣下、儿子。子沈子说：“国君被杀，臣下不诛戮凶手，那就不是臣下。儿子不报仇，那就不是儿子。葬礼，是活着人的事。《春秋》国君被杀凶手不诛戮，不写葬礼，认为和臣子、儿子没有关系。”隐公去世为什么不写明地点？是不忍心说。隐公为什么没有正月？隐公将要让位给桓公，所以不具有正月。

桓　公

【题解】

鲁桓公名允（据《史记·十二诸侯年表》及《鲁周公世家》），《世本》桓公名轨，《世族谱》亦为轨。杨伯峻《春秋左传注》云："《说文》有粇字，从本，从中，允声。轨盖粇之讹，世人少见粇也。"可备一说。桓公为惠公少子，隐公之异母弟，母为仲子。《左传》记公子翚说隐公请杀桓公，提出条件为让自己当执政官。隐公不同意，说："为其少故也，吾将授之矣。"可见公子翚杀隐公而立桓公时，桓公还没有成年。桓公是同意公子翚杀隐公的，所以何休、杜预都说桓公之立为"篡"。桓公就位第三年才成婚，娶了齐僖公之女文姜。这件婚事，从政治角度上说是结两姓之好，但同时也是桓公个人生活中最大的不幸，为此他付出了生命的代价。鲁桓公在位十八年（前711—前694年）。

【原文】

2.1.1　元年春王正月，公即位。

继弑君不言即位，此其言即位何？如其意也〔1〕。

【注释】

〔1〕如：顺遂。　其：指桓公。《解诂》："弑君欲即位，故如其意以著其恶，直而不显，讳而不盈。"

【译文】

元年春周历正月，桓公即位。

国君被杀以后继位不说即位，这儿说即位是为什么？是顺遂桓公的心意。

【原文】

2.1.2　三月，公会郑伯于垂[1]。郑伯以璧假许田[2]。

其言以璧假之何？易之也。易之，则其言假之何？为恭也[3]。曷为为恭？有天子存，则诸侯不得专地也。许田者何？鲁朝宿之邑也[4]。诸侯时朝乎天子，天子之郊，诸侯皆有朝宿之邑焉。此鲁朝宿之邑也，则曷为谓之许田？系之许也[5]。曷为系之许？近许也。此邑也，其称田何？田多邑少称田[6]，邑多田少称邑。

【注释】

〔1〕郑伯：郑庄公。　垂：见1.8.1注〔1〕。

〔2〕郑伯以璧假许田：隐公八年郑伯使宛来归邴，就是想与鲁国易许田的，可能鲁国认为邴与许田尚不相当，所以郑伯又加上了璧。

〔3〕为恭也：《解诂》："为恭孙(逊)之辞，复若暂假借之辞。"《穀梁传》更直截了当说："非假而曰假，讳易田也。"

〔4〕朝宿之邑：天子赐给诸侯以王城远郊之邑，供诸侯来朝时住宿之用。鲁国的朝宿之邑许田，建有周公的别庙。

〔5〕系之许也：《通义》："许，邑名。……以此田近许邑，故系之许而已。知非谓许国者，王城之外五十里曰近郊，又其外五十里曰远郊，又外达甸、稍、县、都，相距各百里，许国犹在畿外，而上传云朝宿之邑在郊，不得相近也。"

〔6〕田多邑少：《通义》："所稼曰田，所居曰邑。"

【译文】

三月，隐公在垂邑会见郑庄公。郑庄公用璧借许田。

说用璧借许田是怎么回事？是把它交换了。交换了，那么说借它是为什么？是用恭逊的语言。为什么用恭逊的语言？有天子在，那诸侯就不能擅自作地的主。许田是什么？是鲁国朝见天子时住宿的村邑。诸侯四时朝见天子，王城的郊区，诸侯都有朝宿的村邑在那里。这是鲁国朝宿的村邑，那么为什么叫做许田？是因为把它联属在许邑上。为什么把它联属在许邑上？因为靠近许邑。这是个村邑，称它田为什么？庄稼地多住户少称为田，住户多庄稼地少称为邑。

【原文】

2.1.3　夏四月丁未，公及郑伯盟于越〔1〕。

秋，大水。

何以书？记灾也。

冬十月。

【注释】

〔1〕郑伯：郑庄公。　越：卫国地名。杜预注《左传》云："越，近垂，地名。"在今山东曹县附近。

【译文】

夏四月丁未日，桓公与郑庄公在越邑结盟。

秋，洪水。

为什么写下？是记录灾情。

冬十月。

【原文】

2.2.1　二年春王正月戊申，宋督弑其君与夷及其大夫孔父〔1〕。

及者何？累也〔2〕。弑君多矣，舍此无累者乎？曰：有，仇牧、荀息皆累也〔3〕。舍仇牧、荀息无累者乎？曰：有。有则此何以书？贤也。何贤乎孔父？孔父可谓义形于色矣〔4〕。其义形于色奈何？督将弑殇公，孔父生而存，则殇公不可得而弑也，故于是先攻孔父之家。殇公知孔父死，己必死，趋而救之，皆死焉。孔父正色而立于朝，则人莫敢过而致难于其君者，孔父可谓义形于色矣。

滕子来朝〔5〕。

【注释】

〔1〕宋督：名督，字华父，戴公之孙，殇公堂叔，宋国大宰。关于华父督杀其君与夷及其大夫孔父事，参1.3.6注〔13〕。《左传》的记载与《公羊传》异。　与夷：即宋殇公，参1.3.6注〔10〕。　孔父：名嘉，宋微子之后，正考父之子，孔子的六世祖，任大司马之职。此处宋督称名而孔父称字，据《穀梁传》说："或曰，其不称名，盖为祖讳也。"

〔2〕累：连累。《公羊传》认为孔父嘉被杀是受殇公的连累，这就把华父督看上孔父嘉的妻子"美而艳"，为夺其妻而杀之的事隐讳过去了。孔子主张"父为子隐，子为父隐"（《论语·子路》），公羊高受业于子夏，对孔子先祖有辱家门的事有所隐讳，是很自然的。

〔3〕仇牧：宋国大夫。宋南宫长万杀闵公，仇牧闻讯前来阻止，也受连累而被杀。参3.12.2。　荀息：晋国大夫，晋里克杀荀息所立之幼子卓子，荀息为之而死。参5.10.1。

〔4〕义形于色：《解诂》："内有其义而外形见于颜色。"

〔5〕滕子：滕国国君。即隐十一年来朝的"滕侯"。这里称"子"，符合其小国地位。《通义》："朝桓公不足褒，故还从本爵尔。"

【译文】

二年春周历正月戊申日，宋华父督杀了他的国君与夷及大夫孔父嘉。

及是什么意思？是受株连。杀国君的多了，除了这次没有受株连的了吗？回答说：有，仇牧、荀息都是受株连的。除了仇牧、荀息没有受株连的了吗？回答说：有。有那么这为什么写下？是因为贤明。孔父有什么贤明？孔父可以说是义形于色了。他是怎样义形于色的？华父督将要杀殇公，孔父嘉活着，还在，那么殇公就不可能杀了，所以就先攻打孔父嘉的家。殇公知道孔父嘉死了，自己一定得死，跑去救他，都死了。孔父嘉脸色端庄地立在朝堂上，人就不敢经过他去为难国君，孔父嘉可以说是义形于色了。

滕国国君来访。

【原文】

2.2.2 三月，公会齐侯、陈侯、郑伯于稷〔1〕，以成宋乱〔2〕。

内大恶讳，此其目言之何〔3〕？远也，所见异辞，所闻异辞，所传闻异辞。隐亦远矣，曷为为隐讳？隐贤而桓贱也。

【注释】

〔1〕齐侯：齐僖公。 陈侯：陈桓公。 郑伯：郑庄公。 稷：宋国地名。

〔2〕成：平息。华父督杀了孔父嘉和殇公以后，从郑国迎回公子冯立之为君。鲁、齐、陈、郑四国国君会于宋地，华氏对四国分别贿赂，四国“成宋乱”实际上是承认了篡弑。所以下文说这是“大恶”。

〔3〕目言之：《解诂》：“目，见也。斥见其恶，言成宋乱。”目，谓不隐讳。

【译文】

三月，隐公在稷地会见齐僖公、陈桓公、郑庄公，平息宋国的祸乱。

本国的大恶是隐讳的，这里不隐讳还说平息宋国的祸乱是为什么？是年代久远了，所看到的说法不一样，所听到的说法不一样，所传闻的说法不一样。隐公年代也久远了，为什么为隐公隐讳？隐公贤明而桓公卑贱。

【原文】

2.2.3　夏四月，取郜大鼎于宋[1]。

此取之宋，其谓之郜鼎何？器从名，地从主人。器何以从名，地何以从主人？器之与人，非有即尔。宋始以不义取之，故谓之郜鼎。至乎地之与人则不然，俄而可以为其有矣[2]。然则为取可以为其有乎？曰：否。何者？若楚王之妻娟[3]，无时焉可也。

戊申，纳于大庙[4]。

何以书？讥。何讥尔？遂乱受赂，纳于大庙，非礼也。

【注释】

〔1〕郜大鼎：郜国的大鼎。郜，姬姓国名，始封之君为周文王之子，故都在今山东成武东南，春秋初为宋所灭，郜鼎遂为宋有。参1.10.2注〔2〕。

〔2〕俄而：《解诂》：“俄者，谓须臾之间。”

〔3〕娟：楚方言谓妹为娟。《解诂》：“娟，妹也。”

〔4〕大庙：鲁国称周公之庙为大庙。

【译文】

夏四月，从宋国取得郜大鼎。

这是从宋国取得的，把它叫做郜鼎为什么？器物依从原来的名称，土地依从占有它的主人。器物为什么依从原来的名称，土地为什么依从占有它的主人？器物对于人，并不是占有了就这样了。宋国原先是用不义取得的，所以把它叫做郜鼎。至于土地对于人就不是这样了，须臾之间可以为他所占有。这样的话那么取得就可以为他所占有吗？回答说：不。为什么？好像楚王将妹妹作为妻子，任何时候都是不可以的。

戊申日，把郜鼎送进了周公庙。

为什么写下？是讥讽。为什么讥讽这件事？成就祸乱收受贿赂，送进周公庙，是不合礼法的。

【原文】

2.2.4　秋七月，纪侯来朝〔1〕。

蔡侯、郑伯会于邓〔2〕。

离不言会〔3〕，此其言会何？盖邓与会尔。

九月，入杞〔4〕。

公及戎盟于唐〔5〕。

冬，公至自唐〔6〕。

【注释】

〔1〕纪侯：《穀梁传》同，《左传》作“杞侯”。纪、杞形近易误。《左传》说：“杞侯来朝，不敬。杞侯归，乃谋伐之。”与下“九月，入杞”照应，颇能自成其说，似是。纪为姜姓国，参1.2.2注〔2〕。《解诂》：“称侯者，天子将娶于纪，与之奉宗庙，传之无穷，重莫大焉，故封之百里。”可备一说。天子娶于纪，见2.9.1。

〔2〕蔡侯：蔡桓公。　郑伯：郑庄公。　邓：《公羊传》以为邓国。邓，曼姓国名，在今湖北襄樊市北邓城镇，一说疆域到达今河南邓州市。杜预注《左传》以邓为蔡国地名，在今河南郾城东南。孔颖达《春秋左传正义》：“贾(逵)、服(虔)以邓为国，言蔡、郑会于邓之国都。……以邓是小国，去蔡路远，不宜远会其都。且蔡、郑惧楚，始为此会，何当反求近楚小国而与之结援？故知非邓国也。”可资参照。

〔3〕离：《解诂》：“二国会曰离。”《通义》：“离，俪也；俪，两也。”

〔4〕杞：见1.4.1注〔1〕。

〔5〕唐：见1.2.2注〔1〕。

〔6〕公至自唐：诸侯外出会盟或征伐，回国后都要向祖庙行告至之礼。鲁侯凡举行告至之礼，《春秋》皆书之。

【译文】

秋七月，纪国国君来访。

蔡桓公、郑庄公在邓国会见。

两国不说会见，这里说会见是为什么？大概邓国也参加会见的。

九月，进入杞国。

桓公与戎国国君在唐邑会盟。

冬，桓公从唐邑到达鲁国。

【原文】

2.3.1　三年春正月〔1〕，公会齐侯于嬴〔2〕。

夏，齐侯、卫侯胥命于蒲〔3〕。

胥命者何？相命也。何言乎相命？近正也。此其为近正奈何？古者不盟，结言而退〔4〕。

【注释】

〔1〕春正月：按《春秋》体例，此当书“春王正月”；而桓公十八年中，除元年、二年、十年、十八年有“王”字外，余皆不书王。前人对此有二说：一，《穀梁传·桓公元年》曰：“桓无王……其曰无王何也？桓弟弑兄、臣弑君，天子不能定诸侯，不能救百姓，不能去以为无王之道。”因此而不书王。《解诂》把侧重点移到桓公身上，说：“无王者，见桓公无王而行也。”二，杜预注《左传》曰：“经之首时必书王，明此历天王之所颁也。其或废法违常，失不颁历，故不书王。”

〔2〕齐侯：齐僖公。　嬴：齐国地名，秦置县，治所在今山东莱芜西北。

〔3〕卫侯：卫宣公。　胥命：相互订立约定。胥：相互。《穀梁传》：“胥之为言犹相也。……其以相言之何也？不以齐侯命卫侯也。”命，辞命。《论语·宪问》：“为命，裨谌草创之。”邢昺疏：“命谓政命，盟会之辞也。”胥命与订盟的区别在于，订盟有歃血的仪式，胥命则不歃血。（歃血：口含血或涂血于口旁。）　蒲：卫国地名，在今河南长垣。

〔4〕结言：口头订立约定。

【译文】

三年春正月，桓公在嬴邑会见齐僖公。

夏，齐僖公、卫宣公在蒲邑胥命。

胥命是什么？是相互订立约定。说相互订立约定是什么意思？是接近于中正。这怎样接近于中正？古时候不举行盟誓，口头订立约定就离去。

【原文】

2.3.2　六月，公会纪侯于盛〔1〕。

秋七月壬辰朔，日有食之，既〔2〕。

既者何？尽也。

公子翚如齐逆女〔3〕。

【注释】

〔1〕纪侯:《左传》、《穀梁传》作“杞侯”。《左传》说:是杞侯来“求成”(讲和)，与上年“入杞”相照应，似是。　盛:《左传》、《穀梁传》作“郕”。范宁注《穀梁传》云:“郕，鲁地。”是此盛非“卫师入盛”之盛。

〔2〕既:尽。《解诂》:“光明灭尽也。”《通义》引《汉书·五行志》曰:“京房以为桓三年日食贯中央，上下竟而黄。”为日全食。朱文鑫《春秋日食考》推算为公元前709年7月17日之日食。

〔3〕如齐:到齐国。　逆:迎。　女:指文姜。古婚礼要求“亲迎”，即新婿亲自到女家迎新娘。所以《穀梁传》说:“逆女，亲者也。使大夫，非正也。”但春秋时诸侯不出国境逆女已成风气。

【译文】

六月，桓公在盛邑会见纪侯。

秋七月壬辰日朔日，日食，既。

既是什么意思？是尽，即日全食。

公子翚到齐国去迎新娘。

【原文】

2.3.3 九月，齐侯送姜氏于讙〔1〕。

何以书？讥。何讥尔？诸侯越竟送女〔2〕，非礼也。此入国矣，何以不称夫人？自我言，齐父母之于子，虽为邻国夫人，犹曰吾姜氏。

公会齐侯于讙〔3〕。夫人姜氏至自齐。

翚何以不致？得见乎公矣〔4〕。

【注释】

〔1〕齐侯：齐僖公。 姜氏：即文姜，僖公之女。 讙：鲁国地名，在今山东肥城市南，一说在今山东宁阳县北偏西。

〔2〕诸侯越竟送女：竟，通境。《穀梁传》："礼：送女，父不下堂，母不出祭门(庙门)，诸母兄弟不出阙门(两观之门，在祭门外)。"《左传》："凡公女，嫁于敌国(门当户对之国)，姊妹，则上卿送之，以礼于先君；公子，则下卿送之。于大国，虽公子，亦上卿送之。于天子，则诸卿皆行，公不自送。于小国，则上大夫送之。"可明齐僖公越境送女之"非礼"。

〔3〕公会齐侯于讙：从下文"得见乎公矣"可知，桓公至讙邑是来迎亲的。《穀梁传》也说："齐侯来也，公之逆而会之可也。"

〔4〕得见乎公矣：《穀梁传》："公亲受之于齐侯也。"

【译文】

九月，齐僖公送姜氏到讙邑。

为什么写下？是讥讽。为什么讥讽这件事？诸侯越过国境送女出嫁，是不合礼法的。这已经进入国境了，为什么不称夫人？从本国来说，齐国的父母对于女儿，虽然做了邻国的夫人，还是称为我姜氏。

桓公在讙邑会见齐僖公。夫人姜氏从齐国来到。

公子翚为什么不送？是因为已经和桓公见面了。

【原文】

2.3.4 冬，齐侯使其弟年来聘〔1〕。

有年〔2〕。

有年何以书？以喜书也。大有年何以书〔3〕？亦以喜书也。此其曰有年何？仅有年也。彼其曰大有年何？大丰年也。仅有年，亦足以当喜乎？恃有年也〔4〕。

【注释】

〔1〕齐侯：齐僖公。　弟年：参1.7.2注〔3〕。

〔2〕有年：《穀梁传》："五谷皆熟为有年也。"《通义》："古之造文者，禾千为年。……嘉禾备登，年功乃成，故以有年名。喜而书之者，重民食也。"

〔3〕大有年：大丰收。《宣公十六年》："冬，大有年。"（7.16.1）

〔4〕恃：《解诂》："恃，赖也。桓公之行，诸侯所当诛，百姓所当叛，而又元年大水，二年耗减，民人将去，国丧无日；赖得五谷皆有，使百姓安土乐业，故喜而书之。"《通义》引胡康侯以为"书有年，他年之歉可知也"。

【译文】

冬，齐僖公派遣他的同母弟夷仲年来访。

有年。

有年为什么写下？是因为喜事而写下。大有年为什么写下？也是因为喜事而写下。这里说有年是什么意思？是刚好有收成。那里说大有年是什么意思？是大丰收。刚好有收成，也值得当作喜事吗？是依赖着有点收成。

【原文】

2.4.1 四年春正月，公狩于郎〔1〕。

狩者何？田狩也。春曰苗〔2〕，秋曰蒐〔3〕，冬曰狩[4]。常事不书，此何以书？讥。何讥尔？远也。诸侯曷为必田狩？一曰干豆[5]，二曰宾客，三曰充君之庖。

【注释】

〔1〕郎：鲁国地名，由下文讥远可知非1.9.3之郎。此郎在鲁宋接壤处，在今山东鱼台旧治东北。

〔2〕春曰苗：四时田狩之名，《左传·隐公五年》云："故春蒐、夏苗、秋狝、冬狩，皆于农隙以讲事也。"《尔雅·释天》云："春猎为蒐，夏猎为苗，秋猎为狝，冬猎为狩。"《周礼·大司马》亦同，皆与《公羊传》异。《公羊传》夏不猎，则又与《礼记·王制》"天子诸侯无事，则岁三田"合，郑玄注："三田者，夏不田，盖夏时(夏为农时)也。"《穀梁传》谓"春曰田，夏曰苗，秋曰蒐，冬曰狩"，亦互有异同。诸以苗为夏猎之名者，皆释苗为"为苗除害"之猎；唯郑玄注《周礼》云："夏田为苗，择取不孕妊者，若治苗去不秀实者。"《解诂》从郑玄，谓"苗，毛(现)也，明当毛物取未怀妊者"。《通义》则从《左传》杜注、《尔雅》郭注、《穀梁传》范注，云："苗之义，从田，主为田驱禽兽害稼者。"

〔3〕秋曰蒐：诸以蒐为春猎之名者，皆释蒐为索，谓择取不孕者。《解诂》与《穀梁传》范注则以蒐为取大舍小。《通义》别出心裁，望文生义曰："蒐之义从鬼，主为鬼享取鲜兽。"

〔4〕冬曰狩：冬猎之名为狩，诸说皆同。郑玄注《周礼》以守释狩，"言守取之无所择也"。杜预、范宁、郭璞皆从之。《解诂》则曰："狩犹兽也，冬时禽兽长大，遭兽可取。"音训不同，而大意同。《通义》亦以守释狩，而取义异："狩之义从守，主为守土习军旅也。"冬曰狩而桓公于春狩者，周历之春正月，当夏历之冬十一月。

〔5〕干豆：干，干肉，祭品；豆，祭器。古代祭礼，把干肉放在豆中祭祀天地。《礼记·王制》："天子诸侯无事则岁三田，一为干豆，二为宾客，三为充君之庖。"《穀梁传》说与此同。

【译文】

四年春正月，桓公在郎邑狩猎。

狩是什么意思？是田猎。春天叫苗，秋天叫蒐，冬天叫狩。常规的活动不写，这为什么写下？是讥讽。为什么讥讽这件事？

是路远了。诸侯为什么一定要田猎？一是为了祭祀，二是为了招待宾客，三是为了丰富国君的庖厨。

【原文】

2.4.2 夏，天王使宰渠伯纠来聘〔1〕。

宰渠伯纠者何？天子之大夫也。其称宰渠伯纠何？下大夫也〔2〕。

【注释】

〔1〕天王：周桓王。 宰渠伯纠：宰为官名，渠为氏，伯纠为字。《左传》说："父在故名。"以为渠伯纠之父尚在，故称其名，是以纠为名。《解诂》则说："称伯者，上敬老也。"又说"礼，君于臣而不名者有五"，其中之一是"老臣不名，宰渠伯纠是也"，则以渠伯纠为老臣，而纠非名甚明。《礼记·檀弓上》云："五十以伯仲。"是《解诂》之说可信，而《左传》"父在故名"或传闻之异了。

〔2〕下大夫：《周礼》宰夫有下大夫四人，可知渠伯纠的官职为宰夫；参1.1.4注〔2〕。从此条可知《春秋》称下大夫的规矩是系官氏，以字书。 此年秋、冬无事，照例应空书"秋七月"、"冬十月"。此不书者，杜预注《左传》以为"史阙文"。《解诂》、《通义》以为别有深义，《解诂》云："下去二时者，桓公无王而行，天子不能诛，反下聘之，故为贬，见其罪，明不宜。"《通义》云："以成十年，昭十年之无冬推之，此秋冬下所系之事，其亦为内大恶当讳者而削之与？"

【译文】

夏，周王派遣宰渠伯纠来访。

宰渠伯纠是什么人？是天子的大夫。称他宰渠伯纠是为什么？因为他是下大夫。

【原文】

2.5.1 五年春正月甲戌、己丑〔1〕，陈侯鲍卒〔2〕。

曷为以二日卒之？怴也[3]，甲戌之日亡，己丑之日死而得[4]，君子疑焉[5]，故以二日卒之也。

【注释】

〔1〕甲戌、己丑：杜预注《左传》云："甲戌，前年十二月二十一日；己丑，此年正月六日。"《左传》说出现两个日子的原因是"再赴也"，即陈国先后发了两次讣告。但为什么发了两次讣告，《左传》没有说，《公羊传》和《穀梁传》则回答了这个问题。

〔2〕陈侯鲍：陈桓公，名鲍，在位三十八年(前744—前707)。

〔3〕怴：《解诂》："怴者，狂也，齐人语。"《通义》引《白虎通义》曰："陈侯有狂易之病，蜚亡而死。"

〔4〕死而得：《通义》引惠氏(栋)说云："死而得者，言得其尸也。"

〔5〕君子：《解诂》："君子谓孔子也。"

【译文】

五年春正月甲戌日、己丑日，陈桓公鲍去世。

为什么用两个日子记陈桓公的去世？他疯了，甲戌那一天走失，己丑那一天得到他的死尸，孔子对这事存疑，所以用两个日子记陈桓公的去世。

【原文】

2.5.2　夏，齐侯、郑伯如纪[1]。

外相如不书，此何以书？离不言会[2]。

天王使仍叔之子来聘[3]。

仍叔之子者何？天子之大夫也。其称仍叔之子何？讥。何讥尔？讥父老，子代从政也。

葬陈桓公。

城祝丘[4]。

【注释】

〔1〕齐侯：齐僖公。　郑伯：郑庄公。　如：往。　纪：纪国。参1.2.2注〔2〕。

〔2〕离不言会：《解诂》：“时纪不与会。”据《左传》，齐侯、郑伯同时访问纪国，实际上是“欲以袭之”，“纪人知之”，所以不与会。《通义》：“纪与会则为参，纪不与会则为离；参则可曰齐侯、郑伯会于纪，离则不可曰会于纪。故变文以明之。”

〔3〕天王：周桓王。　仍叔：《左传》同，《穀梁传》作“任叔”。仍叔为周王之世袭大夫。

〔4〕祝丘：鲁国地名。

【译文】

夏，齐僖公、郑庄公前往纪国。

外国相互来往不写，这为什么写下？是因为两个国家不说会见。

周王派遣仍叔之子来访。

仍叔之子是什么人？是天子的大夫。称他仍叔之子是为什么？是讥讽。为什么讥讽这件事？讥讽父亲老了，儿子代为做官。

安葬陈桓公。

修筑祝丘城墙。

【原文】

2.5.3　秋，蔡人、卫人、陈人从王伐郑[1]。

其言从王伐郑何？从王，正也。

大雩[2]。

大雩者何？旱祭也。然则何以不言旱？言雩，则旱见；言旱，则雩不见。何以书？记灾也。

螺[3]。

何以书？记灾也。

【注释】

〔1〕从王伐郑：王，周桓王。《左传》：“王夺郑伯政，郑伯不朝。秋，王以诸侯伐郑，郑伯御之。”这次战役，王师大败，蔡、卫、陈皆奔，周桓王肩上还中了一箭。

〔2〕大雩：雩为求雨之祭。《解诂》：“祭言大雩，大旱可知也。”《左传》谓“龙见而雩”，龙即苍龙七宿之星，杜预注谓当黄昏出现时为建巳之月，即夏历四月。《礼记·月令》则谓仲夏“大雩帝，用盛乐”，仲夏为五月。四月、五月或有地域之别。《说文》：“雩，夏祭乐于赤帝以祈甘雨也。”是夏天雩祭是常规祭祀。这里的大雩在秋天，是发生了旱灾以后的临时性祭祀。

〔3〕螺：《左传》、《穀梁传》作“螽”，螺为螽之异体字。《汉书·五行志》颜师古注：“说者以为螽，蝗之类。”《艺文类聚》引《五行传》：“于《春秋》为螽，今谓之蝗。”

【译文】

秋，蔡国人、卫国人、陈国人随从周王攻伐郑国。

说随从周王攻伐郑国是为什么？随从周王，是正当的行为。

大雩。

大雩是什么？是天旱时的祭祀。这样的话那么为什么不说天旱？说了雩祭，那么天旱就显出来了；说了天旱，那么雩祭还显不出来。为什么写下？是记录灾情。

有蝗虫。

为什么写下？是记录灾情。

【原文】

2.5.4　冬，州公如曹〔1〕。

外相如不书，此何以书？过我也〔2〕。

【注释】

〔1〕州公：州国国君。州，姜姓国名，建都淳于（今山东安丘东北）。周代因爵称公的只有两种情况，一是天子的三公，如周公；二是王者之后，如宋公。州是小国，也非三公，所以称公，不是因爵，而是“寓

公”的公。《左传》说：“淳于公如曹，度其国危，遂不复。”是州公访曹期间国内政局有变，他已回不去了，后来留在鲁国成了“寓公”。《礼记·郊特牲》：“诸侯不臣寓公。”所以称他为公。曹，姬姓国名，周武王封弟叔振铎于曹，建都陶丘(今山东定陶西南)。

〔2〕过我：经过我国。

【译文】

冬，州国国君前往曹国。

外国相互来往不写，这为什么写下？是因为经过我国了。

【原文】

2.6.1　六年春正月，实来〔1〕。

实来者何？犹曰是人来也。孰谓？谓州公也。曷为谓之实来？慢之也。曷为慢之？化我也〔2〕。

【注释】

〔1〕实：是，此。《诗·召南·小星》：“实命不同。”毛传：“实，是也。”

〔2〕化：《解诂》：“行过无礼谓之化，齐人语也。”《穀梁传》：“实来者，是来也。……其谓之是来何也？以其画我，故简言之也。”“画”即“化”。《通义》：“此云化者，前自其国如曹，途出于鲁；今自曹还，复过鲁，遂止不去，将依于我，而犹不能修礼来朝，故责其化也。”

【译文】

六年春正月，实来。

实来是什么意思？等于说这个人来了。指谁？指州公。为什么说他“实来”？是轻慢他。为什么轻慢他？是因为他对我国无礼。

【原文】

2.6.2　夏四月，公会纪侯于成〔1〕。

秋八月壬午，大阅[2]。

大阅者何？简车徒也[3]。何以书？盖以罕书也。

蔡人杀陈佗[4]。

陈佗者何？陈君也。陈君则曷为谓之陈佗？绝也[5]。曷为绝之？贱也。其贱奈何？外淫也。恶乎淫[6]？淫于蔡[7]，蔡人杀之。

【注释】

〔1〕纪侯：纪国国君，即娶鲁女伯姬、叔姬者，为鲁桓公的姐夫。　成：《左传》同，《穀梁传》作郕，据《庄公八年》“围成，成降”可知“成”为盛国都城，后来成为鲁邑，参3.8.3注〔1〕、〔2〕。杜预注《左传》云：“在泰山巨平县东南。”巨平故城在今山东宁阳东北。

〔2〕阅：检阅。

〔3〕简：通“检”。车徒：兵车与步卒。古代车战的基本战斗单位是乘，每乘四马一车，车上甲士三人，随车步兵七十二人，合计七十五人。

〔4〕陈佗：字五父，陈文公之子，桓公之异母弟。陈桓公死后，陈佗杀太子免而自立。《史记·陈杞世家》以陈佗与五父为二人，又谓陈佗为厉公，误，陈佗实未曾有谥号。

〔5〕绝：《通义》：“绝者，诸侯有罪当绝其世也。佗本弑立，绝之不成为君。”《礼记·曲礼下》：“诸侯不生名。”郑玄注：“诸侯之生名皆有大恶，君子所远，出名以绝之。”

〔6〕恶乎：《解诂》：“恶乎，犹于何也。”

〔7〕淫于蔡：据《史记·陈杞世家》，陈佗娶蔡女，屡次到蔡国淫乱，太子免的三个弟弟跃、林、处臼与蔡人串通，用美女引诱陈佗，杀了他。

【译文】

夏四月，桓公在成邑会见纪国国君。

秋八月壬午日，大检阅。

大检阅是什么？是检阅兵车与步卒。为什么写下？因为难得有而写下。

蔡国人杀了陈佗。

陈佗是什么人？是陈国的国君。陈国的国君那么为什么叫他陈佗？是断绝他和君位的关系。为什么断绝他和君位的关系？是他行为卑鄙。他行为怎样卑鄙？到国外去搞淫乱。到哪里去搞淫乱？在蔡国淫乱，蔡国人把他杀了。

【原文】

2.6.3　九月丁卯，子同生〔1〕。

子同生者孰谓？谓庄公也。何言乎子同生？喜有正也〔2〕。未有言喜有正者，此其言喜有正何？久无正也。子公羊子曰："其诸以病桓与〔3〕？"

冬，纪侯来朝。

【注释】

〔1〕子同：桓公的嫡长子，即后来的庄公，文姜所生。《左传》与《史记·鲁周公世家》都说子同的生日与桓公的生日相同，所以取名同。

〔2〕喜有正：《解诂》："喜国有正嗣。"《左传》说，子同之生，"以太子生之礼举之"，礼节相当隆重。

〔3〕其诸：《解诂》："其诸，辞也。"实际上只是"诸"为语助，无义。《论语·学而》："夫子之求之也，其诸异乎人之求之与？""其诸"皆与表揣测的语气助词"与"联用。　病：不满、责备。《解诂》认为，"隐、桓之祸，生于无正"，《春秋》记下这一条，"欲以正见无正，疾恶桓公"。

【译文】

九月丁卯日，子同生。

所谓子同生是指谁？是指庄公。说子同生是为什么？是为有正嗣而喜。没有说为有正嗣而喜的，这里说为有正嗣而喜是为什么？是因为长久没有正嗣了。子公羊子说："那是在责备桓公吧？"

冬，纪国国君来访。

【原文】

2.7.1 七年春二月己亥，焚咸丘〔1〕。

焚之者何？樵之也。樵之者何？以火攻也。何言乎以火攻？疾始以火攻也。咸丘者何？邾娄之邑也。曷为不系乎邾娄？国之也。曷为国之？君存焉尔〔2〕。

【注释】

〔1〕咸丘：杜预注《左传》以为是鲁邑，与《公羊传》、《穀梁传》不合，误。王献唐《三邾疆邑图考》："案咸丘当为国名，初本名咸，后为邾灭，改邑始加丘字。""今邹县城西南三十里，村名古咸，相传即咸丘……言古之咸国，或古之咸丘也。"焚咸丘，杜预以为"火田"，杨伯峻《春秋左传注》亦以为"以火焚地，驱使野兽外逃，然后罗网围取之"，非。

〔2〕君存焉尔：《解诂》以为"邾娄君在咸丘邑"，王献唐《三邾疆邑图考》辩之曰："所谓君存，乃咸之国君，国灭仍居其地，故言存。非指邾君。邾君当言在，不当言存。以君存之故，仍得以咸名之。"

【译文】

七年春二月己亥日，焚咸丘。

焚是什么意思？是用柴烧。用柴烧是什么意思？是用火攻。说用火攻是为什么？是憎恨开始用火攻。咸丘是什么地方？是邾娄国的城邑。为什么不说明是邾娄国的咸丘？是把它当作国都。为什么把它当作国都？是因为咸国的国君还住在那儿。

【原文】

2.7.2 夏，穀伯绥来朝〔1〕。邓侯吾离来朝〔2〕。

皆何以名〔3〕？失地之君也〔4〕。其称侯朝何？贵者无后，待之以初也〔5〕。

【注释】

〔1〕榖伯绥：榖国国君，名绥。榖，嬴姓国名，杜预注《左传》云：“榖国在南乡筑阳县北。”即今湖北省谷(榖)城县。

〔2〕邓侯吾离：邓国国君，名吾离。邓，曼姓国名，参见2.2.4注〔2〕。

〔3〕皆何以名：古代诸侯在世时称爵不称名。《礼记·曲礼下》：“诸侯不生名。”孔颖达疏：“诸侯南面之尊，名者质贱之称，诸侯相见，衹可称爵，不可称名。”

〔4〕失地之君：《礼记·曲礼下》：“失地之君，名。”失地，一种情况是国灭，一种情况是国内政变失位。榖伯失地不详，邓侯失地为后一种情况。据《史记·楚世家》，楚文王十二年“伐邓，灭之”，楚文王十二年当鲁庄公十六年，是邓国之灭在邓侯吾离来朝之后二十七年。

〔5〕贵者无后，待之以初：《解诂》：“榖、邓本与鲁同贵为诸侯，今失爵亡土来朝，托寄也。义不可卑，故明当待之如初。”《礼记·郊特牲》：“诸侯不臣寓公，故古者寓公不继世。”郑玄注：“寓，寄也，寄公之子非贤者，世不是尊。”所以说无后。　此年秋、冬无事，缺空书“秋七月”、“冬十月”。《解诂》以为“下去二时者，桓公以火攻人君，故贬，明大恶”，可备一说。参2.4.2注〔2〕。

【译文】

夏，榖伯绥来访。邓侯吾离来访。

都为什么称名？因为是失了土地的国君。称他们侯、伯来访是为什么？因为他们曾经贵为诸侯，虽然没有了后继者，还是应该像当初一样对待他们。

【原文】

2.8.1　八年春正月己卯，烝[1]。

烝者何？冬祭也。春曰祠[2]，夏曰礿[3]，秋曰尝[4]，冬曰烝。常事不书，此何以书？讥。何讥尔？讥亟也[5]。亟则黩[6]，黩则不敬。君子之祭也，敬而不黩。疏则怠，怠则忘。士不及兹四者[7]，则冬不裘，夏不葛[8]。

天王使家父来聘[9]。

【注释】

〔1〕烝：周代冬季祭祀宗庙叫烝。烝有众多的意思，《解诂》："冬万物毕成，所荐众多，芬芳备具，故曰烝。"

〔2〕祠：周代春季祭祀宗庙叫祠。《尔雅·释天》："春祭曰祠。"郭璞注："祠之言食（音饲）。"谓向先君进食以祭。

〔3〕礿（yuè 跃）：周代夏季祭祀宗庙叫礿。《尔雅·释天》："夏祭曰礿。"郭璞注："新菜可汋。"汋意为煮，与礿同音，亦用音训解释礿之得名。

〔4〕尝：周代秋季祭祀宗庙叫尝。《尔雅·释天》："秋祭曰尝。"郭璞注："尝新谷。"意谓以新谷为祭品献给先君。

〔5〕亟：屡次。《解诂》："属十二月已烝，今复烝也。"意谓去冬十二月已经举行过熏祭了，今春正月又举行烝祭，所以称为"亟"。

〔6〕黩：滥。

〔7〕四者：指春祠、夏礿、秋尝、冬烝。

〔8〕冬不裘，夏不葛：《解诂》："裘、葛者，御寒暑之美服。士有公事，不得及此四时祭者，则不敢美其衣服，盖思念亲之至也。"

〔9〕天王：指周桓公。　家父：周王之中大夫。《解诂》以为家为采邑，以邑为氏，父为其字。《通义》则以家为字，父为配字之号。按《诗·小雅·节南山》："家父作诵，以究王讻。"节南山刺幽王，前后两家父相距七八十年，不能是一人。则何休以家为氏之说为是。

【译文】

八年春正月己卯日，举行烝祭。

烝祭是什么祭？是冬天的祭祀。春祭叫祠，夏祭叫礿，秋祭叫尝，冬祭叫烝。常规的活动不写，这为什么写下？是讥讽。为什么讥讽这件事？讥讽次数多了。次数多就滥，滥就不恭敬。君子的祭祀，恭敬而不滥。次数少了就怠懈，怠懈了就忘却。士来不及举行这四种祭祀，就冬天不穿裘，夏天不穿葛。

周王派遣家父来访。

【原文】

2.8.2　夏五月丁丑，烝。

何以书？讥亟也。

秋，伐邾娄。

冬十月，雨雪。

何以书？记异也。何异尔？不时也〔1〕。

祭公来〔2〕，遂逆王后于纪。

祭公者何？天子之三公也〔3〕。何以不称使？婚礼不称主人〔4〕。遂者何？生事也〔5〕。大夫无遂事，此其言遂何？成使乎我也〔6〕。其成使乎我奈何？使我为媒可〔7〕，则因用是往逆矣〔8〕。女在其国称女〔9〕，此其称王后何？王者无外，其辞成矣〔10〕。

【注释】

〔1〕不时：周历十月，相当于夏历八月，非下雪之正常时令，故称不时。

〔2〕祭公：祭，国名；公，对三公的称呼。参见1.1.6注〔1〕。杨伯峻以为此祭公即1.1.6之祭伯（《春秋左传注》），无据。

〔3〕三公：参见1.5.4注〔4〕。

〔4〕婚礼不称主人：参见1.2.2注〔3〕。

〔5〕遂者何？生事也：“遂”译成今语，就是“于是”。这里是对“遂”进行训诂。《通义》：“生事者，因事，起事。”《穀梁传》：“遂，继事之辞也。”说的实际上都是“于是”的意思。

〔6〕成使乎我也：《通义》：“待我而后使事成。”

〔7〕媒可：能说了算的媒人。范宁注《穀梁传》云：“时天子命祭公就鲁，共卜择纪女可中后者，便逆之，不复反命。”

〔8〕用是往逆：《通义》：“用，由也。使鲁为媒可，则由鲁往逆，不必返报。”

〔9〕女在其国称女：见1.2.2。

〔10〕王者无外，其辞成矣：范宁注《穀梁传》云：“四海之滨，莫

非王臣。王命纪女为后，则已成王后，不如诸侯入国乃称夫人。”

【译文】

夏五月丁丑日，举行烝祭。

为什么写下？是讥讽次数多。

秋，讨伐邾娄国。

冬十月，下雪。

为什么写下？是记录异常情况。异常在什么地方？是不合时令。

祭公来，于是到纪国迎接王后。

祭公是什么人？是天子的三公。为什么不说派遣？婚礼不由新婿出面。于是是什么意思？是引起另一件事的意思。大夫没有自己生出来的事，这儿说于是是为什么？是要我国来完成使命。要我国怎样来完成使命？派我国做媒人，那就从我国前去迎接了。新娘还在本国时称“女”，这儿称王后是为什么？对周王来说是没有外国的，因此这用语也就定下了。

【原文】

2.9.1　九年春，纪季姜归于京师〔1〕。

其辞成矣，则其称纪季姜何？自我言，纪父母之于子，虽为天王后，犹曰吾季姜。京师者何？天子之居也。京者何？大也〔2〕。师者何？众也〔3〕。天子之居，必以众大之辞言之。

【注释】

〔1〕纪季姜：即桓王新迎之后，纪为其国名，季谓其排行最小，姜为其姓。亦可省纪称季姜，或者省季称纪姜。　京师：旧称首都。源出于《诗·大雅·公刘》：“京师之野。”据同诗“乃觏于京”，可知“京”本为豳之地名。后来周人把周王所居之处叫京师，考其词源未必如《公羊传》所说。

〔2〕京者何？大也：京有“大”义，《左传·庄公二十二年》：“八世之后，莫之与京。”杜注：“京，大也。”孔疏：“莫之与京，谓无与之比大。”

〔3〕师者何？众也：师有“众”义，注〔1〕所引《公刘》“京师之野”，毛传：“是京乃大众所宜居之也。”郑笺：“京地乃众民宜居之野也。”

【译文】

九年春，纪季姜嫁到京师。

“王后”这用语已定下了，那么叫她纪季姜是为什么？从本国来说，纪国的父母对于女儿，即使是周王的王后，还是说“我的季姜”。京师是什么地方？是天子居住的地方。京是什么意思？是大的意思。师是什么意思？是人多的意思。天子居住的地方，一定要用人多地大的用语来说它。

【原文】

2.9.2 夏四月。

秋七月。

冬，曹伯使其世子射姑来朝〔1〕。

诸侯来曰朝，此世子也，其言朝何？《春秋》有讥父老，子代从政者，则未知其在齐与，曹与〔2〕？

【注释】

〔1〕曹伯：曹桓公，名终生，公元前756—前702年在位。鲁桓公九年，当曹桓公五十四年。 世子：天子、诸侯的嫡长子，即太子。 射姑：《史记》作夕姑，《索引》：“夕音亦，即射姑也，同音亦。”即后来的曹庄公，公元前701—前671年在位。

〔2〕未知其在齐与，曹与：《解诂》：“在齐者，世子光也。”指《襄公九年》十二国诸侯会同伐郑，齐国派世子光代灵公与会。其后两年内，世子光多次代父参与外交、军事活动。曹桓公在位已五十四年，《解诂》说：“时曹伯年老有疾，使世子行聘礼恐卑，故使自代朝，虽非

礼，有尊厚鲁之心。”《通义》：“传设为微辞者，言二世子皆不免讥耳。礼，世子无外交。”

【译文】

夏四月。

秋七月。

冬，曹伯派世子射姑来朝。

诸侯来叫作朝，这是世子，说他朝是为什么？《春秋》有讥讽父亲老了，儿子代为从政的，那就不知道这事是在齐国呢，还是在曹国。

【原文】

2.10.1　十年春王正月庚申，曹伯终生卒。

夏五月，葬曹桓公。

秋，公会卫侯于桃丘[1]，弗遇[2]。

会者何？期辞也。其言弗遇何？公不见要也[3]。

【注释】

〔1〕卫侯：卫宣公。　桃丘：卫国地名，杜预注《左传》云：“济北东阿县东南有桃城。”地在今山东东阿县东南。

〔2〕弗遇：这次约会，从会晤地点定在卫邑看，可能是卫侯主动约请的，所以范宁注《穀梁传》说：“倡会者卫。”但鲁桓公到了桃丘，卫宣公却倒向了齐、郑二国，背约不与鲁桓公相见。这里说“弗遇”，是讳辞。《解诂》：“时实桓公欲要见卫侯，卫侯不肯见公，以非礼动，见拒有耻，故讳，使若会而不相遇。”

〔3〕不见要：要通邀，迎候，遮阻。《解诂》：“传言公不见要者，顺经讳文。”

【译文】

十年春周历正月庚申日，曹伯终生去世。

夏五月，安葬曹桓公。

秋，桓公在桃丘会卫宣公，没相遇。

会是什么意思？是相约的用语。说没相遇是什么意思？是桓公不被迎候。

【原文】

2.10.2 冬十有二月丙午，齐侯、卫侯、郑伯来战于郎[1]。

郎者何？吾近邑也。吾近邑，则其言来战于郎何？近也。恶乎近？近乎围也。此偏战也[2]，何以不言师败绩[3]？内不言战，言战，乃败矣。

【注释】

〔1〕齐侯：齐僖公。　郑伯：郑庄公。　郎：鲁国国都近郊的城邑。《通义》："《哀十一年》'齐国书率师伐我'，《左传》云'师及齐师战于郊'，而《檀弓》以为战于郎，明郎地在郊也。"参1.9.3。

〔2〕偏战：各据一面而战。《解诂》："偏，一面也。结日定地，各居一面，鸣鼓而战，不相诈。"

〔3〕败绩：溃败。《书·汤誓》："夏师败绩。"孔氏传："大崩曰败绩。"

【译文】

冬十二月丙午日，齐僖公、卫宣公、郑庄公来战于郎。

郎是什么地方？是我国近郊的城邑。我国近郊的城邑，那么说来战于郎是为什么？是因为近。怎么样近？近于包围了。这是各据一面而战，为什么不说军队溃败？对本国不说作战，说作战，就是败了。

【原文】

2.11.1 十有一年春正月，齐人、卫人、郑人盟于恶曹[1]。

夏五月癸未，郑伯寤生卒[2]。

秋七月，葬郑庄公。

【注释】

〔1〕恶曹：沈钦韩《春秋地名补注》以为即乌巢，则为卫地，在今河南延津东南。

〔2〕郑伯寤生卒：据《史记·十二诸侯年表》寤生生于周平王十四年推算，终年五十七岁。

【译文】

十一年春正月，齐国人、卫国人、郑国人在恶曹结盟。

夏五月癸未日，郑伯寤生去世。

秋七月。安葬郑庄公。

【原文】

2.11.2　九月，宋人执郑祭仲[1]。

祭仲者何？郑相也。何以不名？贤也。何贤乎祭仲？以为知权也[2]。其为知权奈何？古者郑国处于留[3]，先郑伯有善于郐公者[4]，通乎夫人[5]，以取其国而迁郑焉[6]，而野留[7]。庄公死已葬，祭仲将往省于留，涂出于宋，宋人执之，谓之曰："为我出忽而立突[8]。"祭仲不从其言，则君必死[9]，国必亡；从其言，则君可以生易死，国可以存易亡。少辽缓之[10]，则突可故出[11]，而忽可故反。是不可得则病[12]，然后有郑国[13]。古人之有权者[14]，祭仲之权是也。权者何？权者反于经[15]，然后有善者也。权之所设，舍死亡无所设。行权有道：自贬损以行权，不害人以行权。杀人以自生，亡人以自存，君子不为也。

【注释】

〔1〕宋人：《解诂》："宋人，宋庄公也。" 祭仲：名足，字仲，祭为氏，郑国执政大夫。

〔2〕权：权宜，权衡轻重得失以因事制宜。

〔3〕留：周平王东迁后，郑武公失去了原来在西周的封邑，食采于留。据《寰宇通志》八三，留初属郑，后为陈所并，故名陈留。即今河南开封陈留城。《通义》以为"周东都畿内地"，误。若为东都畿内地，祭仲由郑至留，不可能"涂出于宋"。

〔4〕先郑伯：郑武公，即郑庄公之父，公元前770—前744年在位。 郐公：郐国国君。郐为妘姓古国，《诗经·桧风》作"桧"，《汉书·地理志》作"会"，相传为祝融之后，地在今河南密县东南，公元前769年为郑所灭。

〔5〕通乎夫人：《通义》以为郐国国君"取同姓女叔妘为夫人，武公因缘寄孥，故得通焉，《国语》言'郐之亡由叔妘'者是也"。但据传文，明言与郐夫人私通的是郑武公手下与郐公相善的人，而不是郑武公自己。

〔6〕迁郑：郑指新郑。郑武公之父桓公为周宣王庶弟，初封于郑(今陕西华县东)。西周亡后，桓公为犬戎所杀，武公东徙于留。灭郐后得十邑之地，遂迁都新郑(今属河南)。

〔7〕野留：《解诂》："野，鄙也。"《周礼·地官·大司徒》"凡造都鄙"，郑玄注引《春秋传》作"迁郑焉，而鄙留"，是野本作鄙。《周礼·天官·大宰》"以八则治都鄙"郑玄注："都之所居曰鄙。都鄙，公卿大夫之采邑，王子弟所食邑。"鄙留，即以留地为都鄙。《通义》："言以留为下都也。"

〔8〕忽：郑庄公的嫡长子，夫人邓曼所生，即后来的郑昭公(公元前696—前695年在位)。 突：世子忽的庶弟，字子元，母雍姑为宋大夫雍氏之女，《左传》说，雍氏"有宠于宋庄公"，所以宋庄公要强迫祭仲立突。突即郑厉公(公元前700—前697、前679—前673年在位)。

〔9〕君：指即将正式就位的忽。

〔10〕辽缓：《解诂》："辽，假缓之。"犹言迂缓，迟滞。

〔11〕故：依旧。

〔12〕病：罪咎。《解诂》："使突有贤才，是计不可得行，则己病逐君之罪。"

〔13〕有：保有。《通义》："己虽病逐君之罪，然终得保有郑国，犹愈于亡。"

〔14〕古人之有权者：《解诂》："古人谓伊尹也。汤孙大甲骄蹇乱德，诸侯有叛志，伊尹放之桐宫令自思过，三年而复成汤之道。前虽有逐君之负，后有安天下之功。犹祭仲逐君存郑之权是也。"

〔15〕经：常道。

【译文】

九月，宋庄公捉拿了郑国的祭仲。

祭仲是什么人？是郑国的相。为什么不称呼他名字？因为他贤明。祭仲有什么贤明？因为他懂得权宜之计。他怎样懂得权宜之计？早先郑国以留为都城，郑武公手下有与郐国国君关系好的，与郐国夫人私通，因此而取下了郐国把都城迁到新郑，而以留为下都。郑庄公去世后已下葬了，祭仲要到留邑去视察，路经宋国，宋庄公把他捉拿了，对他说："为我驱逐忽而立突为国君。"祭仲不听他的话，那么国君必定死，国家必定亡；听从他的话，那么国君可以变死为生，国家可以变亡为存。稍为拖延一下时日，那么突可以依旧逐出，而忽可以依旧回来。这一点不能达到那么就有逐君之罪了，但终归保存了郑国。古人有用权宜之计的，也就是祭仲的权宜之计。权宜之计是什么？权宜之计违背了常道，但总归有好的效果。权宜之计的施行，除了君死国亡的事外无所施行。实行权宜之计有原则：贬损自己来实行权宜之计，不损害别人来实行权宜之计。杀害别人来存活自己，消灭别人来保存自己，君子是不做的。

【原文】

2.11.3　突归于郑。

突何以名〔1〕？挈乎祭仲也。其言归何〔2〕？顺祭仲也。

郑忽出奔卫。

忽何以名[3]？春秋伯子男一也[4]，辞无所贬。

【注释】

〔1〕突何以名：指为什么只用名来称呼突，而不是像2.15.2“郑世子忽复归于郑”那样，称呼他“郑突”。

〔2〕其言归何：指为什么用归而不用入，因为3.9.3“齐小白入于齐”情况与突有相同的一面，却用入而不用归。《公羊传》很讲究《春秋》用词在含义上的细微差别，参见2.15.2对“复归”、“复入”、“入”、“归”的辨析。

〔3〕忽何以名：《春秋》对当年新丧父的国君都贬爵称呼，如5.9.1宋桓公卒，新即位的宋襄公，当年经文就称他为宋子而不称他宋公。这里问为什么称“郑忽”而不称“郑子”。

〔4〕春秋伯子男一也：参见1.5.4及注〔7〕。意谓，郑国本称伯，但伯子男在同一档次上，所以改称郑子并不见贬，因而去爵称名以贬之。

【译文】

突归回郑国。

突为什么只称他的名？因为是受祭仲提挈。说他归是为什么？因为是依顺祭仲。

郑忽逃亡到卫国。

忽为什么称名？春秋时伯、子、男在同一档次上，改称子爵在用词上没有什么贬抑。

【原文】

2.11.4　柔会宋公、陈侯、蔡叔[1]，盟于折[2]。

柔者何？吾大夫之未命者也。

公会宋公于夫童[3]。

冬十有二月，公会宋公于阚[4]。

【注释】

〔1〕柔：鲁国的代表。　宋公：宋庄公。　陈侯：陈厉公。　蔡叔：前人说法不一：《解诂》以为即蔡侯，因“不能防止其姑姊妹使淫于陈佗”，故贬称蔡叔；杜预注《左传》以为“蔡大夫，叔，名也”；《通义》以为“蔡叔即蔡宣公之母弟(即同母弟)”。后说近是。

〔2〕折：地名，不详何处。

〔3〕夫童：《左传》、《穀梁传》作夫钟，童、钟古音同。范宁注《穀梁传》云：“夫钟，郕地。”沈钦韩《春秋地名补注》云，今山东省汶上县治东北有夫钟里。

〔4〕阚：鲁国地名，王献唐《三邾疆邑图考》以为在山东汶上西南之南旺湖中，详见10.32.1。

【译文】

柔拜会宋庄公、陈厉公、蔡叔，在折邑结盟。

柔是什么人？是我国一位未经受命的大夫。

桓公在夫童会见宋庄公。

冬十二月，桓公在阚邑会见宋庄公。

【原文】

2.12.1　十有二年春正月。

夏六月壬寅，公会纪侯、莒子[1]，盟于殴蛇[2]。

秋七月丁亥，公会宋公、燕人[3]，盟于穀丘[4]。

八月壬辰，陈侯跃卒[5]。

公会宋公于剡[6]。

冬十有一月，公会宋公于龟[7]。

丙戌，公会郑伯[8]，盟于武父[9]。

丙戌，卫侯晋卒[10]。

【注释】

〔1〕纪侯：《穀梁传》同；《左传》作杞侯，传文云，盟杞、莒是为“平”（和解）二国。隐公四年莒人曾伐杞，见 1.4.1。故《左传》之说能成立。

〔2〕殴蛇：殴音驱，蛇音池，《左传》、《穀梁传》作曲池。驱、曲一音之转。鲁国地名。杜预注《左传》云：“鲁国汶阳县北有曲水亭。”地在今山东泰安西南。

〔3〕宋公：宋庄公。　燕人：南燕国国君，因国小称人。南燕，姞姓古国，传为黄帝之后，开国君主伯儵，地在今河南延津东北。

〔4〕穀丘：宋国地名。

〔5〕陈侯跃：即陈厉公，名跃，公元前 706—前 700 年在位。《史记·陈世家》以陈佗为陈厉公，又以跃为利公，误。

〔6〕郯：《左传》、《穀梁传》作虚，宋国地名。

〔7〕龟：宋国地名。

〔8〕郑伯：郑厉公，即突。

〔9〕武父：郑国地名。杜预注《左传》云：“陈留济阳县东北有武父城。”地在今河南兰考东北。

〔10〕卫侯晋：即卫宣公，名晋，公元前 718—前 700 年在位。参见 1.4.6 注〔1〕。

【译文】

十二年春正月。

夏六月壬寅日，桓公会见纪国国君、莒国国君，在殴蛇结盟。

秋七月丁亥日，桓公会见宋庄公、南燕国国君，在穀丘结盟。

八月壬辰日，陈侯跃去世。

桓公在郯邑会见宋庄公。

冬十一月，桓公在龟邑会见宋庄公。

丙戌日，桓公会见郑厉公，在武父结盟。

丙戌日，卫侯晋去世。

【原文】

2.12.2　十有二月，及郑师伐宋[1]。丁未，战于宋。

战不言伐[2]，此其言伐何？辟嫌也。恶乎嫌？嫌与郑人战也[3]。此偏战也，何以不言师败绩？内不言战，言战，乃败矣。

【注释】

〔1〕及郑师伐宋：这次军事行动，《左传》有概括的说明：宋国强迫祭仲立了郑厉公后，向郑厉公“求赂”，引起了双方的矛盾。鲁桓公最初想平息宋、郑之间的不和，所以与宋庄公举行了多次会见，最终宋国不愿意和解，桓公就与郑厉公盟于武父，一同出师伐宋。

〔2〕战不言伐：见 3.10.1。

〔3〕嫌与郑人战：这是说，如果前面不说明“及郑师伐宋”，直接说与郑师“战于宋”，在文意上会引起歧义，使人误以为与郑人在宋国交战。这说明《春秋》在用词造句方面是十分注意表达的精确性的。

【译文】

十二月，与郑国军队一起伐宋。丁未日，在宋国境内交战。

交战不说讨伐，这里说伐是为什么？是避嫌。有什么嫌？嫌与郑国人交战。这是各据一面而战，为什么不说军队溃败？对本国不说作战，说作战，就是败了。

【原文】

2.13.1　十有三年春二月，公会纪侯、郑伯[1]。己巳，及齐侯、宋公、卫侯、燕人战[2]，齐师、宋师、卫师、燕师败绩。

曷为后日[3]？恃外也。其恃外奈何？得纪侯、郑伯，然后能为日也。内不言战[4]，此其言战何？从外也。曷为从外？恃外，故从外也[5]。何以不地？近也。

恶乎近？近乎围[6]。郎亦近矣，郎何以地[7]？郎犹可以地也。

【注释】

〔1〕郑伯：郑厉公。

〔2〕齐侯：齐僖公。　宋公：宋庄公。　卫侯：卫惠公，名朔，卫宣公之子，公元前 699—前 697、前 686—前 669 年在位。燕人：南燕国国君。

〔3〕曷为后日：为何把交战日期己巳日写在会纪侯、郑伯之后。

〔4〕内不言战：《春秋》的体例，叙述外国交战用“战”，叙述鲁国本国的军事行动不用“战”这个字眼，凡是使用“战”的时候，一般都是战争失败的隐晦说法。参见 2. 10. 2 及 2. 12. 2。

〔5〕恃外，故从外也：《解诂》：“明当归功于纪、郑，故从纪、郑言战。”

〔6〕近乎围：《汉书·五行志》引董仲舒说：“四国共伐鲁，大破之于龙门。”韦昭注说，龙门为鲁国都城的外城门，所以是已经兵临城下了。

〔7〕郎何以地：参见 2. 10. 2 并注〔1〕。

【译文】

十三年春二月，桓公会见纪国国君、郑厉公。己巳日，与齐僖公、宋庄公、卫惠公、南燕国国君交战，齐国军队、宋国军队、卫国军队、南燕国军队溃败。

为什么把日子记在后面？是因为依靠外国。怎么样依靠外国？得到了纪国国君和郑厉公的帮助，然后才能定下交战日期。对本国不说作战，这里说交战是为什么？是随从外国。为什么随从外国？依靠外国，所以随从外国。为什么不记下交战地点？是因为近。怎么样近？近于包围了。郎也近了，郎为什么作为交战地点而记下？郎还可以作为一个交战地点而记下。

【原文】

2. 13. 2　三月，葬卫宣公。

夏，大水。

秋七月。

冬十月。

【译文】

三月，安葬卫宣公。

夏，洪水。

秋七月。

冬十月。

【原文】

2.14.1　十有四年春正月，公会郑伯于曹〔1〕。

无冰。

何以书？记异也〔2〕。

夏五〔3〕，郑伯使其弟语来盟〔4〕。

夏五者何？无闻焉尔。

【注释】

〔1〕郑伯：郑厉公。　曹：国名，与鲁、郑同姓姬。参2.5.4注〔1〕。

〔2〕记异也：周历春正月，为夏历冬十一月，无冰是为暖冬，属气候异常，故曰记异也。

〔3〕夏五：五下有阙文，至少是一个“月”字。《通义》：“本当言‘夏五月干支，郑伯使其弟语来盟’，简札烂灭，不知盟日。……进不可就五增月，退不可去五存夏，即用旧文，无所增损，亦因以示史阙疑之法。”

〔4〕语：字子人，庄公之子，厉公之同母弟。

【译文】

十四年春正月，桓公在曹国会见郑厉公。

无冰。

为什么写下？是记录气候异常。

夏五，郑厉公派遣他的同母弟语来结盟。

夏五是什么意思？在这件事上没有听说什么。

【原文】

2.14.2　秋八月壬申，御廪灾[1]。

御廪者何？粢盛委之所藏也[2]。御廪灾何以书？记灾也。

乙亥，尝[3]。

常事不书，此何以书？讥。何讥尔？讥尝也，曰：犹尝乎？御廪灾，不如勿尝而已矣。

【注释】

〔1〕御廪：贮藏祭祀用米的仓库。《通义》：“藏谷曰仓，藏米曰廪。谓之御廪者，给宗庙所用，故以米之最精者名也。”　灾：火灾。《左传·宣公十六年》：“凡火，人火曰火，天火曰灾。”天火即自然发生的火灾。

〔2〕粢盛委：《解诂》：“黍稷曰粢；在器曰盛；委，积也。”粢盛就是盛在祭器里的黍稷，也即祭祀用米。

〔3〕乙亥，尝：尝指秋祭宗庙，参见2.8.1注〔4〕。乙亥距御廪火灾之壬申日仅三天，所以下文说犹尝乎？不如勿尝而已矣。古人认为，刚经火灾，“粢盛不洁”（《通义》），不可以祭祀。

【译文】

秋八月壬申日，御廪火灾。

御廪是什么？是堆积祭祀用米的库藏。御廪火灾为什么写下？是为了记录灾情。

乙亥日，举行尝祭。

常规的活动不写，这为什么写下？是讥讽。为什么讥讽这件事？是讥讽尝祭，说：还要举行尝祭吗？御廪火灾，不如不要举行尝祭罢了。

【原文】

2.14.3　冬十有二月丁巳，齐侯禄父卒〔1〕。

宋人以齐人、卫人、蔡人、陈人伐郑〔2〕。

以者何？行其意也〔3〕。

【注释】

〔1〕齐侯禄父：即齐僖公，名禄父，参见1.3.6注〔1〕。

〔2〕卫人、蔡人：《左传》、《穀梁传》并作“蔡人、卫人”，次序有异。

〔3〕行其意也：《解诂》：“言四国行宋意也。宋前纳突求赂，突背恩伐宋，故宋结四国伐之。”

【译文】

冬十二月丁巳日，齐侯禄父去世。

宋国人以齐国人、卫国人、蔡国人、陈国人攻伐郑国。

以是什么意思？是照他的意思去进行。

【原文】

2.15.1　十有五年春二月，天王使家父来求车〔1〕。

何以书？讥。何讥尔？王者无求〔2〕，求车非礼也。

三月乙未，天王崩〔3〕。

夏四月己巳，葬齐僖公。

【注释】

〔1〕家父：见2.8.1注〔9〕。

〔2〕王者无求：《解诂》：“王者千里畿内，租税足以供费；四方各以其职来贡，足以尊荣。当以至廉无为率先天下，不当求。求则诸侯贪，

大夫鄙，士庶盗窃。”

〔3〕天王：指周桓王。桓王，名林，周平王之孙，在位23年（前719—前697）。《春秋》记桓王“崩”以后，庄王、僖王都不记“崩”，《通义》以为是二王在位时“王风遂终”、“王事遂绝”，因而“王迹之息甚矣”的缘故。

【译文】

十五年春二月，周王派遣家父来求车。

为什么写下？是讥讽。为什么讥讽这件事？王者无所求，求车是不合礼法的。

三月乙未日，周桓王去世。

夏四月己巳日，安葬齐僖公。

【原文】

2.15.2 五月，郑伯突出奔蔡。

突何以名？夺正也[1]。

郑世子忽复归于郑。

其称世子何？复正也。曷为或言归，或言复归？复归者，出恶，归无恶；复入者[2]，出无恶，入有恶；入者[3]，出入恶；归者[4]，出入无恶。

许叔入于许[5]。

公会齐侯于鄗[6]。

邾娄人、牟人、葛人来朝[7]。

皆何以称人？夷狄之也。

【注释】

〔1〕正：嫡长。《穀梁传·隐公四年》：“诸侯与正而不与贤。”范宁集解：“雍曰：正谓嫡长也。”

〔2〕复入：例见9.23.2“晋栾盈复入于晋”。

〔3〕入：例见下文“许叔入于许”、“郑伯突入于栎”。

〔4〕归：例见5.30.1“卫侯郑归于卫”。

〔5〕许叔：许庄公之弟，名郑，谥桓公；一说名新臣，谥穆公。隐公十一年，鲁隐公与齐侯、郑伯入于许，据《左传》载，郑伯使许大夫百里奉许叔居于许城东部，此时还入许都。参见1.11.1注〔3〕。

〔6〕齐侯：齐襄公，名诸儿，公元前697—前686年在位。　鄗：《穀梁传》作蒿，《左传》作艾，鄗、蒿同音，艾又称艾蒿，故一地异名。即《隐公六年》之艾，参见1.6.2注〔1〕。

〔7〕邾娄人：邾娄国国君仪父，因国小称人，有贬意。下牟人、葛人同。参1.1.2注〔1〕。　牟：春秋时小国，相传为祝融之后，故址在今山东莱芜市东。　葛：嬴姓小国，沈钦韩《春秋地名补注》以为在泰山旁。

【译文】

五月，郑伯突逃亡到蔡国。

突为什么称名？是因为夺取嫡长的地位。

郑世子忽复归于郑。

称他世子是为什么？是恢复嫡长的地位。为什么有时说归，有时说复归？复归，是出去时不好，回来时没有不好；复入，是出去时没有不好，还入时有不好；入，是出去和还入都不好；归，是出去和还入都没有不好。

许叔还入许都。

桓公在鄗邑会见齐襄公。

邾娄人、牟人、葛人来访。

都为什么称人？是把他们当作夷狄。

【原文】

2.15.3　秋九月，郑伯突入于栎〔1〕。

栎者何？郑之邑。曷为不言入于郑〔2〕？末言尔〔3〕。曷为末言尔？祭仲亡矣。然则曷为不言忽之出奔〔4〕？言忽为君之微也〔5〕，祭仲存则存矣，祭仲亡则亡矣〔6〕。

冬十有一月，公会齐侯、宋公、卫侯、陈侯于侈〔7〕，伐郑〔8〕。

【注释】

〔1〕栎：杜预注《左传》云：“郑别都也，今河南阳翟县。”即今河南禹县。称别都，可见是郑国的一个大邑。《左传·昭公十一年》：“郑庄公城栎而真子元。”子元为突的字，可见栎邑是郑庄公时就安置给突的。所以突进入栎邑后，郑昭公和祭仲都不讨伐他。

〔2〕曷为不言入于郑：突居栎十七年后重新入主郑国，但《春秋》没有提到这件事，只在《庄公二十一年》记“郑伯突卒”。《通义》：“据‘郑伯突卒’知突终入于郑，而经不见，故难之。”

〔3〕末：无。《论语·子罕》：“虽欲从之，末由也矣。”邢昺疏：“末，无也。”

〔4〕曷为不言忽之出奔：忽(郑昭公)在位仅两年，即为郑卿高渠弥所杀，改立子亹；子亹又为齐襄公所杀，又立子仪，是为郑子。郑子十二年，祭仲死。十四年，郑大夫傅瑕杀郑子而纳厉公，此时昭公已死十五年。所以厉公第二次即位，昭公并无第二次出奔，此问为不知史实者之问。《通义》：“忽实为高渠弥所弑，弟子不知，疑其出奔，故有此难。”

〔5〕忽为君之微：谓忽之为君，微弱不能自存。《诗·郑风·萚兮》序：“《萚兮》，刺忽也。君弱臣强，不倡而和也。”是忽之微弱，古有定论。

〔6〕祭仲亡则亡矣：实际上郑昭公的死亡，先于祭仲十三年，参见注〔4〕。

〔7〕齐侯：齐襄公。《左传》、《穀梁传》无“齐侯”二字。阮元《公羊注疏校勘记》：“按《说文》衣部引《春秋传》‘公会齐侯于袲’，《说文》所谓《春秋传》皆《左传》也，而有‘齐侯’。”可见《公羊》有“齐侯”为是，今本《左传》、《穀梁传》字有阙。　宋公：宋庄公。　卫侯：卫惠公。　陈侯：陈庄公。　侈：《左传》、《穀梁传》作袲，音同可通。宋国地名。杜预注《左传》云：“在沛国相县西南。”古相县治所在今安徽濉溪县西。

〔8〕伐郑：据《左传》，这次诸侯伐郑目的是“将纳厉公”，结果是

"弗克而还"。

【译文】

秋九月，郑伯突还入栎邑。

栎是什么地方？是郑国的城邑。为什么不说还入郑？不说这件事。为什么不说这件事？那要等祭仲死了。这样的话，那么为什么不说忽的出奔？说忽作为国君是太微弱了，祭仲在就在，祭仲死就死了。

冬十一月，桓公在侈邑会见齐襄公、宋庄公、卫惠公、陈庄公，攻伐郑国。

【原文】

2.16.1　十有六年春正月，公会宋公、蔡侯、卫侯于曹〔1〕。

夏四月，公会宋公、卫侯、陈侯、蔡侯〔2〕，伐郑。

秋七月，公至自伐郑。

冬，城向〔3〕。

【注释】

〔1〕宋公：宋庄公。　蔡侯：蔡桓侯。　卫侯：卫惠公。

〔2〕陈侯：陈庄公。

〔3〕向：鲁国地名，与《隐公二年》"莒人入向"之向不是一地。杨伯峻《春秋左传注》以为"此时向已由莒改属鲁"，非。参见1.2.1注〔2〕、〔3〕。

【译文】

十六年春正月，桓公在曹国会见宋庄公、蔡桓侯、卫惠公。

夏四月，桓公会合宋庄公、卫惠公、陈庄公、蔡桓侯，攻伐郑国。

秋七月，桓公从伐郑前线回到鲁都。

冬，修筑向邑城墙。

【原文】

2.16.2　十有一月，卫侯朔出奔齐〔1〕。

卫侯朔何以名？绝。曷为绝之？得罪于天子也。其得罪于天子奈何？见使守卫朔〔2〕，而不能使卫小众〔3〕，越在岱阴齐〔4〕，属负兹〔5〕，舍不即罪尔〔6〕。

【注释】

〔1〕卫侯朔：即卫惠公，名朔。《左传》：卫宣公长子名急子(《诗·邶风·新台》、《二子乘舟》序名“伋”)，为之娶于齐，而美，宣公遂娶之，即宣姜。宣姜生寿及朔。宣姜与公子朔谗恶急子，宣公遂杀急子。寿为救急子，亦死之。宣公卒，朔遂得立。至是，急子之傅右公子职与寿之傅左公子泄另立公子黔牟，惠公遂奔齐，齐为其母舅之家。

〔2〕卫朔：指卫国的政事。《解诂》：“朔，十二月朔，政事也。”周代诸侯每月初一日告庙听政，叫告朔，故以朔喻指政事。

〔3〕不能使卫小众：《解诂》：“时天子使发小众，不能使行。”《通义》：“岂泄、职之徒诉朔于周而以不能使众之罪逐之与？”

〔4〕岱：岱宗，即泰山。　阴：山北曰阴。

〔5〕属负兹：《解诂》：“属，托也。天子有疾称不豫，诸侯称负兹，大夫称犬马，士称负薪。”《通义》：“案《尔雅》‘蓐谓之兹’，郭景纯引此传证之。兹，席也。人病卧则背着床席，若负之然。”

〔6〕舍：通赦。　尔：而已的合音。

【译文】

十一月，卫侯朔逃亡到齐国。

卫侯朔为什么称名？是断绝他的爵位。为什么断绝他的爵位？是他得罪了天子。他怎样得罪了天子？要他掌握卫国的政事，却不能征发卫国数量不大的人众。跑到泰山北面齐国的地界，假托有病，这才赦免不追究他的罪咎了。

【原文】

2.17.1　十有七年春正月丙辰，公会齐侯、纪侯〔1〕，盟于黄〔2〕。

二月丙午〔3〕，公及邾娄仪父盟于趡〔4〕。

五月丙午〔5〕，及齐师战于奚〔6〕。

六月丁丑，蔡侯封人卒〔7〕。

【注释】

〔1〕齐侯：齐襄公。　纪侯：不知其名及谥。

〔2〕黄：齐国地名。

〔3〕二月丙午：杜预注《左传》，据其《春秋长历》云："二月无丙午，丙午，三月四日也，日月必有误。"

〔4〕及：《穀梁传》同，《左传》作会。　趡：鲁国地名。

〔5〕五月丙午：按《春秋》体例，五月前当有"夏"字。《左传》、《穀梁传》有"夏"。

〔6〕奚：《左传》同，《穀梁传》作郎，当为郎之误，郎、奚音同。鲁国地名，在与齐国接壤处。根据2.10.2及2.12.2"内不言战，言战，乃败矣"的说法，这次是鲁国败了。《左传》也说，以"疆事"引起的这次齐鲁之战，结果是"齐人侵鲁疆"。

〔7〕蔡侯封人：即蔡桓侯，名封人，公元前714—前695年在位。

【译文】

十七年春正月丙辰日，桓公会见齐襄公、纪国国君，在黄邑结盟。

二月丙午日，桓公与邾娄国国君仪父在趡邑结盟。

五月丙午日，与齐国军队在奚邑交战。

六月丁丑日，蔡侯封人去世。

【原文】

2.17.2　秋八月，蔡季自陈归于蔡〔1〕。

癸巳，葬蔡桓侯。

及宋人、卫人伐邾娄。

冬十月朔，日有食之〔2〕。

【注释】

〔1〕蔡季：名献舞，即蔡哀侯，蔡桓侯之弟。自陈归蔡，遂即位。

〔2〕冬十月朔，日有食之：《左传》说："不书日，官失之也。"据朱文鑫《春秋日食考》，此次日食为公元前695年十月十日之日环食。

【译文】

秋八月，安葬蔡桓侯。

与宋国人、卫国人攻伐邾娄国。

冬十月初一，有日食。

【原文】

2.18.1　十有八年春王正月，公会齐侯于泺〔1〕。

公夫人姜氏遂如齐〔2〕。

公何以不言及夫人？夫人外也〔3〕。夫人外者何？内辞也〔4〕，其实夫人外公也〔5〕。

【注释】

〔1〕齐侯：齐襄公。　泺：齐国地名。杜预注《左传》云："泺水在济南历城县西北入济。"此济为古济水，今已成为黄河，泺水入济处即今济南西北之洛口（泺口）。

〔2〕公夫人：《穀梁传》石经同，《左传》、《穀梁传》注疏本作"公与夫人"。《通义》："二家经并作'公与夫人'，通检前后经例，但有暨、及，更无与文，知此直言'公夫人'者是也。不言及、不言暨，两之之辞。"　姜氏：即文姜。

〔3〕夫人外也：《解诂》："若言夫人已为公所绝外也。"

〔4〕内辞也:《解诂》:“内为公讳辞。”

〔5〕夫人外公:《解诂》:“时夫人淫于齐侯而谮公,故云尔。”《史记·齐太公世家》:“齐襄公故尝私通鲁夫人,鲁夫人者,襄公之女弟也,自釐(僖)公时嫁为鲁桓公妇。及桓公来而襄公复通焉。鲁桓公知之,怒夫人,夫人以告齐襄公。”

【译文】

十八年春周历正月,桓公在泺邑会见齐襄公。

桓公、夫人文姜于是就到了齐国。

桓公为什么不说及夫人?是把夫人当外人了。把夫人当外人是为什么?是内部的讳辞,其实夫人对桓公有外心了。

【原文】

2.18.2 夏四月丙子,公薨于齐〔1〕。丁酉〔2〕,公之丧至自齐〔3〕。

秋七月。

冬十有二月己丑,葬我君桓公。

贼未讨〔4〕,何以书葬〔5〕?雠在外也。雠在外,则何以书葬?君子辞也〔6〕。

【注释】

〔1〕公薨于齐:桓公实在齐国被杀,参3.1.2。《解诂》:“不书齐诱杀公者,深讳耻也。”

〔2〕丁酉:杜预注《左传》据其《春秋长历》云:“五月一日。”实当言“五月丁酉”。

〔3〕丧:指灵柩。

〔4〕贼:指凶手。桓公之死,系齐襄公指使公子彭生下的手。公子彭生已在鲁人的请求下作了替罪羊伏诛,此言贼未讨,可见是指齐襄公。

〔5〕何以书葬:这是针对1.11.2“《春秋》君弑贼不讨,不书葬”而说的。

〔6〕君子辞也：《解诂》："时齐强鲁弱，不可立得报，故君子量力。"

【译文】

夏四月丙子日，桓公在齐国去世。丁酉日，桓公的灵柩从齐国运到。

秋七月。

冬十二月己丑日，安葬我国君桓公。

凶手没有诛戮，为什么写葬？是因为仇敌在国外。仇敌在国外，那么为什么写葬？这是君子的用语。

庄　公

【题解】

鲁庄公名同，取名之由，是生日正巧与父亲桓公相同之故。桓公死时，子同才十三岁；由于死得意外，生前来不及考虑为儿子定亲的事。母亲文姜，又似乎把心思都花在与同父异母兄齐襄公私通上，竟把儿子的婚姻大事耽搁下来。于是鲁庄公成年以后便进行了一次自由恋爱，与任姓支族党氏之女孟任割臂为盟，私定终身。但这次自主婚姻在“奔则为妾”的时代里得不到正式承认。庄公二十一年，母文姜死；二十四年，才娶齐女哀姜为夫人，这年他已三十七岁了。这次正式婚姻并不中庄公的意，他的情爱仍在孟任身上。哀姜受到冷落之余，与庄公之弟庆父、叔牙私通，并造成了庄公身后“鲁难未已”的动乱局面。庄公在位三十二年（前693—前662年）。

【原文】

3.1.1　元年春王正月。

公何以不言即位？《春秋》君弑，子不言即位。君弑则子何以不言即位？隐之也〔1〕。孰隐？隐子也。

【注释】

〔1〕隐：伤痛。《解诂》：“隐痛是子之祸，不忍言即位。”

【译文】

元年春周历正月。

庄公为什么不说即位？《春秋》国君被杀，儿子不说即位。国君被杀那么儿子为什么不说即位？是伤痛他。伤痛谁？是伤痛儿子。

【原文】

3.1.2　三月，夫人孙于齐。

孙者何？孙犹孙也[1]，内讳奔，谓之孙。夫人固在齐矣[2]，其言孙于齐何？念母也，正月以存君[3]，念母以首事[4]。夫人何以不称姜氏？贬。曷为贬？与弑公也。其与弑公奈何？夫人谮公于齐侯："公曰：'同非吾子，齐侯之子也[5]。'"齐侯怒，与之饮酒。于其出焉，使公子彭生送之[6]；于其乘焉[7]，搚干而杀之[8]。念母者，所善也，则曷为于其念母焉贬？不与念母也[9]。

【注释】

〔1〕孙犹孙也：下孙读作逊，逃遁。《书·微子》："吾家耄，逊于荒。"孔颖达疏引郑玄曰："耄，昏乱也。在家不堪耄乱，故欲遁出于荒野。"《解诂》："孙犹遁也。"

〔2〕夫人固在齐矣：文姜于去年正月与桓公"遂如齐"以后，并未回国。《史记·鲁周公世家》说，桓公被杀后，"庄公母夫人因留齐不敢归"。

〔3〕正月以存君：正月为一年的第一个月，古代臣、子有在正月省问君、父的习俗。这里引申为父母死后一周年的第一个月要进行祭祀，古称练祭，又称小祥之祭，《礼记·丧服小记》："期而祭，礼也。"郑玄注："此谓练祭也。礼：正月存亲，亲亡至今而期，期则宜祭。"《仪礼·士虞礼》："期而小祥。"《解诂》："礼：练祭取法存君。"存，省问。桓公死于去年四月，至今年三月已满一年，要举行练祭。这是取法于正月存亲(省问父母亲)的习俗。

〔4〕念母以首事：谓准备练祭而想念母亲，打算迎接她回来主持祭事。《解诂》："夫人当首祭事，首事，主持祭事。时庄公练祭念母而迎之。"《通义》："不言其迎者，义不当迎，君子削之也。"文姜未回，这

就是"夫人固在齐矣"而特于三月书"孙于齐"的道理。

〔5〕同非吾子，齐侯之子也：齐侯指齐襄公。同生于桓公六年，当时齐僖公犹在，文姜当有回国归宁之举，故桓公有此疑。

〔6〕公子彭生：《史记·齐太公世家》称之为"力士彭生"，是有大力之人。

〔7〕于其乘焉：《解诂》："于其将上车时。"

〔8〕搚(lā 拉)：折断。　干：躯干，指胁部，即腋下肋骨所在的部位。

〔9〕不与念母也：《解诂》："念母则忘父，背本之道也。故绝文姜不为不孝。"与，赞许。《论语·述而》："暴虎冯河，死而无悔者，吾不与也。"

【译文】

三月，夫人孙于齐。

孙是什么意思？孙等于说逊，鲁国讳言出奔，称之为逊。夫人本来就在齐国，说她孙于齐是为什么？是想念母亲，一年的第一个月要省问君父，想念母亲希望她回来主持练祭。夫人为什么不称姜氏？是一种贬斥。为什么贬斥？是因为参与了杀害桓公。她是怎样参与杀害桓公的？夫人在齐襄公面前说桓公的坏话："鲁侯说了：'子同不是我的儿子，是齐侯的儿子。'"齐襄公发怒了，和桓公一起喝酒。在桓公出去的时候，派公子彭生送他；在桓公上车的时候，折断他的胸肋而杀死了他。想念母亲，是《春秋》所以为善的，那么为什么在想念母亲的问题上贬斥呢？是不赞许想念文姜。

【原文】

3.1.3　夏，单伯逆王姬〔1〕。

单伯者何？吾大夫之命乎天子者也〔2〕。何以不称使？天子召而使之也。逆之者何？使我主之也〔3〕。曷为使我主之？天子嫁女乎诸侯，必使诸侯同姓者主之。诸侯嫁女于大夫，必使大夫同姓者主之。

【注释】

〔1〕逆:《穀梁传》同,《左传》作送。故《公羊传》、《穀梁传》皆以单伯为鲁大夫,《左传》则以单伯为周王之卿士。《通义》:"左氏经云:'单伯送王姬。'误也。经书'单伯会诸侯于鄄','单伯如齐','单伯至自齐',并是内大夫之辞。且逆,则据往之日书,先行单伯而后筑馆可也;送,则据来之日书,尚未有以居王姬也,是不可通。"说得很有道理。单伯:单为氏,伯为字。王姬:周王室之女的通称。此王姬为将下嫁给齐襄公的;《庄公十一年》的王姬则是下嫁给齐桓公的。

〔2〕吾大夫之命乎天子者也:《解诂》:"礼:诸侯三年一贡士于天子,天子命与诸侯辅助为政,所以通贤共治,示不独专,重民之至。大国举三人,次国举二人,小国举一人。"《礼记·射义》:"诸侯岁献贡士于天子,天子试之于射宫。"郑玄注:"三岁而贡士。旧说云:大国三人,次国二人,小国一人。"说同。

〔3〕主:主婚。

【译文】

夏,单伯去迎接王姬。

单伯是什么人?是我国的一位受天子之命的大夫。为什么不说派遣?是应天子之召而派遣他的。接迎王姬是什么意思?是让我国为她主婚。为什么让我国为她主婚?天子嫁女儿给诸侯,一定要让同姓的诸侯为她主婚。诸侯嫁女儿给大夫,一定要让同姓的大夫为她主婚。

【原文】

3.1.4 秋,筑王姬之馆于外〔1〕。

何以书?讥。何讥尔?筑之,礼也;于外,非礼也。于外何以非礼?筑于外,非礼也〔2〕。其筑之何以礼?主王姬者必为之改筑。主王姬者则曷为必为之改筑?于路寝则不可〔3〕,小寝则嫌〔4〕,群公子之舍则以卑矣〔5〕,其道必为之改筑者也。

【注释】

〔1〕馆：供王姬临时居住的宾馆，齐侯即至此馆亲迎。　外：指鲁国国都之外。《解诂》："时鲁以将嫁女于雠国，故筑于外。"雠国，指齐襄公为庄公杀父之仇。

〔2〕筑于外，非礼也：《通义》："申言筑于外非礼者，假令国外旧自有馆，于外可也，夫有所受之也；今特筑之而外之，是疏王姬，且营卫不谨。故曰馆王姬于外则可，曰筑王姬之馆于外则不可。"

〔3〕路寝：古代天子、诸侯所居宫室都叫寝，路寝为天子、诸侯的正室，是处理政事的宫室。《礼记·玉藻》："君日出而视之，退适路寝听政。"参3.32.3及注〔1〕。

〔4〕小寝：古代天子、诸侯休息安寝的宫室，也是后妃、夫人居住的内室。《礼记·玉藻》："大夫退，(君)然后适小寝，释服。"参5.20.2注〔1〕。

〔5〕以：通已，太。

【译文】

秋，在国都之外修筑王姬的临时宾馆。

为什么写下？是讥讽。为什么讥讽这件事？修筑宾馆，是合乎礼节的；在国都之外，是不合礼节的。在国都之外为什么不合礼节？特地修筑在国都之外，是不合礼节的。修筑宾馆为什么合乎礼节？为王姬主婚一定得为她另行修筑。为王姬主婚为什么一定得为她另外修筑？安置在正室那是不可以的，内室又要防嫌，群公子的住所规格又太低了，论理是一定得为她另行修筑的。

【原文】

3.1.5　冬十月乙亥，陈侯林卒〔1〕。

王使荣叔来锡桓公命〔2〕。

锡者何？赐也。命者何？加我服也〔3〕。其言桓公何？追命也。

【注释】

〔1〕陈侯林：即陈庄公，名林，在位七年（前699—前693年）。

〔2〕荣叔：周大夫，荣乃以采邑为氏，叔为字。　锡桓公命：天子赐予诸侯爵服等赏命，谓之锡命。《易·师》："王三锡命，怀万邦也。"孔颖达疏："以其有功，能招怀万邦，故被王三锡命也。"

〔3〕命者何？加我服也：《解诂》："增加其衣服，令有异于诸侯。礼有九锡：一曰车马，二曰衣服，三曰乐则，四曰朱户，五曰纳陛，六曰虎贲，七曰弓矢，八曰铁钺，九曰秬鬯。皆所以劝善扶不能。言命不言服者，重命不重其财物。礼：百里不过九命，七十里不过七命，五十里不过五命。"

【译文】

冬十月乙亥日，陈侯林去世。

周王派遣荣叔来锡桓公命。

锡是什么意思？是赐。命是什么？是增加我国爵服。说桓公是为什么？是追命。

【原文】

3.1.6　王姬归于齐。

何以书？我主之也。

齐师迁纪郱、鄑、郚[1]。

迁之者何？取之也。取之，则曷为不言取之也？为襄公讳也。外取邑不书，此何以书？大之也。何大尔？自是始灭也[2]。

【注释】

〔1〕迁：谓迁徙其民而取其邑。　郱（píng 平）：纪国地名，杜预注《左传》云："郱在东莞临朐县东南。"即今山东临朐东南。　鄑（zī 资）：纪国地名，杜预注《左传》云："北海都昌县西有訾城。"在今山东昌邑西北。　郚（wú 吾）：纪国地名，杜预注《左传》云："郚在朱虚县东

南。”在今山东安丘西南。《穀梁传》说：“郱鄑郚，国也。或曰，迁纪于郱鄑郚。”误。

〔2〕自是始灭：《解诂》：“将大灭纪，从此始。”

【译文】

王姬下嫁到齐国。

为什么写下？是因为我国为她主婚。

齐国军队迁徙纪国郱邑、鄑邑、郚邑的居民。

迁徙居民是什么意思？是拿下城邑的意思。拿下城邑，那么为什么不说拿下城邑？是为齐襄公隐讳。外国拿下城邑不写，这为什么写下？是强调它。为什么强调这件事？齐国是从这开始灭掉纪国的。

【原文】

3.2.1　二年春王二月，葬陈庄公。

夏，公子庆父帅师伐於馀丘〔1〕。

於馀丘者何？邾娄之邑也。曷为不系乎邾娄？国之也。曷为国之？君存焉尔〔2〕。

【注释】

〔1〕公子庆父：据3.27.2文，为庄公之同母弟。《史记·鲁周公世家》也说：“庄公有三弟，长曰庆父。”独杜预注《左传》认为“庄公时年十五，则庆父庄公庶兄。”盖以幼少不能帅师也。《通义》辩之曰：“隐公之摄，本以桓幼，自隐元迄同生之岁才十七岁，就令庆父先生，亦长于庄无几，讵足胜专伐之任乎?”《义疏》：“庆父年幼将兵，本不必实有统兵之能，虚假其名以为统帅，当时自必有抚军之人。”《公羊传注疏》徐彦疏亦以为是“专贵亲亲，早任以权”。且庆父字仲父，其为庄公弟无可疑。　於馀丘：於馀原为小国之名，为邾娄所灭，改邑称丘。王献唐《三邾疆邑图考》云：“於馀本为小国，丘则后加，地势高平云然，犹咸丘、闾丘也。后为邾灭改邑，国虽沦亡，故君仍在其地。《春秋》兴灭继绝，以君存之故，文不系邾，使知当时尚有於馀一国。君乃

於馀之君，非邾君也。”

〔2〕君存焉尔：《通义》以为“咸丘为鲁所焚，邾娄君迁都于此”，误。参见注〔1〕及2.7.1注〔1〕、〔2〕。

【译文】

二年春周历二月，安葬陈庄公。

夏，公子庆父率领军队攻伐於馀丘。

於馀丘是什么地方？是邾娄国的城邑。为什么不说明是邾娄国的於馀丘？是把它当作国都。为什么把它当作国都？是因为於馀国的国君还住在那儿。

【原文】

3.2.2　秋七月，齐王姬卒〔1〕。

外夫人不卒，此何以卒？录焉尔。曷为录焉尔？我主之也。

冬十有二月，夫人姜氏会齐侯于郜〔2〕。

乙酉，宋公冯卒〔3〕。

【注释】

〔1〕齐王姬卒：《礼记·檀弓下》：“齐穀王姬之丧，鲁庄公为之大功。或曰：由鲁嫁，故为之服姊妹之服。或曰：外祖母也，故为之服。”郑玄注：“穀，当为告，声之误也。王姬，周女，齐襄公之夫人。春秋周女由鲁嫁，卒，服之如内女服姊妹是也。……庄公，齐襄公女弟文姜之子，当为舅之妻，非外祖母也。外祖母又小功也。”

〔2〕夫人姜氏：文姜。　齐侯：齐襄公。　郜：《左传》、《穀梁传》作禚，齐国地名。《左传》云：“夫人姜氏会齐侯于禚，书，奸也。”《穀梁传》云：“妇人既嫁不逾竟（境），逾竟非正也。妇人不言会，言会非正也。”《解诂》：“书者，妇人无外事，外则近淫。”

〔3〕宋公冯：即宋庄公，名冯，在位十九年（前710—前692年）。

【译文】

秋七月，齐王姬去世。

外国的夫人死了不记，这为什么记？是照讣告抄录下来的。为什么抄录下来？是我国主婚的。

冬十二月，夫人姜氏在郜邑与齐襄公相会。

乙酉日，宋公冯去世。

【原文】

3.3.1　三年春王正月，溺会齐师伐卫[1]。

溺者何？吾大夫之未命者也。

【注释】

〔1〕溺：公子溺，《穀梁传》："溺者何也？公子溺也。其不称公子何也？恶其会仇雠而伐同姓，故贬而名之也。"　会齐师伐卫：《解诂》："卫朔背叛出奔，天子新立卫公子留。齐、鲁无惮天子之心而伐之。"公子留即公子黔牟，参见2.16.2注〔1〕。

【译文】

三年春周历正月，溺会同齐国军队攻伐卫国。

溺是什么人？是我国一位未经受命的大夫。

【原文】

3.3.2　夏四月，葬宋庄公。

五月，葬桓王。

此未有言崩者[1]，何以书葬？盖改葬也[2]。

【注释】

〔1〕此未有言崩者：这是说在此之前的近期内，没有说到"崩"的事。《桓公十五年》"三月乙未，天王崩"就是记周桓王去世的，已在六

年之前了。参见2.15.1注〔3〕。

〔2〕盖改葬也："盖"为传疑之词。《穀梁传》也说："传曰改葬也。"《左传》则说"缓也"，杜注："以十五年三月崩，七年乃葬，故曰缓。"

【译文】

夏四月，安葬宋庄公。

五月，安葬桓王。

这没有说到去世，为什么写葬？大概是改葬吧。

【原文】

3.3.3 秋，纪季以酅入于齐〔1〕。

纪季者何？纪侯之弟也。何以不名？贤也。何贤乎纪季？服罪也〔2〕。其服罪奈何？鲁子曰〔3〕："请后五庙以存姑姊妹〔4〕。"

【注释】

〔1〕纪季：纪侯弟，季，以排行为字。 酅(xī希)：纪国地名，杜预注《左传》云："在齐国东安平县。"故址在今山东益都西北。《通义》："纪季以酅入于齐，则附于齐之封内，为齐之附庸矣。"

〔2〕服罪：指纪国先君有罪于齐，见3.4.2。《解诂》："纪与齐为雠不直，齐大纪小，季知必亡，故以酅首服先祖有罪于齐，请为五庙后，以酅共祭祀，存姑姊妹。"

〔3〕鲁子：孔子门徒。《解诂》："传所记鲁子者，欲言孔氏之门徒受《春秋》非唯子夏，故有他师矣。其《隐十一年》传记子沈子者，欲明子夏所传非独公羊氏矣，故辄记其人以广义也。"

〔4〕后五庙：存续五庙。五庙为诸侯宗庙的规格。《礼记·王制》："诸侯五庙，二昭二穆，与太祖之庙而五。"郑玄注："太祖，始封之君。"可见纪季以酅为齐附庸后，在祭祀祖先上还保存了诸侯的规格。 存姑姊妹：《解诂》："直言以存姑姊妹，不言兄弟子侄者，谦不敢言之。欲言兄弟子侄亦随国亡，但外出之女有所归趣而已。"

【译文】

秋，纪季用酅邑作为附庸加入了齐国的势力范围。

纪季是什么人？是纪国国君的弟弟。为什么不称名？是因为他贤明。纪季有什么贤明？是他能服罪。他怎么样服罪？鲁子说："请求存续五庙来保存姑姊妹。"

【原文】

3.3.4 冬，公次于郎〔1〕。

其言次于郎何？刺欲救纪而后不能也〔2〕。

【注释】

〔1〕次：行军在一地停留三宿以上。《左传》："凡师一宿为舍，再宿为信，过信为次。" 郎：《穀梁传》同，《左传》作滑，杜预注："滑，郑地，在陈留襄邑县西北。"与救纪的方向相反，恐误。郎已见于1.9.3、2.10.2。

〔2〕欲救纪而后不能：纪侯之夫人伯姬为庄公之姑母，齐襄公则是庄公之舅父，且齐强大，为先祖报仇又有理，故鲁欲救纪，军队出发至郎邑，停止数日而终于无所动作。《穀梁传》："公次于郎。次，止也，有畏也，欲救纪而不能也。"认为主要是怕齐国强大。

【译文】

冬，庄公行军在郎邑停留多日。

说行军停留在郎邑多日是为什么？是讥刺想救纪国而终于不能。

【原文】

3.4.1 四年春王二月，夫人姜氏飨齐侯于祝丘〔1〕。

三月，纪伯姬卒〔2〕。

夏，齐侯、陈侯、郑伯遇于垂〔3〕。

【注释】

〔1〕飨：《穀梁传》同，《左传》作享，音同可通。指以酒食隆重款待。《解诂》："牛酒曰犒，加饭羹曰飨。"《穀梁传》范宁集解则曰："飨，食也，两君相见之礼。"《左传》杜注也说："享，食也，两君相见之礼，非夫人所用。"孔颖达疏引郑玄《仪礼》注"飨谓亨大牢以饮宾"云："则享是饮酒大礼。"文姜用此大礼宴请齐襄公，规格失当。　祝丘：鲁国地名。

〔2〕纪伯姬卒：伯姬自隐公二年嫁至纪国，至今已三十一年。参1.2.2、1.2.3。

〔3〕齐侯：齐襄公。　陈侯：陈宣公。　郑伯：《通义》以为指突："突尚居于栎，而经正称之为郑伯者，时子仪当国尤不正，不与成为君也。"　遇：事先未经约定的相会，参见1.4.3并注〔2〕、〔3〕。　垂：见1.8.1注〔1〕。按：两个国家的国君，一个国家的失国之君，在第四个国家的土地上不期而遇，这有点出乎情理之外。但《春秋》三传对此都无传文，所以其详不得而知。

【译文】

四年春周历二月，夫人姜氏在祝丘超规格宴请齐襄公。

三月，纪伯姬去世。

夏，齐襄公、陈宣公、郑伯突在垂邑不期而遇。

【原文】

3.4.2　纪侯大去其国〔1〕。

大去者何？灭也。孰灭之？齐灭之。曷为不言齐灭之？为襄公讳也。《春秋》为贤者讳，何贤乎襄公？复雠也。何雠尔？远祖也，哀公亨乎周，纪侯谮之〔2〕。以襄公之为于此焉者，事祖祢之心尽矣〔3〕。尽者何？襄公将复雠乎纪，卜之曰"师丧分焉"〔4〕；"寡人死之，不为不吉也〔5〕。"远祖者几世乎？九世矣。九世犹可以复雠乎？虽百世可也。家亦可乎〔6〕？曰：不可。国何以可？国君一体也，先君之耻，犹今君之耻也；今君之耻，犹先君之耻也。国君何以为一体？国君以国为体，诸侯世[7]，故国君为一体也。今纪无罪，此非怒与[8]？曰：非也，古者有明天子，则纪侯必诛，必无纪者；纪侯之不诛，至今有纪者，犹无明天子也[9]。古者诸侯必有会聚之事、相朝聘之道，号辞必称先君以相接[10]，然则齐、纪无说焉[11]，不可以并立于天下。故将去纪侯者，不得不去纪也。有明天子，则襄公将为若行乎[12]？曰：不得也。不得，则襄公曷为为之？上无天子，下无方伯[13]，缘恩疾者可也[14]。

【注释】

〔1〕大去：《通义》："大去者，去不返之辞，其君出奔而国为敌有也。"

〔2〕哀公亨乎周，纪侯谮之：亨，即烹，《解诂》："亨煮而杀之。"齐哀公名不辰。《史记·齐太公世家》："哀公时，纪侯谮之周，周烹哀公。"《集解》引徐广曰："周夷王。"《诗·齐谱》："(太公)后五世哀公政衰，荒淫怠慢，纪侯谮之于周懿王，使烹焉。"说与徐广不同，孔颖达疏证其为是。

〔3〕祖祢(nǐ 你)：泛指祖先。父死在宗庙中立神主称祢。

〔4〕师丧分：《解诂》："分，半也，师丧亡其半。"

〔5〕寡人死之，不为不吉也：《解诂》："襄公答卜者之辞。"

〔6〕家：《解诂》："家谓大夫家。"

〔7〕诸侯世：谓诸侯世袭。《礼记·礼运》："大人世及以为礼。"孔颖达疏："世及，诸侯传位与自家也。父子曰世，兄弟曰及。谓父传与子，无子，则兄传于弟也。"

〔8〕怒：《解诂》："怒，迁怒，齐人语也。"

〔9〕犹：通由。阮元《公羊注疏校勘记》引惠栋曰："犹、由同。"

〔10〕号辞：《通义》："号者，玉币之号，若秦伯使遂来聘曰：'不腆先君之敝器，使下臣致诸执事。'辞者，宾主之辞，若《聘礼》曰：

‘不腆先君之祧，既拚以俟矣。’”是古代两国之间送礼用语和外交辞令都要提到先君。

〔11〕说：通悦。

〔12〕若：如此。

〔13〕上无天子，下无方伯：《解诂》：“有而无益于治曰无。”方伯，一方之长，古代诸侯中的领袖。《礼记·王制》：“千里之外设方伯。”

〔14〕缘：依循。　疾：仇恨。

【译文】

纪国国君永远离开了他的国家。

永远离开是什么意思？是国被灭亡的意思。谁灭亡了它？是齐国灭亡了它。为什么不说齐国灭亡了它？是为齐襄公隐讳。《春秋》为贤明的人隐讳，齐襄公有什么贤明？是他复仇了。什么仇呢？是远祖的，齐哀公在周朝被烹煮而死，是纪侯说了他的坏话。拿齐襄公在这件事上的作为来说，服事祖先的心也尽了。为什么说尽了呢？齐襄公要向纪国复仇，占卜这件事的结果说：“军队要丧失一半。”“寡人即使死了，也不能算不吉利。”所谓远祖有几世了？有九世了。九世还可以复仇吗？即使百世也是可以的。大夫之家也可以吗？回答说：不可以。国为什么可以？国君是先后一体的，先君的耻辱，等于是今君的耻辱；今君的耻辱，等于是先君的耻辱。国君为什么是先后一体的？国君以国为体，诸侯是世袭的，所以国君是先后一体的。当今的纪国没有罪，这不是迁怒吗？回答说：不是的，古时候有圣明的天子，那么纪侯一定被诛杀了，一定不再有纪国了；纪侯之不被诛杀，到今天还有纪国，是由于没有圣明的天子。古时候诸侯一定有会见相聚的事，有互相访问的规矩，送礼用语和外交辞令中一定要举称先君来互相交际，这样的话那么齐、纪之间有不愉快在那儿，就不能在天日之下相并而立了。所以要除去纪侯，就不得不除去纪国。有圣明的天子，那么齐襄公能做出这样的行为吗？回答说：不能够。不能够，那么齐襄公为什么要这样做？是因为上没有天子，下没有方伯，只是依循着恩仇就行了。

【原文】

3.4.3　六月乙丑，齐侯葬纪伯姬。

外夫人不书葬，此何以书？隐之也[1]。何隐尔？其国亡矣，徒葬于齐尔[2]。此复雠也，曷为葬之？灭其可灭，葬其可葬。此其为可葬奈何？复雠者，非将杀之，逐之也；以为虽遇纪侯之殡[3]，亦将葬之也。

【注释】

〔1〕隐：伤痛。

〔2〕徒葬：徒有空的意思，指安葬时没有亲人、子女、臣下在场。《解诂》："徒者，无臣子辞也。国灭无臣子，徒为齐侯所葬。"

〔3〕殡：已殓尸入柩而未葬，这里用作名词，指灵柩。

【译文】

六月乙丑日，齐襄公安葬纪伯姬。

外国的夫人不写安葬，这为什么写下？是伤痛她。为什么要伤痛这件事？她的国家灭亡了，空空荡荡葬在齐国。这是复仇，为什么要葬她？灭亡那可以灭亡的，安葬那可以安葬的。这如何是可以安葬的呢？所谓复仇，并不是要杀掉对方，而是驱逐对方；看来即使遇到纪侯的灵柩，也是要安葬它的。

【原文】

3.4.4　秋七月。

冬，公及齐人狩于郜[1]。

公曷为与微者狩？齐侯也[2]。齐侯则其称人何？讳与雠狩也。前此者有事矣[3]，后此者有事矣[4]，则曷为独于此焉讥？于雠者，将壹讥而已[5]，故择其重者而讥焉，莫重乎其与雠狩也。于雠者则曷为将壹讥而已？

雠者无时，焉可与通？通则为大讥，不可胜讥，故将壹讥而已，其余从同。

【注释】

〔1〕郜：《穀梁传》同，《左传》作禚，见3.2.2注〔2〕。

〔2〕齐侯：齐襄公。

〔3〕前此者有事矣：指《庄公三年》“溺会齐师伐卫”一事，参见3.3.1注〔1〕。

〔4〕后此者有事矣：指《庄公八年》“师及齐师围成”一事，参见3.8.3注〔1〕。

〔5〕壹讥：统一讥讽一次，专门讥讽一次。

【译文】

秋七月。

冬，庄公与齐国人在郜邑狩猎。

庄公为什么与低微的人狩猎？是齐襄公。是齐襄公那么称他为人是为什么？是隐讳与仇人一起狩猎。在这之前有过类似的事了，在这之后还有类似的事，那么为什么在这次讥讽呢？对于有仇的人，将统一讥讽一次罢了，所以选择性质严重的来讥讽，没有比与仇人一起狩猎更严重的了。对于有仇的人那么为什么将统一讥讽一次罢了呢？有仇的人是没有时间限制的，怎么能与仇人交往呢？交往就是莫大的讥讽，到了不可胜讥的地步，所以将统一讥讽一次罢了，其余的都随同一例看待。

【原文】

3.5.1　五年春王正月。

夏，夫人姜氏如齐师〔1〕。

秋，倪黎来来朝〔2〕。

倪者何？小邾娄也〔3〕。小邾娄则曷为谓之倪？未能以其名通也。黎来者何？名也。其名何？微国也〔4〕。

【注释】

〔1〕夫人姜氏如齐师：文姜又与齐襄公相会。

〔2〕倪：《左传》、《穀梁传》作郳，字通。据孔颖达《春秋左传正义》引《世本》及杜预《世族谱》，倪之先世为邾娄之别封。邾娄君名颜字夷父，封小子肥(一作友)于倪，初未经王命，无封爵，遂称为倪。《解诂》："倪者，小邾娄之都邑，时未能附庸，不足以小邾娄名通，故略谓之倪。"王献唐《春秋邾分三国考》："今(山东)滕县东南五十余里，有郳城故址，居人犹呼为郳犁城。" 黎来：《穀梁传》同，《左传》作犁来，同音异写。小邾娄之君，夷父之曾孙。

〔3〕小邾娄：王献唐《春秋邾分三国考》："小邾一称，亦非国名之正。立国不自称小，邻邦亦不能以小呼之。时人以非旧邾，而原出于邾，于邾上加小为别。习俗相沿，史家因之，遂号小邾。"《春秋》或称为倪，或称为小邾娄。

〔4〕微国也：因国小，故对其君直呼其名，不加尊重。

【译文】

五年春周历正月。

夏，夫人姜氏前往齐国军队。

秋，倪黎来来访。

倪是什么？是小邾娄。是小邾娄那为什么称之为倪？是因为还不能用小邾娄的国名相通。黎来是什么？是名。称名是为什么？是因为小国。

【原文】

3.5.2 冬，公会齐人、宋人、陈人、蔡人伐卫〔1〕。

此伐卫何？纳朔也〔2〕。曷为不言纳卫侯朔？辟王也〔3〕。

【注释】

〔1〕齐人、宋人：《穀梁传》："是齐侯、宋公也。其曰人何也？人诸侯，所以人公也。其人公何也？逆天王之命也。"疏："四国皆从贬，而

独言齐宋者，齐为兵主，宋是大国，则陈蔡亦从也。”是杨士勋以为四国皆是国君出马，因违王命而《春秋》贬称人。四国国君为齐襄公、宋闵公、陈宣公、蔡哀侯。

〔2〕纳朔：把卫侯朔送回卫国重新当国君。参见2.16.2注〔1〕、3.3.1注〔1〕。

〔3〕辟：通避。《解诂》：“辟王者兵也，王人子突是也，使若伐而去不留纳朔者。所以正其义，因为内讳。”王人子突，见3.6.1。

【译文】

冬，庄公会合齐国人、宋国人、陈国人、蔡国人攻伐卫国。

这次攻伐卫国是为什么？是要把朔送回国重新当国君。为什么不说把卫侯朔送回国去？是为了避开周王出兵的事。

【原文】

3.6.1　六年春王三月〔1〕，王人子突救卫〔2〕。

王人者何？微者也。子突者何？贵也〔3〕。贵则其称人何？系诸人也。曷为系诸人？王人耳〔4〕。

【注释】

〔1〕三月：《穀梁传》同，《左传》作正月。三、正形近易讹。

〔2〕王人：周王的使臣，身份是下士，所以传文称他为微者，参见1.1.4注〔4〕。　子突，《左传》、《公羊传》的注与疏，都认为是字，《穀梁传》说“王人，卑者也，称名，贵之也”，以为子突是名，而范宁集解却以为“子突为字可知，明矣”，认为传文的“名”当为“字”之误。古人贵者才称字。　救卫：齐、鲁等五国伐卫，是要推翻周王所立的黔牟(又名留)，让卫侯朔重新回去做国君，所以周王派王人子突救卫。《史记·卫康叔世家》说“齐襄公率诸侯奉王命共伐卫纳惠公”，与《春秋》记事有违，不确。

〔3〕贵也：《解诂》：“贵子之称。”认为子突是王室贵子。

〔4〕王人耳：《通义》：“言子突乃王人耳，使若王不深助留，但遣微者子突，无威重，不能成功，以为天子杀耻矣。”

【译文】

六年春周历三月，王人子突救卫。

王人是什么？是身份低微的使臣。子突是什么人？是贵子。是贵子那么称他人是为什么？是把他和使臣联在一起。把他和使臣联在一起是为什么？因为他只是个王人罢了。

【原文】

3.6.2　夏六月，卫侯朔入于卫〔1〕。

卫侯朔何以名？绝。曷为绝之？犯命也〔2〕。其言入何〔3〕？篡辞也〔4〕。

【注释】

〔1〕卫侯朔入于卫：卫惠公在鲁桓公十六年出奔齐，至今八年，复为齐所立。

〔2〕犯命：《通义》："犯天子之命，当绝，贱不成为诸侯，故生名之。"

〔3〕其言入何：《桓公十五年》传云："入者，出入恶。"说明《春秋》使用"入"字是有讲究的。参2.15.2。《解诂》："国人立之曰立，他国立之曰纳，从外曰入。"

〔4〕篡辞也：《通义》："篡卫侯留也。留出奔周，不书者，尊王命所立也。"《左传》说："卫侯(朔)入，放公子黔牟(即留)于周……杀左公子洩、右公子职，乃即位。"

【译文】

夏六月，卫侯朔还入卫国。

卫侯朔为什么称名？是断绝他的爵位。为什么断绝他的爵位？是因为他触犯了周王的命令。说他入是为什么？是篡位的用语。

【原文】

3.6.3　秋，公至自伐卫〔1〕。

曷为或言致会，或言致伐[2]？得意致会[3]，不得意致伐[4]。卫侯朔入于卫何以致伐？不敢胜天子也。

螟。

【注释】

〔1〕至：指回到鲁国后向祖庙行告至之礼。

〔2〕或言致会，或言致伐：致会犹言以会盟之事向祖庙行告至之礼，致伐犹言以征伐之事向祖庙行告至之礼。《春秋》记鲁侯的活动，凡出国与其他诸侯会合攻伐某国，回国时有时记载“至自会”，有时记载“至自伐”。可以举《襄公十一年》为例：先记鲁襄公与晋侯、宋公等十一国诸侯伐郑，秋七月己未同盟于京城北，接着写“公至自伐郑”；后又记鲁襄公与晋侯、宋公等十一国诸侯伐郑，会于萧鱼，下面却写“公至自会”。见9.11.2、9.11.3。传文在这里就是问为什么有时这样记，有时那样记。

〔3〕得意致会：《解诂》认为“得意”是指“所伐国服，兵解国安”，“故不复录兵所从来，独重其本会之时”。

〔4〕不得意致伐：《解诂》认为“不得意”是指“所伐国不服，兵将复用，国家有危”，“故重录所从来”。

【译文】

秋，庄公从伐卫处到达鲁国。

为什么有时说从会合处到达，有时说从攻伐处到达？得意的时候说从会合处到达，不得意的时候说从攻伐处到达。卫侯朔还入卫国为什么说从攻伐处到达？是不敢表示战胜天子。

螟害。

【原文】

3.6.4　冬，齐人来归卫宝[1]。

此卫宝也，则齐人曷为来归之？卫人归之也。卫人归之，则其称齐人何？让乎我也[2]。其让乎我奈何？齐侯曰："此非寡人之力，鲁侯之力也。"

【注释】

〔1〕卫宝：《穀梁传》同，《左传》经作"卫俘"，但传文亦作"卫宝"，故杜预疑"俘"是误字。《解诂》："宝者，玉物之凡名。"以为是玉器的总名。　归：送。

〔2〕让乎我也：《左传》："齐人来归卫宝，文姜请之也。"若非文姜之请，齐襄公恐怕不会把到手的卫宝让给鲁国。"此非寡人之力，鲁侯之力也"则纯属外交辞令。

【译文】

冬，齐国人来送卫国的宝器。

这是卫国的宝器，那么齐国人为什么来送它？是卫国人送的。卫国人送的，那么称齐国人是为什么？是让给我国的。是怎么让给我国的？齐襄公说："这不是我的力量，是鲁侯的力量。"

【原文】

3.7.1　七年春，夫人姜氏会齐侯于防〔1〕。

夏四月辛卯，夜〔2〕，恒星不见〔3〕，夜中星贾如雨〔4〕。

恒星者何？列星也。列星不见，何以知夜之中？星反也〔5〕。如雨者何？如雨者，非雨也〔6〕。非雨，则曷为谓之如雨？《不修春秋》曰〔7〕："雨星不及地尺而复〔8〕。"君子修之曰："星贾如雨。"何以书？记异也。

【注释】

〔1〕防：鲁国地名。《左传》说"齐志也"，是齐襄公主动前来。

〔2〕夜：《左传》同，《穀梁传》作"昔"，并谓"日入至于星出谓之昔"，是昔乃夕之通假。孔颖达《春秋左传正义》："夜者，自昏达旦之总名。"是夕与夜表示的时间段有所不同。用夕表示比用夜表示要精

确一些。

〔3〕恒星：在星空中位置相对固定的星。《解诂》："恒，常也，常以时列见。"

〔4〕夜中：夜半。　贾：《左传》、《穀梁传》作"陨"，可通。陈遵妫《中国古代天文学简史》说：这次"星贾如雨"的记载，是世界上最早的一次关于天琴座流星雨的记录。

〔5〕星反也：《解诂》："反者，星复其位。"可见"恒星不见"只是暂时现象。

〔6〕如雨者，非雨也：流星雨是流星群进入地球大气层后形成的景观，所以说它如雨而非雨。《左传》对《春秋》的这条记载就作了不正确的解释，说："星陨如雨，与雨偕也。"把"如雨"的"如"读为"而"，而不作"似"解。这就错了。

〔7〕《不修春秋》：指鲁国的史记，因其未经孔子修订，故称之为《不修春秋》。

〔8〕雨星不及地尺而复：当指流星雨未达地面即因与空气摩擦燃烧而陨灭的现象。由于地面无陨石残留，便以为是陨星又回复到天上去了。

【译文】

七年春，夫人姜氏在防邑与鲁襄公相会。

夏四月辛卯日，夜间，恒星不出现，夜半时分流星像雨一样落下来。

恒星是什么？是天上的群星。天上的群星不出现，怎么知道是夜半呢？后来星又回复到原位了。像雨一样是什么意思？像雨一样，就是说不是雨。不是雨，那么为什么说它像雨一样？鲁国史官记的《春秋》说："流星雨不到地面一尺而回上去了。"孔子修订说："流星像雨一样落下来。"为什么写下？是记录异常现象。

【原文】

3.7.2　秋，大水。无麦、苗[1]。

无苗，则曷为先言无麦，而后言无苗？一灾不书，待无麦，然后书无苗。何以书？记灾也。

冬，夫人姜氏会齐侯于谷[2]。

【注释】

〔1〕无麦、苗：是由于洪水灾害造成的。周历之秋，相当于夏历之夏，正当夏收夏种之际，发生洪灾，不仅夏熟作物麦无收，而且夏种作物的苗也都淹死了。

〔2〕谷：齐国地名，杜预注《左传》云："今济北谷城县。"故址在今山东平阴西南东阿镇。

【译文】

秋，洪水。没有麦，没有苗。

没有苗，那为什么先说没有麦，然后说没有苗？单独一个灾害不写，等收不到麦了，然后写没有苗。为什么写下？是记录灾情。

冬，夫人姜氏在谷邑与齐襄公相会。

【原文】

3.8.1　八年春王正月，师次于郎，以俟陈人、蔡人[1]。

次不言俟，此其言俟何？托不得已也。

【注释】

〔1〕以俟陈人、蔡人：《解诂》及《左传》杜注、孔疏皆以"俟陈人、蔡人"为会师以灭盛，《通义》则取《穀梁》"时陈、蔡欲伐鲁，故出师以待之"（范宁集解）之义，以为"本与齐师约共围盛，而托言陈、蔡将来侵伐，不得已出师待之"，与下文呼应较为紧密。

【译文】

八年春周历正月，军队多日驻留在郎邑，以等待陈国人、蔡国人。

多日驻留不说等待，这里说等待是为什么？是托词，不得已的。

【原文】

3.8.2　甲午，祠兵〔1〕。

祠兵者何？出曰祠兵，入曰振旅〔2〕，其礼一也，皆习战也。何言乎祠兵？为久也。曷为为久？吾将以甲午之日，然后祠兵于是〔3〕。

【注释】

〔1〕祠兵：《左传》、《穀梁传》作“治兵”，下同。《周礼·夏官·大司马》“中春教振旅”，“中秋教治兵”；《尔雅·释天》“出为治兵”，“入为振旅”：也都是“治兵”与“振旅”对举。郑玄以为“《公羊》字误也，以治为祠”（《礼记·曲礼上》“外事以刚日”孔疏引）。《解诂》：“礼，兵不徒使，将出兵，必祠于近郊，陈兵习战，杀牲飨士卒。”《通义》：“祠兵，师说以为祠五兵——矛、戟、剑、盾、弓矢——及始造兵者……其神盖蚩尤，或曰黄帝是也。”

〔2〕振旅：整顿军队。《书·大禹谟》：“班师振旅。”孔传：“兵入曰振旅，言整众。”《解诂》：“祠兵壮者在前，难在前；振旅壮者在后，复长幼，且卫后也。”

〔3〕甲午之日，然后祠兵：《解诂》：“讳为久留辞，使若无欲灭同姓之意。”

【译文】

甲午日，祠兵。

祠兵是什么？出叫做祠兵，入叫做振旅，它们的礼仪是一样的，都是练习作战。为什么说祠兵？是因为军队驻留太长久了。为什么长久？是我国要等到甲午日这一天，然后才在这里祠兵。

【原文】

3.8.3　夏，师及齐师围成[1]，成降于齐师。

成者何？盛也。盛则曷为谓之成？讳灭同姓也。曷为不言降吾师？辟之也[2]。

【注释】

〔1〕成：《左传》、《穀梁传》作郕。《通义》："成者，盛之都邑。本当言伐盛围成，讳之，故但举成不系国也。"参见2.6.2注〔1〕。盛，与鲁同姓之小国，参见1.5.2注〔1〕。

〔2〕辟：通避。《通义》："鲁待齐而后克成，故得归恶于齐，因为内避灭同姓之文。然言二国同围，则亦同受降可知。此成即鲁所取以为孟孙采者也。"《左传》记"郕降于齐师"后，仲庆父请伐齐师，鲁庄公不同意，说"姑务修德，以待时乎"，师遂还。《通义》以为"左氏顺经作传，乃有修德退师之语，抑失事实"。

【译文】

夏，我军与齐军围成，成向齐军投降。

成是什么？是盛国。是盛国那么为什么称之为成？是讳言灭同姓之国。为什么不说向我军投降？是避开这一点。

【原文】

3.8.4　秋，师还。

还者何？善辞也[1]。此灭同姓，何善尔？病之也[2]。曰：师病矣[3]，曷为病之？非师之罪也[4]。

冬十有一月癸未，齐无知弑其君诸儿[5]。

【注释】

〔1〕还者何？善辞也：《公羊传》认为《春秋》用词有感情色彩，此言"还"是善辞便是一例。《通义》："以善反，曰还；以不善反，

曰复。”

〔2〕病：困乏，疲惫。此用为以动词。《通义》释“病之”为“闵其疲病”。

〔3〕师病矣：《通义》：“文王之法，师出不逾时；春而祠兵，秋而振旅，君子以师为病矣。”

〔4〕非师之罪也：《解诂》：“明君之使，重在君。”徐彦疏：“所以慰劳师之罢病者，明君之灭同姓，非师之罪，其重在于君也。”

〔5〕无知：公孙无知，齐襄公的堂弟，僖公同母弟夷仲年的儿子；僖公在世时对他十分宠爱，襄公即位后却对他横加疏黜，因而他心怀不满，便勾结连称、管至父等发动宫廷政变，杀襄公自立。　诸儿：齐襄公之名。

【译文】

秋，军队回还。

回还是什么？是好的用语。这是灭同姓之国，为什么说这件事好？是怜悯军队疲惫。军队是疲惫了，为什么怜悯他们疲惫？因为不是军队的罪过。

冬十一月癸未日，齐国的公孙无知杀了他的国君诸儿。

【原文】

3.9.1　九年春，齐人杀无知〔1〕。

公及齐大夫盟于暨〔2〕。

公曷为与大夫盟？齐无君也。然则何以不名？为其讳与大夫盟也，使若众然。

【注释】

〔1〕齐人杀无知：《左传》记齐襄公被杀后，连称、管至父等“立无知”；《史记·齐太公世家》也称无知为“齐君”。但《春秋》用“杀”不用“弑”，称名不称君，显然不承认无知是国君。这就是一字褒贬。

〔2〕暨：《穀梁传》同，《左传》作蔇，字通。鲁国地名，杜预注《左传》云：“琅邪缯县北有蔇亭。”缯县故址在今山东枣庄市东。齐国

当时无君，齐大夫到鲁国来寻盟，是为了迎齐襄公的庶弟公子纠回国即位。

【译文】

九年春，齐国人杀了公孙无知。

庄公与齐国大夫在暨邑会盟。

庄公为什么与大夫会盟？是因为齐国没有国君。这样的话那么为什么不写出大夫的名字？是因为讳言与大夫会盟，使好像与众人会盟那样。

【原文】

3.9.2　夏，公伐齐，纳纠〔1〕。

纳者何？入辞也〔2〕。其言伐之何？伐而言纳者，犹不能纳也。纠者何？公子纠也。何以不称公子？君前臣名也〔3〕。

齐小白入于齐〔4〕。

曷为以国氏？当国也。其言入何？篡辞也。

【注释】

〔1〕纠：《穀梁传》同，《左传》作子纠，阮元《春秋左传注疏校勘记》曰："臧琳云：子字衍文，沿唐定本之误。"公子纠，齐襄公的异母弟。母为鲁女，所以在齐国政局出现危机时，由管仲、召忽为傅出奔鲁国。他是鲁庄公的舅舅（庄公母亲文姜的弟弟），又是鲁女所生，亲上加亲，所以鲁国竭力支持他回国就位。但纳纠而又伐齐，可见遇到了麻烦：与庄公结盟的齐大夫不能左右齐国政局，齐国的执政大臣并不欢迎公子纠回国。

〔2〕入辞：《通义》："使之入之辞也。"

〔3〕君前臣名：《通义》："去公子者，著纠之已臣于鲁也。礼：公子无去国道，仕于他国则不得更称公子。公子云者，吾公之子也，非可相假。假令齐侯之子而称公子于鲁，则且嫌为鲁公子。故纠为鲁臣，即无

称公子之道也。”

〔4〕齐小白：齐公子小白，公子纠的庶弟，即后来的齐桓公。在齐国祸乱将作时，由鲍叔牙为傅出奔莒国。小白母为卫女，素昔与齐国正卿高傒交好。无知被杀后，高傒在大臣中威望最著，与另一大族国氏联合，暗中派人到莒国去召小白，并为小白作内应，故小白得以先于公子纠顺利入于齐。

【译文】

夏，庄公攻伐齐国，纳纠。

纳是什么意思？是还入的用语。说攻伐是为什么？攻伐而说送纠回国，等于说没能送回。纠是什么人？是公子纠。为什么不称公子？在鲁君面前纠是臣子，所以称名。

齐国的小白还入齐国。

为什么用国名来表示他的氏？因为他掌握了国家的政权。说他还入是什么意思？是篡位的用语。

【原文】

3.9.3 秋七月丁酉，葬齐襄公。

八月庚申，及齐师战于干时〔1〕，我师败绩。

内不言败〔2〕，此其言败何？伐败也〔3〕。曷为伐败？复雠也〔4〕。此复雠乎大国，曷为使微者？公也。公则曷为不言公？不与公复雠也。曷为不与公复雠？复雠者在下也〔5〕。

【注释】

〔1〕干时：齐国地名。时为水名，《水经注·淄水》：“时水出齐城西北二十五里。”又名如水、耏水、黑水、乌河。杜预注《左传》云：“时水在乐安界歧流旱则竭涸，故曰干时。”乐安故地在今山东博兴。干时之战使鲁国纳公子纠的计划破产，也为齐桓公当国奠定了基础。

〔2〕内不言败：参见2.10.2。

〔3〕伐败：《通义》："伐，夸也。虽败犹可夸，不若常败有耻当讳。"

〔4〕复雠：指复鲁桓公为齐襄公所杀之仇。《解诂》："复雠以死败为荣，故录之。"《通义》："复雠者，虽不爱其死，要期于有成，岂以败为荣乎？特鲁之不能雠齐，力实不敌，故《春秋》因其败而夸大之，若曰：幸有此败，庄之忘雠乃可以自解云尔。"

〔5〕复雠者在下也：《通义》："下犹后也。本雠襄公，而复之于桓公，故言复雠者在其后世也。时实以不能纳子纠，怒齐而托名复雠伐之，桓又非雠子，故不与公复雠也。"

【译文】

秋七月丁酉日，安葬齐襄公。

八月庚申日，与齐军在干时交战，我军溃败。

对本国不说战败，这里说败了是为什么？是夸耀失败。为什么夸耀失败？是复了仇了。这是向大国复仇，为什么派遣地位低微的人？是庄公自己。是庄公自己那么为什么不说庄公？是不赞许庄公复仇。为什么不赞许庄公复仇？复仇的对象已经是后一世了。

【原文】

3.9.4　九月，齐人取子纠杀之。

其取之何？内辞也，胁我使我杀之也〔1〕。其称子纠何？贵也。其贵奈何？宜为君者也〔2〕。

【注释】

〔1〕胁我使我杀之也：《解诂》："时小白得国，与鲍叔牙图国政，故鲍叔荐管仲、召忽曰：'使彼国得贤，己国之患也。'乃胁鲁，使杀子纠，求管仲、召忽。鲁惶恐杀子纠，归管仲，召忽死之。故深讳，使若齐自取杀之。"

〔2〕宜为君者：《通义》："公子纠乃襄公之弟，桓公之兄，时襄无嫡嗣，贵莫如纠也。……纠长，故次宜为君。"

【译文】

九月，齐国人取子纠杀之。

取子纠杀之是什么意思？是内部的措辞，实际上是威胁我国使我国杀了他。称他子纠是为什么？是他身份尊贵。他身份怎样尊贵？是适合做国君的人。

【原文】

3.9.5　冬，浚洙〔1〕。

洙者何？水也。浚之者何？深之也。曷为深之？畏齐也〔2〕。曷为畏齐也？辞杀子纠也〔3〕。

【注释】

〔1〕浚：疏浚。　洙：水名，流经鲁国都城曲阜之北，与泗水有合有分。

〔2〕畏齐也：《解诂》："洙在鲁北，齐所由来。"

〔3〕辞杀子纠也：《通义》："鲁自知杀子纠不义，而以畏齐为辞，故浚洙以饰成畏齐之状。其实长勺之役我能败之，则亦何至以千乘之国而不能庇一子纠哉？《春秋》书其辞杀子纠之迹，讥内深矣。"已杀子纠而犹言"辞杀子纠"，是一种自我讳饰。

【译文】

冬，疏浚洙水。

洙水是什么？是一条河流。疏浚它是为什么？是把它挖深。为什么把它挖深？是害怕齐国。为什么害怕齐国？是推辞不肯杀子纠。

【原文】

3.10.1　十年春王正月，公败齐师于长勺〔1〕。

二月，公侵宋。

曷为或言侵，或言伐？觕者曰侵〔2〕，精者曰伐〔3〕。

战不言伐〔4〕，围不言战〔5〕，入不言围〔6〕，灭不言入〔7〕：书其重者也。

【注释】

〔1〕长勺：鲁国地名，因周初成王分鲁以商氏六族之一的长勺氏居此而得名，故址在今山东莱芜东北。长勺之战是历史上以弱胜强的著名战例，《左传》对此役有生动描述，一般摘取其文题曰《曹刿论战》。

〔2〕觕者曰侵：《解诂》："觕，粗也。将兵至境，以过侵责之，服则引兵而去，用意尚粗。"是侵谓兵临其境侵责。《周礼·夏官·大司马》有"九伐之法"，中云："负固不服，则侵之。"郑玄注："负犹恃也；固，险可依以固者也；不服，不事大也。侵之者，兵加其境而已，用兵浅者。"《左传·庄公二十九年》则曰："凡师有钟鼓曰伐，无曰侵。"以不鸣钟鼓为侵，较伐为轻。

〔3〕精者曰伐：《解诂》："精犹精密也，侵责之不服，推兵入境，伐击之益深，用意稍精密。"是伐谓入境讨伐。《周礼·夏官·大司马》"九伐之法"云："贼贤害民，则伐之。"郑玄注："伐者，兵入其境，鸣钟鼓以往，所以声其罪。"

〔4〕战不言伐：《解诂》："合兵血刃曰战。"是战比伐程度上更重。

〔5〕围不言战：《解诂》："以兵守城曰围。"围比战程度上更重。

〔6〕入不言围：《解诂》："得而不居曰入。"入比围程度上更重。

〔7〕灭不言入：《解诂》："取其国曰灭。"灭比入程度上更重。

【译文】

十年春周历正月，庄公在长勺打败了齐军。

二月，庄公侵犯宋国。

为什么有时说侵，有时说伐？粗浅的叫侵，精深的叫伐。写了战就不说伐，写了围就不说战，写了入就不说围，写了灭就不说入：都是写程度上重的。

【原文】

3.10.2　三月，宋人迁宿〔1〕。

迁之者何？不通也，以地还之也〔2〕。子沈子曰：“不通者，盖因而臣之也〔3〕。”

【注释】

〔1〕宿：见1.1.5注〔1〕。但古宿国距宋稍远，宋之势力能否及此是一个问题，姑存疑。《元和郡县志》九“泗州宿迁”以为宿迁即“《春秋》‘宋人迁宿’之地”（今属江苏），录之备参。

〔2〕还：通环，《解诂》：“还，绕也。”《通义》：“所迁之地，四面还绕皆宋邑，不得外通。”

〔3〕因而臣之：《通义》：“因而臣之者，因取以为宋附庸也。”

【译文】

三月，宋国人迁徙宿国。

迁徙宿国是为什么？是使宿国与其他国家隔绝交通，四面用宋国的城邑环绕着它。子沈子说：“使宿国与其他国家隔绝交通，是因此而使宿国臣服为附庸国。”

【原文】

3.10.3　夏六月，齐师、宋师次于郎。公败宋师于乘丘〔1〕。

其言次于郎何？伐也。伐则其言次何？齐与伐而不与战，故言伐也〔2〕；我能败之，故言次也〔3〕。

【注释】

〔1〕乘丘：鲁国地名，故址在今山东兖州西北。

〔2〕言伐：“战不言伐”，若齐军亦战，就书战而不书伐了；今齐不与战，所以言伐以释次。

〔3〕言次：《春秋》用次而不用伐，是因为宋军被打败了，使用“伐”字就不合适。这也可见《春秋》用词的精确性。

【译文】

夏六月，齐军、宋军在郎邑驻留多日。庄公在乘丘打败了宋国军队。

说在郎邑驻留多日是为什么？是讨伐。是讨伐那么说驻留多日为什么？齐国参与讨伐而不参与交战，所以说讨伐而不说交战；我国能打败宋军，所以说驻留多日而不说讨伐。

【原文】

3.10.4　秋九月，荆败蔡师于莘〔1〕，以蔡侯献舞归〔2〕。

荆者何？州名也〔3〕。州不若国〔4〕，国不若氏〔5〕，氏不若人〔6〕，人不若名〔7〕，名不若字〔8〕，字不若子〔9〕。蔡侯献舞何以名？绝。曷为绝之？获也。曷为不言其获？不与夷狄之获中国也。

【注释】

〔1〕荆：指楚国。《通义》："汉南曰荆州，以州举者，略之若言荆州之蛮云尔。"《诗·小雅·采芑》："蠢尔荆蛮。"荆、荆蛮都是当时中原诸夏对楚国的蔑称。　莘：蔡国地名。

〔2〕蔡侯献舞：即蔡哀侯，名献舞。《左传》说：蔡哀侯与息国之君皆娶陈国妫姓之女。息妫将归，路过蔡国，蔡哀侯对她不礼貌，息侯怒，使谓楚文王曰："伐我，吾求救于蔡而伐之。"楚遂伐蔡，以蔡侯献舞归。《史记·蔡世家》云：蔡侯留九岁，死于楚。《楚世家》则云：已而释之。二说歧异。以蔡侯谥哀而言，死于楚地之说为是。

〔3〕州名也：《解诂》："州谓九州：冀、兖、青、徐、扬、荆、豫、梁、雍。"

〔4〕州不若国：徐彦疏："言荆不如言楚。"

〔5〕国不若氏：徐彦疏："言楚不如言潞氏、甲氏。"

〔6〕氏不若人：徐彦疏："言潞氏不如言楚人。"

〔7〕人不若名：徐彦疏："言楚人不如言介葛卢。"

〔8〕名不若字：徐彦疏："言介葛卢不如言邾娄仪父。"

〔9〕字不若子：徐彦疏："言邾娄仪父不如言楚子、吴子。"《通义》："此七等，所以进退四夷，绌陟小国，极于子者，《礼》所谓'东夷北狄西戎南蛮，虽大曰子'之义也。"

【译文】

秋九月，荆在莘邑打败蔡军，把蔡侯献舞拿回去了。

荆是什么？是州名。称州名不如称国名，称国名不如称氏，称氏不如称人，称人不如称名，称名不如称字，称字不如称子。蔡侯献舞为什么称名？是断绝他的爵位。为什么断绝他的爵位？是被俘了。为什么不说他被俘了？是不赞许夷狄之国俘获中原国家的国君。

【原文】

3.10.5　冬十月，齐师灭谭〔1〕，谭子奔莒〔2〕。

何以不言出？国已灭矣，无所出也。

【注释】

〔1〕谭：国名，故址在今山东章丘西。《诗·卫风·硕人》："邢侯之姨，谭公维私。"毛传："姊妹之夫曰私。"孔疏："《春秋》'谭子奔莒'，则谭子爵，言公者，盖依臣子之称，便文耳。"谭子为庄姜之妹婿，是齐、谭曾有婚姻关系。齐师灭谭，据《左传》说是"谭无礼也"。

〔2〕谭子奔莒：《左传》："同盟故也。"

【译文】

冬十月，齐军灭了谭国，谭子投奔到莒国。

为什么不说出奔？国已经灭了，没有地方可以出了。

【原文】

3.11.1　十有一年春王正月。

夏五月戊寅，公败宋师于鄑〔1〕。

秋，宋大水。

何以书？记灾也。外灾不书，此何以书？及我也。

【注释】

〔1〕鄑：鲁国地名，地当与宋近。与3.1.6纪之鄑名同而非一地。

【译文】

十一年春周历正月。

夏五月戊寅日，庄公在鄑邑打败宋军。

秋，宋国洪水。

为什么写下？是记录灾情。外国的灾害不写，这为什么写下？波及我国了。

【原文】

3.11.2　冬，王姬归于齐〔1〕。

何以书？过我也〔2〕。

【注释】

〔1〕王姬：此王姬谥共，《左传》又称她为共姬。《左传·僖公十七年》说：“齐侯（指桓公）之夫人三，王姬、徐嬴、蔡姬。”可见王姬是齐桓公的第一夫人。　归：嫁。

〔2〕过我也：路过鲁国。《解诂》：“时王者嫁女于齐，涂过鲁，明当有送迎之礼。”《通义》：“但以过我书，我不为主。”即不像3.1.3那次为王姬嫁齐主婚。《穀梁传》也说“过我”。《左传》则说：“齐侯来逆共姬”，即齐桓公到鲁国来亲迎王姬，是把鲁国又说成是主婚的了。

【译文】

冬，王姬嫁到齐国。

为什么写下？是路过我国。

【原文】

3.12.1　十有二年春王三月，纪叔姬归于酅[1]。

其言归于酅何？隐之也。何隐尔？其国亡矣，徒归于叔尔也[2]。

【注释】

〔1〕纪叔姬：鲁女之嫁于纪者，参1.7.1。自隐七年至今已三十一年，年也垂老了。纪国被齐国灭后（参3.4.2），叔姬回到娘家鲁国，此事《春秋》未记，《解诂》所谓“国灭来归不书”。徐彦疏引江熙云：“叔姬来归不书，非归宁，且非大归是也。”（归宁即回娘家探亲，大归即被夫家休回娘家。）《解诂》：“来归不书，书归酅者，痛其国灭无所归也。”《通义》引家铉翁曰：“夫死无子而终于父母家者，非正也；终于夫家，正也。”酅保留有纪侯的五庙，所以叔姬要归于酅。

〔2〕叔：即纪季，参见3.3.3注〔1〕。《解诂》：“妇人谓夫之弟为叔。”

【译文】

十二年春周历三月，纪叔姬回到酅邑。

说她回到酅邑是为什么？是伤痛她。为什么伤痛这件事？她的国已经亡了，只是回到小叔那里罢了。

【原文】

3.12.2　夏四月。

秋八月甲午，宋万弑其君接[1]，及其大夫仇牧[2]。

及者何？累也。弑君多矣，舍此无累者乎？孔父、荀息皆累也[3]。舍孔父、荀息无累者乎？曰：有。有则此何以书？贤也。何贤乎仇牧？仇牧可谓不畏强御矣[4]。其不畏强御奈何？万尝与庄公战[5]，获乎庄公[6]，庄公归，散舍诸宫中[7]。数月，然后归之。归反为大夫于宋[8]，与闵公博[9]。妇人皆在侧。万曰："甚矣，鲁侯之淑、鲁侯之美也[10]。天下诸侯宜为君者，唯鲁侯尔。"闵公矜此妇人[11]，妒其言，顾曰："此虏也！尔虏，焉知鲁侯之美恶乎！"致万怒，搏闵公，绝其脰[12]。仇牧闻君弑，趋而至，遇之于门，手剑而叱之[13]。万臂摋仇牧[14]，碎其首，齿著于门阖[15]。仇牧可谓不畏强御矣。

冬十月，宋万出奔陈[16]。

【注释】

〔1〕宋万：即南宫长万，南宫为氏，万为名，长为字。宋国大夫。接：《左传》、《穀梁传》作捷，字通。宋闵公之名。公元前691—前682年在位。

〔2〕仇牧：宋国大夫。

〔3〕孔父：参见2.2.1及注〔1〕。　荀息：参见5.10.1、2.2.1注〔3〕。

〔4〕强御：强暴有力。

〔5〕万尝与庄公战：指3.10.3之乘丘之战。庄公，鲁庄公。

〔6〕获乎庄公：被庄公俘获。据《左传》说，庄公以矢射中南宫长万，万遂被歂孙生擒。

〔7〕散舍：《解诂》："散，放也；舍，止也。"

〔8〕反：《通义》："反，复也。本为大夫，归而复其位。"

〔9〕博：古代的博戏，共十二棋，六黑六白，两人相博，每人六棋，故又名六博。博时先掷采，后行棋。局分十二道，当中名为"水"，放"鱼"两枚，行棋至水则"食鱼"，得二筹。得筹多者胜。

〔10〕鲁侯之淑、鲁侯之美：《解诂》："涉，善；美，好。"

〔11〕矜：自以为贤能。《解诂》："色自美大于此妇人。"

〔12〕脰：《解诂》："脰，颈也。齐人语。"

〔13〕手剑：《通义》："手持剑也。"

〔14〕臂摋：《通义》："以臂撞而杀之。"

〔15〕门阖：门扇。

〔16〕宋万出奔陈：据《左传》，宋万逃到陈国后，宋人赂陈人请求

将宋万押送回国；陈人利用女色把宋万灌醉，用犀革包裹了送回宋国，被宋人剁为肉酱。

【译文】

夏四月。

秋八月甲午日，宋万杀死他的国君接，及大夫仇牧。

及是什么意思？是受株连。杀国君的多了，除了这次没有受株连的吗？孔父、荀息都是受株连的。除孔父、荀息没有受株连的了吗？回答说：有。有那么这为什么写下？是因为贤明。仇牧有什么贤明？仇牧可以说是不怕强暴了。他是怎样不怕强暴的？宋万曾与鲁庄公交战，被庄公俘获，庄公回去，把他放了闲住在宫中。过了几个月，然后才让他回国。宋万回到宋国重新做了大夫。他与宋闵公博戏。妇女都在旁边。宋万说："鲁侯的善良，鲁侯的美好是真够可以的了。天下诸侯适合做国君的，只有鲁侯罢了。"闵公在这些妇女面前要自夸其能，妒忌宋万的话，回头对妇女们说："这是个俘虏啊！你是个俘虏，怎知道鲁侯的好坏呢！"导致宋万发怒，搏击闵公，折断了他的头颈。仇牧听说国君被杀，快步赶来，在门前遇到了宋万，手持剑而叱骂他。宋万用臂撞杀了仇牧，把仇牧的头都击碎了，牙齿飞溅到门扇上。仇牧可以说是不怕强暴了。

冬十月，宋万逃亡到陈国。

【原文】

3.13.1　十有三年春，齐侯、宋人、陈人、蔡人、邾娄人会于北杏〔1〕。

夏六月，齐人灭遂〔2〕。

秋七月。

【注释】

〔1〕齐侯：《左传》同，《穀梁传》作齐人，齐桓公。宋以下称人，

说明不是国君亲至。《解诂》："齐桓行霸，约束诸侯尊天子，故为此会也。桓公时未为诸侯所信乡（向），故使微者会也。桓公不辞微者，欲以卑下诸侯遂成霸业也。"　北杏：齐国地名，在今山东东阿县境。

〔2〕遂：妫姓小国，虞舜之后，故址在今山东肥城南。《左传》："十三年春，会于北杏，以平宋乱。遂人不至。夏，齐人灭遂而戍之。"

【译文】

十三年春，齐桓公、宋国人、陈国人、蔡国人、邾娄国人在北杏相会。

夏六月，齐国人灭了遂国。

秋七月。

【原文】

3.13.2　冬，公会齐侯，盟于柯〔1〕。

何以不日？易也〔2〕。其易奈何？桓之盟不日，其会不致，信之也。其不日何以始乎此？庄公将会乎桓，曹子进曰〔3〕："君之意何如？"庄公曰："寡人之生，则不若死矣〔4〕。"曹子曰："然则君请当其君〔5〕，臣请当其臣。"庄公曰："诺。"于是会乎桓。庄公升坛〔6〕，曹子手剑而从之。管子进曰〔7〕："君何求乎？"曹子曰："城坏压竟〔8〕，君不图与〔9〕？"管子曰："然则君将何求？"曹子曰："愿请汶阳之田〔10〕。"管子顾曰："君许诺。"桓公曰："诺。"曹子请盟，桓公下与之盟〔11〕。已盟，曹子摽剑而去之〔12〕。要盟可犯〔13〕，而桓公不欺；曹子可雠，而桓公不怨。桓公之信著乎天下，自柯之盟始焉。

【注释】

〔1〕柯：通阿，齐国地名。杜预注《左传》云："此柯，今济北东阿齐之阿邑。"今山东东阿西南有阿城，即其故址。

〔2〕易：平安。《礼记·中庸》："故君子居易以俟命。"郑玄注："易，犹平安也。"《解诂》："相亲信、无后患之辞。"

〔3〕曹子：《穀梁传》作曹刿，《史记》(《齐太公世家》、《鲁周公世家》、《刺客列传》、《十二诸侯年表》)作曹沬。

〔4〕不若死：《解诂》："自伤与齐为雠不能复也，伐齐纳纠，不能纳，反复为齐所胁而杀之。"

〔5〕当：《解诂》："犹敌也，将劫之辞。"

〔6〕升坛：《解诂》："土基三尺，土阶三等，曰坛。会必有坛者，为升降揖让，称先君以相接，所以长其敬。"

〔7〕管子：管仲。

〔8〕城坏压竟：竟，通境。《史记·刺客列传》："曹沬曰：'齐强鲁弱，而大国侵鲁亦以甚矣。今鲁城坏，即压齐境，君其图之。'"

〔9〕君不图与：《解诂》："君谓齐桓公；图，计也。犹曰君不当计侵鲁太甚。"

〔10〕汶阳之田：汶水以北的土地，原属鲁，为齐所侵。

〔11〕桓公下与之盟：《通义》："坛上本两君会盟之所，故桓公更下坛，与曹子盟。"

〔12〕摽：挥去，弃。《通义》引齐召南云："太史公依《公羊》说为《刺客列传》，后人疑此事，但荀子大儒，其《王制》篇曰'桓公劫于鲁庄'，则此说传之久矣。"

〔13〕要盟可犯：《解诂》："强见要胁而盟尔，故云可犯。"

【译文】

冬，庄公会见齐桓公，在柯邑结盟。

为什么不记日？是因为相安无事。齐桓公的盟约不记日，会合不记从哪儿到达，都是因为信任他的缘故。他不记日为什么从这次开始？庄公将要与齐桓公会见，曹刿上前说："国君的心情怎么样？"庄公说："我活着，还不如死了呢。"曹刿说："这样的话那么请国君对付他们的国君，我对付他们的臣子。"庄公说："好。"于是与齐桓公会见。庄公登上盟坛，曹刿手持利剑跟随着。管仲上前说："您有什么要求？"曹刿说："鲁国的城墙崩塌了，就要压到齐国的境内，国君不考虑吗？”管仲说：“这样的话那么您将要求什么？”曹刿说：“希望收回汶水以北的土地。”管仲回头对齐桓公说：“国君答应吧。”齐桓公说：“好。”曹刿请求结盟，齐桓公下坛与他结了盟。盟毕，曹刿扔了剑就离开了。要挟之下结的盟是可以违背的，而齐桓公不欺骗人；对曹刿是可以记仇的，而齐桓公不怨恨他。齐桓公的信用昭著于天下，是从柯邑的会盟开始的。

【原文】

3.14.1 十有四年春，齐人、陈人、曹人伐宋〔1〕。

夏，单伯会伐宋〔2〕。

其言会伐宋何？后会也。

秋七月，荆入蔡。

冬，单伯会齐侯、宋公、卫侯、郑伯于鄄〔3〕。

【注释】

〔1〕齐人、陈人、曹人：这次军事行动，《左传》说是“诸侯伐宋”，不知是否三国诸侯亲自出马。但这里经书“人”，与冬会于鄄书诸侯明显不同，可能还是有区别的。则所谓“诸侯伐宋”，并不指三国国君亲自出马。

〔2〕单伯：鲁大夫，参见3.1.3注〔1〕。《左传》以为周大夫。

〔3〕齐侯：齐桓公。 宋公：宋桓公。 卫侯：卫惠公。 郑伯：郑厉公（厉公本年重新入郑，《左传》有记载，而《春秋》不书）。 鄄（juàn 绢）：卫国地名，在今山东鄄城北旧城。这次宋国也与会，据《左传》说是“宋服故也”。

【译文】

十四年春，齐国人、陈国人、曹国人攻伐宋国。

夏，单伯会师攻伐宋国。

说会师攻伐宋国为什么？是后来会师。

秋七月，荆进入蔡国。

冬，单伯在鄄邑会见齐桓公、宋桓公、卫惠公、郑厉公。

【原文】

3.15.1　十有五年春，齐侯、宋公、陈侯、卫侯、郑伯会于鄄〔1〕。

夏，夫人姜氏如齐〔2〕。

秋，宋人、齐人、邾娄人伐儿〔3〕。

郑人侵宋〔4〕。

冬十月。

【注释】

〔1〕陈侯：陈宣公。其余同上年。

〔2〕夫人姜氏如齐：徐彦疏云："复与桓通。"恐怕未必如此不堪。但此行在古代是非礼的。

〔3〕儿：同倪，《左传》、《穀梁传》作郳。参见3.5.1注〔2〕、〔3〕。宋人、齐人、邾娄人，宋人居先，可见宋是为首伐倪的。

〔4〕郑人侵宋：《左传》："诸侯为宋伐郳，郑人间之而侵宋。"

【译文】

十五年春，齐桓公、宋桓公、陈宣公、卫惠公、郑厉公在鄄邑会见。

夏，夫人姜氏前往齐国。

秋，宋国人、齐国人、邾娄国人攻伐倪国。

郑国人侵入宋国。

冬十月。

【原文】

3.16.1　十有六年王正月。

夏，宋人、齐人、卫人伐郑〔1〕。

秋，荆伐郑。

冬十有二月，［公会］齐侯、宋公、陈侯、卫侯、郑伯、许男、［曹伯］、滑伯、滕子同盟于幽〔2〕。

同盟者何？同欲也〔3〕。

邾娄子克卒〔4〕。

【注释】

〔1〕宋人、齐人、卫人：以宋为首，为报去年“郑人侵宋”事。《左传》称“诸侯伐郑，宋故也”，此诸侯当释为诸侯国，未可便认为是三国国君。

〔2〕公会：《左传》、《穀梁传》无此二字。《穀梁传》云：“不言公。”《春秋繁露·灭国下》：“鲁大国，幽之会庄公不往，戎人乃窥兵于济西，由见鲁孤独而莫之救也。”是不但庄公不与会，且无大夫与会。《庄公十九年》何休《解诂》也说：“先是鄄、幽之会，公比不至。”故阮元《公羊注疏校勘记》云：“按‘公会’二字，当为衍文。”今译文从之不译。　许男：许穆公。　曹伯：《穀梁传》同，《左传》无此二字。《春秋繁露·灭国下》：“幽之会，齐桓数合诸侯，曹小，未尝来也。”是汉代《公羊传》无曹伯二字，今本为后世衍入者。《左传》为是，译文从之不译。　滑伯：滑国国君。滑为姬姓小国，建都于滑(今河南睢县西南)，后迁都于费(今河南偃师之缑氏镇)，一称费滑。　幽：宋国地名。

〔3〕同欲：《解诂》：“同心欲盟也。”

〔4〕邾娄子克：即邾娄仪父，参见1.1.2注〔1〕。

【译文】

十六年春周历正月。

夏，宋国人、齐国人、卫国人攻伐郑国。

秋，荆攻伐郑国。

冬十二月，齐桓公、宋桓公、陈宣公、卫惠公、郑厉公、许穆公、滑伯、滕子在幽邑同盟。

同盟是什么意思？是同心想要结盟。

邾娄子克去世。

【原文】

3.17.1　十有七年春，齐人执郑瞻[1]。

郑瞻者何？郑之微者也。此郑之微者，何言乎齐人执之？书甚佞也[2]。

【注释】

〔1〕郑瞻：《左传》作郑詹，因《僖公七年》左氏有“叔詹、堵叔、师叔三良为政”之语，杜注遂以郑詹即叔詹，并谓“詹为执政大臣，诣齐见执”。但僖公七年后此二十四年，《僖公二十三年》左氏尚记叔詹谏郑文公言，据《史记·郑世家》叔詹为“文公弟”，则郑詹即使就是叔詹，此时亦必年纪还不大，未必即在父亲郑厉公左右为执政大夫。《穀梁传》也称郑瞻为“卑者”，曰：“卑者不志，此其志何也？以其逃来志之也。逃来则何志焉？将有其末，不得不录其本也。郑瞻，郑之佞人也。”与《公羊传》义同。

〔2〕佞：用花言巧语谄媚人。

【译文】

十七年春，齐国人捉拿了郑瞻。

郑瞻是什么人？是郑国的卑微者。这是郑国的卑微者，为什么说齐国人捉拿了他？是写下很会用花言巧语谄媚的人。

【原文】

3.17.2　夏，齐人瀸于遂[1]。

瀸者何？瀸积也[2]，众杀戍者也[3]。

【注释】

〔1〕瀸：《左传》、《穀梁传》作歼，字通。齐人灭遂而戍之，见

3.13.1注〔2〕。

〔2〕殲积：指被杀者多，尸体堆积。《解诂》："殲者死文，殲之为死，积死非一之辞，故曰殲积。"

〔3〕众杀戍者：《左传》说：原遂国的四家大族"飨齐戍，醉而杀之"。

【译文】

夏，齐国人在遂邑被歼灭。

歼是什么意思？是被杀者多，尸体堆积的意思，众人杀了防守的士卒。

【原文】

3.17.3　秋，郑瞻自齐逃来。

何以书？书甚佞也，曰：佞人来矣〔1〕！佞人来矣！

【注释】

〔1〕佞人：善于花言巧语、阿谀奉承的人。孔子答颜渊问为邦，就说到"放郑声，远佞人；郑声淫，佞人殆"。何晏集解："孔曰：郑声、佞人亦俱能惑人，与雅乐、贤人同，而使人淫乱危殆，故当放远之。"《解诂》说，郑瞻到鲁国后，鲁"信其计策，以取齐淫女，丹楹刻桷，卒为后败"。据徐彦疏，取齐淫女，即指娶哀姜，见3.24.2；丹楹刻桷，见3.23.3、3.24.1。

【译文】

秋，郑瞻从齐国逃来。

为什么写下？是写下很会用花言巧语谄媚人，说道：善于巧言取媚的人来了！善于巧言取媚的人来了！

【原文】

3.17.4　冬，多麋〔1〕。

何以书？记异也。

【注释】

〔1〕麋：即麋鹿。以其角似鹿而非鹿，头似马而非马，身似驴而非驴，蹄似牛而非牛，俗称四不像。为我国特产。

【译文】

冬，多麋鹿。

为什么写下？是记录异常情况。

【原文】

3.18.1 十有八年春王三月，日有食之〔1〕。

夏，公追戎于济西〔2〕。

此未有言伐者，其言追何？大其为中国追也〔3〕。此未有伐中国者，则其言为中国追何？大其未至而预御之也。其言于济西何？大之也。

秋，有蜮〔4〕。

何以书？记异也。

冬十月。

【注释】

〔1〕日有食之：这次日食未记日，也未记朔，《通义》："不日者，食于晦也。"杜预注《左传》则说："不书日，官失之。"朱文鑫《春秋日食考》推算为公元前676年4月15日之日全食。《通义》谓"食于晦"误。

〔2〕戎：参见1.2.1注〔1〕。　济西：古济水之西。戎城即在济水之西，与曹国地近。

〔3〕大：强调。　中国：指诸夏，华夏族。

〔4〕蜮：一种食禾叶的害虫。《吕氏春秋·任地》："大草不生，又无

螟蜮。”高诱注：“蜮或作螣。食心曰螟，食叶曰蜮。兖州谓蜮为螣，音相近也。”旧注都释为鬼蜮之蜮，含沙射影之蜮，从经书“记异”而不书“记灾”看，也有可能当时有此传闻而附会。因事属不经，兹不取。

【译文】

十八年春周历三月，日食。

夏，庄公在济水以西追逐戎人。

这没有说起攻伐的事，说追逐是为什么？是强调为华夏族而追逐。这次没有攻伐华夏族的事，那么说为华夏族而追逐是为什么？是强调没有到而预先防御。说在济水以西是为什么？是强调它。

秋，有蜮。

为什么写下？是记录异常情况。

冬十月。

【原文】

3.19.1　十有九年春王正月。

夏四月。

秋，公子结媵陈人之妇于鄄[1]，遂及齐侯、宋公盟[2]。

媵者何？诸侯娶一国，则二国往媵之，以侄娣从。侄者何？兄之子也。娣者何？弟也[3]。诸侯一聘九女[4]。诸侯不再娶[5]。媵不书，此何以书？为其有遂事书。大夫无遂事[6]，此其言遂何？聘礼，大夫受命不受辞[7]。出竟有可以安社稷、利国家者[8]，则专之可也。

夫人姜氏如莒。

冬，齐人、宋人、陈人伐我西鄙[9]。

【注释】

〔1〕公子结：鲁国大夫，鲁庄公庶弟。媵：这里指送鲁国随嫁之女（庶出之女）到卫国，以与将嫁到陈国为嫡夫人的卫女会合同行。陈人之妇：即指将嫁到陈国为嫡夫人的卫女。　鄄：卫国地名，参见3.14.1注〔3〕。

〔2〕齐侯：齐桓公。　宋公：宋桓公。

〔3〕弟也：《白虎通义》引作"女弟也"。

〔4〕一聘九女：娶一国，二国媵之。三国皆以侄娣从，所以娶一次就有九个女子。《通义》："《白虎通义》曰：'天子诸侯一娶九女何？重国广继嗣，法地有九州、承天之施、无所不生也。'娶九女亦足以承君施也，九而无子，百亦无益也。《王度记》曰：'天子一娶九女。或曰天子娶十二女，法天有十二月。'不娶两娣何？博异气也。娶三国女何？广异类也。恐一国血脉相似，俱无子也。二国来媵，谁为尊者？大国为尊，国等以德。质家法天尊左，文家法地尊右。"周代尊右，夫人之下是右媵，右媵之下是左媵，左媵之下是嫡侄娣，然后是右媵侄娣、左媵侄娣。

〔5〕诸侯不再娶：《解诂》："不再娶者，所以节人情，开媵路。"但实际上春秋时诸侯再娶的很多，如齐桓公就娶过三次夫人，参3.11.2注〔1〕。

〔6〕大夫无遂事：参见2.8.2。

〔7〕大夫受命不受辞：《仪礼·聘礼》："辞无常，孙而说。"郑玄注："孙，顺也。大夫使，受命不受辞，辞必顺且说。"贾公彦疏："受命谓受君命聘于邻国，不受宾主对答之辞。必不受辞者，以其口及则言辞无定准，以辞无常，故不受之也。"

〔8〕竟：通境。《解诂》："公子结出境，遭齐、宋欲深谋伐鲁，故专矫君命而与之盟，除国家之难，全百姓之命。"

〔9〕鄙：《解诂》："鄙者，边垂之辞。"

【译文】

十九年春周历正月。

秋，公子结送随卫女嫁到陈国去的鲁女到鄄邑，于是与齐桓公、宋桓公会盟。

媵是什么意思？诸侯从一国娶夫人，那就有两国前去随嫁，用侄娣跟着。侄是什么？是兄长的女儿。娣是什么？是妹妹。诸侯娶一次有九个女子。诸侯不娶第二次。随嫁不写，这为什么写下？是因为它引出了另一件事才写的。大夫没有自己生出来的事，这儿说于是是为什么？出访之礼，大夫只接受使命不接受对答的言辞。出了国境有可以安社稷、利国家的事，那就独自处理好了。

夫人姜氏前往莒国。

冬，齐国人、宋国人、陈国人攻伐我国西部边境。

【原文】

3.20.1　二十年春王二月，夫人姜氏如莒。

夏，齐大灾〔1〕。

大灾者何？大瘠也〔2〕。大瘠者何？痢也〔3〕。何以书？记灾也。外灾不书，此何以书？及我也。

秋七月。

冬，齐人伐戎〔4〕。

【注释】

〔1〕大灾:《左传》无传，杜预注释“大灾”为火灾，与《公羊传》异。《解诂》:“以加大之非火灾也。”《通义》:“经例:大者曰灾，小者曰火。言灾则大已见，不烦更有大文，故得起非火灾也。”

〔2〕大瘠:《解诂》:“瘠，病也，齐人语也。”

〔3〕痢:通疠，瘟疫，急性传染病。

〔4〕戎:《左传》同,《穀梁传》作“我”，近形而误。指北戎。

【译文】

二十年春周历二月，夫人姜氏前往莒国。

夏，齐国大灾。

大灾是指什么？是大范围的疾病。大范围的疾病是什么？是瘟疫。为什么写下？是记录灾情。外国的灾害不写。这为什么写下？是因为连累到我国了。

秋七月。

冬，齐国人讨伐北戎。

【原文】

3.21.1　二十有一年春王正月。

夏五月辛酉，郑伯突卒[1]。

秋七月戊戌，夫人姜氏薨。

冬十有二月，葬郑厉公。

【注释】

〔1〕郑伯突：即郑厉公，见2.11.2注〔8〕。

【译文】

二十一年春周历正月。

夏五月辛酉日，郑伯突去世。

秋七月戊戌日，夫人姜氏去世。

冬十二月，安葬郑厉公。

【原文】

3.22.1　二十有二年春王正月，肆大省[1]。

肆者何？跌也[2]。大省者何？灾省也[3]。肆大省何以书？讥。何讥尔？讥始忌省也[4]。

癸丑，葬我小君文姜[5]。

文姜者何？庄公之母也。

陈人杀其公子御寇[6]。

【注释】

〔1〕省：《左传》、《穀梁传》作眚，古通假字，过失。杜预注《左

传》释“肆大眚”为赦有罪，孔疏：“肆，缓也；眚，过也。缓纵大过，是赦有罪也。”

〔2〕跌：《穀梁传》：“肆，失也。”《通义》：“跌亦失意……肆大省者，谓放失大罪也。”

〔3〕灾省：原义灾难，《易·复》：“有灾眚。”又《小过》：“弗遇过之，飞鸟离之，凶，是谓灾眚。”这里义转为罪过。

〔4〕忌：《通义》：“忌，讳也。讳言国有大罪人，故一切肆之。盖慕刑措之名，失胜残之实。自是君废其威，鲁遂积弱。”

〔5〕小君：古称诸侯之妻。《穀梁传》：“小君非君也，其曰君何也？以其为公配，可以言小君也。”《解诂》：“言小君者，比于君为小，俱臣子辞也。”　文姜：即桓公夫人姜氏。文为谥号。

〔6〕公子御寇：陈宣公的嫡长子。《史记·陈世家》：“宣公复有嬖姬生子款，欲立之，乃杀其太子御寇。”

【译文】

二十二年春周历正月，肆大眚。

肆是什么意思？是放失。大眚是什么？是有罪。肆大眚为什么写下？是讥讽。为什么讥讽这件事？是讥讽开始讳言有罪。

癸丑日，安葬我小君文姜。

文姜是什么人？是庄公的母亲。

陈国人杀了他们的公子御寇。

【原文】

3.22.2　夏五月。

秋七月丙申，及齐高傒盟于防〔1〕。

齐高傒者何？贵大夫也。曷为就我微者而盟？公也。公则曷为不言公？讳与大夫盟也。

冬，公如齐纳币〔2〕。

纳币不书，此何以书？讥。何讥尔？亲纳币，非礼也〔3〕。

【注释】

〔1〕高傒：字敬仲，齐国的上卿，姜姓，以其祖公子高（齐文公之子）的字为氏。　防：鲁国地名。

〔2〕纳币：古代婚礼的程序之一，即六礼（纳采、问名、纳吉、纳征、请期、亲迎）中的纳征，纳聘礼以定婚。币，泛指礼品，据《仪礼·士昏礼》，“纳征：玄纁、束帛、俪皮”，诸侯当更为丰备。

〔3〕亲纳币，非礼也：六礼之中除亲迎外，都由使者到女家，当事者不亲往。《通义》：“不主言讥丧娶者，亲纳币失之小者也，三年之内图婚失之大者也，小者犹讥，大者可知。”

【译文】

夏五月。

秋七月丙申日，与齐国的高傒在防邑结盟。

齐国的高傒是什么人？是地位尊贵的大夫。为什么来与我国的卑微者结盟？是庄公。是庄公那么为什么不说庄公？是讳言与大夫结盟。

冬，庄公前往齐国送聘礼。

送聘礼不写，这为什么写下？是讥讽。为什么讥讽这件事？亲自送聘礼，是不合礼法的。

【原文】

3.23.1　二十有三年春，公至自齐。

桓之盟不日，其会不致，信之也；此之桓国何以致？危之也。何危尔？公一陈佗也[1]。

祭叔来聘[2]。

【注释】

〔1〕陈佗：见2.6.2并注〔6〕。

〔2〕祭叔：《通义》：“愚谓祭叔即祭公也，为三公则称公，不为三公则不称公。”参2.8.2注〔2〕。

【译文】

二十三年春，庄公从齐国到达鲁国。

齐桓公的结盟不记日子，与他会盟不记到达，这是信任他；这次到齐桓公的国家去为什么记到达？是忧虑庄公。为什么忧虑这件事？庄公是又一个陈佗。

祭叔来访。

【原文】

3.23.2　夏，公如齐观社〔1〕。

何以书？讥。何讥尔？诸侯越竟观社，非礼也。

公至自齐。

荆人来聘。

荆何以称人〔2〕？始能聘也〔3〕。

公及齐侯遇于谷〔4〕。

萧叔朝公〔5〕。

其言朝公何〔6〕？公在外也。

【注释】

〔1〕观社：《解诂》："观社者，观祭社，讳淫。"祭社有什么淫？《墨子·明鬼》："燕之祖，当齐之社稷、宋之桑林、楚之云梦也，此男女所属而一观也。"《穀梁传》解释观社非礼时说："是以为尸女也。"《说文》："尸，陈也，象卧之形。"是齐国祭社时有陈卧女以通淫之俗，所陈之女即神尸，代表部族所自出的女神，与之通淫即在宗教上完成人类繁衍的行为。

〔2〕荆何以称人：在此之前，《春秋》称楚国只称荆，根据"州不若国，国不若氏，氏不若人"的说法，这里称之为荆人，是提高了三个档次，所以问为什么。参见3.10.4。

〔3〕始能聘也：鲁庄公二十三年，当楚成王元年。据《史记·楚世家》说："成王恽元年，初即位，布德施惠，结旧好于诸侯，使人献天子。"

〔4〕齐侯：齐桓公。　谷，齐国地名，参见3.7.2注〔3〕。

〔5〕萧叔：萧国国君，子姓，名大心，字叔。萧为宋国的附庸国，故址在今安徽萧县西北。《通义》："附庸方三十里者字。"

〔6〕其言朝公何：常例都书"来朝"，这次因庄公在谷，所以书"朝公"，这里问为什么。

【译文】

夏，庄公前往齐国观看祭社。

为什么写下？是讥讽。为什么讥讽这件事？诸侯越境观看祭社，是不合礼法的。

庄公从齐国到达鲁国。

楚国人来访。

楚国为什么称人？是开始能来访问。

庄公与齐桓公在谷邑相遇。

萧叔访问庄公。

说访问庄公是为什么？是因为庄公在国外。

【原文】

3.23.3　秋，丹桓宫楹[1]。

何以书？讥。何讥尔？丹桓宫楹，非礼也。

冬十有一月，曹伯射姑卒[2]。

十有二月甲寅，公会齐侯，盟于扈[3]。

桓之盟不日，此何以日？危之也。何危尔？我贰也[4]。鲁子曰："我贰者，非彼然，我然也。"

【注释】

〔1〕丹桓宫楹：把桓宫的柱子漆成大红色的。桓宫，庄公父桓公的庙。《穀梁传》："礼，天子诸侯黝垩（涂以黑色和白色），大夫仓（通苍，青色），士黈（黄色）。丹楹，非礼也。"《解诂》："楹，柱也。丹之者，为将娶齐女，欲以夸大示之。"

〔2〕曹伯射姑：即曹庄公，参见2.9.2注〔1〕。

〔3〕扈：杜预注《左传》云："郑地，在荥阳卷县西北。"即今河南原阳县旧原武西北。

〔4〕我贰也：《通义》："言我事齐有贰心。后齐人降鄣，师次于成，是其验也。"参3.30.1。

【译文】

秋，把桓公之庙的柱子漆成大红色的。

为什么写下？是讥讽。为什么讥讽这件事？把桓公之庙的柱子漆成大红色，是不合礼法的。

冬十一月，曹伯射姑去世。

十二月甲寅日，庄公会见齐桓公，在扈邑结盟。

齐桓公的结盟不记日子，这为什么记日子？是忧虑它。为什么忧虑这件事？是因为我国有贰心。鲁子说："所谓我国有贰心，不是彼方造成这样的，是我方造成这样的。"

【原文】

3.24.1 二十有四年春王三月，刻桓宫桷[1]。

何以书？讥。何讥尔？刻桓宫桷，非礼也。

葬曹庄公。

【注释】

〔1〕桷(jué 觉)：方的椽子。《穀梁传》："天子之角，斲(斫)之，砻(磨)之，加密石(精细的磨光石)焉；诸侯之桷，斲之，砻之；大夫斲之；士斲本。刻桷，非礼也。"《解诂》："与丹楹同义。"

【译文】

二十四年春周历三月，雕刻桓公之庙中的椽子。

为什么写下？是讥讽。为什么讥讽这件事？雕刻桓公之庙中的椽子，是不合礼法的。

安葬曹庄公。

【原文】

3.24.2　夏，公如齐逆女[1]。

何以书？亲迎，礼也。

秋，公至自齐。

八月丁丑，夫人姜氏入。

其言入何？难也。其言日何？难也。其难奈何？夫人不偻[2]，不可使入；与公有所约[3]，然后入。

戊寅，大夫宗妇觌[4]，用币[5]。

宗妇者何？大夫之妻也。觌者何？见也。用者何？用者不宜用也，见用币，非礼也。然则曷用？枣栗云乎，腶脩云乎[6]。

大水。

【注释】

〔1〕女：指哀姜，即下文的夫人姜氏。《史记》说哀姜是齐桓公"女弟"，不确。齐僖公死于二十八年前，若为僖公之女，哀姜至少也有二十八岁，古无如此年龄始嫁之女，故当为齐桓公之女。

〔2〕偻：行动迅速。《解诂》："偻，疾也，齐人语也。"《通义》别有一释："偻，俯也。不偻者，盖不伏顺于公之谓。"亦通。

〔3〕与公有所约：《解诂》："约，约远媵妾也。"杜预注《左传》直云："盖以孟任故。"参《题解》。

〔4〕宗妇：同姓大夫之妇。与夫人既有君臣之义，又有亲戚之情。大夫与宗妇是修饰关系，不是并立关系。《穀梁传》以大夫与宗妇为二，误。觌：相见。

〔5〕币：指玉帛。

〔6〕枣栗云乎，腶脩云乎：腶脩，捶捣而加姜、桂等香料的干肉。《解诂》："礼，妇人见舅姑以枣栗为贽，见女姑以腶脩为贽。见夫人至

尊，兼而用之。云乎，辞也。枣栗者，取其早自谨敬；腶脩取其断断自修正。"《左传》记御孙(鲁大夫)曰："男贽，大者玉帛，小者禽鸟，以章物也；女贽，不过榛栗枣脩，以告虔也。今男女同贽，是无别也。男女之别，国之大节也，而由夫人乱之，无乃不可乎！"

【译文】

夏，庄公前往齐国迎娶新娘。

为什么写下？亲迎，是礼。

秋，庄公从齐国到达鲁国。

八月丁丑日，夫人姜氏进入鲁国。

说进入是为什么？是难啊。说明日期是为什么？是难啊。究竟怎样难？夫人行动不迅速，不能使她进入；与庄公有所约定，然后才进入。

戊寅日，大夫宗妇行觌礼，用了玉帛。

宗妇是什么？是大夫的妻子。觌是什么意思？是相见。用是什么？所谓用是不宜用，见面用玉帛，是不合礼法的。这样的话那么用什么呢？是枣栗之类、五香干肉之类。

洪水。

【原文】

3.24.3　冬，戎侵曹〔1〕。

曹羁出奔陈〔2〕。

曹羁者何？曹大夫也。曹无大夫〔3〕，此何以书？贤也。何贤乎曹羁？戎将侵曹，曹羁谏曰："戎众以无义〔4〕，君请勿自敌也〔5〕。"曹伯曰："不可。"三谏不从，遂去之〔6〕，故君子以为得君臣之义也。

赤归于曹郭公〔7〕。

赤者何？曹无赤者，盖郭公也。郭公者何？失地之君也。

【注释】

〔1〕戎侵曹：己氏之戎与曹国毗邻，其地在今山东曹县东南，曹国在今山东定陶西南，见1.2.1注〔1〕、2.5.4注〔1〕。

〔2〕曹羁：曹国大夫。杜预注《左传》云："羁盖曹世子也。""盖"为疑辞，实属肊说。因曹伯射姑于去年卒，世子逾年，当立为君，不得复称世子。故孔疏引贾逵说，以为羁是曹君。但羁若是曹君，当书曹伯羁，今不书伯，知非君。故杜、贾二说皆无据。《通义》引惠士奇曰："郑伯寤生卒，世子在位未逾年，故称名；曹伯射姑卒，世子在位已逾年矣，当书曹伯羁出奔陈，不称伯则曹羁非君也，安可与郑忽同例哉。"驳杜甚力。

〔3〕曹无大夫：《穀梁传》也说："曹、莒皆无大夫。"所以说没有大夫，是因为小国的大夫未经天子之命，并不是真的没有大夫。《礼记·王制》："大国三卿，皆命于天子，下大夫五人，上士二十七人；次国三卿，二卿命于天子，一卿命于其君，下大夫五人，上士二十七人；小国二卿，皆命于其君，下大夫五人，上士二十七人。"曹是小国，其卿不命于天子，在这个意义上说他无大夫。

〔4〕戎众以无义：《解诂》："戎师多，又常以无义为事。"

〔5〕君请勿自敌：《解诂》："礼：兵敌则战，不敌则守。君师少，不如守，且使臣下往。"

〔6〕三谏不从，遂去之：《礼记·曲礼下》："为人臣之礼，不显谏。三谏而不听，则逃之。"郑玄注："逃，去也。君臣有义则合，无义则离。"

〔7〕赤归于曹郭公：此句连读不可通，杜预于"曹"下断句，"郭公"另起，而曰"经阙误"也。《通义》则曰："郭公不当倒在下，疑传《春秋》者'赤'上字旧漫缺，经师相承以为'郭公'，谦慎不敢补入正文，故著之于下耳。"译文从之。赤，为郭公之名。杜预注《左传》以为"赤，曹僖公也"，与《史记·十二诸侯年表》与《管蔡世家》附《曹叔世家》作"夷"者不符，又无他证，肊说不可从。贾逵与"戎侵曹"连解，以为赤是戎之外孙，故戎逐羁而立赤。连孔颖达也说他"以意言之，无所据也"，其不可从可知。　郭公，原为郭国之君，失地之君成寓公，故曰郭公。《通义》以为郭即虢，杨伯峻据古彝器铭文断郭非虢，指出"郭国似在东方"（《春秋左传注》），可信。

【译文】

冬，戎国侵入曹国。

曹羁出奔到陈国。

曹羁是什么人？是曹国的大夫。曹国没有大夫，这为什么写下？是因为他贤明。曹羁有什么贤明？戎国将要侵入曹国，曹羁劝谏道："戎国人多而不义，国君请不要亲自抵敌。"曹伯说："不成。"劝了多次而不听从，就离开了他，所以君子认为他得到了君臣之义。

郭公赤归附到曹国。

赤是什么人？曹国没有叫赤的，是郭公吧。郭公是什么人？是失去了国土的国君。

【原文】

3.25.1　二十有五年春，陈侯使女叔来聘〔1〕。

夏五月癸丑，卫侯朔卒〔2〕。

六月辛未朔，日有食之〔3〕，鼓、用牲于社〔4〕。

日食则曷为鼓、用牲于社？求乎阴之道也。以朱丝营社〔5〕，或曰胁之〔6〕，或曰为闇，恐人犯之，故营之〔7〕。

伯姬归于杞〔8〕。

【注释】

〔1〕陈侯：陈宣公。　女叔：陈国大夫。女为氏，叔为字。《解诂》："称字者，敬老也。"《礼记・檀弓上》："幼名，冠字，五十以伯仲。"可知女叔年在五十以上。《穀梁传》则曰："天子之命大夫也。"以为乃天子所命，故尊而称字。《通义》："以单伯例之，近是。"

〔2〕卫侯朔：即卫惠公，参2.16.2注〔1〕、3.6.2注〔1〕，公元前699—前697、前688—前669年在位。

〔3〕日有食之：此次日食，当纪元前669年5月27日之日环食。

〔4〕鼓、用牲于社：当时民俗，遇日食则鸣鼓而用牲以祭社。古人认为社神是土地之主，月是土地之精，都属阴，日食为阴犯阳，所以下文解释何以鸣鼓而用牲于社时说：求乎阴之道也。

〔5〕营：通萦。古代立社种树，以为社的标志。《通义》："营者，萦其树也。"

〔6〕胁之：《解诂》："社者，土地之主也；月者，土地之精也。上系于天而犯日，故鸣鼓而攻之，胁其本也。朱丝营之，助阳抑阴也。"

〔7〕或曰为闇，恐人犯之，故营之：《解诂》："社者土地之主尊也，为日光尽，天闇冥，恐人犯历之，故营之。然此说非也。"

〔8〕伯姬：鲁庄公之长女，嫁于杞国，为杞惠公太子妇，即后来的杞成公夫人(据《史记·陈杞世家》《索隐》)。

【译文】

二十五年春，陈宣公派遣女叔来访。

夏五月癸丑日，卫侯朔去世。

六月辛未日初一，有日食，在社庙里击鼓，用牲畜祭祀。

日食为什么在社庙里击鼓、用牲畜祭祀？是向阴责求的一种办法。用大红丝绳萦绕社树，有人说是胁迫它，有人说是因为天色暗，怕人侵犯了它，所以萦绕它。

伯姬嫁到杞国。

【原文】

3.25.2　秋，大水，鼓、用牲于社[1]，于门[2]。

其言于社、于门何？于社，礼也；于门，非礼也。

冬，公子友如陈[3]。

【注释】

〔1〕大水，鼓、用牲于社：洪水与日食用同一办法，是因为洪水也是阴侵阳，古人认为性质与日食一样。《解诂》："大水与日食同礼者，水亦土地所为，云实出于地而施于上，乃雨。"所以对土地之神一方面鸣鼓而攻之，来硬的一手；一方面又用牲畜祭祀，来软的一手。

〔2〕于门：对门神也鸣鼓而用牲以祭祀。《礼记·曲礼下》"祭五祀"孔疏："祭五祀者，春祭户，夏祭灶，季夏祭中霤，秋祭门，冬祭行也。"因当时是秋天，所以要祭门神，但门神与洪水无关，不该"鼓、

用牲”，所以下文说是“非礼也”。

〔3〕公子友：即季友，鲁桓公之幼子，庄公之幼弟，《公羊传》以为是同母弟(3.27.2)，则亦文姜所生。《解诂》：“如陈者，聘也。”则为对女叔来聘之回访。

【译文】

秋，洪水，在社庙里、在门旁击鼓，用牲畜祭祀。

说在社庙里、在门旁是为什么？在社庙里，是合乎礼法的；在门旁，是不合礼法的。

冬，公子友前往陈国回访。

【原文】

3.26.1 二十有六年春，公伐戎。

夏，公至自伐戎。

曹杀其大夫。

何以不名？众也〔1〕。曷为众杀之？不死于曹君者也〔2〕。君死乎位曰灭，曷为不言其灭？为曹羁讳也〔3〕。此盖战也，何以不言战？为曹羁讳也。

秋，公会宋人、齐人伐徐〔4〕。

冬十有二月癸亥朔，日有食之〔5〕。

【注释】

〔1〕何以不名？众也：《通义》：“小国大夫本未得以名氏见，今又众，故略，不足列数之也。”

〔2〕不死于曹君者也：《解诂》：“曹诸大夫与君皆敌戎战，曹伯为戎所杀，诸大夫不伏节死义，独退求生。后嗣子立而诛之，《春秋》以为得其罪，故众略之不名。”《公羊传》这一段历史，《史记》在《十二诸侯年表》和《曹叔世家》中都没有提到。

〔3〕为曹羁讳也：《通义》：“羁者，君子所贤也。羁所为耻，君子亦

耻之；羁所讳，君子亦讳之。”

〔4〕徐：嬴姓古国，为徐夷(东夷之一)所建，故址在今江苏泗洪、安徽泗县一带。

〔5〕日有食之：据推算，当公元前668年11月10日之日环食。

【译文】

二十六年春，庄公讨伐戎国。

夏，庄公从伐戎前方到达鲁国。

曹国诛杀他们的大夫。

为什么不记下名字？是因为多的缘故。为什么好多人都要诛杀？是不为曹国国君死难的人。国君死在位置上叫做灭，为什么不说他灭？是为曹羁隐讳。这是交战，为什么不说交战？是为曹羁隐讳。

秋，庄公会合宋国人、齐国人攻伐徐国。

冬十二月癸亥日初一，有日食。

【原文】

3.27.1　二十有七年春，公会杞伯姬于洮〔1〕。

夏六月，公会齐侯、宋公、陈侯、郑伯〔2〕，同盟于幽〔3〕。

【注释】

〔1〕杞伯姬：《解诂》以为此杞伯姬是鲁桓公之女，庄公之姊妹，嫁于杞国大夫为妻者，非上二十五年“归于杞”的伯姬。但此说无据，只是根据“公会杞伯姬”应是同辈而推测出来的。其实，二十五年“伯姬归于杞”既是庄公长女嫁给杞惠公的太子(即后来的杞成公)(参见3.25.1注〔8〕)，若此杞伯姬是庄公的姊妹，则有可能是杞惠公夫人而不是大夫之妻。　洮：杜预注《左传》云：“鲁地。”《解诂》也说：“洮，内也。”江永《春秋地理考实》以为即今山东泗水东南的桃墟。《左传》说：“公会杞伯姬于洮，非事也。”《解诂》则说：“书者，恶公教内女以非礼也。”

〔2〕齐侯：齐桓公。　宋公：宋桓公。　陈侯：陈宣公。　郑伯：郑文公。

〔3〕幽：宋国地名。齐桓公第一次与诸侯同盟于幽在十一年前，参见3.16.1注〔2〕。

【译文】

二十七年春，庄公在洮邑与杞伯姬相会。

夏六月，庄公会合齐桓公、宋桓公、陈宣公、郑文公，在幽邑同盟。

【原文】

3.27.2　秋，公子友如陈葬原仲〔1〕。

原仲者何？陈大夫也。大夫不书葬，此何以书？通乎季子之私行也〔2〕。何通乎季子之私行？辟内难也〔3〕。君子辟内难，而不辟外难〔4〕。内难者何？公子庆父、公子牙、公子友，皆庄公之母弟也。公子庆父、公子牙通乎夫人〔5〕，以胁公〔6〕。季子起而治之，则不得与于国政〔7〕；坐而视之，则亲亲〔8〕，因不忍见也。故于是复请至于陈〔9〕，而葬原仲也。

【注释】

〔1〕原仲：陈国大夫，原为氏，仲为字。《通义》："大夫没称字。"原氏为陈国世卿，采邑在陈国南方，《诗·陈风·东门之枌》："南方之原。"毛传："原，大夫氏。"

〔2〕私行：以私事出行。《礼记·曲礼下》："大夫私行，出疆必请，反必有献。"郑玄注："私行谓以己事也。"孔颖达疏："私行谓非为君行也。疆，界也。既非公事，故宜必请也，然大夫无外交，而此有私行出界……但不得执交于外耳。"

〔3〕辟：通避。

〔4〕君子辟内难，而不辟外难：《礼记·丧服四制》：“门内之治恩掩义，门外之治义断恩。”孔疏：“以门内之亲，恩情既多，揜藏公义，言得行私恩，不行公义。”“门外谓朝廷之间，既仕公朝，当以公义断绝私恩。”君子辟内难而不辟外难者正因此。

〔5〕通：私通。　夫人：指哀姜。

〔6〕胁公：《通义》：“胁者，交挟制之，使公不得专行。”

〔7〕不得与于国政：《通义》：“时季子未执国政，其位与势皆不得治之。”

〔8〕亲亲：《解诂》：“亲至亲也。”

〔9〕复请至于陈：徐彦疏：“上二十五年冬，公子友如陈，今又请往，故言复也。”

【译文】

秋，公子友前往陈国参加原仲的葬礼。

原仲是什么人？是陈国的大夫。大夫不写葬，这为什么写下？是与季友以私事外出有关系。为什么与季友以私事外出有关系？是避宗族之内的祸难。君子避宗族之内的祸难，而不避朝廷之上的祸难。宗族之内的祸难是什么？公子庆父、公子牙、公子友，都是庄公的同母弟。公子庆父、公子牙与夫人姜氏私通，来挟制庄公。季友要起来管这件事，则还不能参与国政；坐视这件事，又因为亲至亲之心而不忍看下去。所以在这时又请求到陈国去，而参加原仲的葬礼。

【原文】

3.27.3　冬，杞伯姬来〔1〕。

其言来何？直来曰来〔2〕，大归曰来归〔3〕。

莒庆来逆叔姬〔4〕。

莒庆者何？莒大夫也。莒无大夫〔5〕，此何以书？讥。何讥尔？大夫越竟逆女，非礼也。

杞伯来朝〔6〕。

公会齐侯于城濮〔7〕。

【注释】

〔1〕杞伯姬：此杞伯姬为二十五年嫁于杞的庄公长女，与“春，公会于洮”的杞伯姬不是一人，参3.27.1注〔1〕。

〔2〕直来曰来：《解诂》：“直来，无事而来也。诸侯夫人尊重，既嫁，非有大故不得来。”《左传》则以为这次杞伯姬来是归宁（嫁后回娘家请安曰归宁）：“凡诸侯之女，归宁曰来，出曰来归。”

〔3〕大归：《解诂》：“大归者，废弃来归也。”即妇女被休回娘家。《左传》所说的“出”也是这个意思。

〔4〕莒庆：莒国大夫，庆为其名。　叔姬：《解诂》：“叔姬贱。”当是庄公之妾所生之女，故嫁给小国大夫。

〔5〕莒无大夫：指莒国没有天子所命的大夫，参见3.24.3注〔3〕。

〔6〕杞伯：杞惠公。《通义》：“杞，夏后氏之后，周初封公，未知何时降爵为伯。”

〔7〕齐侯：齐桓公。　城濮：卫国地名，约当今山东鄄城西南临濮集。一说在今河南开封陈留附近。

【译文】

冬，杞伯姬来。

说来是为什么？没事而来叫来，被休回娘家叫来归。

莒庆来迎接叔姬。

莒庆是什么人？是莒国的大夫。莒国没有大夫，这为什么写下？是讥讽。为什么讥讽这件事？大夫越过国界来迎接新娘，是不合礼法的。

杞惠公来访。

庄公在城濮会见齐桓公。

【原文】

3.28.1　二十有八年春王三月甲寅，齐人伐卫〔1〕，卫人及齐人战，卫人败绩。

伐不日，此何以日？至之日也。战不言伐[2]，此其言伐何？至之日也。《春秋》伐者为客[3]，伐者为主[4]，故使卫主之也。曷为使卫主之？卫未有罪尔。败者称师[5]，卫何以不称师？未得乎师也[6]。

夏四月丁未，邾娄子琐卒。

秋，荆伐郑，公会齐人、宋人、邾娄人救郑[7]。

【注释】

〔1〕齐人伐卫：据《左传》："齐侯伐卫，战，败卫师，数之以王命，取赂而还。"则齐人实指齐桓公。杜预注《左传》说："齐侯称人者，讳取赂而归，以贱者告。"

〔2〕战不言伐：见3.10.1注〔4〕。

〔3〕伐者为客：《解诂》："伐人者为客。读伐长言之，齐人语也。"孔广森以为长言之就是读去声。

〔4〕伐者为主：《解诂》："见伐者为主。读伐短言之，齐人语也。"孔广森以为短言之就是读入声。在宋以后形成的北方话中，入派三声，入声的伐字就读为阳平了。上述二句显示了古汉语中有以声调来表示语法意义的：伐读入声(今阳平)时表示被动语态(被伐)，读去声时表示主动语态(伐人)。

〔5〕败者称师：如2.13.1的"及齐侯、宋公、卫侯、燕人战，齐师、宋师、卫师、燕师败绩"。

〔6〕未得乎师：还没有形成军队的阵列。《解诂》："未得成列为师也。"

〔7〕邾娄人：《左传》、《穀梁传》无此三字。疑《公羊传》承上"邾娄子琐卒"而衍。

【译文】

二十八年春周历三月甲寅日，齐国人攻伐卫国，卫国人与齐国人交战，卫国人溃败。

伐不记日子，这里为什么记日子？是到达的日子。写了战就不说伐，这里说伐是为什么？是到达的日子就交战了。《春秋》

攻伐别人的是客，被攻伐的是主，所以写“卫人与齐人战”。为什么让卫国为主？是因为卫国没有罪。败的一方称军队，卫国为什么不称军队？是还没有形成军队的阵列。

夏四月丁未日，邾娄国国君琐去世。

秋，楚国攻伐郑国，庄公会合了齐国人、宋国人、邾娄国人救郑国。

【原文】

3.28.2　冬，筑微〔1〕。

大无麦、禾〔2〕。

冬既见无麦、禾矣，曷为先言筑微，而后言无麦、禾？讳以凶年造邑也〔3〕。

臧孙辰告籴于齐〔4〕。

告籴者何？请籴也。何以不称使？以为臧孙辰之私行也〔5〕。曷为以臧孙辰之私行？君子之为国也，必有三年之委〔6〕，一年不熟，告籴讥也。

【注释】

〔1〕微:《穀梁传》同，《左传》作郿，古音同，可通假。鲁国地名。

〔2〕大无麦、禾:麦为夏熟作物，禾指秋熟作物。周历之冬，相当于夏历之仲秋、季秋与孟冬，秋收年成之有无，于此已成定局。

〔3〕讳以凶年造邑:《礼记·玉藻》:“年不顺成……土功不兴。”

〔4〕臧孙辰:谥文字仲，鲁国的卿，臧孙为其氏。鲁孝公之子弫食采于臧，因以为氏。弫之后人即以臧孙为氏。

〔5〕以为臧孙辰之私行也:《通义》:“实为国使，《春秋》以其私行之辞言之。”

〔6〕委:委积。《周礼·地官·遗人》:“掌邦之委积，以待施惠。”郑玄注:“委积者，廪人仓人计九谷之数，足国用，以其余共之……少曰委，多曰积。”《解诂》:“古者三年耕，必余一年之储；九年耕，必有

三年之积。虽遇凶灾，民不饥乏。”《穀梁传》说得要求更高：“国无九年之畜曰不足，无六年之畜曰急，无三年之畜曰国非其国也。”按《解诂》及《穀梁传》文又皆见于《礼记·王制》。

【译文】

冬，修筑微邑。

麦、谷严重失收。

冬天已经看到麦、谷没有收成了，为什么先说修筑微邑，而后说麦、谷没有收成？是隐讳在荒年修造城邑。

臧孙辰到齐国去告籴。

告籴是什么意思？是请求买粮。为什么不称派遣？是以臧孙辰私事的名义出行的。为什么以臧孙辰私事的名义出行？君子管理国家，一定有三年的储备粮，一年没有收成，就去请求买粮是要受到讥讽的。

【原文】

3.29.1 二十有九年春，新延厩〔1〕。

新延厩者何？修旧也。修旧不书，此何以书？讥。何讥尔？凶年不修。

夏，郑人侵许。

秋，有蜚〔2〕。

何以书？记异也。

冬十有二月，纪叔姬卒〔3〕。

城诸及防〔4〕。

【注释】

〔1〕新：用作动词，修旧为新。《解诂》：“缮故曰新，有所增益曰作，始造曰筑。”《左传》云：“新作延厩。”恐非“新”义。 延厩：马厩之名。

〔2〕蜚：一种有害的小飞虫，形椭圆，发恶臭，食稻心。《解诂》："蜚者臭恶之虫也……南越盛暑所生，非中国之所有。"《公羊传》强调"记异"，《左传》则说"为灾也，凡物不为灾不书"。不为灾不书之说不确，《春秋》确有记异之例。

〔3〕纪叔姬：叔姬以娣的身份随伯姬嫁给纪侯，伯姬先卒(见3.4.1)，纪国亦为齐所灭。赖纪季在酅保留有纪的五庙，故纪叔姬归于酅(见3.12.1)。《通义》引《白虎通义》曰："伯姬卒，叔姬升于嫡，经不讥也。"是叔姬已扶正为夫人。

〔4〕城诸及防：《解诂》："诸，君邑；防，臣邑。"诸邑，杜预注《左传》云："今城阳县。"故址在今山东鄄城境内。防邑世为臧氏食邑，在今山东费县东北。

【译文】

二十九年春，翻新延厩。

翻新延厩是什么意思？是修旧为新。修旧为新不写，这为什么写下？是讥讽。为什么讥讽这件事？是因为荒年不修。

夏，郑国人侵入许国。

秋，有蜚虫。

为什么写下？是记录异常情况。

冬十二月，纪叔姬去世。

修筑诸邑和防邑的城墙。

【原文】

3.30.1　三十年春王正月。

夏，师次于成[1]。

秋七月，齐人降鄣[2]。

鄣者何？纪之遗邑也。降之者何？取之也。取之则曷为不言取之？为桓公讳也。外取邑不书，此何以书？尽也。

【注释】

〔1〕师次于成：《穀梁传》同，《左传》无师字。《穀梁传》云："次，止也。有畏也，欲救郱而不能也。" 成，参见2.6.2注〔1〕、3.8.3注〔1〕。

〔2〕郱：原为姜姓小国，附庸于同姓之纪国，后成为纪国的远邑，故址在今山东诸城。纪为齐所灭已二十七年，郱犹孤存。《通义》："桓公必将胁之以威，屈其志而穷其力，以取其土地，故不曰郱降于齐，而曰齐人降郱。"

【译文】

三十年春周历正月。

夏，军队驻留在成邑多日。

秋七月，齐国人迫使郱邑投降。

郱是什么地方？是纪国遗留下来的城邑。迫使它投降是什么意思？是夺取它的意思。是夺取它那么为什么不说夺取它？是为齐桓公隐讳。外国夺取城邑不写，这为什么写下？是因为夺取尽了。

【原文】

3.30.2　八月癸亥，葬纪叔姬。

外夫人不书葬，此何以书？隐之也。何隐尔？其国亡矣，徒葬乎叔尔。

九月庚午朔，日有食之[1]，鼓、用牲于社[2]。

【注释】

〔1〕日有食之：据推算，这次日食，当公元前664年8月28日之日全食。

〔2〕鼓、用牲于社：见3.25.1注〔4〕。

【译文】

八月癸亥日，安葬纪叔姬。

外国的夫人不写安葬，这为什么写下？是伤痛她。为什么伤痛这件事？她的国已经亡了，只是由小叔给她安葬罢了。

九月庚午日初一，有日食，在社庙里击鼓，用牲畜祭祀。

【原文】

3.30.3　冬，公及齐侯遇于鲁济〔1〕。

齐人伐山戎〔2〕。

此齐侯也，其称人何？贬。曷为贬？子司马子曰〔3〕："盖以操之为已蹙矣〔4〕。"此盖战也，何以不言战？《春秋》敌者言战，桓公之与戎狄，驱之尔。

【注释】

〔1〕鲁济：济水流经鲁国境内的部分。

〔2〕山戎：又称北戎，分布在今河北北部。《史记·匈奴列传》："山戎伐燕，燕告急于齐，齐桓公北伐山戎，山戎走。"

〔3〕子司马子：公羊高以后，治《公羊传》的经师之一。

〔4〕操之为已蹙：已，太、过；蹙，急促。犹言操之过急。《解诂》释此云："操，迫也；已，甚也；蹙，痛也。迫杀之甚痛。"《诗·大雅·江汉》正义引《公羊传》此文"操"作"躁"，并谓"其意言齐桓公杀伤过多，甚可痛蹙，是齐桓之兵急躁之也。"以证成何休"操，迫也"之训。今不取。蹙，一本作戚。《周礼·考工记》"戚速"郑玄注："齐人有名疾为戚者。《春秋传》曰：'盖以操之为已戚矣。'速疾也。"速疾也即急促。今用郑玄之注，不取何休所训。

【译文】

冬，庄公与齐桓公在鲁国境内的济水畔相遇。

齐国人讨伐山戎。

这是齐桓公，称他人是为什么？是贬斥。为什么贬斥？子司马子说："看来是因为操之过急了。"这是交战吧，为什么不说交战？《春秋》国家相当的才说交战，齐桓公之与戎狄，只是驱赶罢了。

【原文】

3.31.1　三十有一年春，筑台于郎[1]。

何以书？讥。何讥尔？临民之所漱浣也[2]。

【注释】

〔1〕筑台于郎：即《文公十六年》所毁之泉台："泉台者何？郎台也。郎台则曷为谓之泉台？未成为郎台，既成为泉台。"见6.16.2。泉台，因台近逵泉而得名。郎为鲁之近邑，参见2.10.2并注〔1〕。《通义》："十年，'宋师次于郎'，《左传》言，自雩门出，败之，明郎在南门之外。其地有逵泉，台下临水，泉台所由名也。"

〔2〕漱浣：洗涤。《解诂》："无垢加功曰漱，去垢曰浣。齐人语也。"

【译文】

三十一年春，在郎邑修筑高台。

为什么写下？是讥讽。为什么讥讽这件事？是高台下临人民洗涤之所了。

【原文】

3.31.2　夏四月，薛伯卒[1]。

筑台于薛[2]。

何以书？讥。何讥尔？远也。

六月，齐侯来献戎捷[3]。

齐，大国也，曷为亲来献戎捷？威我也。其威我奈何？旗获而过我也[4]。

【注释】

〔1〕薛伯：薛国国君。参 1. 11. 1 注〔1〕。

〔2〕薛：鲁国地名，与薛伯之国非一地。

〔3〕献戎捷：战胜山戎后进奉俘虏和战利品。《解诂》："战所获物曰捷。"

〔4〕旗获而过我：《解诂》："建旗，悬所获得以过鲁也。"

【译文】

夏四月，薛国国君去世。

在薛邑修筑高台。

为什么写下？是讥讽。为什么讥讽这件事？是远了。

六月，齐桓公来进献战胜山戎获得的俘虏和战利品。

齐国是大国，为什么齐桓公亲自来进献战胜山戎获得的俘虏和战利品？是威吓我国。怎样威吓我国？建起旗帜陈列着获得的俘虏和战利品而经过我国。

【原文】

3. 31. 3　秋，筑台于秦〔1〕。

何以书？讥。何讥尔？临国也〔2〕。

冬，不雨。

何以书？记异也。

【注释】

〔1〕秦：鲁国地名。杜预注《左传》云："东平范县西北有秦亭。"范县原属山东，1964 年划归河南。

〔2〕临国：《解诂》："言国者，社稷、宗庙、朝廷皆为国，明皆不当临也。临社稷宗庙则不敬，临朝廷则泄慢也。"秦邑地远，不可能临朝廷，也未见得建有宗庙，当是里社之类祭祀社神、稷神之所。

【译文】

秋，在秦邑修筑高台。

为什么写下？是讥讽。为什么讥讽这件事？是高台下临土地神和五谷神的庙了。

冬，不下雨。

为什么写下？是记录气候异常。

【原文】

3.32.1 三十有二年春，城小穀〔1〕。

夏，宋公、齐侯遇于梁丘〔2〕。

【注释】

〔1〕小穀：即穀邑，齐国地名。《穀梁传》范宁集解以为鲁邑，与《左传》“城小穀，为管仲也”不符。《水经注·济水》：“济水侧岸有尹卯垒，南去鱼山四十余里，是穀城县界，故春秋之小穀城也，齐桓公以鲁庄公三十二年城之，邑管仲焉。”其地为管仲采邑，在今山东平阴西南。

〔2〕宋公：宋桓公。齐侯：齐桓公。　梁丘：宋国地名。《穀梁传》：“梁丘在曹、邾之间，去齐八百里。”杜预注《左传》云：“梁丘在高平昌邑县西南。”当今山东巨野南。

【译文】

三十二年春，（齐国）修筑小穀城墙。

夏，宋桓公、齐桓公在梁丘相遇。

【原文】

3.32.2 秋七月癸巳，公子牙卒。

何以不称弟？杀也。杀则曷为不言刺之？为季子讳杀也。曷为为季子讳杀？季子之遏恶也，不以为国狱〔1〕，缘季子之心而为之讳。季子之遏恶奈何？庄公病，将死，以病召季子。季子至而授之以国政，曰：

"寡人即不起此病，吾将焉致乎鲁国?"季子曰："般也存〔2〕，君何忧焉?"公曰："庸得若是乎〔3〕！牙谓我曰：'鲁一生一及〔4〕，君已知之矣。庆父也存。'"季子曰："夫何敢！是将为乱乎？夫何敢!"俄而牙弑械成〔5〕。季子和药而饮之，曰："公子从吾言而饮此，则必可以无为天下戮笑〔6〕，必有后乎鲁国；不从吾言而不饮此，则必为天下戮笑，必无后乎鲁国。"于是从其言而饮之。饮之巫傫氏〔7〕，至乎王堤而死〔8〕。公子牙今将尔〔9〕，辞曷为与亲弑者同？君亲无将〔10〕，将而诛焉。然则善之与？曰：然。杀世子母弟〔11〕，直称君者，甚之也。季子杀母兄，何善尔？诛不得辟兄，君臣之义也。然则曷为不直诛而鸩之？行诛乎兄，隐而逃之，使托若以疾死然，亲亲之道也。

【注释】

〔1〕不以为国狱：《解诂》："不就狱致其刑。"《通义》："季子之心不欲彰其事，使国存为罪案也。"

〔2〕般：庄公和孟任所生的长子。

〔3〕庸：岂，难道。

〔4〕一生一及：《解诂》："父死子继曰生，兄死弟继曰及。言隐公生，桓公及，今君生，庆父亦当及，是鲁国之常也。"

〔5〕弑械成：《通义》："案此弑械盖即谋弑子般者，牙弑不成，庆父成之。"

〔6〕戮笑：戮有羞辱之一义，《左传·文公六年》："贾季戮臾骈，臾骈之人欲尽杀贾氏以报焉。"戮笑即羞辱而耻笑。

〔7〕巫傫氏：《通义》："鲁巫官名傫者之家也。《左传》曰鍼巫，鍼盖傫之氏。"

〔8〕王堤：地名。

〔9〕将：打算。

〔10〕亲：指父母。

〔11〕杀世子母弟：指叔牙与庆父为篡国将杀般与季友。

【译文】

秋七月癸巳日，公子牙去世。

为什么不称弟？是杀。是杀那么为什么不说刺死他？是为季友隐讳。为什么为季友隐讳？季友的遏止作恶，不用公了的办法，依据季友的用心而为他隐讳。季友怎样遏止作恶？庄公病重，快要死了，以生病为由召来季友。季友一到，庄公就把国政授给他，说："我倘若一病不起，将把鲁国交给谁呢？"季友说："般在，您担心什么呢？"庄公说："难道能像这样吗？叔牙对我说：'鲁国一是传位给儿子，一是传位给弟弟，您已经是知道的。有庆父在。'"季友说："这怎么敢！这是想要作乱吗？这怎么敢！"不久叔牙杀君的凶器准备好了。季友调制了毒酒要他喝，说："公子你听我话而喝下这酒，那就一定能不被天下耻笑，一定在鲁国留有后代；不听我话而不喝这酒，那就一定被天下耻笑，一定在鲁国断了后代。"于是叔牙听他的话喝了。在巫傫氏家喝的，到王堤就死了。公子牙如今只是打算罢了，传文的用语为什么与亲自杀君一样？对国君和父母没有打算的事，打算了就要处决。这样的话那么认为这是件好事了？回答说：是这样。杀掉世子和同母弟直称国君的人，比这更要严重了。季友杀同母兄长，好在什么地方？处决不能回避兄长，这是君臣之义。这样的话那么为什么不直接处死而要用毒酒毒死他？对兄弟施行处死，心里伤痛而要逃避这个现实，就假托好像生病要死的那样，这是亲亲之道。

【原文】

3.32.3　八月癸亥，公薨于路寝〔1〕。

路寝者何？正寝也〔2〕。

冬十月乙未〔3〕，子般卒〔4〕。

子卒云子卒，此其称子般何？君存称世子，君薨称子某，既葬称子，逾年称公。子般卒，何以不书葬？未逾年之君也，有子则庙，庙则书葬；无子不庙，不庙则不书葬。

公子庆父如齐〔5〕。

狄伐邢〔6〕。

【注释】

〔1〕路寝:《解诂》:“公之正居也。”参见3.1.4注〔3〕。

〔2〕正寝:《穀梁传》:“寝疾居正寝，正也。男子不绝于妇人之手，以齐终也。”后世有“寿终正寝”之语。

〔3〕乙未:《穀梁传》同，《左传》作己未。据《春秋长历》，十月无乙未日，己未为十月初二，则“乙”为“己”字形近而误。

〔4〕子般卒：子般为庆父派杀手所杀，见4.1.1。

〔5〕公子庆父如齐:《穀梁传》:“此奔也。”《通义》:“推其事，庆父弑般，本欲自立，国人不与，惧而走之齐，但假国事以行，故旧史言‘如’耳。《春秋》因而不变者，缘季子之心而为之讳也。”

〔6〕狄：古族名。因其主要居住于北方，故又通称为北狄。春秋时分为赤狄、白狄、长狄三部，各有支系。散布在齐、鲁、晋、卫、宋、邢诸国之间。 邢：姬姓小国，始封之君为周公之子，在今河北邢台。

【译文】

八月癸亥日，庄公在路寝中去世。

路寝是什么？是正寝。

冬十月乙未日，子般去世。

子去世说子去世，这称子般是为什么？国君在称世子，国君去世称子某，安葬以后称子，过年以后称公。子般去世，为什么不写安葬？是没有过年的国君，有儿子就建庙，建庙就写安葬；没有儿子就不建庙，不建庙就不写安葬。

公子庆父前往齐国。

狄攻伐邢国。

闵　公

【题解】

鲁闵公名启方(《史记·鲁周公世家》作开，阙一方字，避汉景帝名讳)，是庄公二十四年娶哀姜时随嫁之娣叔姜所生。所以庄公死时，他充其量只有七岁。鲁侯之位，本来是轮不到他的，庄公与孟任所生的般比他年长，早已立为世子，庄公死后，自然是般继位。但庆父得知般曾因故鞭打过仆人邓扈乐，就唆使邓扈乐杀死了般，自己想篡位又达不到目的，这才让小小的闵公登上了诸侯的宝座。真是祸兮福所倚，福兮祸所伏，两年以后，庆父故伎重施，再次用借刀杀人之法，结果了闵公年幼的生命。闵公在位仅二年(公元前661—前660年)。

【原文】

4.1.1　元年春王正月。

公何以不言即位？继弒君不言即位。孰继？继子般也。孰杀子般？庆父也。杀公子牙，今将尔，季子不免；庆父弒君，何以不诛？将而不免，遏恶也；既而不可及，因狱有所归，不探其情而诛焉，亲亲之道也。恶乎归狱？归狱仆人邓扈乐[1]。曷为归狱仆人邓扈乐？庄公存之时，乐曾淫于宫中[2]，子般执而鞭之。庄公死，庆父谓乐曰："般之辱尔，国人莫不知，盍杀之矣？"使杀子般，然后诛邓扈乐而归狱焉。季子至而不变也[3]。

齐人救邢。

【注释】

〔1〕仆人邓扈乐:《左传》作“圉人荦”。圉人为养马之人，扈亦指养马之人，参 7.12.2 注〔16〕。乐、荦声同音近。可证为同一人之异写。

〔2〕淫于宫中：据《左传》：“雩，讲于梁氏，女公子观之，圉人荦自墙外与之戏，子般怒，使鞭之。”也是同一事的异传异写。

〔3〕季子至而不变：子般被杀后，季友到陈国暂避，到当年八月回国。这里的“季子至”，就是指下文的“季子来归”。　变：通辩。《解诂》：“季子知乐势不能独弑，而不变正其真伪。”

【译文】

元年春周历正月。

闵公为什么不说即位？国君被杀以后继位不说继位。继谁的位？继子般的位。谁杀死了子般？是庆父。杀掉公子牙，他本来只是打算罢了，季友还不能放过他；庆父是杀害了国君，为什么不处决他？有打算不放过，是为了遏止作恶；已经杀了而来不及遏止，因为案子有了归结，就不深究内情而处决了，这是亲亲之道。案子如何归结？案子归结到仆人邓扈乐身上。为什么案子归结到仆人邓扈乐身上？庄公还在的时候，邓扈乐曾在宫中淫乱，子般抓住了他并把他鞭打了。庄公一死，庆父对邓扈乐说：“子般侮辱你，国中的人没有一个不知道，何不把他杀了呢？”叫他去杀子般，然后处决了他而把案子了结了。季友回到国中也不去究辩。

齐国人救援邢国。

【原文】

4.1.2　夏六月辛酉，葬我君庄公。

秋八月，公及齐侯盟于洛姑〔1〕。

季子来归〔2〕。

其称季子何？贤也〔3〕。其言来归何？喜之也〔4〕。

【注释】

〔1〕齐侯：齐桓公。齐桓公是闵公的外祖父。参见3.24.2注〔1〕。洛姑：齐国地名。

〔2〕季子来归：参见4.1.1注〔3〕。季友奔陈，《春秋》不书，而见于《左传》，杜注："出奔不书，国乱，史失之。"《通义》："季子奔陈，于是召而复之，故言来归。"季友来归是在洛姑之盟之后，显然召季友而复之是得到齐桓公认可的。

〔3〕其称季子何？贤也：《通义》："先君之母弟称季子。……今以遏恶功大，特从先君母弟之贵称称之，显其贤也。"

〔4〕喜之也：《解诂》："季子来归则国安，故喜之。"

【译文】

夏六月辛酉日，安葬我国君庄公。

秋八月，闵公与齐桓公在洛姑结盟。

季子来归。

称季子是为什么？是因为他贤明。说来归是为什么？是为之欣喜。

【原文】

4.1.3　冬，齐仲孙来[1]。

齐仲孙者何？公子庆父也[2]。公子庆父则曷为谓之齐仲孙？系之齐也[3]。曷为系之齐？外之也。曷为外之？《春秋》为尊者讳[4]，为亲者讳[5]，为贤者讳[6]。子女子曰[7]："以《春秋》为《春秋》[8]，齐无仲孙，其诸吾仲孙与？"

【注释】

〔1〕仲孙：《春秋》此文，《左传》和《公羊传》作了完全不同的解释。《左传》把仲孙说成是齐大夫仲孙湫，说"齐仲孙湫来省难"，并说"书曰仲孙，亦嘉之也"。但句前无"齐侯使"之文，故《通义》认为

《左传》所记不实："左氏不达《春秋》微意，因讹为齐仲孙湫来省难，彼未知高子来盟不言使者，我无君也；此时我有君，令实仲孙湫，必无不言齐侯使者也，故知左氏诬尔。"

〔2〕公子庆父也：庆父的后代以"仲孙"为氏，所以《公羊传》认为这里《春秋》所写的仲孙就是指庆父。《通义》："庆父惧讨，久稽于齐，闻季子至而不变，乃肆志复入。"

〔3〕系之齐也：庆父是齐桓公的外甥，又在齐国住了有一年多，他是弑子般的首恶，照理鲁国不应让他回国，所以《春秋》为尊者、亲者、贤者讳而变文书"齐仲孙来"。

〔4〕为尊者讳：《解诂》："为闵公讳受贼人也。"

〔5〕为亲者讳：《解诂》："为季子亲亲而受之，故讳也。"

〔6〕为贤者讳：《解诂》："以季子有遏牙、不杀庆父之贤，故为讳之。"

〔7〕子女子：女音汝，氏。子女子，公羊高以后治《公羊传》的经师之一。

〔8〕以《春秋》为《春秋》：《通义》："以《春秋》之文，治《春秋》之事。"

【译文】

冬，齐仲孙来。

齐仲孙是什么人？是公子庆父。是公子庆父那么为什么叫他齐仲孙？是把他和齐国联系在一起。为什么把他和齐国联系在一起？是把他当作外人。为什么把他当作外人？《春秋》为高贵的人隐讳，为至亲的人隐讳，为贤明的人隐讳。子女子说："用《春秋》来研究《春秋》，齐国没有什么仲孙，恐怕是我国的仲孙吧？"

【原文】

4.2.1　二年春王正月，齐人迁阳〔1〕。

夏五月乙酉，吉禘于庄公〔2〕。

其言吉何？言吉者，未可以吉也。曷为未可以吉？未三年也。三年矣〔3〕，曷为谓之未三年？三年之丧，实以二十五月[4]。其言于庄公何？未可以称宫庙也。曷为未可以称宫庙？在三年之中矣。吉禘于庄公何以书？讥。何讥尔？讥始不三年也。

【注释】

〔1〕阳：姬姓小国。迁阳，参见3.10.2“宋人迁宿”。

〔2〕吉禘：指终丧之后的禘祭。禘祭是古代天子诸侯对宗庙的隆重祭礼，与祫祭并称为殷祭(殷是盛的意思)。祭时，合高祖之父以上的神主祭于太祖庙，高祖以下分祭于本庙。丧礼是一种凶礼，所以终丧以后的禘祭特加一个吉字。《周礼·春官·大宗伯》：“以吉礼事邦国之鬼神示。”

〔3〕三年矣：指庄公三十二年、闵公元年、闵公二年，前后粗略计算两头相加有三年了。

〔4〕三年之丧，实以二十五月：这是一种说法。照《仪礼·士虞礼》的说法：“期而小祥”，“又期而大祥”，“中月而禫”。周年叫期，即第十三个月举行小祥之祭，第二十五个月举行大祥之祭，大祥之祭仍属于丧事；“中月”之“中”，郑玄释为“间”，即隔一个月，到第二十七个月举行“禫祭”，禫祭才可以称为“吉祭”。这种说法，又把三年之丧说成二十七月，与《公羊传》有异。所以郑玄在《禘祫志》里说：“闵公之服凡二十一月，于礼少四月。”在《答赵商》里又说：“于礼少六月。”(《禘祫志》、《答赵商》文均见《礼记·王制》孔颖达疏引。)就是所用标准不同的缘故。

【译文】

二年春周历正月，齐国人迁徙阳国。

夏五月乙酉日，吉禘于庄公。

说吉是为什么？说吉，是还不可以吉呢。为什么还不可以吉？是还没有到三年。三年了，为什么说它还没有到三年？三年的服丧，实在是要二十五个月。说于庄公是为什么？是还不可以称宫庙。为什么还不可以称宫庙？是还在三年服丧之中。吉禘于庄公为什么写下？是讥讽。为什么讥讽这件事？是讥讽为服丧期不到三年开了个头。

【原文】

4.2.2　秋八月辛丑，公薨[1]。

公薨何以不地？隐之也。何隐尔？弑也。孰弑之？庆父也。杀公子牙，今将尔，季子不免；庆父弑二君，何以不诛？将而不免，遏恶也；既而不可及，缓追逸贼，亲亲之道也。

九月，夫人姜氏孙于邾娄[2]。

公子庆父出奔莒。

【注释】

〔1〕公薨：《左传》记有简略经过：闵公之傅夺大夫卜齮之田，闵公年幼，未加制止；庆父遂唆使卜齮杀闵公于武闱。

〔2〕孙：犹逊，逃遁，参见 3.1.2 注〔1〕。庆父与哀姜私通，哀姜想立庆父为君，闵公被杀，哀姜是知情人，所以逃遁到邾娄国。

【译文】

秋八月辛丑日，闵公去世。

闵公去世为什么不记明地点？是伤痛他。为什么伤痛这件事？是被杀的。谁杀了他？是庆父。杀掉公子牙，他本来只是打算罢了，季友还不能放过他；庆父杀了两个国君，为什么不处决他？有打算不放过，是为了遏止作恶；已经杀了而来不及遏止，宽缓一点追捕逃逸的凶手，是亲亲之道。

【原文】

4.2.3　冬，齐高子来盟[1]。

高子者何？齐大夫也。何以不称使？我无君也。然则何以不名？喜之也。何喜尔？正我也。其正我奈何？庄公死，子般弑，闵公弑，比三君死[2]，旷年无君[3]。

设以齐取鲁，曾不兴师[4]，徒以言而已矣。桓公使高子将南阳之甲[5]，立僖公而城鲁。或曰，自鹿门至于争门者是也[6]；或曰，自争门至于吏门者是也[7]。鲁人至今以为美谈，曰：犹望高子也。

【注释】

〔1〕高子：即高傒，齐国大夫。《通义》："高傒，齐卿之命乎天子者。"《礼记·曲礼下》："列国之大夫……于外曰子。"郑玄注："子，有德之称。《鲁春秋》曰：'齐高子来盟。'"

〔2〕比：连。

〔3〕旷：空。

〔4〕曾：乃。

〔5〕南阳之甲：《解诂》："南阳，齐下邑。"《通义》："甲，甲士也。齐桓公作内政，有中军之鼓，有国子之鼓，有高子之鼓，各帅五乡焉。南阳者，盖高子所帅乡名。"

〔6〕鹿门：《解诂》："鲁南城东门也。"争门：阮元《公羊注疏校勘记》："《说文》：'净，鲁北城门池也。'……许据《公羊》当作净门，以水名其门也。何注本省作争。自鹿门至于争门者，自南门至于北门也。"

〔7〕吏门：未详。

【译文】

冬，齐国的高子前来结盟。

高子是什么人？是齐国的大夫。为什么不称派遣？是因为我国没有国君。这样的话那么为什么不记他的名？是为之欣喜。为什么欣喜这件事？是来对我国拨乱反正。他怎样对我国拨乱反正？庄公死了，子般被杀了，闵公被杀了，接连三个国君死了，空到年底没有国君。假定齐国要取得鲁国，竟不必动用军队，只说一句话罢了。齐桓公派高子带领了南阳的甲士，立僖公为国君而修筑鲁国的城墙。有人说，从鹿门到争门这一段就是的；有的说，从争门到吏门这一段就是的。鲁国人至今把这件事当作美谈，说：

还盼望高子呢。

【原文】

4.2.4　十有二月，狄入卫[1]。

郑弃其师。

郑弃其师者何？恶其将也，郑伯恶高克[2]，使之将，逐而不纳，弃师之道也[3]。

【注释】

〔1〕狄入卫：《左传》："狄人伐卫。卫懿公……与狄人战于荧泽，卫师败绩，遂灭卫。"

〔2〕郑伯：郑文公。　高克：郑国将领。《诗·郑风·清人》序："《清人》，刺文公也。高克好利而不顾其君，文公恶而欲远之不能，使高克将兵而御狄于竟。陈其师旅，翱翔河上，久而不召，众散而归，高克奔陈。公子素恶高克进之不以礼，文公退之不以道，危国亡师之本，故作是诗也。"

〔3〕弃师之道也：《解诂》："郑伯素恶高克，欲去之无由，使将师救卫，随后逐之。因将师而去。其本虽逐高克，实弃师之道。"

【译文】

十二月，狄进入卫国。

郑国丢弃了它的军队。

郑国丢弃了它的军队是什么意思？是憎恶它的将领，郑文公憎恶高克，派他带领军队，打发出去了而不让他回来，这是丢弃军队的做法。

僖　公

【题解】

鲁僖公名申。《史记·鲁周公世家》说他是“庄公之少子”，“湣(闵)公弟”，但闵公死时才九岁，如是其弟，就当更小了。而《春秋》在《僖公十五年》明书“季姬归于鄫”，季姬是僖公的小女儿，当时尚且已到了出嫁的年龄，那么僖公不但不可能比闵公小，还要年长若干岁才可以把关系理顺。所以何休《春秋公羊经传解诂》、陆德明《经典释文》、孔颖达《春秋左传正义》都说僖公是闵公的庶兄，是准确不错的。他是庄公之妾成风所生。他做了国君后，母以子贵，成风也就取得了夫人的身份。鲁僖公在位期间，国政治理得还不错。《诗·鲁颂》四篇，都是颂僖公的，一说他“能遵伯禽之法”，二说他“君臣有道”，三说他“能修泮宫”，四说他“能复周公之宇”，虽然不乏歌功颂德美大之辞，但都是他身后之作，这就排除了曲意媚上的可能。当然，一个较好的国君，也并非全无过失，所以《公羊传》、《穀梁传》还是有讥他的地方。僖公在位三十三年(前659—前627年)。

【原文】

5.1.1　元年春王正月。

公何以不言即位？继弑君，子不言即位。此非子也，其称子何？臣子一例也[1]。

【注释】

〔1〕臣子一例也：《解诂》：“兄弟以臣之继君，犹子之继父也。”

【译文】

元年春周历正月。

僖公为什么不说即位？国君被杀以后继位，儿子不说即位。这不是儿子，称儿子是为什么？臣子和儿子是一例看待的。

【原文】

5.1.2　齐师、宋师、曹师次于聂北〔1〕，救邢〔2〕。

救不言次，此其言次何？不及事也。不及事者何？邢已亡矣。孰亡之？盖狄灭之。曷为不言狄灭之？为桓公讳也。曷为为桓公讳？上无天子，下无方伯，天下诸侯有相灭亡者，桓公不能救，则桓公耻之。曷为先言次，而后言救？君也〔3〕。君则其称师何？不与诸侯专封也〔4〕。曷为不与？实与，而文不与。文曷为不与？诸侯之义不得专封也。诸侯之义不得专封，其曰实与之何？上无天子，下无方伯，天下诸侯有相灭亡者，力能救之，则救之可也。

【注释】

〔1〕聂：邢国地名。

〔2〕救邢：参4.2.4。

〔3〕君也：这里的设问，目的是一个圈子绕到“不与诸侯专封”上去。但绕得有点牵强。《通义》引刘氏《权衡》云：“若令救时及事，《春秋》自不书其次，不书其次，遂无以见其是君，此未足穷传也。”并批评《公羊传》道：“《春秋》文随事变，岂得设文外之事而泥事后之文以生巧辩者哉？”

〔4〕专封：擅自封国。指齐桓公不经过周天子，擅自在陈仪安置被狄逐出故土的邢国。《国语·齐语》：“狄人攻邢，桓公筑夷仪以封之。”

【译文】

齐国军队、宋国军队、曹国军队在聂邑以北驻留多日，救援邢国。

救援不说驻留多日，这里说驻留多日是为什么？是事情来不及了。事情来不及是什么意思？是邢国已经亡了。被谁亡了？是狄灭亡了它。为什么不说狄灭亡了它？是为齐桓公隐讳。为什么为齐桓公隐讳？上没有圣明天子，下没有一方之长，天下诸侯有相灭亡的，齐桓公不能救援，那么齐桓公将为此感到耻辱。为什么先说驻留多日，而后才说救援？因为是国君。国君那么称军队是为什么？是不赞许诸侯擅自封国。为什么不赞许？实际上赞许，而文字上不赞许。文字上为什么不赞许？诸侯照道理不能擅自封国。诸侯照道理不能擅自封国，说实际上赞许是为什么？上没有圣明天子，下没有一方之长，天下诸侯有相互灭亡的，力所能救，就救援它好了。

【原文】

5.1.3 夏六月，邢迁于陈仪〔1〕。

迁者何？其意也〔2〕。迁之者何？非其意也〔3〕。

齐师、宋师、曹师城邢。

此一事也，曷为复言齐师、宋师、曹师？不复言师，则无以知其为一事也。

【注释】

〔1〕陈仪：《左传》、《穀梁传》作夷仪。沈钦韩《春秋地名补注》以为在今山东聊城西。

〔2〕其意也：据《左传》说：“邢迁如归。”

〔3〕非其意也：指被迫迁徙，如3.10.2“宋人迁宿”，4.2.1“齐人迁阳”。

【译文】

夏六月，邢迁徙到陈仪。

迁徙是什么意思？是符合迁徙国意愿的。迁徙某国是什么意思？是不符合迁徙国意愿的。

齐国军队、宋国军队、曹国军队修筑邢国新都的城墙。

这是同一件事情，为什么重新说齐国军队、宋国军队、曹国军队？不重新说军队，就不能知道它是同一件事情。

【原文】

5.1.4　秋七月戊辰，夫人姜氏薨于夷〔1〕，齐人以归〔2〕。

夷者何？齐地也。齐地，则其言齐人以归何？夫人薨于夷，则齐人以归。夫人薨于夷，则齐人曷为以归？桓公召而缢杀之〔3〕。

楚人伐郑。

八月，公会齐侯、宋公、郑伯、曹伯、邾娄人于柽〔4〕。

九月，公败邾娄师于缨〔5〕。

【注释】

〔1〕夷：齐国地名。杜预注《左传》云："夷，鲁地。"误。可以《公羊传》正之。

〔2〕以归：以其尸归。《左传》"齐人取而杀之于夷，以其尸归"可以为证。从下文"十有二月丁巳，夫人氏之丧至自齐"可知，这里的"以归"是归于齐，而不是归于鲁。

〔3〕桓公召而缢杀之：《解诂》："桓公召夫人于邾娄，归杀之于夷。……桓公行霸主，诛不阿亲亲，疾夫人淫泆二叔，杀二嗣子，而杀之。"

〔4〕齐侯：齐桓公。　宋公：宋桓公。　郑伯：郑文公。　曹伯：曹昭公。　柽：《左传》、《穀梁传》作柽，古音同可通。宋国地名。杜预注《左传》云："陈国陈县西北有柽城。"地在今河南淮阳西北。这次集会，据《解诂》说，是"公会霸者而与邾娄有辨也"。

〔5〕缨：《左传》、《穀梁传》作偃，一音之转。邾娄国地名。顾栋

高《春秋大事表》以为在费县南，王献唐《三邾疆邑图考》则说："当在邾之东境，与鲁接壤，伸入鲁之疆域……揆其形势，殆在邹县东鄙乎?"《解诂》以为僖公亲自用兵，是"怨邾娄人以夫人与齐"。

【译文】

秋七月戊辰日，夫人姜氏在夷地去世，齐国人把她运回。

夷是什么地方？是齐国的地方。是齐国的地方，那么说齐国人把她运回是什么意思？夫人在夷地去世，齐国人就把她运回。夫人在夷地去世，那么齐国人为什么把她运回？是齐桓公把她召回而缢死她的。

楚国人攻伐郑国。

八月，僖公在柽邑与齐桓公、宋桓公、郑文公、曹昭公、邾娄国人会见。

九月，僖公在缨邑打败邾娄军队。

【原文】

5.1.5　冬十月壬午，公子友帅师败莒师于犁[1]，获莒挐[2]。

莒挐者何？莒大夫也。莒无大夫[3]，此何以书？大季子之获也。何大乎季子之获？季子治内难以正，御外难以正。其御外难以正奈何？公子庆父弑闵公，走而之莒，莒人逐之。将由乎齐，齐人不纳。却反舍于汶水之上[4]，使公子奚斯入请[5]。季子曰："公子不可入，入则杀矣。"奚斯不忍反命于庆父，自南涘北面而哭[6]。庆父闻之曰："嘻，此奚斯之声也。诺，已。"曰："吾不得入矣。"于是抗辀经而死[7]。莒人闻之曰："吾已得子之贼矣。"以求赂乎鲁。鲁人不与，为是兴师而伐鲁。季子待之以偏战[8]。

【注释】

〔1〕犁：《左传》作郦，《穀梁传》作丽，同音通假。鲁国地名。

〔2〕莒挐：据《左传》说是莒国国君之弟。

〔3〕莒无大夫：参见3.27.3注〔5〕。

〔4〕汶水：今之东汶河。

〔5〕公子奚斯：名鱼，字奚斯，当为庆父的庶弟。

〔6〕涘：水边。

〔7〕辀：朱骏声《说文通训定声》："大车左右两木直而平者谓之辕，小车居中一木曲而上者谓之辀。"由此可见庆父在逃亡途中乘的是一辆小车。抗辀，把车上弯曲的木杠抬高，以便于自经。

〔8〕偏战：参见2.10.2注〔2〕。

【译文】

冬十月壬午日，公子友率领军队在犁邑打败莒国军队，俘获了莒挐。

莒挐是什么人？是莒国的大夫。莒国没有大夫，这为什么写下？是强调季子的俘获。强调季子的俘获是为什么？季子用正道治理国内的灾难，用正道抵御外来的灾难。他怎样用正道抵御外来的灾难？公子庆父杀了闵公，逃跑到莒国，莒国人驱逐他。想经过齐国，齐国人又不接受他。退回来在东汶河边住了下来，差遣公子奚斯入国请求。季子说："公子不能进国都，进国都就杀掉了。"奚斯不忍心回报给庆父，从河的南岸朝北大声哭起来。庆父听见了说："嘻，这是奚斯的声音啊。好吧，罢了。"说："我不可能回国了。"于是抬高车杠自己吊死了。莒国人听说后说："我已取得你们的凶手了。"要向鲁国索取赂金。鲁国人不给，莒国人为此而兴师伐鲁。季子布好了队形严阵以待。

【原文】

5.1.6 十有二月丁巳，夫人氏之丧至自齐〔1〕。

夫人何以不称姜氏？贬。曷为贬？与弑公也。然则曷为不于弑焉贬〔2〕？贬必于重者，莫重乎其以丧至也。

【注释】

〔1〕丧：这里指灵柩。

〔2〕曷为不于弑焉贬：指4.2.2闵公薨后仍书“夫人姜氏孙于邾娄”。

【译文】

十二月丁巳，夫人氏的灵柩从齐国来到。

夫人为什么不称姜氏？是贬斥。为什么贬斥？是参与了杀闵公。这样的话那么为什么不在杀闵公的时候贬斥？贬斥一定要在重的地方，没有比灵柩来到更重要的了。

【原文】

5.2.1　二年春王正月，城楚丘[1]。

孰城？城卫也。曷为不言城卫[2]？灭也。孰灭之？盖狄灭之。曷为不言狄灭之？为桓公讳也。曷为为桓公讳？上无天子，下无方伯，天下诸侯有相灭亡者，桓公不能救，则桓公耻之也。然则孰城之？桓公城之。曷为不言桓公城之？不与诸侯专封也。曷为不与？实与而文不与。文曷为不与？诸侯之义不得专封。诸侯之义不得专封，则其曰实与之何？上无天子，下无方伯，天下诸侯有相灭亡者，力能救之，则救之可也。

【注释】

〔1〕楚丘：卫国的第二个国都。卫初都于朝歌（今河南淇县），因被狄所灭，在齐国帮助下迁至楚丘，地在今河南滑县东。与1.7.3之楚丘不是一地。

〔2〕曷为不言城卫：《通义》：“不言城卫，起非故卫，新卫又未迁也。陈仪迁而后城，楚丘城而后迁，文是以异也。”《穀梁传》：“其不言城卫何也？卫未迁也。其不言卫之迁焉何也？不与齐侯专封也。”

【译文】

二年春周历正月，修筑楚丘城墙。

修筑谁的城墙？修筑卫国的城墙。为什么不说修筑卫国的城墙？卫国已经灭亡了。谁灭了卫国？是狄灭了卫国。为什么不说狄灭了卫国？是为齐桓公隐讳。为什么为齐桓公隐讳？上没有圣明天子，下没有一方之长，天下诸侯有相互灭亡的，齐桓公不能救援，那么齐桓公将为此感到耻辱。这样的话那么谁修筑的城墙？齐桓公修筑的城墙。为什么不说齐桓公修筑的城墙？是不赞许诸侯擅自封国。为什么不赞许？实际上赞许，而文字上不赞许。文字上为什么不赞许？诸侯照道理不能擅自封国。诸侯照道理不能擅自封国，那么说实际上赞许是为什么？上没有圣明天子，下没有一方之长，天下诸侯有相互灭亡的，力所能救，就救援它好了。

【原文】

5.2.2　夏五月辛巳，葬我小君哀姜[1]。

哀姜者何？庄公之夫人也。

虞师、晋师灭夏阳[2]。

虞，微国也，曷为序乎大国之上？使虞首恶也。曷为使虞首恶？虞受赂，假灭国者道以取亡焉。其受赂奈何？献公朝诸大夫而问焉，曰："寡人夜者寝而不寐，其意也何？"诸大夫有进对者曰："寝不安与？其诸侍御有不在侧者与？"献公不应。荀息进曰："虞、郭见与？"献公揖而进之，遂与之入而谋曰："吾欲攻郭，则虞救之；攻虞，则郭救之。如之何？愿与子虑之。"荀息对曰："君若用臣之谋，则今日取郭，而明日取虞尔，君何忧焉？"献公曰："然则奈何？"荀息曰："请以屈产之乘[3]、与垂棘之白璧往[4]，必可得也。则宝出之内藏，藏之外府，马出之内厩，系之外厩尔，君何丧焉？"献公曰："诺。虽然，宫之奇存焉[5]，如之何？"荀息曰："宫之奇知则知矣，虽然，虞公贪而好宝，见宝必不从其言，请终以往。"于是终以往。虞公见宝，许诺。宫之奇果谏："记曰[6]：'唇亡而齿寒。'虞郭之相救[7]，非相为赐，则晋今日取郭，而明日虞从而亡尔。君请勿许也。"虞公不从其言，终假之道以取郭。还，四年，反取虞。虞公抱宝牵马而至，荀息见曰："臣之谋何如？"献公曰："子之谋则已行矣。宝则吾宝也，虽然，吾马之齿亦已长矣。"盖戏之也。夏阳者何？郭之邑也。曷为不系于郭？国之也。曷为国之？君存焉尔。

【注释】

〔1〕哀姜：哀为谥号。

〔2〕虞：姬姓国名，在今山西平陆北。开国君主是古公亶父之子虞仲的后代。　夏阳：《穀梁传》同，《左传》作下阳，同音通假。因另有上阳，当以下阳为正。虢国都邑，在今山西平陆县境。《穀梁传》："夏阳者，虞、郭之塞邑也。灭夏阳而虞、郭举矣。"

〔3〕屈产：《解诂》："屈产，出名马之地。"在今山西石楼东南。一说屈产为屈地所产，屈在今山西吉县北，盛产良马。　乘：《解诂》："备驷也。"

〔4〕垂棘：《解诂》："垂棘，出美玉之地。"确址未详。沈钦韩《春秋地名补注》以为在山西潞城北。

〔5〕宫之奇：虞国大夫。

〔6〕记：《解诂》："记，史记也。"

〔7〕郭：《左传》作虢，此指北虢，都于上阳（今河南陕县东南李家窑），占有今河南三门峡和山西平陆一带。

【译文】

夏五月辛巳日，安葬我小君哀姜。

哀姜是什么人？是庄公的夫人。

虞国军队、晋国军队灭了夏阳。

虞，是个小国，为什么次序排在大国之上？是使虞国成为首恶。为什么使虞国成为首恶？虞国接受贿赂，借道给灭国者以自取其亡。它怎样接受贿赂？晋献公在众大夫朝见时问他们，说："我夜里躺下去不能入睡，是什么道理？"众大夫中有上前回答说："是躺得不安适吗？是左右侍奉的人有不在旁边的吗？"晋献公不应声。荀息上前说："是虞国、郭国出现在脑海里了吗？"献公向他作揖，请他靠前，就与他一起进内室商议道："我想灭郭，虞国就要救它，我想灭虞，郭国就要救它。怎么办？愿与你一起考虑这个问题。"荀息回答说："国君倘若用我的计谋，那么今天拿下郭国，而明天拿下虞国罢了，国君忧虑什么呢？"晋献公说："这样的话，那么该怎么样呢？"荀息说："请用屈产的驷马，与垂棘的白璧前去，定能够得到。那么宝玉从内藏拿出，藏在外府，名马从内厩牵出，系缚在外厩罢了，国君失去了什么呢？"晋献公说："好吧，虽然这样，宫之奇在那儿，怎么办？"荀息说："宫之奇明智是明智了，虽然这样，虞公贪婪而喜好宝物，看见了宝物一定不听从他的话，请最终前去。"于是最终还是去了。虞公见了宝物，一口答应。宫之奇果然进谏道："《史记》上说：'唇亡而齿寒。'虞、郭的相救援，不是互惠的话，那么今天拿下郭国，而明天虞国也跟着灭亡罢了。国君请不要应允。"虞公不听他的话，终于借道给晋国以拿下郭国。回来，过了四年，还师的时候又拿下了虞国。虞公抱了宝玉牵了名马而来到，荀息看见了说："我的计谋怎样？"晋献公说："你的计谋已经实行了。宝玉还是我的宝玉，虽然这样，我的马年岁也长了。"这是开玩笑的话。夏阳是什么地方？是郭国的都邑。为什么不说明是郭国的夏阳？是把它当作国都。为什么把它当作国都？是因为郭国的国君还在那儿。

【原文】

5.2.3　秋九月，齐侯、宋公、江人、黄人盟于贯泽[1]。

江人、黄人者何？远国之辞也。远国至矣，则中国曷为独言齐、宋至尔？大国言齐、宋，远国言江、黄，则以其余为莫敢不至也[2]。

冬十月，不雨。

何以书？记异也。

楚人侵郑。

【注释】

〔1〕齐侯：齐桓公。 宋公：宋桓公。 江：嬴姓小国，在今河南正阳西南。 黄：嬴姓小国，在今河南潢川西。 贯泽：《左传》、《穀梁传》作贯，宋国地名，在今山东曹县南。这次盟会，据《左传》说是“服江、黄也”，杜注：“江、黄，楚之与国也，始来服齐，故为合诸侯也。”

〔2〕其余为莫敢不至：《通义》：“贯泽、阳谷，远国悉至，桓公之会最盛。欲偏录之，则《春秋》例不录微国，故置举江、黄极远者包之而已。其中国常会之君亦不书……故亦举齐、宋以包之。”《解诂》：“时实晋、楚之君不至。”

【译文】

秋九月，齐桓公、宋桓公、江国人、黄国人在贯泽会盟。

江国人、黄国人是什么？是远国的用语。远国到了，那么中原地带为什么独独说齐国、宋国到呢？大国说齐、宋，远国说江、黄，那就把其他国家当作没有敢不来的。

冬十月，不下雨。

为什么写下？是记录气候异常。

楚国人侵入郑国。

【原文】

5.3.1 三年春王正月，不雨。

夏四月，不雨。

何以书？记异也。

徐人取舒[1]。

其言取之何？易也。

六月，雨。

其言六月雨何？上雨而不甚也[2]。

【注释】

〔1〕徐：参见3.26.1注〔4〕。　舒：偃姓小国，在今安徽舒城。

〔2〕上雨而不甚：指去年十月以来，未书“不雨”的月份如十一月、十二月、二月、三月、五月虽有小雨而无透雨。《左传》则说：“自十月不雨至于五月。”杜预据此谓：“一时不雨，则书首月。”其实《春秋》并无此体例，庄公三十一年一冬无雨，《春秋》书“冬，不雨”，而不书“冬十月，不雨”，可以为证。所以“雨而不甚”的说法较为符合实际。这也是《公羊传》较《左传》有其精确之处的一例。周历六月，当夏历四月，下了透雨，所以不为旱灾。

【译文】

三年春周历正月，不下雨。

夏四月，不下雨。

为什么写下？是记录气候异常。

徐国人拿下了舒国。

说拿下是为什么？是容易。

六月，下雨。

说六月下雨是为什么？是以前下了雨而没有下透。

【原文】

5.3.2　秋，齐侯、宋公、江人、黄人会于阳谷[1]。

此大会也[2]，曷为末言尔[3]？桓公曰：“无障

谷[4]，无贮粟[5]，无易树子[6]，无以妾为妻。"[7]。

【注释】

〔1〕阳谷：齐国地名，今属山东。

〔2〕此大会也：《国语·齐语》："岳滨诸侯，莫不来服，而大朝诸侯于阳谷。"参见5.2.3注〔2〕。

〔3〕末言：《解诂》："末者，浅耳；但言会，不言盟。"

〔4〕无障谷：《解诂》："无障断川谷专水利也。水注川曰溪，注溪曰谷。"意即不在本国境内筑坝拦水，以断绝下游别国的水源。

〔5〕无贮粟：《解诂》："有无当相通。"即提倡以有余济不足。

〔6〕无易树子：《解诂》："树，立本正辞。无易本正当立之子。"即不要改变"立嫡以长，立子以贵"的原则。

〔7〕"桓公曰"至"无以妾为妻"：《解诂》："此四者皆时人所患，时桓公功德隆盛，诸侯咸曰无言不从，曷为用盟哉？故告誓而已。"《穀梁传》："阳谷之会，桓公委端搢笏而朝诸侯，诸侯皆谕乎桓公之志。"《左传》则以为："会于阳谷，谋伐楚也。"或别有此一议题。

【译文】

秋，齐桓公、宋桓公、江国人、黄国人在阳谷集会。

这是大会，为什么只说集会、不说结盟？齐桓公说："不要拦断溪谷，不要贮粟不济灾，不要改立应该树立的世子，不要让妾成为妻。"

【原文】

5.3.3　冬，公子友如齐莅盟[1]。

莅盟者何？往盟乎彼也。其言来盟者何？来盟于我也。

楚人伐郑。

【注释】

〔1〕公子友：《左传》同，《穀梁传》作公子季友，传写之异。　如齐莅盟：据《左传》说："齐侯为阳谷之会来寻盟。"可见鲁国未参加阳谷之会，故齐桓公派人来寻盟，遂有公子友莅盟的事。

【译文】

冬，公子友到齐国去莅盟。

莅盟是什么意思？是到他国去结盟。说来盟是什么意思？是到我国来结盟。

楚国人攻伐郑国。

【原文】

5.4.1　四年春王正月，公会齐侯、宋公、陈侯、卫侯、郑伯、许男、曹伯侵蔡[1]。蔡溃。

溃者何？下叛上也[2]。国曰溃，邑曰叛。

遂伐楚，次于陉[3]。

其言次于陉何？有俟也。孰俟？俟屈完也[4]。

【注释】

〔1〕齐侯：齐桓公。　宋公：宋桓公。　陈侯：陈宣公。　卫侯：卫文公。　郑伯：郑文公。　许男：许缪公。　曹伯：曹昭公。　侵蔡：《左传》叙其始末云："齐侯与蔡姬（蔡穆侯之妹，齐桓公的第三个夫人）乘舟于囿，荡公，公惧，变色；禁之，不可。公怒，归之，未之绝也。蔡人嫁之。""齐侯以诸侯之师侵蔡，蔡溃。遂伐楚。"

〔2〕溃者何？下叛上也：《左传·文公十三年》："民逃其上曰溃。"所谓众叛亲离也。

〔3〕陉：楚国地名，《史记·楚世家》作陉山。杜预注《左传》云："颍川召陵县南有陉亭。"在今河南郾城南。

〔4〕屈完：屈为楚国王族三氏（昭、屈、景）之一，芈姓的分支；屈完的身份，据《史记·楚世家》载是将军。

【译文】

四年春周历正月，僖公会合齐桓公、宋桓公、陈宣公、卫文公、郑文公、许缪公、曹昭公侵入蔡国。蔡国溃散。

溃散是什么意思？是下面叛离上面。国叫溃散，邑叫叛离。

于是就讨伐楚国，驻留在陉山多日。

说停留在陉山多日是为什么？是有所等待。等待谁？是等待屈完。

【原文】

5.4.2 夏，许男新臣卒〔1〕。

楚屈完来盟于师，盟于召陵〔2〕。

屈完者何？楚大夫也。何以不称使〔3〕？尊屈完也。曷为尊屈完？以当桓公也。其言盟于师、盟于召陵何？师在召陵也〔4〕。师在召陵，则曷为再言盟〔5〕？喜服楚也。何言乎喜服楚？楚有王者则后服，无王者则先叛，夷狄也，而亟病中国〔6〕。南夷与北夷交〔7〕，中国不绝若线〔8〕。桓公救中国而攘夷狄，卒怗荆〔9〕，以此为王者之事也〔10〕。其言来何？与桓为主也〔11〕。前此者有事矣〔12〕，后此者有事矣〔13〕，则曷为独于此焉？与桓公为主，序绩也〔14〕。

【注释】

〔1〕许男新臣：即许缪公，名新臣，公元前697—前656年在位。

〔2〕召陵：楚国地名，在今河南郾城东。

〔3〕何以不称使：三传的回答不同。《穀梁传》："其不言使，权在屈完也。"《左传》杜注："楚子遣完如师以观齐，屈完睹齐之盛，因而求盟，故不称使。"

〔4〕师在召陵也：《解诂》："时喜得屈完来服于陉，即退次召陵与之盟，故言盟于师、盟于召陵。"

〔5〕曷为再言盟：《解诂》引孔子曰："书之重，辞之复，呜呼，不

可不察，其中必有美者焉。”

〔6〕亟：屡次。　病：害，这里指侵扰、攻灭。

〔7〕南夷与北夷交：南夷，指楚；北夷，指狄。《解诂》：“南夷谓楚灭邓、穀，伐蔡、郑；北夷谓狄灭邢、卫，至于温：交乱中国。”

〔8〕不绝若线：如线之将断，比喻形势危急。

〔9〕怗：通贴，贴伏。

〔10〕以此为王者之事也：《解诂》：“言桓公先治其国以及诸夏，治诸夏以及夷狄，如王者为之，故云尔。”

〔11〕其言来何？与桓为主也：《春秋》书“来”，都是对鲁国而言，这里书屈完来盟，却是以齐桓公为主。《通义》引董仲舒言：“召陵之会，鲁君在是而不得为主，避齐桓也。”

〔12〕前此者有事矣：指5.1.3的“城邢”和5.2.1的“城楚丘”。

〔13〕后此者有事矣：指5.14.1的“城缘陵”。

〔14〕序绩：《解诂》：“序，次也；绩，功也。累次桓公之功德，莫大于服楚。”

【译文】

夏，许男新臣去世。

楚国的屈完前来在军队中结盟，在召陵结盟。

屈完是什么人？是楚国的大夫。为什么不称派遣？是抬高屈完。为什么抬高屈完？因为他和桓公对等结盟。说在军队中结盟、在召陵结盟是为什么？是因为军队在召陵。军队在召陵，那么为什么重复说结盟？是为使楚国服从而欣喜。说为使楚国服从而欣喜是为什么？楚国有王者就后服从，没有王者就先反叛，是夷狄，而屡次侵灭中原各国。南方的楚和北方的狄交相为乱，中原各国虽不断绝也像线一样微弱了。齐桓公救援中原各国而排斥夷狄，终于使楚国贴伏，拿这个当作王者的事业。说前来是什么意思？是赞许齐桓公为主。在此之前有事情了，在此之后也有事情了，那么为什么独独看重这件事呢？是赞许齐桓公为主，排列他功绩的次序。

【原文】

5.4.3　齐人执陈袁涛涂〔1〕。

涛涂之罪何？辟军之道也〔2〕。其辟军之道奈何？涛涂谓桓公曰："君既服南夷矣，何不还师滨海而东，服东夷且归？"桓公曰："诺。"于是还师滨海而东，大陷入沛泽之中〔3〕。顾而执涛涂。执者曷为或称侯〔4〕，或称人？称侯而执者，伯讨也〔5〕；称人而执者，非伯讨也。此执有罪，何以不得为伯讨？古者周公东征则西国怨，西征则东国怨〔6〕；桓公假涂于陈而伐楚，则陈人不欲其反由己者，师不正故也，不修其师而执涛涂，古人之讨则不然也。

【注释】

〔1〕齐人：指齐桓公。《穀梁传》："齐人者，齐侯也。" 袁涛涂：《穀梁传》同，《左传》袁作辕，字通。陈国大夫，妫姓，氏袁，字宣仲。

〔2〕辟军之道：《左传》记辕涛涂对郑申侯说："师出于陈、郑之间，国必甚病。"怕军队在国境内经过，国家要受到损害，所以建议还师滨海而东。

〔3〕沛泽：水草茂密的沼泽地。《解诂》："草棘曰沛，渐洳曰泽。"

〔4〕执者曷为或称侯：如 8.15.2 书"晋侯执曹伯"。

〔5〕伯讨：《解诂》："言有罪，方伯所宜讨。"

〔6〕周公东征则西国怨，西征则东国怨：《书·仲虺之诰》："东征西夷怨，南征北狄怨。"《通义》："荀卿子曰：周公南征而北国怨，曰：何独不来也？东征而西国怨，曰：何独后我也？"

【译文】

齐桓公拿下了陈国的袁涛涂。

袁涛涂的罪是什么？是避开了行军的道路。他怎样避开行军的道路？袁涛涂对齐桓公说："您已经使南夷顺服了，为什么不向东沿着海滨还军，降服了东夷再回去？"齐桓公说："好的。"于是向东沿着海滨还军，大军陷在了沼泽之中。齐桓公回头把袁涛涂捉拿了。捉拿人的为什么有的称侯，有的称人？称侯而捉拿人的，是一方之长的声讨；称人而捉拿人的，不是一方之长的声讨。这是捉拿有罪的人，为什么不能是一方之长的声讨？从前周公征伐东方，西方的国家就抱怨，征伐西方，东方的国家就抱怨；桓公向陈国借道而征伐楚国，陈国人就不愿意他再从自己的国土上回师，这是军队不正的缘故，不整顿他的军队而捉拿袁涛涂，古人的声讨就不是这样。

【原文】

5.4.4　秋，及江人、黄人伐陈〔1〕。

八月，公至自伐楚。

楚已服矣，何以致伐楚〔2〕？叛盟也〔3〕。

葬许缪公。

冬十有二月，公孙慈帅师会齐人、宋人、卫人、郑人、许人、曹人侵陈〔4〕。

【注释】

〔1〕及江人、黄人伐陈：此句无主语，《史记·齐太公世家》云："秋，齐伐陈。"是把主语理解为从上省（《春秋》上句为"齐人执袁涛涂"）。《穀梁传》以为及者，鲁人及。杜预注《左传》亦云："受齐命讨陈之罪，……时齐不行，使鲁为主与谋。"《解诂》无说，徐彦疏："内之微者矣。"也把及的主语定为鲁国。

〔2〕何以致伐楚：徐彦疏："庄六年传云：'得意致会，不得意致伐。'今此楚已服而致伐，故难之。"参见3.6.3。

〔3〕叛盟也：《解诂》："为桓公不修其师而执涛涂故也。"

〔4〕公孙慈：《左传》、《穀梁传》慈作兹，字通，后文同。鲁国大夫，叔牙之子，僖公的堂兄弟，谥戴，史又称叔孙戴伯。

【译文】

秋，与江国人、黄国人一起讨伐陈国。

八月，僖公从伐楚处到达鲁国。

楚国已经顺服了，为什么用伐楚的名义告至？是楚国背叛盟约了。

安葬许缪公。

冬十二月，公孙慈率领军队会合齐国人、宋国人、卫国人、郑国人、许国人、曹国人侵入陈国。

【原文】

5.5.1 五年春，晋侯杀其世子申生〔1〕。

曷为直称晋侯以杀〔2〕？杀世子、母弟直称君者〔3〕，甚之也。

【注释】

〔1〕晋侯：晋献公。 申生：晋献公的嫡长子。骊姬有宠于晋献公，想立自己的儿子奚齐为世子，因设计陷害申生，迫使申生自杀而死。

〔2〕曷为直称晋侯以杀：国君杀臣、子，有时不直接书国君，如下5.7.1“郑杀其大夫申侯”，即不称郑侯，这里是问为什么。

〔3〕杀世子母弟直称君者：例见9.30.1“天王杀其弟年夫”。《左传·襄公三十年》云：“书曰‘天王杀其弟佞(年)夫’，罪在王也。”与《公羊》义同。

【译文】

五年春，晋献公杀了他的世子申生。

为什么直接称晋献公杀的？杀世子、同母弟而直接称君的，是认为他太过分了。

【原文】

5.5.2 杞伯姬来朝其子〔1〕。

其言来朝其子何？内辞也，与其子俱来朝也。

【注释】

〔1〕杞伯姬：即《庄公二十五年》“归于杞”的伯姬，为杞惠公的儿媳，杞成公夫人，参见 3.25.1 注〔8〕。据《世本》，杞惠公卒于本年，杞成公尚为未逾年之君。杞伯姬为公公服丧，不宜出境。或此时惠公尚未卒，则鲁庄公已死，伯姬不能归宁，妇人无故不逾境，来为非礼，所以托辞“来朝其子”。　来朝其子：使其子来朝于鲁。

【译文】

杞伯姬使她的儿子到鲁国访问。

说使她的儿子到鲁国来访问是什么意思？是内部的隐讳之辞，与她的儿子一起来访。

【原文】

5.5.3　夏，公孙慈如牟〔1〕。

公及齐侯、宋公、陈侯、郑伯、许男、曹伯会王世子于首戴〔2〕。

曷为殊会王世子？世子贵也，世子，犹世世子也〔3〕。

秋八月，诸侯盟于首戴。

诸侯何以不序？一事而两见者，前目而后凡也〔4〕。

郑伯逃归不盟〔5〕。

其言逃归不盟者何？不可使盟也。不可使盟，则其言逃归何？鲁子曰：“盖不以寡犯众也。”

楚人灭弦〔6〕，弦子奔黄。

【注释】

〔1〕牟：参见 2.15.2 注〔7〕。据《左传》，公孙慈前往牟国是为了娶妇。

〔2〕许男：许僖公。　王世子：周惠王的太子，名郑。　首戴：《穀梁传》同，《左传》作首止，止古音近戴。卫国地名，杜预注《左传》云："陈留襄邑县东南有首乡。"在今河南睢县东南。

〔3〕世世子：世世不绝继承父位。《白虎通·爵》："所以名之为世子何？言欲其世世不绝也。"

〔4〕目：标举。　凡：皆，都，引申为同前。

〔5〕郑伯逃归不盟：首戴之会巩固了王太子郑的地位，但不中周惠王意。周惠王此时宠王子带，而有废太子郑之意，所以对齐桓公不满，派人谕告郑伯："从楚，辅之以晋。"（《左传》）郑伯因而逃归不盟（楚、晋都没有参加首戴之盟）。

〔6〕弦：姬姓小国，地在今河南光山县西北息县界。

【译文】

夏，公孙慈前往牟国。

僖公与齐桓公、宋桓公、陈宣公、卫文公、郑文公、许僖公、曹昭公在首戴会见王世子。

为什么要特别会见王世子？是因为世子地位尊贵，世子，就是世世不绝继承父位。

秋八月，诸侯前往首戴结盟。

诸侯为什么不排名？一件事而见于两处的，前面标举了，后面就同前了。

郑伯逃回不结盟。

说他逃回不结盟是什么意思？是不可以使他结盟。不可以使他结盟，那么说逃回是为什么？鲁子说："大概是不拿少数来干扰多数。"

楚国人灭了弦国，弦国国君投奔到黄国。

【原文】

5.5.4　九月戊申朔，日有食之〔1〕。

冬，晋人执虞公〔2〕。

虞已灭矣，其言执之何？不与灭也。曷为不与灭？

灭者，亡国之善辞也〔3〕；灭者，上下之同力者也〔4〕。

【注释】

〔1〕日有食之：据推算，此次日食，当公元前655年8月19日之日全食。

〔2〕晋人执虞公：晋国在僖公二年假道虞国灭了郭国的夏阳，至此又假道虞国灭了郭国的上阳，郭国遂亡。晋军还师途中，路过虞国，把虞国也灭了。5.2.2“四年，反取虞，虞公抱宝牵马而至”，即发生于此时。

〔3〕灭者，亡国之善辞也：《解诂》：“言灭者，王者起当存之，故为善辞。”

〔4〕灭者，上下之同力者也：《解诂》：“言灭者，臣子与君戮力一心，共死之辞也。”《通义》：“再言‘灭者’者，言‘不与灭’有二义：一则罪虞贪贿，灭人以自亡，故不与善辞；一则见晋诈谖取之，虞君臣无拒守之力，故不得言灭也。《左传》曰：‘罪虞公，且言易也。’与此传同意。”

【译文】

九月戊申日初一，有日食。

冬，晋国人捉拿住了虞公。

虞国已经灭了，说捉拿住了是什么意思？是不赞许用灭的字眼。为什么不赞许用灭的字眼？所谓灭，是亡国的较好的用语；所谓灭，是君臣上下同心合力抵御的用语。

【原文】

5.6.1　六年春王正月。

夏，公会齐侯、宋公、陈侯、卫侯、曹伯伐郑〔1〕，围新城〔2〕。

邑不言围，此其言围何？强也。

秋，楚人围许〔3〕，诸侯遂救许。

冬，公至自伐郑。

【注释】

〔1〕伐郑：为责其逃归不盟。

〔2〕新城：郑国地名。杜预注《左传》云："今荥阳密县。"即今河南密县。

〔3〕楚人围许：许国是首戴之会的与盟国，楚国围许，目的在于救郑。《左传》："楚子围许以救郑。"则此"楚人"实指楚成王。

【译文】

六年春周历正月。

夏，僖公会合齐桓公、宋桓公、陈宣公、卫文公、曹昭公讨伐郑国，围困新城。

城邑不说围困，这里说围困是为什么？是强大。

秋，楚国人围困许国，诸侯就去救援许国。

冬，僖公从伐郑处到达鲁国。

【原文】

5.7.1　七年春，齐人伐郑。

夏，小邾娄子来朝〔1〕。

郑杀其大夫申侯。

其称国以杀何？称国以杀者，君杀大夫之辞也。

秋七月，公会齐侯、宋公、陈世子款、郑世子华〔2〕，盟于宁毋〔3〕。

曹伯般卒〔4〕。

公子友如齐。

冬，葬曹昭公。

【注释】

〔1〕小邾娄子：小邾娄即倪，参见3.5.1注〔2〕。子者，子爵。《解诂》："至是所以进称爵者，时附送霸者朝天子旁，朝罢，行进，齐桓公白天子进之。"《通义》："进称爵者，始受王命，列为诸侯。"

〔2〕陈世子款：原为陈宣公嬖姬所生，宣公杀太子御寇而立之，即后来的陈缪公。　郑世子华：郑文公的太子，后为郑文公所杀。

〔3〕宁毋：鲁国地名，在鲁宋交界处。杜预注《左传》云："高平方与县东有泥毋亭，音如宁。"在今山东鱼台东。

〔4〕曹伯般：即曹昭公，名般，公元前661—前653年在位。

【译文】

七年春，齐国人讨伐郑国。

夏，小邾娄国国君来访。

郑国杀了它的大夫申侯。

称国以杀是为什么？称国以杀的，是国君杀大夫的用语。

秋七月，僖公会见齐桓公、宋桓公、陈国的世子款、郑国的世子华，在宁毋结盟。

曹伯般去世。

公子友前往齐国。

冬，安葬曹昭公。

【原文】

5.8.1　八年春王正月，公会王人、齐侯、宋公、卫侯、许男、曹伯、陈世子款、郑世子华[1]，盟于洮[2]。

王人者何？微者也。曷为序乎诸侯之上？先王命也。

郑伯乞盟。

乞盟者何？处其所而请与也。其处其所而请与奈何？盖酌之也[3]。

【注释】

〔1〕王人：周王的使者，因其称人，可知身份只是下士，所以下文说他是微者。参见1.1.4注〔4〕。　曹伯：曹共公。　郑世子华：《左传》、《穀梁传》无此四字。

〔2〕洮：曹国地名，在今山东鄄城西。与3.27.1之洮非一地。

〔3〕酌之也：酌，《穀梁传》作沩。《周礼·秋官·士师》："一曰邦沩。"郑玄注："郑司农云：'沩读如酌酒尊中之酌。国沩（即邦沩，汉人避邦讳）者，斟酌盗取国家密事。'"孙诒让正义："盖斟酌有求取之义，故盗取国家密事者谓之邦沩云。"《通义》："然则'酌之'之义，犹言探之也。郑属与楚，不敢亲来盟，使其世子为乞盟，以探齐侯之意。盖齐侯许之，故下葵丘之盟郑伯遂自至也。"

【译文】

八年春周历正月，僖公会见周王的使者、齐桓公、宋桓公、卫文公、许僖公、曹共公、陈国的世子款、郑国的世子华，在洮邑结盟。

王人是什么？是地位低微的人。为什么排在诸侯之上？是以王命为先。

郑伯求盟。

求盟是什么？是待在自己的国中而请求参与。怎么样待在自己的国中而请求参与？是一种试探吧。

【原文】

5.8.2　夏，狄伐晋。

秋七月，禘于太庙〔1〕，用致夫人〔2〕。

用者何？用者不宜用也。致者何？致者不宜致也。禘用致夫人，非礼也。夫人何以不称姜氏？贬。曷为贬？讥以妾为妻也。其言以妾为妻奈何？盖胁于齐媵女之先至者也〔3〕。

冬十有二月丁未，天王崩〔4〕。

【注释】

〔1〕禘：大祭之名，参见 4.2.1 注〔2〕。　太庙：鲁国始祖周公之庙。

〔2〕致：《通义》：“致者告至之辞。”致夫人，即向宗庙祭告夫人至。　夫人：三传的理解各不相同。《左传》以为是“致哀姜”，《穀梁传》把“致夫人”解为“立妾之辞”，认为夫人指成风。《通义》：“此夫人，左氏以为哀姜，《穀梁》以为成风，皆与致义不合。”

〔3〕胁于齐媵女之先至者也：《解诂》：“僖公本聘楚女为嫡，齐女为媵，齐先致其女，胁僖公使用为嫡。”《通义》：“齐女，圣姜也；楚女，顷熊也。礼，同姓相媵，异姓则否。而鲁嫁伯姬，齐人来媵；郑文公元妃齐姜，二妃晋姬：末世之事，不复依古，是以齐女得为楚媵矣。”

〔4〕天王崩：《左传》记周惠王崩于上年之闰十二月，杜注：“实以前年闰月崩，以今年十二月丁未告。”是《春秋》所记，晚于实际去世的时间一年。所以缓告，《左传》说是“难故也”，杜注：“有大叔带之难。”

【译文】

夏，狄攻伐晋国。

秋七月，在太庙举行禘祭，用以告夫人至。

用是什么意思？用是不该用。告夫人至是什么意思？告夫人至是不该告夫人至。禘祭用来告夫人至，是不合礼法的。夫人为什么不称姜氏？是贬斥。为什么贬斥？是讥讽把妾当作妻。说把妾当作妻是怎么一回事？是受齐国先到的随嫁之女的胁迫。

冬十二月丁未日，周惠王去世。

【原文】

5.9.1　九年春王三月丁丑，宋公御说卒[1]。

何以不书葬？为襄公讳也[2]。

夏，公会宰周公、齐侯、宋子、卫侯、郑伯、许男、曹伯于葵丘[3]。

宰周公者何？天子之为政者也。

【注释】

〔1〕宋公御说：即宋桓公，名御说，公元前681—前651年在位。

〔2〕为襄公讳：襄公，宋襄公，宋桓公之太子。《解诂》："襄公背殡出会宰周公，有不子之恶。后有征齐、忧中国、尊周室之心，功足以除恶，故讳不书葬，使若不背殡也。"

〔3〕宰周公：名孔，为周王室的太宰，食邑于周，位居三公，故称宰周公。　宋子：即宋襄公。《左传》："未葬而襄公会诸侯，故曰子。"实际上《春秋》之例，在丧未逾年之君都降爵称子，不称本爵，不管已葬未葬，极少例外。参3.32.3。　葵丘：宋国地名，在今河南兰考、民权境内。

【译文】

九年春周历三月丁丑日，宋公御说去世。

为什么不写安葬？是为宋襄公隐讳。

夏，僖公在葵丘会见太宰周公、齐桓公、宋襄公、卫文公、郑文公、许僖公、曹共公。

太宰周公是什么人？是周天子的执政者。

【原文】

5.9.2　秋七月乙酉，伯姬卒〔1〕。

此未适人〔2〕，何以卒？许嫁矣〔3〕，妇人许嫁，字而笄之〔4〕，死则以成人之丧治之。

【注释】

〔1〕伯姬：僖公之女。

〔2〕未适人：当时的习惯，已嫁之女当冠以所嫁之国名，如嫁至纪国的称纪伯姬，嫁至杞国的称杞伯姬等。这个伯姬未冠国名，故知未嫁。

〔3〕许嫁矣：《通义》："师说以为许嫁邾娄。"

〔4〕妇人许嫁，字而笄之：《仪礼·士昏礼》："女子许嫁，笄而醴之，称字。"笄即盘发成髻，用笄贯之，不同于女童时之垂发。称字而不称小名，伯姬、叔姬即为女子之字。《解诂》："字者，尊而不泄，所

以远别也。笄者，簪也，所以系持发，象男子饰也。服此者明系属于人，所以养贞一也。”

【译文】

秋七月乙酉日，伯姬去世。

这还没有嫁人，为什么记下去世？已经许嫁了，女子许嫁，称字而结发加笄，死了就用成人的丧礼来处理。

【原文】

5.9.3　九月戊辰，诸侯盟于葵丘〔1〕。

桓之盟不日，此何以日？危之也。何危尔？贯泽之会，桓公有忧中国之心，不召而至者，江人、黄人也；葵丘之会，桓公震而矜之，叛者九国〔2〕。震之者何？犹曰振振然〔3〕；矜之者何？犹曰莫若我也。

甲戌〔4〕，晋侯诡诸卒〔5〕。

【注释】

〔1〕诸侯盟于葵丘：据《左传》“宰孔先归”，可知宰周公没有参加结盟。

〔2〕叛者九国：《通义》：“九国未闻，盖微国若江、黄、道、柏之属。左氏称晋侯如会，遇宰周公而归，亦叛者之一也。”

〔3〕振振然：《解诂》：“亢阳之貌。”

〔4〕甲戌：《左传》、《穀梁传》并作甲子。按《春秋》序甲戌于戊辰下，若为甲子，则不当在戊辰后；甲戌在戊辰后六日，是。

〔5〕晋侯诡诸：《左传》诡作佹，字通。即晋献公，名诡诸，公元前676—前651年在位。

【译文】

九月戊辰日，诸侯在葵丘结盟。

齐桓公的会盟不记日子，这为什么记日子？是担忧它。为什么担忧这次盟会？贯泽之会，齐桓公有忧虑中原各国之心，不召而到会的，有江国人、黄国人；葵丘之会，齐桓公震而矜，叛会不盟的有九国。震是什么意思？就是盛气凌人；矜是什么意思？就是老子天下第一。

甲戌日，晋侯诡诸去世。

【原文】

5.9.4　冬，晋里克弑其君之子奚齐〔1〕。

此未逾年之君〔2〕，其言弑其君之子奚齐何？杀未逾年君之号也〔3〕。

【注释】

〔1〕里克：字季，晋国大夫。　弑：《左传》、《穀梁传》作杀。段玉裁以为作弑是(《春秋经杀弑二字辨别考》)。　奚齐：晋献公之子，骊姬所生。骊姬害死太子申生，又逼走了公子重耳、公子夷吾，晋献公死后，奚齐就成为嗣子。里克想纳重耳立之为君，遂杀奚齐于丧次。

〔2〕未逾年：指父死没过一年。

〔3〕杀未逾年君之号也：《解诂》："欲言弑其子奚齐，嫌无君文；欲言弑其君，又嫌与弑成君同。故引先君冠'子'之上，则弑未逾年君之号定。"

【译文】

冬，晋国的里克杀了他先君的儿子奚齐。

这是在丧没过一年的国君，说杀了他先君的儿子奚齐是为什么？是杀在丧没过年的国君的名号。

【原文】

5.10.1　十年春王正月，公如齐。

狄灭温〔1〕，温子奔卫。

晋里克弑其君卓子〔2〕，及其大夫荀息〔3〕。

及者何？累也。弑君多矣，舍此无累者乎？曰：有，孔父、仇牧皆累也〔4〕。舍孔父、仇牧无累者乎？曰：有。有则此何以书？贤也。何贤乎荀息？荀息可谓不食其言矣。其不食其言奈何？奚齐、卓子者，骊姬之子也，荀息傅焉。骊姬者〔5〕，国色也，献公爱之甚，欲立其子，于是杀世子申生。申生者，里克傅之。献公病将死，谓荀息曰："士何如则可谓之信矣？"荀息曰："使死者反生，生者不愧乎其言，则可谓信矣。"献公死，奚齐立。里克谓荀息曰："君杀正而立不正，废长而立幼，如之何？愿与子虑之。"荀息曰："君尝讯臣矣〔6〕，臣对曰：'使死者反生，生者不愧其言，则可谓信矣。'"里克知其不可与谋，退，弑奚齐。荀息立卓子。里克杀卓子，荀息死之。荀息可谓不食其言矣。

【注释】

〔1〕温：周王畿内之小国名，原称苏，周初苏忿生为司寇者是，因建都于温，又称为温，故址在今河南温县西南。

〔2〕卓子：《左传》、《穀梁传》无子字。晋献公的幼子，骊姬随嫁的妹妹所生。下文把卓子也称为骊姬之子，是一种笼统的说法。奚齐死后，荀息立卓子为君，并葬了献公。晋用夏历，晋历十一月，即周历正月，里克又杀卓子。《春秋》以周历已逾年，故称卓子为君。

〔3〕荀息：字叔，晋国大夫，奚齐之傅。

〔4〕孔父、仇牧：参见2.2.1及注〔1〕、3.12.2及注〔2〕。

〔5〕骊姬：骊戎之女，晋献公攻克骊戎掠归，受宠立为夫人。参见5.5.1注〔1〕、5.9.4注〔1〕。

〔6〕讯：《解诂》："上问下曰讯。"

【译文】

十年春周历正月，僖公前往齐国。

狄灭了温国，温国国君逃亡到卫国。

晋国的里克杀了他的国君卓子，及大夫荀息。

及是什么意思？是受诛连。杀国君的多了，除了这次没有受株连的了吗？回答说：有，孔父、仇牧都是受株连的。除了孔父、仇牧没有受株连的了吗？回答说：有。有那么这为什么写下？是因为贤明。荀息有什么贤明？荀息可以说是不食其言了。他怎样不食其言？奚齐、卓子，是骊姬的儿子，荀息做他们的傅。骊姬，是姿容极美丽的国色，献公十分爱她，想立她的儿子，于是杀了太子申生。申生，是里克辅佐的。献公病重将死，对荀息说："士要怎样就可以称之为信了？"荀息说："让死去的人复活，活着的人不为自己说过的话惭愧，就可以称之为信了。"献公死后，奚齐立为国君。里克对荀息说："先君杀正的而立不正的，废黜年长的而立年幼的，怎么办？愿与您考虑这件事。"荀息说："先君曾经问过我了，我回答说：'让死去的人复活，活着的人不为自己说过的话惭愧，就可以称之为信了。'"里克知道不能与他一起商量，退回去，杀了奚齐。荀息立卓子为国君。里克杀了卓子，荀息为此而自杀。荀息可以说是不食其言了。

【原文】

5.10.2 夏，齐侯、许男伐北戎[1]。

晋杀其大夫里克。

里克杀二君，则曷为不以讨贼之辞言之？惠公之大夫也[2]。然则孰立惠公？里克也；里克弑奚齐、卓子，逆惠公而入。里克立惠公，则惠公曷为杀之？惠公曰："尔既杀夫二孺子矣[3]，又将图寡人，为尔君者，不亦病乎？"于是杀之。然则曷为不言惠公之入？晋之不言出入者，踊为文公讳也[4]。齐小白入于齐[5]，则曷为不为桓公讳？桓公之享国也长[6]，美见乎天下，故不为之讳本恶也；文公之享国也短[7]，美未见乎天下，故为之讳本恶也。

秋七月。

冬，大雨雹。

何以书？记异也。

【注释】

〔1〕北戎：即山戎，参见3.30.3注〔2〕。

〔2〕惠公：晋惠公，名夷吾，献公之子。献公逼死太子申生欲立奚齐，夷吾也被迫出奔到梁国。里克杀奚齐、卓子后，先迎重耳，重耳不归，遂迎夷吾，夷吾取得秦国支持后入晋立为君。公元前650—前637年在位。

〔3〕二孺子：指奚齐、卓子，二人被杀时俱年幼。

〔4〕踊：《通义》：“踊，上也。以文公之故而上讳及于惠、怀也。将言惠公之入、怀公之出，则不得不言文公之入，其篡不可掩矣。” 文公：晋文公，名重耳，献公之子。献公杀太子申生后也迫使重耳逃亡在外，先后历十九年。以秦缪公之力得返为君。整顿内政，增强军队，使国力强盛。又平定周的内乱，迎接周襄王复位，救宋破楚，遂霸诸侯。公元前636—前628年在位。

〔5〕齐小白入于齐：《春秋·庄公九年》文，见3.9.2。

〔6〕桓公之享国也长：齐桓公在位计四十三年(前685—前643)。

〔7〕文公之享国也短：晋文公在位仅九年。

【译文】

夏，齐桓公、许僖公讨伐北戎。

晋国杀了它的大夫里克。

里克杀了两个国君，那么为什么不用讨国贼的用语说到他？他是晋惠公的大夫。这样的话那么谁立的晋惠公？是里克；里克杀了奚齐、卓子，迎接惠公入国。里克立了惠公，那么惠公为什么杀他？惠公说：“你已经杀了两个孩子了，又将要打我的主意，做你的国君，不是也很担忧吗？”于是杀了他。这样的话那么为什么《春秋》不说惠公入国？晋国的不说出奔还入，是提前为晋文公隐讳。“齐小白入于齐”，那么为什么不为齐桓公隐讳？齐桓公享国的年份长，好的地方天下都看到了，所以不为他隐讳本来的坏处；晋文公享国的年份短，好的地方还没有向天下显示，所以为他隐讳本来的坏处。

秋七月。

冬，大下雹子。

为什么写下？是记录气象异常。

【原文】

5.11.1 十有一年春，晋杀其大夫丕郑父〔1〕。

夏，公及夫人姜氏会齐侯于阳谷〔2〕。

秋八月，大雩〔3〕。

冬，楚人伐黄。

【注释】

〔1〕丕郑父：晋国大夫，与秦缪公密谋出惠公，纳重耳，被惠公的亲信郤芮觉察而被杀。

〔2〕夫人姜氏：即声姜，齐桓公之女。

〔3〕大雩：见2.5.3注〔2〕。

【译文】

十一年春，晋国杀了它的大夫丕郑父。

夏，僖公与夫人姜氏在阳谷与齐桓公会面。

秋八月，举行盛大的雩祭。

冬，楚国人攻伐黄国。

【原文】

5.12.1 十有二年春王三月庚午，日有食之〔1〕。

夏，楚人灭黄。

秋七月。

冬十有二月丁丑，陈侯处臼卒〔2〕。

【注释】

〔1〕日有食之：据推算，此次日食，当公元前648年4月6日之日全食。

〔2〕陈侯处臼：《左传》、《穀梁传》处作杵，即陈宣公，名处臼，公元前692—前648年在位。

【译文】

十二年春周历三月庚午日，有日食。

夏，楚国人灭了黄国。

秋七月。

冬十二月丁丑日，陈侯处臼去世。

【原文】

5.13.1　十有三年春，狄侵卫。

夏四月，葬陈宣公。

公会齐侯、宋公、陈侯、卫侯、郑伯、许男、曹伯于咸〔1〕。

秋九月，大雩。

冬，公子友如齐。

【注释】

〔1〕陈侯：陈缪公。　咸：卫国地名。杜预注《左传》云："东郡濮阳县东南有咸城。"在今河南濮阳东南。

【译文】

十三年春，狄侵犯卫国。

夏四月，安葬陈宣公。

僖公在咸邑会见齐桓公、宋襄公、陈缪公、卫文公、郑文公、许僖公、曹共公。

秋九月，举行盛大的雩祭。

冬，公子友前往齐国。

【原文】

5.14.1　十有四年春，诸侯城缘陵[1]。

孰城之？城杞也。曷为城杞？灭也。孰灭之？盖徐、莒胁之。曷为不言徐、莒胁之？为桓公讳也。曷为为桓公讳？上无天子，下无方伯，天下诸侯有相灭亡者，桓公不能救，则桓公耻之也。然则孰城之？桓公城之。曷为不言桓公城之？不与诸侯专封也。曷为不与？实与而文不与。文曷为不与？诸侯之义不得专封也。诸侯之义不得专封，则其曰实与之何？上无天子，下无方伯，天下诸侯有相灭亡者，力能救之，则救之可也。

【注释】

〔1〕缘陵：即营陵，原为齐地，齐桓公使杞国迁都于此以避徐、莒之胁，故城在今山东昌乐东南营丘村。

【译文】

十四年春，诸侯修筑缘陵城墙。

为谁修筑城墙？是为杞国修筑城墙。为什么为杞国修筑城墙？是灭亡了。谁灭了它？是徐国、莒国威胁它。为什么不说徐国、莒国威胁它？是为齐桓公隐讳。为什么为齐桓公隐讳？上没有圣明天子，下没有一方之长，天下诸侯有相互灭亡的，齐桓公不能救援，那么齐桓公将为此感到耻辱。这样的话那么谁修筑的城墙？齐桓公修筑的城墙。为什么不说齐桓公修筑的城墙？是不赞许诸侯擅自封国。为什么不赞许？实际上赞许，而文字上不赞许。文字上为什么不赞许？诸侯照道理不能擅自封国。诸侯照道理不能擅自封国，那么说实际上赞许是为什么？上没有圣明天子，下没有一方之长，天下诸侯有相灭亡的，力所能救，就救援它好了。

【原文】

5.14.2　夏六月，季姬及鄫子遇于防〔1〕，使鄫子来朝。

鄫子曷为使乎季姬来朝？内辞也，非使来朝，使来请己也〔2〕。

【注释】

〔1〕季姬：僖公的幼女。　鄫子：《左传》同，《穀梁传》鄫作缯，字通，后同。鄫国国君，子爵。鄫，姒姓小国，在今山东苍山西北。

〔2〕使来请己也：《解诂》："使来请娶己以为夫人。"《通义》："季姬者，伯姬之媵也。伯姬许嫁邾娄，于上九年卒。礼：嫡未嫁而死，媵犹当往。故是时鲁致季姬于邾娄，行及防，遇鄫子而悦之，使来请己，僖公许焉。《白虎通义》曰：'伯姬卒，时娣季姬更嫁鄫，《春秋》讥之。'此文是也。"鄫子夺邾娄人之妻，故下十九年"邾娄人执鄫子用之"，"叩其鼻以血社"，进行报复，见5.19.1。孔广森以季姬遇鄫子为"鲁致季姬于邾娄"时发生的，不确。防为鲁邑之距邾娄远者，不可能去邾娄而经过防，其地在今山东费县东北，地近鄫国。是季姬以别的原因去防，发生了这次邂逅相遇的自由恋爱。

【译文】

夏六月，季姬与鄫子在防邑相遇，使鄫子来访。

鄫子为什么为季姬所使来访？是内部的隐讳之辞，是使他来求娶自己。

【原文】

5.14.3　秋八月辛卯，沙鹿崩[1]。

沙鹿者何？河上之邑也。此邑也，其言崩何？袭邑也[2]。沙鹿崩何以书？记异也。外异不书，此何以书？为天下记异也。

狄侵郑。

冬，蔡侯肸卒[3]。

【注释】

〔1〕沙鹿：晋国地名。《穀梁传》："林属于山为鹿；沙，山名也。"以沙鹿为沙山之麓。《汉书·元后传》作沙麓。沙鹿又为邑名，山之西有沙鹿城。《通义》引《水经注》云："元城县东有五鹿墟，墟之左右多陷城，《郡国志》曰：'五鹿墟，故沙鹿是矣。'"其地在今河北大名。崩：山体滑坡。

〔2〕袭：《解诂》："袭者，嘿陷入于地中。"

〔3〕蔡侯肸：即蔡缪侯，名肸，公元前674—前646年在位。

【译文】

秋八月辛卯日，沙鹿山体滑坡。

沙鹿是什么？是河边上的城邑。这是城邑，说山体滑坡是为什么？是城邑被陷没了。沙鹿山体滑坡为什么写下？是记录异常情况。外国的异常情况不写，这为什么写下？是为天下记录异常情况。

狄侵犯郑国。

冬，蔡侯肸去世。

【原文】

5.15.1　十有五年春王正月，公如齐。

楚人伐徐。

三月，公会齐侯、宋公、陈侯、卫侯、郑伯、许男、曹伯，盟于牡丘[1]，遂次于匡[2]。

公孙敖率师及诸侯之大夫救徐[3]。

【注释】

〔1〕牡丘：齐国地名，在今山东茌平东。这次会盟，据《左传》说，是“寻葵丘之盟，且救徐也。”徐为齐婚姻之国，桓公三位夫人中有一个就是徐嬴。

〔2〕匡：宋国地名，在今河南睢县西。《解诂》：“言次者，刺诸侯缓于人恩，既约救徐，而生事止次，不自往，遣大夫往，卒不能解也。”

〔3〕公孙敖：谥缪(穆)字伯，《左传》又称之为孟穆伯，庆父之子，鲁国的卿。

【译文】

十五年春周历正月，僖公前往齐国。

楚国人攻伐徐国。

三月，僖公会见齐桓公、宋襄公、陈缪公、卫文公、郑文公、许僖公、曹共公，在牡丘结盟，于是在匡邑驻留多日。

公孙敖率领军队与各诸侯国的大夫救援徐国。

【原文】

5.15.2　夏五月，日有食之[1]。

秋七月，齐师、曹师伐厉[2]。

八月，螺。

九月，公至自会。

桓公之会不致，此何以致？久也。

季姬归于鄫。

己卯，晦，震夷伯之庙[3]。

晦者何？冥也。震之者何？雷电击夷伯之庙者也。夷伯者，曷为者也？季氏之孚也[4]。季氏之孚则微者，其称夷伯何？大之也。曷为大之？天戒之，故大之也。何以书？记异也。

【注释】

〔1〕日有食之：此次日食，不记日与朔，《通义》以为“晦食”，根据是“《春秋》不书晦”，见5.16.1。《左传》云：“不书朔与日，官失之也。”

〔2〕伐厉：《左传》：“伐厉，以救徐也。”杜注以为厉乃楚之与国，其地在义阳随县北之厉乡，即今湖北随县境。但齐师、曹师能否远征至此，殊属可疑。杨伯峻《春秋左传注》认同王夫之《春秋稗疏》之说，以厉为老子所生之苦县厉乡(今河南鹿邑东)，可参。

〔3〕夷伯：夷为谥，伯为字。《左传》以为鲁大夫展氏之祖，与此异。

〔4〕季氏：指季友。　孚：《解诂》：“孚，信也，季氏所信任臣。”

【译文】

夏五月，有日食。

秋七月，齐国军队、曹国军队攻伐厉国。

八月，有蝗虫。

九月，僖公从会盟的地方回国向宗庙告至。

齐桓公的会盟不记向宗庙告至，这为什么记告至？是时间久了。

季姬嫁到鄫国。

已卯，晦，震夷伯之庙。

晦是什么意思？是白昼暗冥。震是什么意思？是雷电击夷伯的庙。夷伯是做什么的？是季氏的亲信。季氏的亲信那么是低微的人，称他夷伯是为什么？是注重他。为什么注重他？天警戒他，所以注重他。为什么写下？是记录异常情况。

【原文】

5.15.3　冬，宋人伐曹。

楚人败徐于娄林[1]。

十有一月壬戌，晋侯及秦伯战于韩[2]，获晋侯。

此偏战也，何以不言师败绩？君获，不言师败绩也。

【注释】

〔1〕娄林：徐国地名，在今安徽泗县境。

〔2〕晋侯：晋惠公。　秦伯：秦缪公。　韩：即韩原。一说在今陕西韩城西南，一说在今山西芮城。

【译文】

冬，宋国人攻伐曹国。

楚国人在娄林打败徐国。

十一月壬戌日，晋惠公与秦缪公在韩原交战，晋惠公被俘。

这是双方各据一面的战争，为什么不说军队溃败？国君被俘，就不说军队溃败了。

【原文】

5.16.1　十有六年春王正月戊申朔，霣石于宋五[1]。是月[2]，六鹢退飞过宋都[3]。

曷为先言霣而后言石？霣石记闻，闻其磌然[4]，视之则石，察之则五。是月者何？仅逮是月也。何以不日？晦日也。晦则何以不言晦？《春秋》不书晦也；朔有事则书，晦虽有事不书。曷为先言六而后言鹢？六鹢退飞，记见也，视之则六，察之则鹢，徐而察之则退飞。五石六鹢何以书？记异也。外异不书，此何以书？为王者之后记异也[5]。

【注释】

〔1〕贳：《左传》、《穀梁传》作陨，字通。

〔2〕是月：古说此处之是当念阳平，或写作提（shí）。《初学记》四梁宗懔《荆楚岁时记》引《公羊传》此文即作“提月”，与今本异。古称月晦日、月边为提月。《解诂》：“是月，边也，鲁人语也，在正月之几尽。”《通义》：“凡经传言是月，有当如字读者，其义为此月；有当读提月者，其义为尽此月。”

〔3〕鹢：《左传》同，《穀梁传》作鶂，字通。古代画鹢于船头，《淮南子·本经训》：“龙舟鹢首，浮吹以娱。”其形象似鹭鹚。六鹢退飞是因为高空有风。

〔4〕磌（tián 田）：石落地声。

〔5〕王者之后：指宋国乃是殷商之后。

【译文】

十六年春周历三月戊申日初一，贳石于宋五。是月，六只鹢鸟退着飞过宋国的都城。

为什么先说贳而后说石？贳石是记听到的，听到划空落地的声音，一看是石头，仔细再看是五块。是月是什么意思？是只够上这个月。为什么不记日子？是晦日。晦日那么为什么不说晦日？《春秋》不写晦日；朔日有事就写下，晦日即使有事也不写。为什么先说六只而后说鹢鸟？六只鹢鸟退着飞，是记看到的，一看是六只，仔细看是鹢鸟，再慢慢细看是退着飞。五块贳石六只鹢鸟为什么写下？是记录异常情况。外国的异常情况不写，这为什么写下？是为王者的后裔记录异常情况。

【原文】

5.16.2　三月壬申，公子季友卒。

其称季友何？贤也[1]。

夏四月丙申，鄫季姬卒[2]。

秋七月甲子，公孙慈卒。

冬十有二月，公会齐侯、宋公、陈侯、卫侯、郑伯、许男、邢侯、曹伯于淮[3]。

【注释】

〔1〕贤也：《通义》：“贤，故称季也。”季为字，友为名。杜预注《左传》云：“称字者，贵之。”

〔2〕鄫季姬：《左传》同，《穀梁传》作缯季姬，字通。

〔3〕淮：指淮河畔。

【译文】

三月壬申日，公子季友去世。

称季友是为什么？是因为他贤明。

夏四月丙申日，鄫季姬去世。

秋七月甲子日，公孙慈去世。

冬十二月，僖公在淮河边上会见齐桓公、宋襄公、陈缪公、卫文公、郑文公、许僖公、邢国国君、曹共公。

【原文】

5.17.1 十有七年春，齐人、徐人伐英氏[1]。

夏，灭项[2]。

孰灭之？齐灭之。曷为不言齐灭之？为桓公讳也。《春秋》为贤者讳，此灭人之国，何贤尔？君子之恶恶也疾始，善善也乐终。桓公尝有继绝存亡之功[3]，故君子为之讳也。

秋，夫人姜氏会齐侯于卞[4]。

九月，公至自会[5]。

十有二月乙亥[6]，齐侯小白卒[7]。

【注释】

〔1〕英氏：偃姓国名，《史记·夏本纪》："封皋陶之后于英、六。"英之地初在今湖北英山东北，《史记·楚世家》"（楚成王）二十六年灭英"，英氏遂北迁至今安徽金寨东南。

〔2〕项：小国名，故址在今河南项城。此句"灭项"无主语，《左传》以为是鲁僖公，《公羊传》与《穀梁传》皆以为是齐桓公，则主语为从上省。《通义》："左氏云鲁灭，彼未知内讳不言灭之义耳。"

〔3〕继绝存亡：《解诂》："继绝，立僖公也；存亡，存邢、卫、杞。"

〔4〕卞：鲁国地名，在今山东泗水东。据《左传》说，鲁僖公取项后，为齐人所讨，僖公本人且被执。声姜此次与父亲会面，即"以（僖）公故"。录之备参。

〔5〕公至自会：僖公会诸侯在去年冬十二月，至今方回国，据《左传》说，是"犹有诸侯之事焉，且讳之也"。录之备参。

〔6〕十有二月：《左传》、《穀梁传》皆作冬十有二月，是《公羊传》有脱文。

〔7〕齐侯小白：即齐桓公，名小白，参见3.9.2注〔4〕、5.10.2注〔6〕。据《左传》说，齐桓公实卒于十月乙亥，因其卒后国中内乱，故直至十二月乙亥始发讣告。《春秋》所记即发讣告之日。

【译文】

十七年春，齐国人、徐国人攻伐英氏。

夏，灭了项国。

谁灭了项国？是齐国灭了它。为什么不说齐国灭了它？是为齐桓公隐讳。《春秋》为贤明的人隐讳，这是灭人的国，有什么贤明呢？君子的憎恶罪恶，是痛恨始作恶者；喜爱好事，则喜欢好到底。齐桓公曾经有过继绝世、存亡国的功绩，所以君子为他隐讳。

秋，夫人姜氏在卞邑与齐桓公会面。

九月，僖公会见诸侯回国向宗庙告至。

十二月乙亥日，齐侯小白去世。

【原文】

5.18.1　十有八年春王正月，宋公会曹伯、卫人、邾娄人伐齐[1]。

夏，师救齐[2]。

五月戊寅，宋师及齐师战于甗[3]，齐师败绩。

战不言伐[4]，此其言伐何？宋公与伐而不与战，故言伐。《春秋》伐者为客，伐者为主[5]，曷为不使齐主之？与襄公之征齐也。曷为与襄公之征齐？桓公死，竖刁、易牙争权不葬[6]，为是故伐之也。

狄救齐。

秋八月丁亥[7]，葬齐桓公[8]。

冬，邢人、狄人伐卫。

【注释】

〔1〕宋公会……伐齐：《左传》、《穀梁传》无会字，盖传写之异。据《左传》，齐桓公没有嫡子，死后众庶子争立。他生前曾把公子昭作为太子嘱托给宋襄公。但死后易牙、竖刁等作乱，立公子无亏，太子昭逃往宋国。故宋襄公率诸侯伐齐。

〔2〕师：指鲁师。

〔3〕甗：齐国地名，在今山东济南历城境。

〔4〕战不言伐：参见3.10.1并注〔4〕。

〔5〕伐者为客，伐者为主：参见3.28.1注〔3〕、〔4〕。

〔6〕竖刁：《左传》作寺人貂，齐桓公近臣（寺人为宫中供使令的小臣），管仲死后，与易牙等专权。　易牙：名巫，雍人，《左传》又称之为雍巫，齐桓公近臣（一说雍即《周礼·天官》内饔、外饔之饔，主割烹之事），长于调味，善逢迎。　不葬：齐桓公死后，竖刁、易牙杀群吏以争权，五公子相攻以争立，国内大乱。《史记·齐太公世家》云："桓公尸在床上六十七日，尸虫出于户。十二月乙亥无诡（即无亏）立，乃棺，赴。辛巳夜敛殡。"

〔7〕八月丁亥：杜预注《左传》云："八月无丁亥，日误。"

〔8〕葬齐桓公：宋襄公伐齐，齐人杀无亏，欲立孝公（公子昭），而四公子犹作梗，宋襄公率领的四国联军打败四公子之徒后，孝公才得立。因此齐桓公葬期推迟，自卒至葬达十一月，超过正常时限半年。

【译文】

十八年春周历正月，宋襄公会合曹共公、卫国人、邾娄国人讨伐齐国。

夏，军队救援齐国。

五月戊寅日，宋国军队与齐国军队在甗邑交战，齐国军队溃败。

写了战就不说伐，这里说讨伐是为什么？宋襄公参与了讨伐而没有参与交战，所以说讨伐。《春秋》攻伐别人的是客，被攻伐的是主，为什么不让齐国为主？是赞许宋襄公的征讨齐国。为什么赞许宋襄公征讨齐国？齐桓公死后，竖刁、易牙争权不葬，为了这个所以讨伐它。

狄救援齐国。

秋八月丁亥日，安葬齐桓公。

冬，邢国人、狄人攻伐卫国。

【原文】

5.19.1 十有九年春王三月，宋人执滕子婴齐〔1〕。

夏六月，宋人、曹人、邾娄人盟于曹南〔2〕。

鄫子会盟于邾娄〔3〕。

其言会盟何？后会也。

己酉，邾娄人执鄫子用之〔4〕。

恶乎用之？用之社也。其用之社奈何？盖叩其鼻以血社也〔5〕。

【注释】

〔1〕滕子婴齐：即滕宣公，子爵，名婴齐。礼，诸侯活着的时候不

称名；只有两种情况称名，一是有恶行的，一是失地之君，《礼记·曲礼下》所谓“诸侯失地，名；灭同姓，名”者是。《解诂》释滕子称名为“著葵丘之会叛天子命者”，即以滕是“叛者九国”之一，参5.9.3；《通义》则以为“盖遂不得归国，故同失地例也”。

〔2〕曹南：范宁注《穀梁传》：“曹南，曹之南鄙。”

〔3〕鄫子会盟于邾娄：《通义》：“不言如会者，未至曹南也。于邾娄者，起下事，言行及于邾娄而为所要执也。邾娄在曹东、鄫西，将如曹南，道出其国。”

〔4〕邾娄人执鄫子用之：《解诂》：“鲁本许嫁季姬于邾娄，季姬淫佚，使鄫子请己，而许之，二国交忿。”《左传》写邾文公用鄫子于社为受宋襄公指使，宋襄公的目的在“欲以属东夷”（使东夷附从），《通义》引赵匡曰：“凡左氏谬释经文，必广加文辞，欲以证实其事。”

〔5〕盖叩其鼻以血社也：血社，《穀梁传》作“衈社”。阮元《公羊注疏校勘记》云：《周礼·肆师》郑玄注引《春秋传》此文作“衈社”，《山海经·东山经》郭璞注引《公羊传》此文作“聑社”，聑、衈音同调异而义同，当可通假。是今本《公羊传》作“血社”者因字残损而讹。《通义》：“血社者，衅社也。”即用衈字之义。古祭礼杀牲取血以涂祭社之器谓之衈。此谓叩鄫子之鼻，取其血涂祭社之器。

【译文】

十九年春周历三月，宋国人捉拿了滕子婴齐。

夏六月，宋国人、曹国人、邾娄国人在曹国都城南郊结盟。

鄫子在邾娄国会盟。

说会盟是什么意思？是诸侯会见来得晚了。

己酉，邾娄国人捉拿了鄫子用他。

怎么用他？是用他来祭社神。怎样用他来祭社神？是叩他的鼻子取血涂祭社之器。

【原文】

5.19.2　秋，宋人围曹。

卫人伐邢。

冬，公会陈人、蔡人、楚人、郑人，盟于齐[1]。

梁亡[2]。

此未有伐者，其言梁亡何？自亡也[3]。其自亡奈何？鱼烂而亡也[4]。

【注释】

〔1〕公：《左传》、《穀梁传》无公字。　盟于齐：杜预注《左传》云："地于齐，齐亦与盟。"

〔2〕梁：嬴姓小国，在今陕西韩城南。

〔3〕自亡：《穀梁传》："梁亡，自亡也。湎于酒，淫于色，心昏耳目塞，上无正长之治，大臣背叛，民为寇盗。梁亡，自亡也。"《左传》说稍异，谓"梁伯好土功"，"民罢(疲)而弗堪"，"乃沟公宫(于公宫外挖深沟)，曰：'秦将袭我。'民惧而溃，秦遂取梁。"《通义》取其意云："梁实为秦灭，缘其民先亡，地乃入秦，故以自亡言之。"

〔4〕鱼烂而亡：谓如鱼烂，先从内脏烂起，以喻自亡。《解诂》："梁君隆刑峻法，一家犯罪，四家坐之。一国之中，无不被刑者。百姓一旦相率俱去，状若鱼烂，鱼烂从内发，故云尔。"《春秋繁露·王道》："梁内役民无已，其民不能堪，使民比地为伍，一家亡，五家杀刑。其民曰：先亡者封，后亡者刑。……其民鱼烂则亡，国中尽空。《春秋》曰'梁亡'，亡者自亡也，非人亡之也。"

【译文】

秋，宋国人围困曹国。

卫国人攻伐邢国。

冬，僖公与陈国人、蔡国人、楚国人、郑国人会见，在齐国结盟。

梁国灭亡。

这没有攻伐的，说梁国灭亡是为什么？是自己灭亡。它怎样自己灭亡？像鱼烂一样而灭亡。

【原文】

5.20.1　二十年春，新作南门[1]。

何以书？讥。何讥尔？门有古常也[2]。

夏，郜子来朝[3]。

郜子者何？失地之君也。何以不名[4]？兄弟辞也[5]。

【注释】

〔1〕新作南门：《通义》："南门本名稷门，时僖公更高大之，改名高门。"

〔2〕门有古常：古常谓古制常法。《通义》引古语曰："变古乱常，不死则亡。"反映了旧时的保守观念。《通义》又引刘敞曰："僖公修泮宫，诗人颂之，而《春秋》不书。泮宫，诸侯之学，僖公修之，得其时制，故《春秋》不书也。"明《春秋》书"新作南门"确有讥意。

〔3〕郜子：郜国早已经为宋所灭，郜子只是个失地之君，参见1.10.2注〔2〕、2.2.3注〔1〕。

〔4〕何以不名：当时习惯，失地之君书名，例见2.7.2"穀伯绥来朝"、"邓侯吾离来朝"。

〔5〕兄弟辞也：《解诂》："郜，鲁之同姓，故不忍言其绝贱，明当尊遇之，异于邓、穀也。"

【译文】

二十年春，新造南门。

为什么写下？是讥讽。为什么讥讽这件事？是因为门有古制常规。

夏，郜子来访。

郜子是什么人？是失去了土地的国君。为什么不称名？是兄弟之国的用语。

【原文】

5.20.2　五月乙巳，西宫灾。

西宫者何？小寝也[1]。小寝则曷为谓之西宫？有西宫则有东宫矣，鲁子曰："以有西宫，亦知诸侯之有三宫也〔2〕。”西宫灾何以书？记灾也。

郑人入滑〔3〕。

【注释】

〔1〕小寝：见 3.1.4 注〔4〕。《解诂》：“西宫者，小寝内室，楚女所居也。……礼，夫人居中宫，少在前；右媵居西宫，左媵居东宫，少在后。”但春秋时诸侯宫室之制恐不如此刻板划一。《左传·隐公三年》：“卫庄公娶于齐东宫得臣之妹，曰庄姜。”得臣为齐庄公太子，故知东宫为太子所居，“左媵居东宫”之说不确了。《左传·襄公十年》：“晨攻执政于西宫之朝。”是郑国之西宫亦为君臣上朝之所，则“小寝”之说也不全面。《左传·庄公十年》宋有“南宫长万”，以南宫为氏，可知宋有南宫了。《左传·襄公十年》：“劫郑伯以如北宫”、“盗入于北宫”、“攻盗于北宫”；又《哀公十七年》：“卫侯梦于北宫见人登昆吾之观。”则诸侯又有北宫。

〔2〕诸侯之有三宫：《通义》：“《周礼》曰：‘以阴礼教六宫。’诸侯半天子，故三宫也。”但从上注知，实际情况不尽如此。

〔3〕滑：参见 5.33.1 注〔1〕。

【译文】

五月乙巳日，西宫火灾。

西宫是什么？是休息安寝的内室。休息安寝的内室那么为什么称之为西宫？有西宫就有东宫了，鲁子说：“因为有西宫，也可知诸侯之有三宫。”西宫火灾为什么写下？是记录灾情。

郑国人进入滑国。

【原文】

5.20.3 秋，齐人、狄人盟于邢〔1〕。

冬，楚人伐随〔2〕。

【注释】

〔1〕盟于邢：《通义》：“以邢地者，邢与盟也。《左传》曰：为邢谋

卫难也。”

〔2〕随：姬姓国名，在今湖北随县。楚人伐随，《解诂》：“叛楚故也。”

【译文】

秋，齐国人、狄人在邢国结盟。

冬，楚国人攻伐随国。

【原文】

5.21.1　二十有一年春，狄侵卫。

宋人、齐人、楚人盟于鹿上[1]。

夏，大旱。

何以书？记灾也。

秋，宋公、楚子、陈侯、蔡侯、郑伯、许男、曹伯会于霍[2]。执宋公以伐宋。

孰执之？楚子执之。曷为不言楚子执之？不与夷狄之执中国也。

【注释】

〔1〕鹿上：宋国地名，杜预注《左传》云：“汝阴有原鹿县。”地在今安徽阜阳南境。一说在今山东巨野西南。

〔2〕楚子：楚成王。　霍：《左传》作盂，《穀梁传》作雩，盂、雩音同可通，霍或雩字之误。宋国地名，在今河南睢县西北。

【译文】

二十一年春，狄侵犯卫国。

宋国人、齐国人、楚国人在鹿上结盟。

夏，大旱。

为什么写下？是记录灾情。

秋，宋襄公、楚成王、陈缪公、蔡庄公、郑文公、许僖公、曹共公在霍邑会见。捉拿了宋襄公来讨伐宋国。

谁捉拿了宋襄公？是楚成王捉拿了他。为什么不说楚成王捉拿了他？是不赞许夷狄捉拿了中原的诸侯。

【原文】

5.21.2　冬，公伐邾娄。

楚人使宜申来献捷[1]。

此楚子也，其称人何？贬。曷为贬？为执宋公贬。曷为为执宋公贬？宋公与楚子期以乘车之会，公子目夷谏曰[2]："楚，夷国也，强而无义，请君以兵车之会往。"宋公曰："不可，吾与之约以乘车之会，自我为之，自我堕之[3]，曰不可[4]。"终以乘车之会往。楚人果伏兵车，执宋公以伐宋。宋公谓公子目夷曰："子归守国矣。国，子之国也。吾不从子之言，以至乎此。"公子目夷复曰："君虽不言国，国固臣之国也。"于是归设守械而守国。楚人谓宋人曰："子不与我国，我将杀子君矣。"宋人应之曰："吾赖社稷之神灵，吾国已有君矣。"楚人知虽杀宋公，犹不得宋国，于是释宋公。宋公释乎执，走之卫。公子目夷复曰："国为君守之，君曷为不入？"然后逆襄公归。恶乎捷？捷乎宋。曷为不言捷乎宋？为襄公讳也。此围辞也，曷为不言其围？为公子目夷讳也。

十有二月癸丑，公会诸侯，盟于薄[5]。释宋公。

执未有言释之者，此其言释之何？公与为尔也。公与为尔奈何？公与议尔也。

【注释】

〔1〕宜申：即鬥宜申，鬥氏为楚王族之支族。　献捷：见 3.31.2 注〔3〕。

〔2〕公子目夷：字子鱼，宋襄公之庶兄，当时任宋国的司马。

〔3〕堕：《通义》：“败也。”即破坏。

〔4〕曰：语助词，无义。

〔5〕薄：宋国地名，在今河南商丘北。

【译文】

冬，僖公攻伐邾娄国。

楚国人派遣鬥宜申来进献战利品。

这是楚成王，称人是为什么？是贬斥。为什么贬斥？为捉拿宋襄公而贬斥。为什么为捉拿宋襄公而贬斥？宋襄公与楚成王约好乘车相会，公子目夷进谏道：“楚国是个夷狄之国，强大而不讲道义，请国君带着兵车前去相会。”宋襄公说：“不可以。我与他约好乘车相会，我做的事，我去破坏它，不可以。”终于乘车前去相会。楚国人果然埋伏下兵车，捉拿了宋襄公来攻伐宋国。宋襄公对公子目夷说：“你回去守卫国都。国，是你的国。我不听你的话，以至于此。”公子目夷回答说：“国君即使不说国，国本来就是我的国。”于是回去准备好守城的器械而守卫国都。楚国人对宋国人说：“你不把宋国给我们，我就要杀你的国君了。”宋国人应声说：“我依赖社稷的神灵，我国已经有国君了。”楚国人知道即使杀了宋襄公，还是得不到宋国，于是就放了宋襄公。宋襄公从拘执下得释，跑到卫国。公子目夷告诉他：“国是为国君而守卫的，国君为什么不进国？”然后就迎襄公回来。战利品是从哪儿得来的？战利品是从宋国得来的。为什么不说从宋国得来的战利品？是为宋襄公隐讳。这是围困的措词，为什么不说围困？是为公子目夷隐讳。

十二月癸丑日，僖公会见诸侯，在薄邑结盟。放了宋襄公。

捉拿了没有说放的，这儿说放是为什么？是僖公参与了做这件事。僖公怎样参与了做这件事？是僖公参与了议定这件事。

【原文】

5.22.1 二十有二年春，公伐邾娄，取须朐[1]。

夏，宋公、卫侯、许男、滕子伐郑。

秋八月丁未，及邾娄人战于升陉[2]。

冬十有一月己巳朔，宋公及楚人战于泓[3]，宋师败绩。

偏战者日尔，此其言朔何？《春秋》辞繁而不杀者[4]，正也[5]。何正尔？宋公与楚人期，战于泓之阳。楚人济泓而来，有司复曰[6]："请迨其未毕济而击之[7]。"宋公曰："不可。我闻之也：君子不厄人。吾虽丧国之余，寡人不忍行也。"即济，未毕陈，有司复曰："请迨其未毕陈而击之。"宋公曰："不可。吾闻之也：君子不鼓不成列。"已陈，然后襄公鼓之。宋师大败。故君子大其不鼓不成列，临大事而不忘大礼，有君而无臣[8]，以为虽文王之战，亦不过此也。

【注释】

〔1〕须朐：《穀梁传》同，《左传》朐作句，字通。风姓小国，相传为太皞之后，僖公母成风的母家。据《左传》，邾(娄)于去年灭了须句，故今春僖公伐邾娄而取之。其地，王献唐《三邾疆邑图考》云："《左传》杜注，在东平须昌县西北；《水经注》，在东平寿张县，引《地理志》：寿张西北有朐城。案汉须昌县在今东平县西北。东平东南有须句故城，居邾西北，距离甚远，越境灭人国，颇有可疑。春秋时疆域或有变迁。后为鲁之附庸国。"

〔2〕升陉：鲁国地名。王献唐《三邾附近国邑考》："《玉篇》引传作升陉，乡名，在高密。案以地势求之，当在邾北鲁南，泗水曲阜附近。高密或别为一地也。"升陉一战，据《左传》说是"我(鲁)师败绩"。

〔3〕泓：古水名，故道约在今河南柘城西北。

〔4〕杀:《解诂》:“杀，省也。”

〔5〕正:《解诂》:“正，得正道尤美。”按《穀梁传》对记日之外又记朔，说是“事遇朔曰朔”，不像《公羊传》在这一点上做文章，可能较符合《春秋》原意。又对于宋襄公在泓之战中的表现，《左传》借子鱼的话批评他“未知战”，《穀梁传》也直斥他“不顾其力之不足”，已经受过楚一次辱了，“过而不改，又之，是谓之过”，都不像《公羊传》那么迂腐，对宋襄公评价那么高。

〔6〕有司:据《穀梁传》，此“有司”为司马子反。

〔7〕迨:《解诂》:“迨，及。”

〔8〕有君而无臣:《解诂》:“惜其有王德而无王佐也。”

【译文】

二十二年春，僖公攻伐邾娄国，取得了须朐。

夏，宋襄公、卫文公、许僖公、滕国国君攻伐郑国。

秋八月丁未日，与邾娄国人在升陉交战。

冬十一月己巳日初一，宋襄公与楚国人在泓水交战，宋国军队溃败。

各据一方的交战记下日子罢了，这里说初一是为什么?《春秋》用语繁而不省的，是突出正道。什么正道呢?宋襄公与楚国人约好，在泓水之北交战。楚国人渡过泓水而来，将官报告说:“请趁他们没有全部渡过而出击他们。”宋襄公说:“不可以。我听说:君子不乘人之困。我虽然已经丧失过一次国家了，我不忍心这样行事。”渡河完毕，楚军还没有排成阵式，将官报告说:“请趁他们还没有排成阵式而出击他们。”宋襄公说:“不可以。”我听说:“君子不出击不成列的敌军。”对方列好阵，然后宋襄公敲响了战鼓。宋国军队大败。所以君子尊崇他不出击不成列的敌军，临大事而不忘大礼，可惜他有国君而没有辅佐的臣子，以为即使是周文王的交战，也不过是这样。

【原文】

5.23.1　二十有三年春，齐侯伐宋〔1〕，围缗〔2〕。

邑不言围，此其言围何?疾重故也〔3〕。

夏五月庚寅，宋公慈父卒〔4〕。

何以不书葬？盈乎讳也〔5〕。

秋，楚人伐陈。

冬十有一月，杞子卒〔6〕。

【注释】

〔1〕齐侯：齐孝公。

〔2〕缗：《左传》同，《穀梁传》作闵，音近通假。宋国地名，在今山东金乡东北。

〔3〕疾重故也：疾，憎恨；重，加重；故，原有的。《解诂》："疾，痛也；重故，喻若重故创矣。襄公欲行霸、守正、履信，属为楚所败，诸夏之君宜杂然助之，反因其困而伐之，痛与重故创无异，故言围以恶其不仁也。"

〔4〕宋公慈父：《左传》、《穀梁传》慈作兹，字通。即宋襄公，名慈父，公元前650—前637年在位。宋襄公之死，是由于他在泓之战中大腿受了伤所致。

〔5〕盈乎讳也：《解诂》："盈，满也，相接足之辞也。"《通义》："以襄公背殡，故桓公不书葬，今若更葬襄公，则是扬子抑父，非教孝之道，故亦不书葬，以足成其讳义。"宋襄公在父亲桓公去世未葬之际参加葵丘之会，古人认为是一种过恶，谓之"背殡"，为了替襄公隐讳，所以《春秋》不书桓公之葬。又为了足成隐讳之义，所以襄公也不书葬。参5.9.1并注〔2〕。

〔6〕杞子：杞成公。《左传》说："书曰子，杞，夷也(指杞国受夷俗影响而用了夷礼)。不书名，未同盟也。凡诸侯同盟，死则赴以名，礼也。赴以名，则亦书之，不然则否。"

【译文】

二十三年春，齐孝公攻伐宋国，围困缗邑。

城邑不说围困，这说围困是为什么？是憎恶加重原有的创伤。

夏五月庚寅日，宋公慈父去世。

为什么不写安葬？是足成隐讳之义。

秋，楚国人攻伐陈国。

冬十一月，杞子去世。

【原文】

5.24.1　二十有四年春王正月。

夏，狄伐郑。

秋七月。

冬，天王出居于郑〔1〕。

王者无外〔2〕，此其言出何？不能乎母也〔3〕。鲁子曰："是王也，不能乎母者。"其诸此之谓与？

晋侯夷吾卒〔4〕。

【注释】

〔1〕天王：周襄王。　出居于郑：襄王娶狄女隗氏为后，隗氏与襄王之弟王子带私通，襄王废隗氏。狄人与王子带一起攻王，王遂出居于郑以避难。

〔2〕王者无外：参见2.8.2注〔10〕。

〔3〕不能乎母也：《通义》："不能，不相能也。襄王之母惠后，恶襄王而爱其少子带，每欲立之。至是，带率狄人攻王，左右欲御之，王不忍杀弟以失母意，遂出。王者家天下，所在为居。但言居于郑，起避母弟之难不明，须加'出'文。故《左传》曰：'天子无出，书曰"天王出居于郑"，辟母弟之难也。'而此传亦以'不能乎母'释经言'出'之意，非罪王也。……盖不能乎母之所爱弟，即为不能乎母，与左氏无错。"

〔4〕晋侯：即晋惠公，名夷吾，参见5.10.2注〔2〕。

【译文】

二十四年春周历正月。

夏，狄攻伐郑国。

秋七月。

冬，周襄王出居到郑国。

对周王来说是没有国外的，这说他出是什么意思？是因为与母后不相得。鲁子说："这个王啊，与母后不相得。"恐怕说的就是这件事吧？

晋侯夷吾去世。

【原文】

5.25.1　二十有五年春王正月丙午，卫侯燬灭邢。

卫侯燬何以名？绝。曷为绝之？灭同姓也[1]。

夏四月癸酉，卫侯燬卒[2]。

宋荡伯姬来逆妇[3]。

宋荡伯姬者何？荡氏之母也[4]。其言来逆妇何？兄弟辞也[5]。其称妇何？有姑之辞也[6]。

【注释】

〔1〕灭同姓也：邢的始封君是周公之第四子，是鲁的同姓，也是卫的同姓。《礼记·曲礼下》："诸侯不生名……灭同姓，名。"

〔2〕卫侯燬：即卫文公，名燬，公元前659—前635年在位。

〔3〕荡伯姬：鲁女之嫁给宋国荡氏者，当为庶出之女。

〔4〕荡氏：宋国公族，世袭大夫。

〔5〕兄弟：《解诂》："宋鲁之间名结婚姻为兄弟。"

〔6〕有姑之辞：《通义》："此所逆女盖伯姬之侄，然妇人外成，故正其姑妇之名也。主书者，讥娶母党，且姑无逆妇之礼。"

【译文】

二十五年春周历正月丙午日，卫侯燬灭了邢国。

卫侯燬为什么记下名字？是断绝他和君位的关系。为什么断绝他和君位的关系？是因为他灭了同姓之国。

夏四月癸酉日，卫侯燬去世。

宋国的荡伯姬来迎媳妇。

宋国的荡伯姬是什么人？是荡氏的母亲。说她来迎媳妇是什么意思？是结婚姻的用语。称媳妇是为什么？是有婆婆的用语。

【原文】

5.25.2 宋杀其大夫。

何以不名？宋三世无大夫，三世内娶也〔1〕。

秋，楚人围陈。纳顿子于顿〔2〕。

何以不言遂？两之也〔3〕。

葬卫文公。

冬十有二月癸亥，公会卫子、莒庆〔4〕，盟于洮〔5〕。

【注释】

〔1〕三世内娶：《解诂》："三世，谓慈父（宋襄公）、王臣（宋成公）、处臼（宋昭公）也。内娶大夫女也。言无大夫者，礼不臣妻之父母。"《通义》："礼，诸侯不娶女于其国者，杜渔色之渐也。下渔色则不君，妃族交政则不臣，三世失礼，君臣道丧，故夺其君臣之辞，示防乱于微，以为后戒。《春秋》有非常之文，必有非常之义，盖唯《公羊》得之。……杜预以杀大夫不名者为无罪。泄冶、郤宛宁有罪乎？或以为阙文，岂自僖迄文，独宋大夫三见而三阙也。"

〔2〕顿：姬姓小国，故址本在今河南商水北，为陈所迫，南徙至今项城西南。

〔3〕何以不言遂？两之也：指"楚人围陈"与"纳顿子于顿"是两件事。《穀梁传》也说："围，一事也；纳，一事也"，并说"纳顿子者陈也"。杜预注《左传》则云："顿子迫入陈而出奔楚，故楚围陈以纳顿子。不言遂，明一事也。"解释与《公羊传》、《穀梁传》不同。

〔4〕卫子：卫成公，因父卫文公死未逾年，故降爵称子。 莒庆：见3.27.3注〔4〕。

〔5〕洮：鲁国地名，见3.27.1注〔1〕。

【译文】

宋国杀了它的大夫。

为什么不记下名字？是宋国三代没有大夫，三代诸侯娶了国内大夫之女。

秋，楚国入围困陈国。送顿子还入顿国。

为什么不说遂？是两件事。

安葬卫文公。

冬十二月癸亥日，僖公会见卫成公、莒国大夫庆，在洮邑结盟。

【原文】

5.26.1 二十有六年春王正月己未，公会莒子、卫宁遬〔1〕，盟于向〔2〕。

齐人侵我西鄙，公追齐师至巂〔3〕，弗及。

其言至巂、弗及何？侈也〔4〕。

夏，齐人伐我北鄙。

卫人伐齐。

公子遂如楚乞师〔5〕。

乞者何？卑辞也。曷为以外内同若辞〔6〕？重师也。曷为重师？师出不正反，战不正胜也〔7〕。

【注释】

〔1〕莒子：即莒兹丕公，兹丕为其生时之号。 宁遬：《左传》、《穀梁传》作宁速，字同。卫国大夫宁庄子，庄为其谥。

〔2〕向：莒国地名。参1.2.1注〔2〕、〔3〕。

〔3〕巂：《穀梁传》同，《左传》作酅，字同。齐国地名，杜预注《左传》云："济北谷城县西有地名酅下。"地在今山东平阴西南东阿镇西。

〔4〕侈：《解诂》："侈犹大也。"张大其辞的意思。

〔5〕公子遂：字仲，谥襄，东门氏，庄公之子，鲁之卿（又称襄仲、仲遂、东门襄仲、东门遂）。

〔6〕若：此。

〔7〕出不正反，战不正胜：《通义》："不正反者，不常得反(返)也；不正胜者，不常得胜也。"《穀梁传》说："乞，重辞也。何重焉？重人之死也。非所乞也，师出不必反，战不必胜，故重之也。"其义与《公羊传》相同。

【译文】

二十六年春周历正月己未日，僖公会见莒兹丕公、卫国大夫宁速，在向邑结盟。

齐国人侵犯我国西部边邑，僖公追击齐国军队到嶲邑，追不上了。

说追到嶲邑，追不上了是为什么？是褒扬张大的意思。

夏，齐国人攻伐我国北部边邑。

卫国人攻伐齐国。

公子遂前往楚国乞求军队。

乞求是什么意思？是卑下的用语。为什么不分内外同样用这个词？是看重军队。为什么看重军队？军队出发不是常常能返回的，交战不是常常能得胜的。

【原文】

5.26.2　秋，楚人灭隗〔1〕，以隗子归。

冬，楚人伐宋，围缗〔2〕。

邑不言围，此其言围何？刺道用师也〔3〕。

公以楚师伐齐，取谷〔4〕。

公至自伐齐。

此已取谷矣，何以致伐〔5〕？未得乎取谷也〔6〕。曷为未得乎取谷？曰：患之起，必自此始也〔7〕。

【注释】

〔1〕隗：《左传》、《穀梁传》作夔，同音通假，《史记·楚世家》又

作归。芈姓小国，地在今湖北秭归东。

〔2〕缗：见5.23.1注〔2〕。

〔3〕剌道用师：剌，违。这支楚国军队本是应公子遂乞师而至鲁国的，却半道伐宋围缗了。《解诂》："时以师与鲁，未至，又道用之于是。恶其视百姓之命若草木，不仁之甚也。"

〔4〕谷：齐国地名，今山东平阴西南东阿镇。

〔5〕此已取谷矣，何以致伐：这是据3.6.3"得意致会，不得意致伐"而发的问。

〔6〕未得乎取谷也：《解诂》："未可谓得意于取谷。"

〔7〕患之起，必自此始也：《通义》："公以楚师取谷，楚大夫申叔戍之。及晋伯起，齐、晋方睦，楚子惧，使申叔去谷，公亦几为晋讨。故曰患之起，自此始也。"

【译文】

秋，楚国人灭了隗国，把隗国国君俘虏回国。

冬，楚国人攻伐宋国，围困缗邑。

城邑不说围困，这里说围困是为什么？是半道违背原意动用了军队。

僖公用楚国的军队攻伐齐国，取下了谷邑。

僖公从伐齐处回国向宗庙告至。

这已经取下谷邑了，为什么说用攻伐来告至？是因为取下了谷邑并不得意。为什么取下谷邑并不得意？回答说：祸患之起，必定从这里开始。

【原文】

5.27.1　二十有七年春，杞子来朝[1]。

夏六月庚寅，齐侯昭卒[2]。

秋八月乙未，葬齐孝公。

乙巳，公子遂帅师入杞[3]。

冬，楚人、陈侯、蔡侯、郑伯、许男围宋[4]。

此楚子也，其称人何？贬。曷为贬？为执宋公贬，故终僖之篇贬也。

十有二月甲戌，公会诸侯，盟于宋[5]。

【注释】

〔1〕杞子：杞桓公。《左传》：“杞桓公来朝，用夷礼，故曰子。”在其他地方多称杞伯。

〔2〕齐侯昭：即齐孝公，名昭，公元前642—前633年在位。

〔3〕公子遂帅师入杞：据《左传》说，是“责无礼也”。

〔4〕楚人：指楚成王。陈侯：陈缪公。　蔡侯：蔡庄公。　郑伯：郑文公。许男：许僖公。

〔5〕公会诸侯，盟于宋：《解诂》：“地以宋者，起公解宋围为此盟也。宋得与盟，则宋解可知也，而公释之见矣。”何休之说不确，时宋围并未解。次年晋侵曹伐卫即为解宋围而采取的军事行动。杜预注《左传》以为僖公是因为“与楚有好而往会之”，“宋方见围，无嫌于与盟，故直以宋地”，为是。

【译文】

二十七年春，杞桓公来访。

夏六月庚寅日，齐侯昭去世。

秋八月乙未日，安葬齐孝公。

乙巳日，公子遂率领军队进入杞国。

冬，楚国人、陈缪公、蔡庄公、郑文公、许僖公围困宋国。

这是楚成王，称他人是为什么？是贬斥。为什么贬斥？为拿下了宋襄公贬斥，所以终僖公之篇都贬斥。

十二月甲戌日，僖公会见诸侯，在宋国结盟。

【原文】

5.28.1　二十有八年春，晋侯侵曹[1]，晋侯伐卫。

曷为再言晋侯？非两之也。然则何以不言遂？未侵曹也。未侵曹，则其言侵曹何？致其意也。其意侵曹，则曷为伐卫？晋侯将侵曹，假涂于卫，卫曰不可得，则固将伐之也。

公子买戍卫〔2〕，不卒戍，刺之〔3〕。

不卒戍者何？不卒戍者，内辞也，不可使往也。不可使往，则其言戍卫何？遂公意也。刺之者何？杀之也。杀之，则曷为谓之刺之？内讳杀大夫，谓之刺之也。

楚人救卫。

【注释】

〔1〕晋侯：晋文公。楚围宋，宋向晋告急，晋欲解宋围，用狐偃之谋，先侵曹伐卫，因为曹国新近倒向楚国，而卫国是楚国的婚姻之国，侵之伐之，楚必来救，则宋围可解。此外，也因为曹、卫在晋文公当年流亡途中经过时对晋文公都无礼过。但具体的步骤，却是扬言伐曹，而向卫借道（卫在晋、曹之间）。卫不借，就伐卫。

〔2〕公子买：字子丛，鲁国大夫。　戍卫：鲁当时与楚友好，为楚而替卫国驻防。

〔3〕不卒戍，刺之：据《左传》云："公子买戍卫，楚人救卫，不克。（僖）公惧于晋，杀子丛以说（悦）焉。谓楚人曰：'不卒戍也。'"可见，"不卒戍"是鲁国杀了公子买以讨好晋国以后对楚国说的托词，不是事实。

【译文】

二十八年春，晋文公侵犯曹国，晋文公攻伐卫国。

为什么重复说晋文公？这不是两件事。这样的话，那么为什么不说"于是"？是还没有侵犯曹国。还没有侵犯曹国，那么说侵犯曹国是为什么？是表达他的用意。他的用意是侵犯曹国，那么为什么攻伐卫国？晋文公将要侵犯曹国，向卫国借道，卫国说不能借，那就必定要攻伐它了。

公子买驻防在卫国，没有驻防到底，刺死了他。

没有驻防到底是什么意思？没有驻防到底，是内部的话，是不能派他前去。不能派他前去，那么说驻防在卫国是为什么？是遂顺僖公的心意。刺死了他是什么意思？是杀死了他。杀死了他，那么为什么称之为刺死了他？内部隐讳杀大夫，称之为刺死大夫。

楚国人救援卫国。

【原文】

5. 28. 2　三月丙午，晋侯入曹，执曹伯畀宋人〔1〕。

畀者何？与也。其言畀宋人何？与使听之也〔2〕。曹伯之罪何？甚恶也。其甚恶奈何？不可以一罪言也〔3〕。

【注释】

〔1〕曹伯：曹共公。

〔2〕与使听之也：《解诂》："与使听其狱也。"晋文公要称霸，为了显示自己侵曹是正义之举，所以捉了曹共公交给宋国，让他们审曹伯之罪。

〔3〕不可以一罪言也：《解诂》："曹伯数侵伐诸侯以自广大。"这是一。《诗·曹风·侯人》序："共公远君子而好近小人焉。"这是二。《诗·曹风·下泉》序："曹人疾共公侵刻下民，不得其所。"这是三。

【译文】

三月丙午日，晋文公进入曹国，捉了曹共公畀宋人。

畀是什么意思？是交给。说交给宋国人是什么意思？是让他们听审曹共公。曹共公的罪是什么？很恶劣。怎么样很恶劣？不能用一种罪来说。

【原文】

5. 28. 3　夏四月己巳，晋侯、齐师、宋师、秦师及楚人战于城濮〔1〕，楚人败绩。

此大战也，曷为使微者？子玉得臣也[2]。子玉得臣则其称人何？贬。曷为贬？大夫不敌君也。

楚杀其大夫得臣[3]。

卫侯出奔楚[4]。

【注释】

〔1〕城濮：卫国地名，故址在今山东鄄城西南临濮集。一说，在今河南开封陈留附近。城濮之战，是晋楚争霸之战。战后不久，晋文公就成为霸主。

〔2〕子玉得臣：楚国大夫，任令尹，成氏，名得臣，字子玉（又称成得臣、令尹子玉）。是城濮之战中楚军的主战派和主帅。

〔3〕楚杀其大夫得臣：楚成王曾劝成得臣不要与晋文公交战，成得臣一定要打，所以城濮之战楚军失利，他是要负全责的。《史记·楚世家》说："成王怒诛子玉。"而《晋世家》则说："楚成王怒其不用其言，贪与晋战，让责子玉，子玉自杀。"《左传·文公十年》又说，当初，楚国有个巫预言楚成王、子玉、子西三个人都将死于非命，"城濮之役，王思之，故使止子玉曰'毋死'，不及。"可见，楚杀其大夫子玉的真相还一波三折：先是楚成王谴责子玉，有赐死之意，因而子玉自杀，楚成王又出现反复，派人去阻止他死，却来不及了。

〔4〕卫侯：卫成公。城濮之战楚以失败告终，卫成公害怕被晋所执，所以逃亡到楚国。

【译文】

夏四月己巳日，晋文公、齐国军队、宋国军队、秦国军队与楚国人在城濮交战，楚国军队溃败。

这是大规模的战争，为什么派低微的人？是子玉得臣。是子玉得臣那么称人是为什么？是贬斥。为什么贬斥？大夫与国君是不能对等的。

楚国杀了它的大夫得臣。

卫成公逃亡到楚国。

【原文】

5.28.4　五月癸丑，公会晋侯、齐侯、宋公、蔡侯、郑伯、卫子、莒子〔1〕，盟于践土〔2〕。

陈侯如会。

其言如会何？后会也。

公朝于王所。

曷为不言公如京师？天子在是也。则曷为不言天子在是？不与致天子也。

六月，卫侯郑自楚复归卫〔3〕。

卫元咺出奔晋〔4〕。

陈侯款卒〔5〕。

秋，杞伯姬来〔6〕。

公子遂如齐。

【注释】

〔1〕齐侯：齐昭公。　卫子：指卫成公之弟叔武。下文云："文公逐卫侯而立叔武。"是叔武已为卫君。《解诂》："卫称子者，起叔武本无即位之意。"《通义》引黄周曰："叔武非世子，又无君丧，而子之何也？以丧礼处之也。晋立以为君，书侯则无等也，书名则没其实，故以丧礼处之，若以君父奔楚之为哀痛也，降服致敬，以听天子之命。"

〔2〕践土：郑国地名，在今河南原阳西南。

〔3〕卫侯郑：卫成公，名郑。称名是把他当作失地之君。《通义》："诸侯执、奔而归者皆名。"

〔4〕元咺：卫国大夫，元氏，名咺。

〔5〕陈侯款：即陈缪公，名款，公元前647—前632年在位。

〔6〕杞伯姬：即《庄公二十五年》"伯姬归于杞"之伯姬，参见3.25.1注〔8〕。

【译文】

五月癸丑日，僖公会见晋文公、齐昭公、宋成公、蔡庄公、郑文公、卫君叔武、莒国国君，在践土结盟。

陈缪公前来赴会。

说前来赴会是什么意思？是后到会。

僖公到周襄王处朝见。

为什么不说僖公前往京师？是天子在这儿。那么为什么不说天子在这儿？是不赞许召致天子。

六月，卫侯郑从楚国重新回到卫国。

卫国的元咺逃亡到晋国。

陈侯款去世。

秋，杞伯姬来。

公子遂前往齐国。

【原文】

5.28.5 冬，公会晋侯、齐侯、宋公、蔡侯、郑伯、陈子、莒子、邾娄子、秦人于温〔1〕。

天王狩于河阳〔2〕。

狩不书，此何以书？不与再致天子也。鲁子曰："温近而践土远也〔3〕。"

壬申，公朝于王所。

其日何？录乎内也。

【注释】

〔1〕齐侯：《左传》同，《穀梁传》阙此二字。 陈子：陈共公，因父丧未逾年，故称子。 邾娄子：即邾娄文公。温：王畿内小国，故城在今河南温县西南。

〔2〕狩：《左传》同，《穀梁传》作守，字通。《尔雅·释天》："冬猎为狩。"河阳：故城在今河南孟县西，地近温城。 温之会是晋文公第二次召致周襄王。为隐讳以臣召君，故《春秋》书此。《左传》云："是

会也，晋侯召王以诸侯见，且使王狩。仲尼曰：‘以臣召君，不可以训。’故书曰：‘天子狩于河阳。’言非其地也，且明德也。”

〔3〕温近而践土远：指温离京师近，而践土离京师远。《通义》：“此别一说。言温在畿内，较践土远致天子，失礼尚轻，故为言狩以饰成其义云。”

【译文】

冬，僖公在温城会见晋文公、齐昭公、宋成公、蔡庄侯、郑文公、陈共公、莒兹丕公、邾娄文公、秦国人。

周襄王在河阳狩猎。

狩猎不写，这为什么写下？是不赞许再次召致天子。鲁子说：“温城地近而践土地远。”

壬申日，僖公到周襄王处朝见。

记下日子是为什么？是内部的记录。

【原文】

5.28.6　晋人执卫侯，归之于京师。

归之于者何？归于者何〔1〕？归之于者，罪已定矣；归于者，罪未定也。罪未定则何以得为伯讨〔2〕？归之于者，执之于天子之侧者也，罪定不定已可知矣〔3〕；归于者，非执之于天子之侧者也，罪定不定未可知也〔4〕。卫侯之罪何？杀叔武也。何以不书？为叔武讳也。《春秋》为贤者讳，何贤乎叔武？让国也。其让国奈何？文公逐卫侯而立叔武，叔武辞立而他人立，则恐卫侯之不得反也，故于是已立然后为践土之会，治反卫侯〔5〕。卫侯得反，曰：“叔武篡我。”元咺争之曰：“叔武无罪。”终杀叔武。元咺走而出。此晋侯也，其称人何？贬。曷为贬？卫之祸，文公为之也。文公为之奈何？文公逐卫侯而立叔武，使人兄弟相疑，放乎杀母弟者[6]，文公为之也。

【注释】

〔1〕归于者何：这是把8.15.2“晋侯执曹伯，归于京师”作对比后提的问。一作归之于，一作归于，区别何在。《公羊传》对《春秋》文理的分析相当细致。

〔2〕伯讨：诸侯有罪，方伯讨伐之。参5.4.3“执者曷为或称侯、或称人？称侯而执者，伯讨也；称人而执者，非伯讨也”。据此，“晋侯执曹伯，归于京师”是伯讨，因而问为什么。

〔3〕罪定不定已可知矣：《通义》：“已知天子罪之，但归之于京师徐治其罪耳。天子虽罪之，不得为伯讨者，执之以其私也。”

〔4〕罪定不定未可知也：《通义》：“须归于京师，然后知天子罪之否也。罪虽未定，执之当其罪，纵天子宥之，不失为伯讨。”

〔5〕治反卫侯：治，谋求。《通义》：“时卫侯谋自楚复归，叔武恐其为晋所讨，故为之请托于文公。”

〔6〕放：直至。《列子·杨朱》：“伯夷非亡欲，矜清之邮(尤)，以放饿死。”《通义》：“放者，穷其所至之词。”

【译文】

晋国人捉拿了卫成公，归之于京师。

归之于是什么意思？归于是什么意思？归之于，是罪已经定了；归于，是罪还没有定。罪没有定那么为什么能成为方伯的讨伐？归之于，是捉拿到天子的旁边，罪定不定已经可以知道了；归于，不是捉拿到天子的身边，罪定不定还不可以知道。卫成公的罪名是什么？是杀叔武。为什么不写下？是为叔武隐讳。《春秋》为贤明的人隐讳，叔武有什么贤明？是让国。他怎样让国？晋文公赶走了卫成公而立叔武，叔武要推辞即位别人就要即位，那就怕卫成公不能返回了，所以在这时即位以后参与了践土之会，谋求使卫成公返回。卫成公得以返回后，说：“叔武篡我的位。”元咺争辩道：“叔武没有罪。”终于杀了叔武。元咺投奔到国外。这是晋文公，称他人是为什么？是贬斥。为什么贬斥？卫国的祸乱，是晋文公造成的。晋文公怎样造成卫国的祸乱？晋文公赶走了卫成公而立叔武，使人兄弟相疑，直至杀同母弟，是晋文公造成的。

【原文】

5.28.7　卫元咺自晋复归于卫[1]。

自者何？有力焉者也[2]。此执其君，其言自何？为叔武争也。

诸侯遂围许[3]。

曹伯襄复归于曹[4]，遂会诸侯围许。

【注释】

〔1〕卫元咺自晋复归于卫：《左传》："元咺归于卫，立公子瑕。"

〔2〕有力焉者也：《解诂》："有力于晋也，言恃晋有属己力以归。"

〔3〕诸侯：即温之会的诸侯。　围许：因为践土之会、温之会许僖公都不来参加的缘故。

〔4〕曹伯襄：曹共公。称名的原因，同5.28.4注〔3〕。

【译文】

卫国的元咺自晋国重新回到卫国。

自是什么意思？是有力于晋国的意思。这是捉拿了他的国君，说"自"是为什么？是为叔武争辩。

诸侯于是围困许国。

曹伯襄重新回到曹国，于是会合诸侯围困许国。

【原文】

5.29.1　二十有九年春，介葛卢来[1]。

介葛卢者何？夷狄之君也。何以不言朝？不能乎朝也。

公至自围许。

夏六月，公会王人、晋人、宋人、齐人、陈人、蔡人、秦人〔2〕，盟于狄泉〔3〕。

秋，大雨雹。

冬，介葛卢来〔4〕。

【注释】

〔1〕介葛卢：介，东夷国名，《列子·黄帝》称之为“东方介氏之国”，杜预注《左传》云：“在城阳黔陬县。”故城在今山东胶县，一说在鲁南萧北之某地。葛卢，介国国君名。

〔2〕公：《左传》无此字，疑脱。　王人、晋人……：《解诂》：“文公围许，不能服，自知威信不行，故复上假王人以会诸侯。年老志衰，不能自致，故诸侯亦使微者会之。”《通义》：“皆何以称人？公会大夫之辞也。”

〔3〕狄泉：《左传》、《穀梁传》作翟泉，字通。地在今河南洛阳故洛阳城中。

〔4〕介葛卢来：《解诂》：“前公围许不在，故更来朝。”

【译文】

二十九年春，介葛卢来。

介葛卢是什么人？是夷狄之国的国君。为什么不说来朝？是僖公不在不能行朝礼。

僖公自围许处回国向宗庙告至。

夏六月，僖公会见周王使者、晋国人、宋国人、齐国人、陈国人、蔡国人、秦国人，在狄泉结盟。

秋，大下雹子。

冬，介葛卢来。

【原文】

5.30.1　三十年春王正月。

夏，狄侵齐。

秋，卫杀其大夫元咺及公子瑕。

卫侯未至，其称国以杀何[1]？道杀也[2]。

卫侯郑归于卫。

此杀其大夫，其言归何[3]？归恶乎元咺也[4]。曷为归恶乎元咺？元咺之事君也，君出则己入，君入则己出，以为不臣也。

晋人、秦人围郑[5]。

介人侵萧[6]。

冬，天王使宰周公来聘[7]。

公子遂如京师，遂如晋。

大夫无遂事[8]，此其言遂何？公不得为政尔[9]。

【注释】

〔1〕称国以杀：《春秋》称国以杀，都是指诸侯杀大夫，参5.7.1："称国以杀者，君杀大夫之辞也。"

〔2〕道杀也：据《左传》，卫成公在还没有返回卫国时，先派人贿赂周歂、冶廑，使周、冶杀元咺及公子瑕。所以这儿说他是在道路上派人杀的。

〔3〕其言归何：《公羊传》认为《春秋》是在"出入无恶"的情况下才用"归"的，参见2.15.2。这里是问，晋成公杀了大夫，为什么还说他"归"。

〔4〕归恶乎元咺也：《解诂》："卫侯归杀无恶，则元咺之恶明矣。"

〔5〕晋人、秦人围郑：烛之武退秦师的故事，即发生在这一次。

〔6〕萧：子姓小国，宋的附庸，在今安徽萧县西北。

〔7〕宰周公：见5.9.1注〔3〕。

〔8〕大夫无遂事：参见2.8.2注〔5〕。

〔9〕公不得为政尔：《解诂》："不从公政令也。时见使如京师，而横生事，矫君命聘晋，故疾其骄蹇自专。"《通义》："政，主也。"

【译文】

三十年春周历正月。

夏，狄侵犯齐国。

秋，卫国杀了它的大夫元咺以及公子瑕。

卫成公还没有到，称国以杀是为什么？是在道路上杀的。

卫侯郑回到卫国。

这是他杀的大夫，说回到是为什么？是把罪恶归结到元咺身上。为什么把罪恶归结到元咺身上？元咺服事国君，国君出则自己入，国君入则自己出，以为他不像个臣子。

晋国人、秦国人围困郑国。

介国人侵犯萧国。

冬，周襄王派太宰周公来访。

公子遂前往京师，于是就前往晋国。

大夫没有自己生出来的事，这里说于是是为什么？是僖公不能作主了。

【原文】

5.31.1　三十有一年春，取济西田〔1〕。

恶乎取之？取之曹也。曷为不言取之曹？讳取同姓之田也。此未有伐曹者，则其言取之曹何？晋侯执曹伯，班其所取侵地于诸侯也〔2〕。晋侯执曹伯，班其所取侵地于诸侯，则何讳乎取同姓之田？久也〔3〕。

公子遂如晋〔4〕。

【注释】

〔1〕济西田：《庄公十八年》“公追戎于济西”，可能鲁一度占有此济西田，后为曹国侵占。济西，古济水之西。古济水今已不存，所谓济西当近曹国，约在今山东巨野一带。参3.18.1。

〔2〕班其所取侵地：分还其所夺取侵占之地。《通义》：“班者，有差等而遍分之之辞也。夺非其有曰取，占广其界曰侵。”

〔3〕久也:《通义》:“晋班曹田在二十八年，距此已久，事不相承。若云取济西田于曹，直似我取同姓之田，不显伯者所班，故讳不言曹。”

〔4〕公子遂如晋：据《左传》说，此行是为“拜曹田”。

【译文】

三十一年春，取得济西田。

怎么取得的？从曹国取得的。为什么不说从曹国取得的？是隐讳分取同姓之国的田。这时没有攻伐曹国的，那么说从曹国取得的是为什么？是晋文公捉拿了曹共公，分还他夺取的侵占诸侯之地。晋文公捉拿了曹共公，分还他夺取的侵占诸侯之地，那么为什么要隐讳分取同姓之国的田呢？是因为时间久了。

【原文】

5.31.2　夏四月，四卜郊〔1〕，不从〔2〕，乃免牲〔3〕，犹三望〔4〕。

曷为或言三卜〔5〕，或言四卜？三卜，礼也；四卜，非礼也。三卜何以礼，四卜何以非礼？求吉之道三〔6〕。禘、尝不卜〔7〕，郊何以卜？卜郊，非礼也〔8〕。卜郊何以非礼？鲁郊，非礼也。鲁郊何以非礼？天子祭天，诸侯祭土〔9〕；天子有方望之事〔10〕，无所不通；诸侯山川有不在其封内者，则不祭也。曷为或言免牲，或言免牛〔11〕？免牛，非礼也。免牛何以非礼？伤者曰牛〔12〕。三望者何？望祭也。然则曷祭？祭泰山、河、海〔13〕。曷为祭泰山、河、海？山川有能润于百里者，天子秩而祭之。触石而出，肤寸而合〔14〕，不崇朝而遍雨乎天下者〔15〕，唯泰山尔；河海润于千里。犹者何？通可以已也。何以书？讥不郊而望祭也〔16〕。

【注释】

〔1〕卜郊：郊是祭天之礼，在南郊举行，古唯天子能行祭天之礼。鲁的先祖是周公，因在成王幼小时摄行天子事，又制礼作乐，有大功于周，所以他死后成王以王礼葬之，特许鲁国也举行郊祭以彰周公之德。但鲁国的郊祭不是常礼，要经过占卜，卜得吉，才举行，不吉，则不举行。这就叫卜郊。

〔2〕不从：指占卜结果不吉。

〔3〕免牲：祭天要用牛为牲，免牲，即不举行郊祭了。

〔4〕三望：望是祭山川之礼。三望，据下文可知是祭泰山、河、海。范宁注《穀梁传》则认为是“海也、岱也、淮也”。

〔5〕三卜：指《襄公七年》“夏四月，不从，乃免牲”而言。参9.7.1。同是《春秋》所记，有时是四卜，有时是三卜，故有此问。

〔6〕求吉之道三：《礼记·曲礼上》：“卜筮不过三。”郑玄注：“求吉不过三，鲁四卜郊，《春秋》讥之。”《解诂》：“三卜，吉凶必有相奇者，可以决疑，故求吉必三卜。”

〔7〕禘：见4.2.1注〔2〕。尝：见2.8.1注〔4〕。

〔8〕卜郊，非礼也：《解诂》：“礼，天子不卜郊。”徐彦疏：“天子之郊，以其常事，故不须卜。鲁郊非礼，是以卜之，异于禘、尝耳。”

〔9〕诸侯祭土：《解诂》：“土谓社也，诸侯所祭，莫重于社。”

〔10〕方望之事：指郊祭时遥望四方山川而祭之。

〔11〕免牛：指《成公七年》“鼷鼠食郊牛角，改卜牛，鼷鼠又食其角，乃免牛”而言。参8.7.1。同是《春秋》所记，有时是免牲，有时是免牛，故有此问。

〔12〕伤者曰牛：《解诂》：“养牲不谨敬，有灾伤，天不飨用，不得复为天牲，故以本牛名之。”

〔13〕祭泰山、河、海：《通义》：“北望泰山，西望河，东望海。南不及淮者，阙其一方以下天子。”

〔14〕触石而出，肤寸而合：二句写泰山之云。肤寸为古代长度单位，古以一指宽为一寸，四指为肤。《解诂》：“侧手为肤，案指为寸。言其触石理而出，无有肤寸而不合。”

〔15〕崇朝：终朝，一个早晨。

〔16〕讥不郊而望祭也：《左传》：“望，郊之细也；不郊，亦无望可也。”意谓从祭礼的角度看，望祭是郊祭的附带之礼，所以郊祭既止，自亦不当独行望祭。（这是就郊祭而说的。诸侯无郊祭，自有其望祭，则不在此例。）

【译文】

夏四月，对郊祭进行四次占卜，不顺，就免去用牲，还举行三望。

为什么有时说进行三次占卜，有时说进行四次占卜？进行三次占卜，是合于礼的；进行四次占卜，是不合礼法的。进行三次占卜为什么合于礼，进行四次占卜为什么不合礼法？求吉之道不过三。禘祭、尝祭不占卜，郊祭为什么占卜？对郊祭进行占卜，是不合礼法的。对郊祭进行占卜为什么不合礼法？鲁国举行郊祭，是不合礼法的。鲁国举行郊祭为什么不合礼法？天子祭天，诸侯祭社；天子有四方望祭的事，无所不通；诸侯有山川不在他封域之内的，就不祭了。为什么有时说免去用牲，有时说免去用牛？免去用牛，是不合礼法的。免去用牛为什么不合礼法？受了伤的才叫牛。三望是什么？是望祭。这样的话那么祭什么？祭泰山、黄河、海。为什么祭泰山、黄河、海？山川凡能润泽百里的，天子都按次序祭祀它们。触石而出云雾，没有一尺一寸不抿合，不到一个早晨而天下下遍了雨的，只有泰山罢了；黄河和海，可以润泽千里。“还”是什么意思？是全都可以停止了。为什么写下？是讥讽不举行郊祭而举行望祭。

【原文】

5.31.3　秋七月。

冬，杞伯姬来求妇。

其言来求妇何？兄弟辞也〔1〕。其称妇何？有姑之辞也〔2〕。

狄围卫。

十有二月，卫迁于帝丘〔3〕。

【注释】

〔1〕兄弟：见5.25.1注〔5〕。

〔2〕有姑之辞：见5.25.1注〔6〕。

〔3〕帝丘：卫国地名，相传为帝颛顼之都城，在今河南濮阳西南。

【译文】

秋七月。

冬，杞伯姬来求媳妇。

说来求媳妇是什么意思？是结婚姻的用语。称媳妇是为什么？是有婆婆的用语。

【原文】

5.32.1　三十有二年春王正月。

夏四月己丑，郑伯接卒〔1〕。

卫人侵狄。

秋，卫人及狄盟。

冬十有二月己卯，晋侯重耳卒〔2〕。

【注释】

〔1〕郑伯接：《左传》、《穀梁传》作郑伯捷，字通。即郑文公，名接，公元前672—前628年在位。

〔2〕晋侯重耳：即晋文公，见5.10.2注〔4〕。

【译文】

三十二年春周历正月。

夏四月己丑日，郑伯接去世。

卫国人侵犯狄。

秋，卫国人与狄结盟。

冬十二月己卯日，晋侯重耳去世。

【原文】

5.33.1　三十有三年春王二月，秦人入滑〔1〕。

齐侯使国归父来聘[2]。

【注释】

〔1〕滑：姬姓小国，建都于滑（今河南睢县西北），故名滑，后迁都于费（今河南偃师西南），仍称滑，亦称费滑。滑国于此灭。

〔2〕齐侯：齐昭公。　国归父：齐国大夫。国氏，与高氏同为齐国世卿。

【译文】

三十三年春周历二月，秦国人进入滑国。

齐昭公派遣国归父来访。

【原文】

5.33.2　夏四月辛巳，晋人及姜戎败秦于殽[1]。

其谓之秦何？夷狄之也。曷为夷狄之？秦伯将袭郑[2]，百里子与蹇叔子谏曰[3]："千里而袭人，未有不亡者也。"秦伯怒曰："若尔之年者，宰上之木拱矣[4]，尔曷知！"师出，百里子与蹇叔子送其子而戒之曰[5]："尔即死，必于殽之嵚岩[6]，是文王之所避风雨者也。吾将尸尔焉。"子揖师而行[7]。百里子与蹇叔子从其子而哭之。秦伯怒曰："尔曷为哭吾师？"对曰："臣非敢哭君师，哭臣之子也。"弦高者，郑商也，遇之殽，矫以郑伯之命而犒师焉[8]。或曰往矣，或曰反矣[9]。而晋人与姜戎要之殽而击之，匹马只轮无反者。其言及姜戎何？姜戎微也。称人亦微者也，何言乎姜戎之微？先轸也[10]，或曰襄公亲之[11]。襄公亲之，则其称人何？贬。曷为贬？君在乎殡而用师[12]，危不得葬也[13]。诈战不日〔14〕，此何以日？尽也。

【注释】

〔1〕姜戎：姜姓之戎，戎的一支。杜预注《左传》云："居晋南鄙。" 秦：《左传》、《穀梁传》作秦师。据《公羊传》所释，则无师字为是。 殽：同崤，山名，在今河南西部，为秦岭东段支脉。殽之战发生处，在洛宁以北，陕县与渑池之间一段。

〔2〕秦伯：秦缪公。 袭：《解诂》："轻行疾至、不戒以入曰袭。"

〔3〕百里子：百里奚，秦国大夫。 蹇叔子：蹇叔，秦国大夫。

〔4〕宰：坟墓。 拱：两手合抱，指树木长得粗。

〔5〕其子：据《史记·秦本纪》，此次秦军由三人统领："使百里傒子孟明视、蹇叔子西乞术及白乙丙将兵。"孟明视，名视，字孟明；西乞术，名术，字西乞；白乙丙，名丙，字白乙。

〔6〕嵚岩：崤山一名嵚崟山，嵚崟为山高貌。此处之嵚岩未必为专名，指高险的山岩而言。

〔7〕揖师：《解诂》："揖其父于师中。介胄不拜，为其拜如蹲。"

〔8〕矫：《解诂》："诈称曰矫。"郑伯：郑缪公。

〔9〕或曰往矣，或曰反矣：《解诂》："军中语也。时以为郑实使弦高犒之，或以为郑伯已知将见袭，必设备，不如还。或曰既出，当遂往之。"

〔10〕先轸：晋军统帅，晋卿。

〔11〕襄公：晋文公之子，文公此时尚未葬，故《左传》称其"墨衰绖"（穿着染黑了的丧服）而出战。

〔12〕殡：殓而未葬。

〔13〕危：忧惧。

〔14〕诈战：突发的战争。《解诂》："诈，卒（猝）也，齐人语也。"

【译文】

夏四月辛巳日，晋国人以及姜戎在殽山打败秦。

称之为秦是为什么？是把它当作夷狄。为什么把它当作夷狄？秦缪公将要袭击郑国，百里奚和蹇叔谏道："远隔千里去袭击人，没有不败亡的。"秦缪公发怒说："像你们这把年纪，坟墓上的树都双手合抱了，你们知道什么！"军队出发，百里奚与蹇叔送他们的儿子而警戒儿子说："你们倘若死，一定在殽山的高险之岩，这是文王避风雨的地方。我将在这里收你们的尸。"儿子在军中作揖走了。百里奚和蹇叔跟着他们的儿子而哭。秦缪公发怒道："你们为什么哭我的军队?"回答说："臣子不敢哭国君的军队，是哭臣的儿子。"弦高，是郑国的商人，在殽山遇见了，就诈称是郑缪公的命令而犒劳秦国军队。秦军中有的说去，有的说回。而晋国人与姜戎在殽山中途拦截而攻击他们，一匹马一只车轮都没有回去的。说"及姜戎"是为什么?是因为姜戎低微。称人也是低微者，为什么要说姜戎的低微?是先轸，也有人说是襄公亲自出征。是襄公亲自出征，那么称人是为什么?是贬斥。为什么贬斥?先君还在棺材里而动用军队，忧惧不能安葬。突发的战争不记日子，这为什么记日子?是因为全军覆没了。

【原文】

5.33.3　癸巳，葬晋文公。

狄侵齐。

公伐邾娄，取丛[1]。

秋，公子遂率师伐邾娄。

晋人败狄于箕[2]。

冬十月，公如齐。

十有二月，公至自齐。

乙巳，公薨于小寝[3]。

霣霜，不杀草[4]。李、梅实。

何以书?记异也。何异尔?不时也。

晋人、陈人、郑人伐许。

【注释】

〔1〕丛：《左传》作訾娄，《穀梁传》作訾楼，娄楼字通，而丛字徐

彦疏云："有作邹字者。"丛古音在侯部，与邹音同，故二字得相通，则丛即为訾娄之合音。王献唐《三邾疆邑图考》："訾娄所在，故书类未言及，案即孔子所生之陬邑也。"地在今山东曲阜东南。

〔2〕箕：晋国地名，杜预注《左传》云："太原阳邑县南有箕城。"在今山西太谷东南。一说在今山西蒲城东北。

〔3〕小寝：参见3.1.4注〔4〕。

〔4〕贾霜，不杀草：周历十二月，当夏历十月，尚为初冬，降霜而不杀草是可能的。

【译文】

癸巳日，安葬晋文公。

狄侵犯齐国。

僖公攻伐邾娄国，取下了丛邑。

秋，公子遂率领军队攻伐邾娄国。

晋国人在箕邑打败狄。

冬十月，僖公前往齐国。

十二月，僖公从齐国回国向宗庙告至。

乙巳日，僖公在内室去世。

降霜，不杀死草。李子、梅子结实。

为什么写下？是记录异常情况。什么异常情况？是季节不对。

晋国人、陈国人、郑国人攻伐许国。

文　公

【题解】

鲁文公名兴，是僖公夫人圣姜(《左传》、《穀梁传》作声姜)所生。僖公八年娶的圣姜，三十三年去世，文公即位时的年龄大约并不小了，所以在服丧期间就急于考虑婚姻大事，被《公羊传》讥为“丧娶”，据说还因此在外交活动中遭到诸侯的轻视。《春秋》鲁十二公中，有六公娶了齐女，文公娶的据说还不是齐侯之女，而是齐公族大夫之女。这位姜氏夫人看来不善献媚，所以虽然为文公生下了两个儿子，却不得文公宠爱，也不懂结交权臣为儿子谋羽翼的道理，所以文公一死，她的命运就很惨，两个儿子被杀，自己在鲁国没有了安身立命之所，只好一辈子回到娘家，被称为出姜或哀姜(庄公夫人哀姜是谥号，这个哀不是谥号，而是哀其命运可悲的生号)。文公很可能死于心脑血管之类突发性疾病，因为他既不像庄公那样寿终正寝，也不像僖公那样薨于小寝，而是死在台下，完全是一个意外事故。文公在位十八年(前626—前609年)。

【原文】

6.1.1　元年春王正月，公即位。

二月癸亥朔[1]，日有食之。

天王使叔服来会葬[2]。

其言来会葬何？会葬，礼也。

夏四月丁巳，葬我君僖公。

天王使毛伯来锡公命[3]。

锡者何？赐也。命者何？加我服也[4]。

晋侯伐卫。

叔孙得臣如京师[5]。

卫人伐晋。

秋，公孙敖会晋侯于戚[6]。

冬十月丁未，楚世子商臣弑其君髡[7]。

公孙敖如齐。

【注释】

〔1〕朔：《左传》、《穀梁传》无此字。《元史·历志三》引姜氏云：“(文公元年)二月甲午朔，无癸亥。三月癸亥朔，入食限。大衍亦以为然。”大衍者，唐一行所造大衍历。《宋史·律历志三》则云：“其年三月癸巳朔去交入食限，误为二也。”两史之干支记日不同，但都推算出文公元年之日食当在三月朔，而非二月朔。《宋史》且断为《春秋》字误。但三传皆作二，因此杨伯峻《春秋左传注》以《左传》、《穀梁传》为是，而以《公羊传》为衍一朔字，主张“不书朔乃晦食”之说。即以为当时鲁历误以三月之朔为二月之晦，《春秋》不书朔，是因为日食发生的癸亥日为当时鲁历的二月晦日。可备一说。

〔2〕叔服：周之大夫，官任内史。　会葬：参加葬礼。

〔3〕毛伯：周之大夫，毛乃以采邑为氏，伯为字。　锡公命：参见3.1.5注〔2〕。

〔4〕加我服：参见3.1.5注〔3〕。

〔5〕叔孙得臣：桓公子叔牙之孙，谥庄，又称庄叔得臣。叔牙的后代为三桓之一的叔孙氏。

〔6〕公孙敖：桓公之孙，庆父之子，谥穆，又称穆伯敖。其后代为三桓之一的仲孙氏，又改称孟孙氏。戚：卫国地名，在今河南濮阳北，古黄河东岸，为当时交通要道。

〔7〕商臣：楚成王太子，后来的楚穆王。髡：《穀梁传》同，《左传》作頵，《史记·楚世家》作恽，三字古音相近得通。楚成王名。楚成王多内宠，晚年欲废太子商臣另立，商臣遂以宫卫兵围成王，逼成王自杀。

【译文】

元年春周历正月，文公即位。

二月癸亥日初一，有日食。

周襄王派叔服来参加葬礼。

说来参加葬礼是为什么？参加葬礼，是合于礼的。

夏四月丁巳日，安葬我先君僖公。

周襄王派毛伯来锡公命。

锡是什么意思？是赐。命是什么？是增加我国爵服。

晋襄公攻伐卫国。

叔孙得臣前往京师。

卫国人攻伐晋国。

秋，公孙敖在戚邑会见晋襄公。

冬十月丁未日，楚太子商臣杀了他的君父成王髡。

公孙敖前往齐国。

【原文】

6.2.1　二年春王二月甲子，晋侯及秦师战于彭衙〔1〕，秦师败绩。

丁丑，作僖公主〔2〕。

作僖公主者何？为僖公作主也。主者曷用？虞主用桑〔3〕，练主用栗〔4〕，用栗者，藏主也〔5〕。作僖公主何以书？讥。何讥尔？不时也〔6〕。其不时奈何？欲久丧而后不能也〔7〕。

三月乙巳，及晋处父盟〔8〕。

此晋阳处父也，何以不氏？讳与大夫盟也。

【注释】

〔1〕彭衙：秦国地名，在今陕西白水东北。这次战役是秦国为报殽之战而发起的。但晋国有备，迅速反击，使战火反而燃烧到秦国土地上。

〔2〕主：神主，俗称神主牌位。《解诂》："主状正方，穿中央，达四方，天子长尺二寸，诸侯长一尺。"其形制还有其他说法，不尽相同。

〔3〕虞主：虞祭时所立的神主。父母葬后，古人认为送形而往，还要迎魂而返，恐魂不安，所以进行虞祭以安之。虞祭时立桑木所作的神主。

〔4〕练主：练祭时所立的神主。父母死后一周年，即第十三个月上进行的祭祀叫练祭，也叫小祥，祥是吉的意思。练祭时立栗木所作的神主，同时将虞主埋在庙堂的两楹之间，一说埋在庙的北墙下。古代习俗，桑木神主不刻字，栗木神主则刻上谥号等。

〔5〕藏主：谓栗木神主藏在庙的中堂，一说藏在室中。

〔6〕不时也：练祭应在第十三个月举行，但僖公死后至今已十五个月了，所以称为不时。

〔7〕欲久丧而后不能也：鲁国自闵公二年夏五月乙酉"吉禘于庄公"开了服丧不到三年（二十五个月）的头，文公想延长服丧期，以表示孝心，所以立练主的日子也推迟了。但后来终于没有能做到延长服丧期，所以《公羊传》认为《春秋》特意记了"作僖公主"这件事意在讥文公。

〔8〕处父：即阳处父，晋国大夫。当时晋国称霸，指责鲁国不朝晋，所以文公前往晋国。据《左传》说，"晋人使阳处父盟公以耻之"。所以《春秋》记此事，一不书公如晋，二不书公与盟，三不书阳处父之氏，都是深讳此事。

【译文】

二年春周历二月甲子日，晋襄公与秦国军队在彭衙交战，秦国军队溃败。

丁丑日，作僖公神主。

作僖公神主是什么意思？是为僖公作神主。神主用什么做的？虞祭立的神主用桑木，练祭立的神主用栗木，用栗木做的，是藏在中堂的神主。作僖公神主为什么写下？是讥讽。为什么讥讽这件事？不是时候。怎么样不是时候？想要延长服丧期而后来没能做到。

三月乙巳日，与晋国的处父结盟。

这是晋国的阳处父，为什么不记氏？是隐讳与大夫结盟。

【原文】

6.2.2　夏六月，公孙敖会宋公、陈侯、郑伯、晋士縠[1]，盟于垂敛[2]。

自十有二月不雨，至于秋七月。

何以书？记异也。大旱以灾书，此亦旱也，曷为以异书？大旱之日短而云灾，故以灾也；此不雨之日长而无灾，故以异书也。

【注释】

〔1〕宋公：宋成公。　陈侯：陈共公。　郑伯：郑缪公。　士縠：《左传》同，《穀梁传》作士穀，字通。晋国大夫，世卿，任大司空。

〔2〕垂敛：《穀梁传》同，《左传》作垂陇，敛、陇音近。郑国地名，在今河南荥阳东北。

【译文】

夏六月，公孙敖会见宋成公、陈共公、郑缪公、晋国的士縠，在垂敛结盟。

从十二月不下雨，直到秋七月。

为什么写下？是记录异常情况。大旱用旱灾写下，这也是旱，为什么用异常情况写下？大旱的日子短而有灾，所以用旱灾写下；这不雨的日子长而没有灾，所以用异常情况写下。

【原文】

6.2.3　八月丁卯，大事于大庙[1]，跻僖公[2]。

大事者何？大祫也[3]。大祫者何？合祭也。其合祭奈何？毁庙之主[4]，陈于大祖[5]；未毁庙之主皆升[6]，合食于大祖。五年而再殷祭[7]。跻者何？升也。何言乎升僖公？讥。何讥尔？逆祀也。其逆祀奈何？先祢而后祖也[8]。

【注释】

〔1〕大事：指祭祀。《左传·成公十三年》：“国之大事，在祀与戎。”大庙：即太庙，周公之庙。

〔2〕跻僖公：跻，升。指合祭时之位次，把僖公的神主升在闵公的前面。

〔3〕大祫：祫是合祭之名，集合远近祖先之神主于太庙而祭之。大祫，则又是合祭之大者。

〔4〕毁庙：古代贵族死后，子孙为之建庙。天子七庙，诸侯五庙，大夫三庙，士一庙。诸侯五庙，一是太祖庙，是不变的，其余四庙，自父至于高祖，亲过高祖的，要把神主移到太祖庙中，称为毁庙。

〔5〕大祖：即太祖，鲁国的太祖就是周公。

〔6〕升：《解诂》：“自外来曰升。”

〔7〕五年而再殷祭：殷，盛。《通义》：“再殷祭者，再祫也。……汉儒有三年一祫，五年一禘之说，出于礼纬，于经无征。……汉儒误混禘名于大祫，唐宋以来遂相承言。”

〔8〕先祢而后祖也：祢，指亡父。文公把僖公的神主移在闵公之前，是因为僖公是闵公的庶兄，但古代正统的宗法观念认为，闵公为君时，僖公是臣；而君臣关系，与父子关系是一样的。所以在他们看来，闵公相当于僖公之父，也就是相当于文公之祖。所以文公“跻僖公”，被目为“逆祀”，目为“先祢而后祖”。

【译文】

八月丁卯日，在太庙有大事，跻僖公。

大事是什么？是大祫。大祫是什么？是大合祭。怎样大合祭？毁了庙的祖先的神主，都陈列在太祖庙中；还没有毁庙的祖先的神主，都请入太庙与太祖一起受飨。五年以后再举行盛大的祭祀。跻是什么意思？是升的意思。为什么说升僖公？是讥讽。为什么讥讽这件事？是倒转来祭祀了。怎样倒转来祭祀了？先祭祀亡父而后祭祀亡祖了。

【原文】

6.2.4 冬，晋人、宋人、陈人、郑人伐秦。

公子遂如齐纳币〔1〕。

纳币不书，此何以书？讥。何讥尔？讥丧娶也〔2〕。娶在三年之外〔3〕，则何讥乎丧娶？三年之内不图婚〔4〕。吉禘于庄公讥〔5〕，然则曷为不于祭焉讥？三年之恩疾矣〔6〕，非虚加之也，以人心为皆有之。以人心为皆有之，则曷为独于娶焉讥？娶者，大吉也，非常吉也，其为吉者主于己〔7〕，以为有人心焉者，则宜于此焉变矣〔8〕。

【注释】

〔1〕纳币：见3.22.2注〔2〕。

〔2〕丧娶：古人父母死后要服丧三年（二十五个月），居丧期间不能婚娶。违反这个规定的称为丧娶。

〔3〕娶在三年之外：指文公亲迎齐女在四年，见6.4.1。

〔4〕三年之内不图婚：《论语·阳货》：孔子曰："夫君子之居丧，食旨不甘，闻乐不乐，居处不安。"连"食夫稻，衣夫锦"都"不为"，当然更不用说图婚了。《解诂》："僖公以十二月薨，至此未满二十五月。又礼，先纳采、问名、纳吉、乃纳币，此四者皆在三年之内，故云尔。"

〔5〕吉禘于庄公：指闵公不到二十五个月就解除对庄公的服丧而举行禘祭，见4.2.1。

〔6〕三年之恩：《论语·阳货》：孔子曰："子生三年，然后免于父母之怀。"所以孔子认为："三年之丧，天下之通丧也。"是对父母三年之恩的回报。疾：《解诂》："疾，痛。"

〔7〕其为吉者主于己：《解诂》："主于己身，不如祭祀尚有念先人之心。"

〔8〕则宜于此焉变矣：《通义》："文公诚有人心，欲变未失而久丧者，则所变宜若此矣。于此而不变，知其外慕久丧之名，而汲汲图婚，内实不哀也。"

【译文】

冬，晋国人、宋国人、陈国人、郑国人攻伐秦国。

公子遂前往齐国送聘礼。

送聘礼不写，这为什么写下？是讥讽。为什么讥讽这件事？是讥讽居丧期间婚娶。婚娶在三年之外，那么为什么对居丧期间婚娶讥讽？三年之内不谋求结婚。吉禘于庄公受到讥讽，这样的话那么为什么不在祭祀的地方讥讽？三年之恩可哀痛了，这不是虚加的，是人心都有的。人心都有的，那么为什么独独在婚娶的地方讥讽呢？婚娶，是大吉，不是一般的吉祥，实现这种吉祥的主要是自己，以为有人心的人，就应该在这种地方有所变革。

【原文】

6.3.1 三年春王正月，叔孙得臣会晋人、宋人、陈人、卫人、郑人伐沈〔1〕，沈溃〔2〕。

夏五月，王子虎卒〔3〕。

王子虎者何？天子之大夫也。外大夫不卒，此何以卒？新使乎我也。

秦人伐晋。

秋，楚人围江〔4〕。

雨螽于宋。

雨螽者何？死而坠也。何以书？记异也。外异不书，此何以书？为王者之后记异也〔5〕。

冬，公如晋。十有二月己巳，公及晋侯盟。

晋阳处父帅师伐楚救江〔6〕。

此伐楚也，其言救江何？为谖也〔7〕。其为谖奈何？伐楚为救江也。

【注释】

〔1〕沈：姬姓小国，西周分封的诸侯国，在今河南平舆北。据《左传》说，诸侯伐沈，是因为沈“服于楚”的缘故。

〔2〕溃：《左传》：“凡民逃其上曰溃。”

〔3〕王子虎：周惠王之子，谥文，又称王叔文公，官任太宰。《公羊传》与《穀梁传》均以为王子虎即叔服(见6.1.1并注〔2〕)，据《左传》可知不确。因为王子虎去世以后，《左传·文公十四年》、《成公元年》均尚记有叔服的言行，不可能是一个人。

〔4〕江：见5.2.3注〔1〕。

〔5〕王者之后：宋国为商王之后，故云。

〔6〕伐楚救江：《穀梁传》同，《左传》救上有以字。《穀梁传》：“此伐楚，其言救江何也？江远楚近，伐楚所以救江也。”《通义》：“外大夫称名氏率师，实至此始见。可见春秋之初，征伐自诸侯出，小事则遣微者，苟动大众，君必亲将。文、宣以后，征伐自大夫出，而贵卿率师始接踵矣，此事变升降之端也。”

〔7〕谖：诈。

【译文】

三年春周历正月，叔孙得臣会合晋国人、宋国人、陈国人、卫国人、郑国人攻伐沈国，沈国溃散。

夏五月，王子虎去世。

王子虎是什么人？是天子的大夫。国外的大夫不记去世，这为什么记去世？是因为他新近出使我国。

秦国人攻伐晋国。

秋，楚国人围困江国。

宋国下了蝗雨。

下蝗雨是什么？是死了掉下地来。为什么写下？是记录异常情况。外国的异常情况不写，这为什么写下？是为王者之后记录异常情况。

冬，文公前往晋国。十二月己巳日，文公与晋襄公结盟。

晋国的阳处父率领军队攻伐楚国救援江国。

这是攻伐楚国，说救援江国是为什么？是欺诈。怎样欺诈？攻伐楚国是为了救援江国。

【原文】

6.4.1　四年春，公至自晋。

夏，逆妇姜于齐。

其谓之逆妇姜于齐何？略之也[1]。高子曰："娶乎大夫者[2]，略之也。"

狄侵齐。

秋，楚人灭江。

晋侯伐秦。

卫侯使宁俞来聘[3]。

冬十有一月壬寅，夫人风氏薨[4]。

【注释】

〔1〕略之也：指《春秋》行文简略，是谁去逆的没有写出来，也没有写"如齐逆女"，也没有写"夫人姜氏"。

〔2〕娶乎大夫者：《通义》："不言如齐者，明非齐侯女。"

〔3〕宁俞：卫国大夫，谥武，又称宁武子。

〔4〕风氏：即成风，僖公之母，文公的祖母。

【译文】

四年春，文公自晋国到达鲁国。

夏，迎妇姜于齐。

称之为迎妇姜于齐是为什么？是对这件事说得简略。高子说："是娶于大夫的，所以说得简略。"

狄侵犯齐国。

秋，楚国人灭了江国。

晋襄公攻伐秦国。

卫成公派遣宁俞来访。

冬十一月壬寅日，夫人风氏去世。

【原文】

6.5.1　五年春王正月，王使荣叔归含[1]，且赗[2]。

含者何？口实也[3]。其言归含、且赗何？兼之，兼之非礼也[4]。

三月辛亥，葬我小君成风。

成风者何？僖公之母也。

王使召伯来会葬[5]。

夏，公孙敖如晋。

秦人入鄀[6]。

秋，楚人灭六[7]。

冬十月甲申，许男业卒[8]。

【注释】

〔1〕荣叔：参见3.1.5注〔2〕。庄公元年距此七十二年，两荣叔恐非一人。此荣叔当为前荣叔之后人。　归：通馈，赠送。　含：古代放在死者嘴里的珠玉等物。

〔2〕赗：见1.1.4注〔1〕，此用作动词。

〔3〕口实：《解诂》："缘生以事死，不忍虚其口。天子以珠，诸侯以玉，大夫以碧，士以贝，春秋之制也。文家加饭以稻米。"放于口内之物，古代说法不一，如《白虎通义》谓"天子饭以玉，诸侯以珠"，与《解诂》适相反；《说苑·修文》谓"大夫以玑"，"庶人以谷实"，余同《解诂》；《礼记·檀弓下》正义谓"天子用璧"、"卿大夫盖用珠"；等等。盖无统一之法。

〔4〕兼之非礼也：《穀梁传》："含，一事也；赗，一事也；兼归之，非正也。一赗以早(注：乘马曰赗，乘马所以助葬，成风未葬，故书早)，而含已晚(注：已殡，故言晚)。"

〔5〕召伯：《左传》同，《穀梁传》作毛伯，杨士勋疏曰："《左氏》、《公羊》及徐邈本并云召伯，此本作毛伯，疑误也。"召伯，召公奭之后；召公长子封燕，次子留周，世为卿士，食邑于召。此召伯谥昭，又称召昭公。

〔6〕鄀：允姓小国。有上鄀、下鄀之分。上鄀，在今湖北宜城东南，后灭于楚，春秋后期曾为楚都。此为下鄀，地在今河南内乡、陕西商县间。

〔7〕六：偃姓小国，相传为皋陶之后，地在今安徽六安北。

〔8〕许男业：即许僖公，名业，公元前655—前622年在位。

【译文】

五年春周历正月，周襄王派遣荣叔赠送含，并且赠送送葬的车马。

含是什么？是填塞在嘴里的东西。说赠送含、并且赠送送葬的车马是什么意思？是合在一起赠送，合在一起赠送是不合礼法的。

三月辛亥日，安葬我小君成风。

成风是什么人？是僖公的母亲。

周襄王派遣召伯来参加葬礼。

夏，公孙敖前往晋国。

秦国人进入鄀国。

秋，楚国人灭了六国。

冬十月甲申日，许男业去世。

【原文】

6.6.1 六年春，葬许僖公。

夏，季孙行父如陈[1]。

秋，季孙行父如晋。

八月乙亥，晋侯讙卒[2]。

冬十月，公子遂如晋。

葬晋襄公。

晋杀其大夫阳处父。

晋狐射姑出奔狄[3]。

晋杀其大夫阳处父，则狐射姑曷为出奔？射姑杀也。射姑杀，则其称国以杀何？君漏言也。其漏言奈何？君将使射姑将〔4〕，阳处父谏曰：“射姑民众不说，不可使将。”于是废将。阳处父出，射姑入，君谓射姑曰：“阳处父言曰：‘射姑民众不说，不可使将。’”射姑怒，出刺阳处父于朝而走〔5〕。

【注释】

〔1〕季孙行父：桓公之子季友的孙子，名行父，谥文，又称季文子，三桓之一的季孙氏（或称季氏）自其始。

〔2〕晋侯讙：《左传》、《穀梁传》讙作驩，字通。即晋襄公，名讙，公元前627—前621年在位。

〔3〕狐射姑：《左传》同，《穀梁传》射作夜，音同字通。狐偃之子，晋国大夫。

〔4〕君：据《左传》，这个君还是晋襄公，是晋襄公未死时的事。使射姑将：使射姑为中军元帅。

〔5〕出刺阳处父于朝：据《左传》，狐射姑是指使续鞫居去杀阳处父而不是自己杀的。另外杀阳处父事发生在晋襄公死后，中间有一个时间差，《公羊传》没有表现出来。

【译文】

六年春，安葬许僖公。

夏，季孙行父前往陈国。

秋，季孙行父前往晋国。

八月乙亥日，晋侯讙去世。

冬十月，公子遂前往晋国。

安葬晋襄公。

晋国杀了它的大夫阳处父。

晋国的狐射姑逃亡到狄国。

晋国杀了它的大夫阳处父，那么狐射姑为什么逃亡？是射姑杀的。射姑杀的，那么称国以杀为什么？是国君说漏了话了。怎样说漏了话了？国君要派射姑当中军元帅，阳处父谏道："射姑民众不喜欢，不能让他当元帅。"于是不让射姑当元帅。阳处父出去，射姑进来，国君对射姑说："阳处父说：'射姑民众不喜欢，不能让他当元帅。'"射姑发怒，出去把阳处父杀死在朝廷上而逃跑。

【原文】

6.6.2　闰月不告月〔1〕，犹朝于庙〔2〕。

不告月者何？不告朔也。曷为不告朔？天无是月也。闰月矣，何以谓之天无是月？是月非常月也〔3〕。犹者何？通可以已也。

【注释】

〔1〕告(gù 固)月：即告朔。周制，天子于每年十二月将来年历书(十二个月的朔日)颁赐给诸侯，诸侯受而藏之祖庙。每月朔日，诸侯祭庙，使大夫南面奉天子命，自己北面受之，称为告朔。告为上告下之义，《穀梁传》曰："天子告朔于诸侯。"告朔仪式结束后，诸侯听治一月政事，称为听朔或视朔。

〔2〕犹朝于庙：告朔必于祖庙进行，《解诂》："受于庙者，孝子归美先君，不敢自专也。"故告朔时还有朝庙的仪式。这里说，闰月虽不告朔，还保留了朝庙的仪式。

〔3〕非常月：《通义》："非年年常有之月也。十二月各有其政，著于《明堂》、《月令》，闰月非常月，则无常政，故颁朔不及也。颁朔不及，则告朔亦不及也。"《穀梁传》也说闰月"天子不以告朔"。

【译文】

闰月不举行告月仪式，还是举行了朝庙的仪式。

不举行告月仪式是什么意思？就是不举行告朔仪式。为什么不举行告朔仪式？是因为天没有这个月。是闰月了，为什么说天没有这个月？这个月不是常有的月。"还是"是什么意思？是全都可以停止了。

【原文】

6.7.1　七年春，公伐邾娄。

三月甲戌，取须朐[1]。

取邑不日，此何以日？内辞也，使若他人然。

遂城郚[2]。

夏四月，宋公王臣卒[3]。

宋人杀其大夫[4]。

何以不名？宋三世无大夫，三世内娶也[5]。

【注释】

〔1〕须朐：《左传》、《穀梁传》作须句，字通。须朐本为小国，后为邾娄所灭，僖公二十二年鲁伐邾娄而取之，至今年鲁又伐邾娄而取之，则其间曾复为邾娄夺回过。参见5.22.1注〔1〕。

〔2〕郚：鲁国地名，杜预注《左传》云："卞县南有郚城。"地在今山东泗水东南。

〔3〕宋公王臣：即宋成公，名王臣，公元前636—前620年在位。

〔4〕宋人杀其大夫：据《左传》说："书曰'宋人杀其大夫'，不称名，众也，且言非其罪也。"与《公羊传》异。

〔5〕三世内娶：见5.25.2注〔1〕。

【译文】

七年春，文公攻伐邾娄国。

三月甲戌日，取下了须朐。

取下城邑不记日子，这为什么记日子？是内部的讳辞，使得好像是别人取下的一样。

于是就修筑郚邑的城墙。

夏四月，宋公王臣去世。

宋国人杀了他们的大夫。

为什么不记下名字？是宋国三代没有大夫，三代诸侯娶了国内大夫之女。

【原文】

6.7.2 戊子，晋人及秦人战于令狐〔1〕。晋先眛以师奔秦〔2〕。

此偏战也，何以不言师败绩？敌也〔3〕。此晋先眛也，其称人何？贬。曷为贬？外也。其外奈何？以师外也。何以不言出？遂在外也〔4〕。

狄侵我西鄙。

【注释】

〔1〕令狐：晋国地名，在今山西临猗西。

〔2〕先眛：《左传》、《穀梁传》作先蔑，字通。　以师：《左传》、《穀梁传》无此二字，传经有异。令狐之战与先眛奔秦的背景是这样的：晋襄公死后，太子年幼，执政大夫赵盾欲立襄公之弟公子雍。因公子雍在秦国，故派先眛到秦国去迎接。秦康公派了卫队护送公子雍欲回晋。先眛先已回晋，赵盾却变卦仍立太子，是为灵公，并出兵御秦师，先眛为下军元帅。两军交战于令狐。先眛觉得背信于秦，就以师奔秦。

〔3〕敌也：《解诂》："俱无胜败。"但据《左传》说，晋军"败秦师于令狐"，并且还追到了刳首。据《清一统志》，刳首在今陕西合阳东南，已入秦境。故《春秋》书先眛奔秦不书"出"，因为当时他已在境外。如在令狐胜负不分，则令狐为晋地，写先眛就要用"出奔"的字眼。据此，知《左传》之说为是。

〔4〕遂：终。　在外：在晋国境外。

【译文】

戊子日，晋国人与秦国人在令狐交战。晋国的先眛带着军队投奔秦国。

这是各据一方的战争，为什么不说军队溃败？是势均力敌。这是晋国的先眛，为什么称人？是贬斥。为什么贬斥？因为投向了外国。怎样投向了外国？带着军队投向了外国。为什么不说"出"？先眛最终是在境外。

狄侵犯我国西部边邑。

【原文】

6.7.3　秋八月，公会诸侯、晋大夫[1]，盟于扈[2]。

诸侯何以不序？大夫何以不名？公失序也[3]。公失序奈何？诸侯不可使与公盟，眣晋大夫使与公盟也[4]。

冬，徐伐莒。

公孙敖如莒莅盟。

【注释】

〔1〕诸侯：据《左传》，可知是“齐侯、宋公、卫侯、陈侯、郑伯、许男、曹伯”。　晋大夫：晋之赵盾。当时灵公年幼，尚在襁褓，故由执政大夫出面为盟主。

〔2〕扈：郑国地名，见3.23.3注〔3〕。

〔3〕公失序也：据《左传》，文公失诸侯之序的原因是后至：“公后至，故不书所会。凡会诸侯，不书所会，后也。后至，不书其国，辟不敏也。”从《公羊传》下文可知，失序的原因还在于诸侯不肯一一与迟到的文公重新结盟，因而文公就不知道诸侯班位的次序。

〔4〕眣(shùn 舜)：以目示意。《解诂》：“以目通指曰眣。文公内则欲久丧而后不能，丧娶，逆祀，外则贪利取邑，为诸侯所薄贱，不见序，故深讳为不可知之辞。”

【译文】

秋八月，文公会见诸侯、晋国大夫，在扈邑结盟。

诸侯为什么不排列位次？大夫为什么不记下名字？是因为文公失了次序。文公怎样失了次序？诸侯不肯与文公结盟，向晋国大夫以目示意，让他与文公结盟。

冬，徐国攻伐莒国。

公孙敖前往莒国赴盟。

【原文】

6.8.1　八年春王正月。

夏四月。

秋八月戊申，天王崩[1]。

冬十月壬午，公子遂会晋赵盾[2]，盟于衡雍[3]。

乙酉，公子遂会伊洛戎[4]，盟于暴[5]。

【注释】

〔1〕天王：周襄王，名郑，公元前651—前619年在位。

〔2〕赵盾：晋国正卿，任国政，名盾，字孟，谥宣，亦称赵孟、赵宣子、宣孟。

〔3〕衡雍：郑国地名，杜预以为即荥阳卷县，地在今河南原阳西。

〔4〕伊洛戎：《左传》、《穀梁传》无伊字，所指同。西戎之一支，以居于伊水、洛水中上游一带而得名。

〔5〕暴：郑国地名。

【译文】

八年春周历正月。

夏四月。

秋八月戊申日，周襄王去世。

冬十月壬午日，公子遂会见晋国的赵盾，在衡雍结盟。

乙酉日，公子遂会见伊洛之戎，在暴邑结盟。

【原文】

6.8.2　公孙敖如京师，不至复[1]。丙戌，奔莒。

不至复者何？不至复者，内辞也，不可使往也[2]。不可使往，则其言如京师何？遂公意也。何以不言出？遂在外也。

螺。

宋人杀其大夫司马[3]。宋司城来奔[4]。

司马者何？司城者何？皆官举也[5]。曷为皆官举？宋三世无大夫，三世内娶也[6]。

【注释】

〔1〕不至复：《左传》、《穀梁传》作不至而复（《穀梁传》石经无而字）。据《左传》，先，公孙敖为襄仲迎莒女己氏，见其美而自娶之。襄仲怒，欲以兵攻敖。经调解，二人皆不娶，遣己氏返。此次公孙敖如京师，本为文公派去为周襄王吊丧的，却中途折回，把送周的礼物都拿到莒国去会己氏。这就是不至复的内情。

〔2〕不可使往：《通义》："君使臣至于不可使，耻甚，故讳言不至复，使若有故而复之辞。"

〔3〕司马：指宋国的大司马公子卬。

〔4〕司城：指宋国的司城荡意诸。宋国的司城，即司空，避先君武公（名司空）之名讳而改。

〔5〕官举：《解诂》："以官名举言之。"

〔6〕三世内娶：见5.25.2注〔1〕、6.7.1注〔5〕。

【译文】

公孙敖前往京师，不到就往回走。丙戌日，投奔到莒国。

不到就往回走是怎么回事？不到就往回走，是内部的讳辞，是不能差遣他去。不能差遣他去，那么说前往京师是为什么？是顺遂文公的心意。为什么不说"出"？公孙敖最终是在境外。

蝗虫。

宋国人杀了他们的大夫司马。宋国的司城投奔到我国来。

司马是什么？司城是什么？都是用官名来举称。为什么都用官名来举称？是宋国三代没有大夫，三代诸侯都娶了国内大夫之女。

【原文】

6.9.1　九年春，毛伯来求金[1]。

毛伯者何？天子之大夫也。何以不称使？当丧未君也[2]。逾年矣，何以谓之未君？即位矣，而未称王也。未称王，何以知其即位？以诸侯之逾年即位，亦知天子之逾年即位也；以天子三年然后称王[3]，亦知诸侯于其封内三年称子也。逾年称公矣，则曷为于其封内三年称子？缘民臣之心，不可一日无君；缘始终之义，一年不二君[4]，不可旷年无君[5]；缘孝子之心，则三年不忍当也[6]。毛伯来求金何以书？讥。何讥尔？王者无求，求金非礼也。然则是王者与？曰：非也。非王者，则曷为谓之王者？王者无求，曰：是子也，继文王之体，守文王之法度[7]，文王之法度无求而求，故讥之也。

夫人姜氏如齐[8]。

【注释】

〔1〕毛伯：名卫，周大夫。毛乃以食邑为氏，伯为字。　求金：供丧事所用。

〔2〕当丧未君：周襄王死后，子壬臣立，是为顷王，当时还在居丧期间，尚未称王。

〔3〕天子三年然后称王：《礼记·曲礼下》："天子未除丧，曰予小子，生名之，死亦名之。"三年（二十五个月）之内称子不称王。

〔4〕一年不二君：《通义》："虽民臣之心不欲一日无君，然夺先君之末年，改今君之元祀，其义则不可也。"

〔5〕不可旷年无君：《解诂》："故逾年称公。"

〔6〕三年不忍当：《解诂》："孝子三年志在思慕，不忍当父位，故虽即位，犹于其封内三年称子。"

〔7〕继文王之体，守文王之法度：《解诂》："引文王者，文王始受命、制法度。"

〔8〕夫人姜氏：即6.4.1的"妇姜"。如齐：《解诂》："奔父母之丧也。"《通义》引惠士奇曰："夫人奔丧，《春秋》书'如'书'至'，皆从诸侯之礼。《杂记》曰：'妇人非三年之丧，不逾封而吊。'"因为"妇姜"为齐国公族大夫之女，故其父母去世《春秋》不书。

【译文】

九年春，毛伯来求金。

毛伯是什么人？是天子的大夫。为什么不称派遣？是因为居丧期间还没有正式君主。已经过了年了，为什么说他不是君主？是即位了，而没有称王。没有称王，怎么知道他即位了？拿诸侯的过了年即位来看，也就知道天子的过了年即位了；拿天子三年以后才称王，也就知道诸侯在他的疆域以内三年称子了。过年就称公了，那么为什么在他的疆域以内三年称子？根据民众和臣下的心情，是不可一日无君；根据结束和开始的道理，一年之内不能有两个国君，也不能空着一年没有国君；根据孝子的心情，那么三年之内是不忍心当的。毛伯来求金为什么写下？是讥讽。为什么讥讽这件事？王者无求，求金是不合礼法的。这样的话那么是王者吗？回答说：还不是。还不是王者，那么为什么称之为王者？所谓“王者无求”，是说：这个小子，继承文王的体制，守住文王的法度，文王的法度无所求而他要求，所以讥讽他。

夫人姜氏前往齐国。

【原文】

6.9.2 二月，叔孙得臣如京师。

辛丑，葬襄王。

王者不书葬，此何以书？不及时书，过时书，我有往者则书〔1〕。

晋人杀其大夫先都〔2〕。

三月，夫人姜氏至自齐。

晋人杀其大夫士穀及箕郑父〔3〕。

楚人伐郑。

公子遂会晋人、宋人、卫人、许人救郑。

【注释】

〔1〕不及时书，过时书，我有往者则书：周制：王死后七月安葬。周襄王于去年八月去世，至此正好前后七月，所以既非不及时，亦非过时，是我有往者则书。叔孙得臣如京师，就是参加周襄王葬礼的。古人认为，周王葬礼，文公应该自往，派大夫往是失礼的。

〔2〕先都：晋国的卿，任下军佐。据《左传》，箕郑父、先都、士縠及另两个大夫出于权力斗争而作乱，派杀手杀死了中军佐先克，事发。赵盾先杀了先都和另一个大夫，隔了一段日子又杀了士縠、箕郑父和另一个大夫。《通义》："不称国者，盖以灵公冲稚，赵盾当国，大夫专杀，《春秋》疾之，故从大夫相杀称人也。"

〔3〕士縠：晋国的卿，任中军元帅。　箕郑父：晋国的卿，任上军元帅。

【译文】

二月，叔孙得臣前往京师。

辛丑日，安葬襄王。

王者不写安葬，这为什么写下？没有到日子安葬写，过了日子安葬写，我国有去参加葬礼的人也写。

晋国人杀了他们的大夫先都。

三月，夫人姜氏自齐国到达鲁国。

晋国人杀了他们的大夫士縠和箕郑父。

楚国人攻伐郑国。

公子遂会合晋国人、宋国人、卫国人、许国人救援郑国。

【原文】

6.9.3　夏，狄侵齐。

秋八月，曹伯襄卒〔1〕。

九月癸酉，地震。

地震者何？动地也。何以书？记异也。

冬，楚子使椒来聘〔2〕。

椒者何？楚大夫也。楚无大夫〔3〕，此何以书？始有大夫也。始有大夫，则何以不氏？许夷狄者，不一而足也[4]。

秦人来归僖公、成风之襚[5]。

其言僖公、成风何？兼之，兼之非礼也。曷为不言"及成风"？成风尊也[6]。

葬曹共公。

【注释】

〔1〕曹伯襄：即曹共公，名襄，公元前652—前618年在位。

〔2〕楚子：楚穆王。　椒：《左传》同，《穀梁传》作萩，古音相近字通。鬥氏，字子越，又字伯棼，史或称鬥椒，或称子越椒，或称伯棼，鬥伯比之孙，令尹子文之侄。

〔3〕楚无大夫：楚国早就有大夫，《春秋》在此之前也已记过"楚杀其大夫得臣"（5.28.3），《公羊传》自己也说过："屈完者何？楚大夫也"（5.4.2），而要在此发此问，是要表现它一种迂腐的"内诸夏而外夷狄"的观念。楚文化是华夏文化的一个地方分支，可是春秋时代中原各国却带着地域偏见，目之为夷狄。《公羊传》在这里表现出来的思想反映了当时的历史实际，在今天看来则是不足取的。《通义》："楚有大夫，前此矣。至此发传者，屈完不称使，宜申称使而其君称人，君臣之辞未醇。此始因其能修礼来聘，遂与君臣之辞同于中国也。"

〔4〕不一而足：不是一件事能够满足的。与后来语义发展后的含义不同。

〔5〕襚：见1.1.4注〔8〕。秦国僻远，与鲁国素无交往，僖公下葬已九年，成风也已五年，而在此时赠送给死者穿用的衣衾，显然是晚了。

〔6〕成风尊：成风是僖公的母亲，所以说她尊。

【译文】

夏，狄侵犯齐国。

秋八月，曹伯襄去世。

九月癸酉日，地震。

地震是什么？是大地震动。为什么写下？是记录异常情况。

冬，楚穆王派遣椒来访。

椒是什么人？是楚国的大夫。楚国没有大夫，这为什么写下？是开始有大夫。开始有大夫，那么为什么不记下他的氏？对夷狄的认可，不是一下子就完全到位的。

秦国人来赠送僖公、成风衣衾。

说僖公、成风是为什么？是合在一起赠送。合在一起赠送是不合礼法的。为什么不说“及成风”？是因为成风尊贵。

安葬曹共公。

【原文】

6.10.1　十年春王三月辛卯，臧孙辰卒〔1〕。

夏，秦伐晋。

楚杀其大夫宜申〔2〕。

自正月不雨，至于秋七月。

及苏子盟于女栗〔3〕。

冬，狄侵宋。

楚子、蔡侯次于屈貉〔4〕。

【注释】

〔1〕臧孙辰：见3.28.2注〔4〕。

〔2〕宜申：见5.21.2注〔1〕。

〔3〕苏子：周之卿士（执政官）。　女栗：《释文》：“女音汝，本亦作汝。”地名，不知当今何地。

〔4〕屈貉：《左传》、《穀梁传》作厥貉，音近字通。地名，不知当今何地。

【译文】

十年春周历三月辛卯日，臧孙辰去世。

夏，秦国攻伐晋国。

楚国杀了它的大夫宜申。

自正月不下雨，一直到秋七月。

与苏子在女栗结盟。

冬，狄侵犯宋国。

楚穆王、蔡庄侯在屈貉驻留多日。

【原文】

6.11.1　十有一年春，楚子伐圈〔1〕。

夏，叔彭生会晋郤缺于承匡〔2〕。

秋，曹伯来朝〔3〕。

公子遂如宋。

狄侵齐。

冬十月甲午，叔孙得臣败狄于咸〔4〕。

狄者何？长狄也〔5〕。兄弟三人〔6〕，一者之齐，一者之鲁，一者之晋。其之齐者，王子成父杀之〔7〕；其之鲁者，叔孙得臣杀之〔8〕；则未知其之晋者也〔9〕。其言败何？大之也。其日何？大之也。其地何？大之也。何以书？记异也。

【注释】

〔1〕圈：《左传》、《穀梁传》作麇，音近通。小国名，在今湖北郧县西。

〔2〕叔彭生：叔牙之孙，名彭生，字伯，谥惠，史又称叔仲惠伯。鲁国之卿。郤缺：晋国之卿。　承匡：宋国地名，杜预注《左传》云："在陈留襄邑县西。"在今河南睢县西。

〔3〕曹伯：曹文公。

〔4〕咸：鲁国地名。沈钦韩《春秋地名补注》以为即《桓公七年》"焚咸丘"之咸丘，则此地已为鲁所有。王献唐《三邾疆邑图考》："今

邹县城西南三十里，村名古咸，相传即咸丘。古咸今作故现，《元至正里人姜氏碑》作故县，古、故，咸、现同音异字，故县、故现即古咸，言古之咸国，或古之咸丘也。”参见 2.7.1 注〔1〕。一说在今山东巨野南，古之咸亭。

〔5〕长狄：狄的一支，流动于今山西东南部至山东边疆的山谷间，侵鲁而被鲁打败的是长狄的一支，号鄋瞒，活动在今山东中西部地区。

〔6〕兄弟三人：据《史记 · 鲁周公世家》记载，鄋瞒酋长有兄弟四人，长名侨如，为侵鲁者；次名棼如，为侵晋者；次名荣如，为侵齐者；季名简如，为侵卫者。卫获简如与鲁败侨如时间相近。

〔7〕王子城父杀之：据《史记 · 十二诸侯年表》，在齐惠公二年，即鲁宣公二年(前 607)。

〔8〕叔孙得臣杀之：《穀梁传》：“叔孙得臣，最善射者也，射其目。”而《左传》则说：“富父终甥摏其喉以戈，杀之。”关于侨如身高，古多不经之说，如《左传》杜注据传说中孔子语说“盖长三丈”；《穀梁传》说“身横九亩”，范宁集解计算为“五丈四尺”；《解诂》及汉代纬书《春秋考异传》更说“长百尺”。皆荒诞谬说。

〔9〕未知其之晋者：《史记 · 鲁周公世家》说：“晋之灭路，获侨如弟棼如。”在鲁宣公十五年(前 594)。

【译文】

十一年春，楚穆王攻伐圈国。

夏，叔彭生在承匡会见晋国的郤缺。

秋，曹文公来访。

公子遂前往宋国。

狄侵犯齐国。

冬十月甲午日，叔孙得臣在咸邑打败狄。

狄是什么？是长狄。兄弟三人，一个到齐国，一个到鲁国，一个到晋国。那到齐国的，王子城父杀了他；那到鲁国的，叔孙得臣杀了他；就不知道那到晋国的怎么样。说打败是为什么？是强调这件事。记下日子是为什么？是强调这件事。记下地点是为什么？是强调这件事。为什么写下？是记录异常事件。

【原文】

6.12.1　十有二年春王正月，盛伯来奔[1]。

盛伯者何？失地之君也。何以不名[2]？兄弟辞也[3]。

杞伯来朝[4]。

二月庚子，子叔姬卒。

此未适人，何以卒？许嫁矣，妇人许嫁，字而笄之[5]，死则以成人之丧治之。其称子何？贵也。其贵奈何？母弟也。

【注释】

〔1〕盛伯来奔：《通义》据《左传》曰："时先盛伯卒，嗣子立逾年而被篡，以其邑夫钟、郕邽来奔，故曰失地之君。"盛，《左传》、《穀梁传》作郕。盛国之都邑成已在庄公八年为齐、鲁所灭，其国当又徙都。参见1.5.2注〔1〕、2.6.2注〔1〕、3.8.3注〔1〕〔2〕。

〔2〕何以不名：据《礼记·曲礼下》："诸侯失地，名。"而此盛伯未书名，因而有此问。

〔3〕兄弟辞也：《通义》："兄弟辞者，为其来奔，明当以恩礼接之。若其出奔他国，虽兄弟之君亦名，卫侯衎出奔齐是也。"

〔4〕杞伯：杞桓公。

〔5〕妇人许嫁，字而笄之：《礼记·曲礼上》："女子许嫁，笄而字。"女子未许嫁时有闺名，许嫁后以字称，伯姬、叔姬之类就是字。

【译文】

十二年春周历正月，盛伯前来投奔。

盛伯是什么人？是失了国土的国君。为什么不记名？是兄弟之国的用语。

杞桓公来访。

二月庚子日，子叔姬去世。

这没有嫁人，为什么记去世？已经许嫁了，女子许嫁，就以字称而用笄簪发，死了就用成人的丧礼来办理。称她子是为什么？是尊贵。怎样尊贵？是文公同母所生的妹妹。

【原文】

6.12.2 夏，楚人围巢〔1〕。

秋，滕子来朝〔2〕。

秦伯使遂来聘〔3〕。

遂者何？秦大夫也。秦无大夫，此何以书？贤缪公也。何贤乎缪公？以为能变也。其为能变奈何？惟諓諓善竫言〔4〕，俾君子易怠〔5〕，而况乎我多有之〔6〕；唯一介断断焉无他技〔7〕，其心休休〔8〕，能有容〔9〕，是难也〔10〕。

【注释】

〔1〕巢：偃姓国名，一说子姓，故址在今安徽巢县。

〔2〕滕子：滕昭公。

〔3〕秦伯：秦康公。　遂：《左传》、《穀梁传》作术，古音同可通。即《左传》之西乞术，《史记·秦本纪》云是蹇叔之子，则术为名，西乞为字。

〔4〕諓諓：巧言貌。　竫言：编造的话。此句至“是难也”用《书·秦誓》文，个别古词语译成了当时的语言。如此句《秦誓》作“惟截截善谝言”。

〔5〕俾：使。　怠：怠惰。

〔6〕我：秦缪公自谓。多有之：指諓諓巧言之徒身边甚多。

〔7〕一介：一个。　断断；专一貌。　他技：《解诂》：“奇巧异端也。”

〔8〕休休：心胸宽大貌。

〔9〕能有容：《解诂》：“能含容贤者逆耳之言。”

〔10〕难：谓难能可贵。《解诂》：“秦缪公自伤前不能用百里子、蹇叔子之言，感而自变悔，遂霸西戎。故因其能聘中国，善而与之，使有

大夫。子贡曰：‘君子之过也，如日月之食焉。过也，人皆见之；更也，人皆仰之。’此之谓也。”

【译文】

夏，楚国人围困巢国。

秋，滕昭公来访。

秦康公派遣遂来访。

遂是什么人？是秦国的大夫。秦国没有大夫，这为什么写下？是赞许缪公贤明。为什么赞许缪公贤明？是因为他能转变。他怎样能转变？秦缪公说：能说会道的人善于编造谎言，使君子易于怠惰，何况这样的人我身边很多；只有一个臣子忠心耿耿不搞奇巧异端，心胸宽大，能容纳不同意见，这是难能可贵的。

【原文】

6.12.3　冬十有二日戊午，晋人、秦人战于河曲〔1〕。

此偏战也，何以不言师败绩？敌也。曷为以水地？河曲疏矣，河千里而一曲也〔2〕。

季孙行父帅师城诸及运〔3〕。

【注释】

〔1〕河曲：古地区名，春秋属晋地，在今山西芮城西风陵渡一带，那一段黄河自北向南流，至此折回向东流，成一曲，故名。

〔2〕河千里而一曲：《尔雅·释水》：“河……百里一小曲，千里一曲一直。”

〔3〕帅师城诸及运：运，《左传》、《穀梁传》作郓，字通。《通义》引孙复曰：“率师而城，畏莒故也。运，莒、鲁所争者。”《穀梁传》：“称帅师，言有难也。”杨士勋疏：“畏莒争郓。”诸，见3.29.1注〔4〕。运：鲁有东、西二运，此为东运，在今山东沂水北。《解诂》：“言及者，别君邑臣邑也。”以诸为君邑，东运为臣邑。但东运后为莒国所夺。

【译文】

冬十二月戊午日，晋国人、秦国人在河曲交战。

这是各据一方的战争，为什么不说军队溃败？是势均力敌。为什么用河流来作地名？黄河的转折处很少，黄河千里而一曲。

季孙行父率领军队修筑诸邑和运邑的城墙。

【原文】

6.13.1 十有三年春王正月。

夏五月壬午，陈侯朔卒〔1〕。

邾娄子蘧篨卒〔2〕。

自正月不雨，至于秋七月。

世室屋坏〔3〕。

世室者何？鲁公之庙也〔4〕。周公称大庙，鲁公称世室，群公称宫〔5〕。此鲁公之庙也，曷为谓之世室？世室，犹世室也〔6〕。世世不毁也〔7〕。周公何以称大庙于鲁？封鲁公以为周公也。周公拜乎前，鲁公拜乎后，曰："生以养周公〔8〕，死以为周公主〔9〕。"然则周公之鲁乎？曰：不之鲁也，封鲁公以为周公主。然则周公曷为不之鲁？欲天下之一乎周也。鲁祭周公何以为牲？周公用白牡〔10〕，鲁公用骍犅〔11〕，群公不毛〔12〕。鲁祭周公何以为盛〔13〕？周公盛〔14〕，鲁公焘〔15〕，群公廪〔16〕。世室屋坏何以书？讥。何讥尔？久不修也。

【注释】

〔1〕陈侯朔：即陈共公，名朔，公元前631—前614年在位。

〔2〕邾娄子蘧篨：《穀梁传》蘧作籧，《左传》篨作蒢。即邾娄文公，名蘧篨，公元前665—前614年在位。

〔3〕世室:《左传》、《穀梁传》作大室。《穀梁传》:“大室犹世室也。”

〔4〕鲁公:伯禽，周公之长子，鲁国的始封君。

〔5〕群公:指历代鲁侯。

〔6〕世室，犹世室也:前世室用作专名，后世室谓世世有此室。

〔7〕世世不毁:《解诂》:“鲁公始封之君，故不毁也。”参6.2.3注〔4〕“毁庙”。

〔8〕生以养周公:《解诂》:“生以鲁国供养周公。”

〔9〕死以为周公主:《解诂》:“如周公死，当以鲁公为祭祀主。”

〔10〕白牡:白色公牛。

〔11〕骍犅:赤色公牛。

〔12〕不毛:杂色牛，指白、赤以外颜色的牛。

〔13〕盛:祭祀时置于容器中的黍稷等祭品。

〔14〕盛:《解诂》:“盛者新谷。”

〔15〕焘:覆盖，指陈谷上面覆盖新谷，一半陈一半新。

〔16〕廪:徐彦疏:“廪谓全是故谷，但在上少有新谷，才得相连而已。”

【译文】

十三年春周历正月。

夏五月壬午日，陈侯朔去世。

邾娄子蘧篨去世。

从正月不下雨，直到秋七月。

世室房子坏了。

世室是什么？是鲁公伯禽的庙。周公称大庙，鲁公伯禽称世室，其他诸公称宫。这是鲁公的庙，为什么称之为世室？世室，就是世世有此室，代代都不毁庙。周公为什么在鲁国称大庙？封鲁公伯禽是为了周公。周公在前面下拜，鲁公伯禽在后面下拜，周成王说道:“活着以鲁国供养周公，如果周公死了，就以鲁公伯禽为祭祀主。”这样的话那么周公到鲁国吗？回答道:不到鲁国，封鲁公伯禽为周公的祭祀主。这样的话那么周公为什么不到鲁国？是想要天下统一于周。鲁国祭祀周公用什么做牺牲？周公用白色公牛，鲁公伯禽用赤色公牛，其他诸公用杂色牛。鲁国祭祀周公祭器盛什么祭品？周公盛新谷，鲁公伯禽下面一半陈谷上面盖一半新谷，其他诸公都用陈谷上面撒一层新谷。世室房子坏了为什么写下？是讥讽。为什么讥讽这件事？是因为很久不修了。

【原文】

6.13.2　冬，公如晋。卫侯会于沓〔1〕。

狄侵卫。

十有二月己丑，公及晋侯盟〔2〕。

还自晋〔3〕。郑伯会公于斐〔4〕。

还者何？善辞也。何善尔？往党〔5〕，卫侯会公于沓，至得与晋侯盟；反党，郑伯会公于斐：故善之也。

【注释】

〔1〕卫侯会于沓：《左传》、《穀梁传》会下有公字。沓，卫国地名。

〔2〕晋侯：晋灵公。

〔3〕还自晋：《穀梁传》同，《左传》还上有公字。

〔4〕斐：《左传》、《穀梁传》作棐，字通。郑国地名，在今河南郑州南。

〔5〕党：这里解释作“时”。《解诂》：“党，所也。所犹时，齐人语也。”《通义》：“《庄子》曰：‘物之党来，寄也。’其义为时来。《荀子》曰：‘怪星之党见。’其义为时见。是党训所，转训时也。”

【译文】

冬，文公前往晋国。卫成公在沓邑会见文公。

狄侵犯卫国。

十二月己丑日，文公与晋灵公结盟。

从晋国回还。郑缪公在斐邑会见文公。

回还是什么意思？是好的用语。为什么说这件事好？去的时候，卫成公在沓邑会见文公，到了晋国又能与晋灵公结盟；返回的时候，郑缪公在斐邑会见文公：所以说这件事好。

【原文】

6.14.1　十有四年春王正月，公至自晋。

邾娄人伐我南鄙。

叔彭生帅师伐邾娄。

夏五月乙亥，齐侯潘卒〔1〕。

六月，公会宋公、陈侯、卫侯、郑伯、许男、曹伯、晋赵盾〔2〕，癸酉同盟于新城〔3〕。

秋七月，有星孛入于北斗〔4〕。

孛者何？彗星也。其言入于北斗何？北斗有中也〔5〕。何以书？记异也。

公至自会。

【注释】

〔1〕齐侯潘：即齐昭公，名潘，公元前632—前613年在位。

〔2〕宋公：宋昭公。　陈侯：陈灵公。　许男：许昭公。

〔3〕新城：宋国地名，在今河南商丘东南。一说为郑之新城，在今河南密县。

〔4〕孛：《尔雅·释天》：“孛星，星旁气孛孛然也。”《晋书·天文志》：“孛亦彗属，偏指曰彗，芒气四出曰孛。孛者，孛孛然，非常恶气之所生也。”近代天文学以此次记载为哈雷彗星之最早记录。

〔5〕北斗有中也：北斗七星，其中天枢、天琁、天玑、天权四星连线形成斗状，合称斗魁；玉衡、开阳、摇光三星连线形成斗柄，合称斗杓。北斗有中，是指斗魁四星连线以内的部位。《解诂》：“中者，魁中。”

【译文】

十四年春周历正月，文公自晋国到达鲁国。

邾娄人攻伐我国南部边邑。

叔彭生率领军队讨伐邾娄国。

夏五月乙亥日，齐侯潘去世。

六月，文公会见宋昭公、陈灵公、卫成公、郑缪公、许昭公、曹文公、晋国的赵盾，癸酉日在新城结盟。

秋七月，有颗孛星进入了北斗。

孛星是什么？是彗星。说它进入北斗是什么意思？北斗的斗魁是有中间部位的。为什么写下？是记录异常情况。

文公自会盟回国告至。

【原文】

6.14.2　晋人纳接菑于邾娄[1]，弗克纳。

纳者何？入辞也。其言弗克纳何？大其弗克纳也。何大乎其弗克纳？晋郤缺帅师[2]，革车八百乘[3]，以纳接菑于邾娄，力沛若有余而纳之。邾娄人言曰："接菑，晋出也；貜且，齐出也。子以其指，则接菑也四，貜且也六。子以大国压之，则未知齐晋孰有之也。贵则皆贵矣[4]，虽然，貜且也长。"郤缺曰："非吾力不能纳也，义实不尔克也[5]。"引师而去之。故君子大其弗克纳也。此晋郤缺也，其称人何？贬。曷为贬？不与大夫专废置君也。曷为不与？实与而文不与。文曷为不与？大夫之义，不得专废置君也。

【注释】

〔1〕接菑：《左传》、《穀梁传》接作捷，字通。邾娄文公次妃晋姬之子。邾娄文公去年春去世，邾娄人立其元妃齐姜之子貜且，是为定公。接菑投奔到外祖父家晋国，晋人遂想以武力纳接菑回国为君。

〔2〕晋郤缺帅师：是谁率领的军队三传说法各不相同。《左传》说是赵盾，《穀梁传》说是郤克。

〔3〕革车八百乘：革车，古代的重型战车。《左传》也说"以诸侯之师八百乘"，而《穀梁传》说"长毂五百乘"。

〔4〕贵则皆贵矣：这是外交词令。貜且是元妃所生，既贵且长；接菑是次妃所生，古代所谓庶出，是不一般贵的。但当了郤缺的面，不得不说皆贵矣。

〔5〕不尔克："不克尔"的倒装。尔，如此，指"纳"。

【译文】

晋人纳接菑于邾娄国，不能纳。

纳是什么意思？是使之进入的用语。说不能纳是为什么？是看重他不能纳。为什么看重他不能纳？晋国的郤缺率领军队，重型战车八百乘，用来纳接菑于邾娄国，力量充沛有余。邾娄国人说道："接菑，母亲是晋国人；貜且，母亲是齐国人。你用你的手指算，那么接菑只占四个指头，貜且要占六个指头。你用大国来压人，那么就不知道齐国晋国谁能拥有了。尊贵是都尊贵的，纵使这样，貜且也年长。"郤缺说："不是我的力量不能纳，是道理上不能这样。"带领军队走了。所以君子看重他的不能纳。这是晋国的郤缺，称他人是为什么？是贬斥。为什么贬斥？是不赞许大夫擅自废立国君。为什么不赞许？是实际上赞许而文字上不赞许。文字上为什么不赞许？大夫的道理，是不能够擅自废立国君的。

【原文】

6.14.3 九月甲申，公孙敖卒于齐。

齐公子商人弑其君舍〔1〕。

此未逾年之君也，其言弑其君舍何〔2〕？已立之，已杀之〔3〕，成死者而贱生者也〔4〕。

宋子哀来奔〔5〕。

宋子哀者何？无闻焉尔。

冬，单伯如齐〔6〕。齐人执单伯。齐人执子叔姬〔7〕。

执者曷为或称行人〔8〕，或不称行人？称行人而执者，以其事执也[9]；不称行人而执者，以已执也[10]。单伯之罪何？道淫也。恶乎淫？淫乎子叔姬。然则曷为不言齐人执单伯及子叔姬？内辞也，使若异罪然。

【注释】

〔1〕公子商人：齐桓公之子（密姬所生），齐昭公的弟弟。　舍：齐昭公的太子。齐昭公死后，舍即位，因其母无宠于昭公，舍孤弱无威信。商人乘机收买人心，杀舍以自立。

〔2〕其言弑其君舍何：舍是父死未逾年之君，按5.9.4晋里克弑未逾年之君奚齐写作“弑其君之子奚齐”，这里却没有“之子”二字，因而发问。

〔3〕已立之，已杀之：《通义》：“已，已商人也。已代舍立乎其位，而实即已手刃之，与里克杀君之子而不篡者异。”

〔4〕成死者：《通义》：“不于此正其君臣之分，则嫌商人有可立道：故正名之，成舍为君。”贱生者：指贱商人以见其为弑君之贼。

〔5〕宋子哀：《左传》称之为高哀，是以高为氏；说他是“不义宋公（以宋公为不义）而出，遂来奔”。

〔6〕单伯：鲁国大夫，参见3.1.3注〔1〕。庄公元年至今已有八十一年，两单伯不可能同是一人，“如齐”之单伯当为庄公元年之单伯的后代。

〔7〕子叔姬：文公的同母妹妹。《解诂》：“时子叔姬当为齐夫人，使单伯送之。”《穀梁传》义同，《左传》则以子叔姬为昭姬，即齐昭公之妃，舍之母，与《公羊传》异。

〔8〕执者曷为或称行人：对比《昭公二十三年》“晋人执我行人叔孙舍”而言，见10.23.1。　行人：使者。

〔9〕以其事执也：《解诂》：“以其所衔奉国事执之。”

〔10〕以已执也：《解诂》：“已者，已大夫，自以大夫之罪执之。”

【译文】

九月甲申日，公孙敖在齐国去世。

齐公子商人杀了他的国君舍。

这是未逾年的国君，说杀了他的国君舍是为什么？自己即位，自己杀了国君，所以成就死去的而贬低活着的。

宋国的子哀前来投奔。

宋国的子哀是什么人？对此没有听说什么。

冬，单伯前往齐国。齐国人捉拿了单伯。齐国人捉拿了子叔姬。

被捉拿的人为什么有的称使者，有的不称使者？称使者而捉拿的，是因为公事而被捉拿的；不称使者而捉拿的，是因为私事而被捉拿的。单伯的罪是什么？是在路上通奸。怎么样通奸？与子叔姬通奸。这样的话那么为什么不说捉拿了单伯与子叔姬？是内部的讳辞，使他们好像犯了不同的罪那样。

【原文】

6.15.1　十有五年春，季孙行父如晋。

三月，宋司马华孙来盟〔1〕。

夏，曹伯来朝。

齐人归公孙敖之丧。

何以不言来？内辞也，胁我而归之〔2〕，筍将而来也〔3〕。

六月辛丑朔，日有食之〔4〕。鼓、用牲于社〔5〕。

单伯至自齐。

晋郤缺帅师伐蔡。戊申，入蔡。

入不言伐？此其言伐何？至之日也〔6〕。其日何？至之日也。

【注释】

〔1〕华孙：名耦，宋国的卿。

〔2〕胁我而归之：公孙敖因为“如京师，不至复”（见6.8.2），是

有罪的，所以他病死在齐国后，鲁国不同意他归葬。《公羊传》说齐人“胁我而归之”，看来是符合实际的。《左传》说：“书曰‘齐人归公孙敖之丧’，为孟氏，且国故也。”没有把这一点反映出来。

〔3〕笱：竹制的轿子。《解诂》：“笱者，竹篚，一名编舆，齐鲁以此名为笱。将，送也。”

〔4〕日有食之：相当于公元前612年4月21日的日食。

〔5〕鼓、用牲于社：见3.25.1注〔4〕。

〔6〕至之日也：《通义》：“晋强而蔡无备，至日即入其国。”

【译文】

十五年春，季孙行父前往晋国。

三月，宋国司马华孙前来结盟。

夏，曹文公来访。

齐国人送回公孙敖的遗体。

为什么不说来？是内部的讳辞，威胁我国才送回的，是竹轿送来的。

六月辛丑日初一，有日食。在社庙里击鼓，用牲畜祭祀。

单伯自齐国到达鲁国。

晋国的郤缺率领军队攻伐蔡国。戊申，进入蔡国。

写了进入就不说攻伐，这里说攻伐是为什么？是到的日子就进入的。记下日子是为什么？是到的日子就进入的。

【原文】

6.15.2　秋，齐人侵我西鄙。

季孙行父如晋。

冬十有一日，诸侯盟于扈[1]。

十有二月，齐人来归子叔姬。

其言来何？闵之也。此有罪，何闵尔？父母之于子[2]，虽有罪，犹若其不欲服罪然。

齐侯侵我西鄙[3]，遂伐曹，入其郛。

郛者何？恢郭也[4]。入郛书乎？曰：不书。入郛不书，此何以书？动我也。动我者何？内辞也，其实我动焉尔。

【注释】

〔1〕诸侯：据《左传》，有晋灵公、宋昭公、卫成公、蔡庄侯、陈灵公、郑缪公、许昭公、曹文公八人。扈：见3. 23. 3注〔3〕。

〔2〕父母之于子：《解诂》："叔姬于文公为姊妹，言父母者，时文公母在，明孝子当申母恩也。"

〔3〕齐侯：齐懿公。

〔4〕恢郭：恢，大；郭：外城。

【译文】

秋，齐国人侵犯我国西部边邑。

季孙行父前往晋国。

冬十一月，诸侯在扈邑结盟。

十二月，齐国人来送回子叔姬。

说"来"是为什么？是可怜她。这有罪，为什么可怜她？父母对于子女，纵使有罪，还是好像他不想服罪那样。

齐懿公侵犯我国西部边邑，于是就攻伐曹国，进入它的郛。

郛是什么？是大外城。进入郛写吗？回答说：不写。进入郛不写，这为什么写下？是震恐我国。震恐我国是什么意思？是内部的讳辞，其实是我国对此震恐了。

【原文】

6. 16. 1　十有六年春，季孙行父会齐侯于阳谷[1]，齐侯弗及盟。

其言弗及盟何？不见与盟也。

夏五月，公四不视朔[2]。

公曷为四不视朔？公有疾也。何言乎公有疾不视朔？自是公无疾不视朔也。然则曷为不言公无疾不视朔？有疾，犹可言也；无疾，不可言也。

六月戊辰，公子遂及齐侯盟于犀丘[3]。

【注释】

〔1〕阳谷：见5.3.2注〔1〕。

〔2〕视朔：天子诸侯每月初一在祭祖庙（也称为告朔）以后听政治理政事，称为视朔或听朔，参见6.6.2注〔1〕。

〔3〕犀丘：《左传》作郪丘，《穀梁传》作师丘，音近通假。齐国地名，故地在今山东东阿，一说当在临淄县境。

【译文】

十六年春，季孙行父在阳谷会见齐懿公，齐懿公弗及盟。

说弗及盟是什么意思？是不肯结盟。

夏五月，文公四个月不在朔日听政治理政事了。

文公为什么四个月不在朔日听政治理政事？是文公有病。为什么说文公有病不在朔日听政治理政事？是从这以后文公没有病也不在朔日听政治理政事了。这样的话那么为什么不说文公没有病也不在朔日听政治理政事了？有病，还可以说；没有病，就不可以说了。

六月戊辰日，公子遂与齐懿公在犀丘结盟。

【原文】

6.16.2　秋八月辛未，夫人姜氏薨[1]。

毁泉台[2]。

泉台者何？郎台也。郎台则曷为谓之泉台？未成为郎台，既成为泉台。毁泉台何以书？讥。何讥尔？筑之讥[3]，毁之讥；先祖为之，己毁之，不如弗居而已矣。

楚人、秦人、巴人灭庸〔4〕。

冬十有一月，宋人弑其君处臼〔5〕。

弑君者曷为或称名氏，或不称名氏？大夫弑君称名氏，贱者穷诸人〔6〕；大夫相杀称人，贱者穷诸盗。

【注释】

〔1〕夫人姜氏：指圣姜，文公的母亲。

〔2〕泉台：得名于台附近有逵泉。参见3.31.1注〔1〕。

〔3〕筑之讥：《庄公三十一年》“筑台于郎。何以书？讥。何讥尔？临民之所漱浣也。”见3.31.1。

〔4〕巴：周武王所封，子爵小国，国君为姬姓，而巴族则被诸夏视为蛮。主要分布在川东、鄂西一带，今重庆市有江城遗址，为秦巴郡治所，相传即巴国故地。　庸：古国名，曾随周武王灭商。建都上庸，地在今湖北竹山西南。

〔5〕处臼：《左传》、《穀梁传》作杵臼，字通。即宋昭公，名处臼，公元前619—前611年在位。

〔6〕贱者：指士以下。　穷诸人：穷，尽；诸，之于。尽之于人，就是一律都称人。

【译文】

秋八月辛未日，夫人姜氏去世。

拆毁泉台。

泉台是什么？就是郎台。郎台那么为什么称之为泉台？没有建成是郎台，已经建成是泉台。拆毁泉台为什么写下？是讥讽。为什么讥讽这件事？修筑它讥讽，拆毁它也讥讽；先祖修造它，自己拆毁它，还不如不住在里面罢了。

楚国人、秦国人、巴国人灭了庸国。

冬十一月，宋国人杀了他们的国君处臼。

杀国君为什么有的称名和氏？有的不称名和氏？大夫杀国君称名和氏，士以下一律称人；大夫相杀称人，士以下一律称盗。

【原文】

6.17.1　十有七年春，晋人、卫人、陈人、郑人伐宋[1]。

夏四月癸亥，葬我小君圣姜[2]。

圣姜者何？文公之母也。

齐侯伐我西鄙。

六月癸未，公及齐侯盟于谷[3]。

诸侯会于扈[4]。

秋，公至自谷。

冬，公子遂如齐。

【注释】

〔1〕伐宋：据《左传》，四国大夫兴师问宋人弑君之罪，至则宋文公已立，遂还。

〔2〕圣姜：《左传》、《穀梁传》作声姜，字通。

〔3〕谷：见3.7.2注〔2〕。

〔4〕诸侯：即十五年盟于扈之诸侯，见6.15.2注〔1〕。

【译文】

十七年春，晋国人、卫国人、陈国人、郑国人讨伐宋国。

夏四月癸亥日，安葬我小君圣姜。

圣姜是什么人？是文公的母亲。

齐懿公攻伐我国西部边邑。

六月癸未日，文公与齐懿公在谷邑结盟。

诸侯在扈邑相会。

秋，文公自谷邑回国告至。

冬，公子遂前往齐国。

【原文】

6.18.1　十有八年春王二月丁丑，公薨于台下。

秦伯罃卒〔1〕。

夏五月戊戌，齐人弑其君商人〔2〕。

六月癸酉，葬我君文公。

秋，公子遂、叔孙得臣如齐。

冬十月，子卒〔3〕。

子卒者孰谓？谓子赤也〔4〕。何以不日？隐之也。何隐尔？弑也。弑则何以不日？不忍言也。

夫人姜氏归于齐〔5〕。

季孙行父如齐。

莒弑其君庶其〔6〕。

称国以弑何？称国以弑者，众弑君之辞。

【注释】

〔1〕秦伯罃：即秦康公，名罃，公元前620—前609年在位。

〔2〕商人：即齐懿公，名商人，公元前612—前609年在位。参见6.14.3注〔1〕。

〔3〕子卒：《左传》云："书曰'子卒'，讳之也。"

〔4〕子赤：文公夫人齐女姜氏(后被称为哀姜或出姜)所生嫡长子。《左传》记载姜氏生有恶及视二子，名与《公羊传》异，谓恶及视皆为公子遂所杀。

〔5〕夫人姜氏归于齐：《解诂》："归者，大归也。夫死子杀，贼人立，无所归留，故去也。"

〔6〕庶其：即莒纪公，名庶其。

【译文】

十八年春周历二月丁丑日，文公在台下去世。

秦伯罃去世。

夏五月戊戌日，齐国人杀了他们的国君商人。

六月癸酉日，安葬我先君文公。

秋，公子遂、叔孙得臣前往齐国。

冬十月，子去世。

子去世说的是谁？是说子赤。为什么不记日子？是哀痛的缘故。为什么哀痛这件事？是臣下杀君上。臣下杀君上那么为什么不记日子？是不忍心说。

夫人姜氏回到了齐国。

季孙行父前往齐国。

莒国杀了它的国君庶其。

称国以杀君是什么意思？称国以杀君，是众人杀君的用语。

宣　公

【题解】

鲁宣公名俀(据《史记·十二诸侯年表》和《鲁周公世家》,《世本》作倭),《左传》说他是文公的庶子,敬嬴(《公羊传》、《穀梁传》都作顷熊)所生,《史记》从之;《公羊传》何氏《解诂》则说他是僖公妾顷熊所生,是文公的庶弟,刘向《新序·节士篇》也持此说。从他在做公子时就能与鲁国政治上的实力派人物之一襄仲(即公子遂)拉关系来看,他即位时的年龄已不小了。同样出于政治上的考虑,他急于与齐国联姻以巩固自己不太稳的地位,所以一即位就不顾有丧在身,娶了夫人缪姜。又把济西田贿赂齐国,取得了齐国的承认。虽然如此,宣公在位期间,鲁国的政治和经济都出现了不以他个人意志为转移的变化。政治上,公室的地位明显削弱,《史记·十二诸侯年表》说:“鲁立宣公不正,公室卑。”《鲁周公世家》也说:“由此公室卑,三桓强。”起初是一手把宣公推上国君宝座的襄仲擅权,襄仲死后,三桓特别是季氏的势力便膨胀起来;宣公与襄仲之子公孙归父想依靠晋国的力量来除掉三桓,不料宣公身先亡故,季文子又先下手为强,以“杀嫡立庶”的罪名驱逐了东门氏(襄仲之族),使公孙归父不得不逃亡到齐国。“鲁君于是失国,政在季氏。”(《左传·昭公三十二年》)经济上,文公十五年(前 594)实行“初税亩”,宣告了古老的“井田制”开始从历史舞台上消退,私田的合法性得到承认,规定按田亩的多少来征税了。宣公在位十八年(前 608—前 591 年)。

【原文】

7.1.1　元年春王正月,公即位。

继弑君不言即位,此其言即位何?其意也[1]。

公子遂如齐逆女。

三月，遂以夫人妇姜至自齐[2]。

遂何以不称公子？一事而再见者，卒名也。夫人何以不称姜氏[3]？贬。曷为贬？讥丧娶也。丧娶者公也，则曷为贬夫人？内无贬于公之道也。内无贬于公之道，则曷为贬夫人？夫人与公一体也。其称妇何？有姑之辞也[4]。

【注释】

〔1〕其：指宣公。

〔2〕遂：即公子遂。　夫人妇姜：即缪姜。

〔3〕夫人何以不称姜氏：《成公十四年》有一句结构完全相同的句子："侨如以夫人妇姜氏至自齐。"见8.14.1。这里是比较其有氏无氏的不同而提问。

〔4〕有姑之辞：《解诂》："有姑当以妇礼至，无姑当以夫人礼至。故分别言之。"

【译文】

元年春周历正月，宣公即位。

国君被杀以后继位不说即位，这儿说即位是为什么？是宣公的意思。

公子遂前往齐国迎女。

三月，遂带着夫人妇姜自齐国到达鲁国。

遂为什么不称公子？同一件事而再次出现的，一直到底都只记名了。夫人为什么不称姜氏？是贬斥。为什么贬斥？是讥讽居丧期间婚娶。居丧期间婚娶的是宣公，那么为什么贬斥夫人？内部没有贬斥国君的道理。内部没有贬斥国君的道理，那么为什贬斥夫人？夫人与国君是一体的。称妇是为什么？是有婆婆的用语。

【原文】

7.1.2　夏，季孙行父如齐[1]。

晋放其大夫胥甲父于卫[2]。

放之者何？犹曰无去是云尔。然则何言尔？近正也[3]。此其为近正奈何？古者大夫已去，三年待放[4]。君放之，非也；大夫待放，正也。古者臣有大丧[5]，则君三年不呼其门。已练[6]，可以弁冕[7]，服金革之事[8]。君使之，非也；臣行之，礼也[9]。闵子要绖而服事[10]，既而曰："若此乎，古之道不即人心[11]。"退而致仕[12]。孔子盖善之也[13]。

公会齐侯于平州[14]。

公子遂如齐。

【注释】

〔1〕季孙行父如齐：据《左传》说："季文子如齐，纳赂以请会。"要求齐惠公与新即位的宣公举行会见仪式，以取得承认。

〔2〕胥甲父：名甲，字甲父，胥臣之子，晋国下军的佐（副帅）。放逐他的罪名是"不用命"（不服从命令）。

〔3〕近正也：《通义》："比于专杀，犹似近正。"

〔4〕三年待放：被放逐的大夫在放逐的地方等待三年，听候最后处理，叫待放。《解诂》："三年者，古代疑狱三年而后断。"《通义》："臣所以待放者，有罪不敢逃其死，无罪冀君觉悟犹当用之。至于三年，君意已审，故赐之环则还，赐之玦则去。"

〔5〕大丧：指父母之丧。

〔6〕练：练祭，《礼记·杂记下》："丧之期，十一月而练。"即父母去世第十一个月祭于家庙，可穿练过的布帛，故以名祭。一说，练即小祥，即父母去世的第十三个月举行的祭祀。

〔7〕弁冕：古代贵族男子冠名，一般礼服用弁，吉礼之服用冕。这里用作动词。

〔8〕金革之事：谓战争。金，指兵器；革，指甲铠。

〔9〕臣行之，礼也：《解诂》："臣顺君命，亦礼也。此与君放之非、臣待君放正同，故引同类相发明。"

〔10〕闵子：闵子骞，孔子的学生，以孝闻。《论语·先进》："德行：颜渊，闵子骞，冉伯牛，仲弓。"要绖：古代居丧期间束于腰间的麻带。结于头上的麻带叫首绖，按礼，练祭以后首绖可以除去，只保留要绖。

〔11〕不即人心：犹言不近人情。

〔12〕致仕：交还官职，辞官。《解诂》："还禄位于君。"

〔13〕孔子盖善之也：孔子曾称赞："孝哉，闵子骞！"又曾说："夫人（这个人，指闵子骞）不言，言必有中。"（均见《论语·先进》）

〔14〕齐侯：齐惠公。　平州：齐国地名，在今山东莱芜西。《左传》说："会于平州，以定公位。"即定宣公之位。

【译文】

夏，季孙行父前往齐国。

晋国放逐它的大夫胥甲父到卫国。

放逐是什么意思？等于说不要离开这个地方。这样的话那么为什么说这件事？是因为接近正道。这怎样接近正道？古时候大夫离去以后，三年之内待放。国君放逐他，是不对的；臣子待放，是符合正道的。古时候臣子遇到父母之丧，那么国君三年之内不上门召唤。举行练祭以后，可以用弁冕代替首绖，服事于战争之事。国君差遣他，是不对的；臣子去做，是合于礼的。闵子束着腰绖去服事，事后说："像这样，古代的规矩不近人情。"退身辞去了官职。看来孔子是赞成他的。

宣公在平州会见齐惠公。

公子遂前往齐国。

【原文】

7.1.3　六月，齐人取济西田〔1〕。

外取邑不书，此何以书？所以赂齐也。曷为赂齐？为弑子赤之赂也。

秋，邾娄子来朝〔2〕。

楚子、郑人侵陈[3]，遂侵宋。

晋赵盾帅师救陈。宋公、陈侯、卫侯、曹伯会晋师于斐林[4]，伐郑。

此晋赵盾之师也，曷为不言赵盾之师？君不会大夫之辞也。

冬，晋赵穿帅师侵柳[5]。

柳者何？天子之邑也。曷为不系乎周？不与伐天子也。

晋人、宋人伐郑。

【注释】

〔1〕济西田：即取之于曹的一片土地，参见5.31.1注〔1〕。

〔2〕邾娄子：邾娄定公。

〔3〕楚子：楚庄王。

〔4〕宋公：宋文公。　斐林：《左传》、《穀梁传》作棐林，字通。郑国地名，在今河南新郑。

〔5〕赵穿：晋国大夫，《史记·晋世家》说他是赵盾的“昆弟”，韦昭注《国语》也说是赵盾的堂兄弟；而杜预注《左传》则说“穿，赵盾之从父昆弟子”，即远房侄子。盖二说之根据不同：《世族谱》谓赵穿为赵夙之孙，赵盾为赵衰之子，而《国语·晋语四》记赵衰为赵夙之弟，此盖为杜预之所本；《左传正义》引《世本》则说赵夙是赵衰的祖父，赵穿又是赵夙的曾孙，此盖为《史记》、韦昭之所本。记载歧异，致说有牴牾。　柳：《左传》、《穀梁传》作崇，则为国名，与《公羊传》异。

【译文】

六月，齐国人拿走了济西田。

外国拿走城邑不写，这为什么写下？是用来贿赂齐国的。为什么贿赂齐国？是因为杀了子赤而贿赂的。

秋，邾娄定公来访。

楚庄王、郑国人侵犯陈国，继而侵犯宋国。

晋国的赵盾率领军队救援陈国。宋文公、陈灵公、卫成公、曹文公在棐林会合晋国军队，攻伐郑国。

这是晋国赵盾的军队，为什么不说赵盾的军队？是国君不会合大夫的用语。

冬，晋国的赵穿率领军队侵犯柳邑。

柳邑是什么地方？是天子的城邑。为什么不说是周的柳邑？是不赞许侵伐天子。

【原文】

7.2.1　二年春王正月壬子，宋华元帅师及郑公子归生帅师战于大棘〔1〕，宋师败绩，获宋华元。

秦师伐晋。

夏，晋人、宋人、卫人、陈人侵郑。

秋九月乙丑，晋赵盾弑其君夷獆〔2〕。

冬十月乙亥，天王崩〔3〕。

【注释】

〔1〕华元：华督之曾孙，华孙之子，宋国的卿，任右师之职。　公子归生：字子家，郑缪公之子，郑国大夫。　大棘：宋国地名，杜预注《左传》云："在陈留襄邑县南。"即今河南睢县南。

〔2〕夷獆：《左传》、《穀梁传》作夷皋，字通。即晋灵公，名夷獆，公元前620—前607年在位。晋灵公实为赵穿所杀，史书"赵盾弑"者，理由有三：一，他是正卿，执政大夫；二，出事时他虽逃亡，却未出境；三，回绛都以后，他又没有诛杀凶手。孔子叹惜他是"古之良大夫也，为法受恶"，并认为"越竟(境)乃免"(《左传》)。

〔3〕天王：周匡王，名班，公元前612—前607年在位。

【译文】

二年春周历正月壬子日，宋国的华元率领军队与郑国的公子归生率领军队在大棘交战，宋国军队溃败，俘获了宋国的华元。

秦国军队攻伐晋国。

夏，晋国人、宋国人、卫国人、陈国人侵犯郑国。

秋九月乙丑日，晋国的赵盾杀了他的国君夷獆。

冬十月乙亥日，周匡王去世。

【原文】

7.3.1　三年春王正月，郊牛之口伤〔1〕，改卜牛〔2〕，牛死，乃不郊，犹三望〔3〕。

其言之何〔4〕？缓也〔5〕。曷为不复卜？养牲养二卜〔6〕，帝牲不吉〔7〕，则扳稷牲而卜之〔8〕。帝牲在于涤三月〔9〕，于稷者，唯具是视〔10〕。郊则曷为必祭稷？王者必以其祖配〔11〕。王者则曷为必以其祖配？自内出者，无匹不行〔12〕；自外至者，无主不止〔13〕。

葬匡王。

楚子伐贲浑戎〔14〕。

夏，楚人侵郑。

秋，赤狄侵齐〔15〕。

宋师围曹。

冬十月丙戌，郑伯兰卒〔16〕。

葬郑缪公〔17〕。

【注释】

〔1〕郊牛：郊祭所用的牛。周代于冬至日祭天于南郊，称为郊。参见5.31.2注〔1〕。周历正月，当夏历十一月，正冬至郊祭之时。

〔2〕卜牛：郊祭用的牛都要经过占卜，卜得吉方可用为牺牲。

〔3〕三望：见5.31.2注〔4〕。

〔4〕其言之何：这又是一个对文理上细微差别的提问，《成公七年》

有“鼷鼠食郊牛角，改卜牛”的记载，见8.7.1。这里是问为什么“郊牛角”不用“之”，“郊牛之口”用“之”。

〔5〕缓也：《穀梁传》：“之口，缓辞也。”用了之字，使语气平缓。

〔6〕养牲养二卜：《通义》：“一为帝牲，一为稷牲，皆卜得吉而后养之。”《礼记·郊特牲》：“帝牛不吉，以为稷牛。”郑玄注：“养牲必养二也。”参读下文。

〔7〕帝牲：郊祭祭天，用以祭天帝之牲称为帝牲。

〔8〕扳：引。　稷牲：郊祭祭天，而以始祖配祭，周人之始祖为后稷，用以祭后稷之牲称为稷牲。《解诂》：“不吉者有灾，更引稷牲卜之以为天牲。”

〔9〕涤：饲养帝牲和稷牲的特设牛棚称为涤或涤宫，取其涤荡清洁之意。此句谓帝牲必须在涤宫中饲养三个月。

〔10〕于稷者，唯具是视：稷牲也要在涤宫中饲养三个月，但如帝牲不吉，原来的稷牲替补上去以后，就必须换一头未在涤宫中饲养的牛。所以对稷牲的最终要求只是检查它的身体完全没有病伤就可以了。《通义》：“此谓既扳稷牲为帝牲用，可以随索稷牲，不暇系牢。若其平吉无变，虽稷牲固亦在涤矣。正月迫郊而牲犹得改卜者，正以养二之时，此牲已在涤三月故耳。若牛死又卜，则不及在涤，不可以事上帝，故不复卜也。”《礼记·郊特牲》：“帝牛必在涤三月，稷牛唯具，所以别事天神与人鬼也。”孔颖达疏：“郊天既以后稷为配，故养牲养二，以拟祭也。若帝牛不吉或死伤，以为稷牛者，为犹用也。为用稷牛而为帝牛，其祭稷之牛临时别取牛用之。”

〔11〕王者必以其祖配：《礼记·郊特牲》：“万物本乎天，人本乎祖，此所以配上帝也。”《解诂》：“配，配食也。”

〔12〕自内出者，无匹不行：自内出者指本族的先祖，《解诂》：“匹，合也，无所与会合则不行。”

〔13〕自外至者，无主不止：自外至者指天帝，《解诂》：“必得主人乃止者，天道闇昧，故推人道以接之。”

〔14〕贲浑戎：《左传》作陆浑之戎，《穀梁传》作陆浑戎，《释文》：“贲浑，旧音六，或音奔。”钱大昕以为贲畜（音六）转写之误。今译文改为陆字。陆浑戎，古戎人的一支，允姓，亦称允姓之戎，原居瓜州（今甘肃敦煌），被秦晋所诱迫，迁于伊川（今河南伊河流域），因居阴地（今河南卢氏），又称阴戎。

〔15〕赤狄：古狄人的一支，据说因喜穿赤色衣服而得名，有山东皋落氏、廧咎如、潞氏、甲氏、留吁、铎辰等部，大多分布在今山西长治

以北，与晋人杂居。此侵齐之赤狄，为流动到今河南、山东地区的，与卫、郑、鲁、齐等国都有过纠纷。

〔16〕郑伯兰：即郑缪(穆)公，名兰，公元前627—前606年在位。

〔17〕郑缪公：《左传》、《穀梁传》作郑穆公，字通。

【译文】

三年春周历正月，郊祭的牛之口伤了，换一头牛来占卜，牛死了，于是就不郊祭了，还是举行了三望之祭。

说“之”是为什么？是使语气平缓。为什么不再占卜一条牛？养牺牲养两头供占卜的牛，祭天帝的牛如果不吉，就引祭后稷的牛来占卜。祭天帝的牛一定要在称为“涤”的特设牛棚里饲养三个月，祭后稷的牛，则只要检查一下身体完好无损就可以了。郊祭为什么一定要祭后稷？王者一定要用他的始祖来陪着受祭。王者为什么一定要用他的始祖陪着受祭？从族内出来的先祖，没有匹配不能行远；从外面来的天帝，没有主人不能止留。

安葬匡王。

楚庄王攻伐陆浑之戎。

夏，楚国人侵犯郑国。

秋，赤狄侵犯齐国。

宋国军队围困曹国。

冬十月丙戌日，郑伯兰去世。

安葬郑缪公。

【原文】

7.4.1 四年春王正月，公及齐侯平莒及郯〔1〕。莒人不肯。公伐莒，取向〔2〕。

此平莒也，其言不肯何？辞取向也。

秦伯稻卒〔3〕。

夏六月乙酉，郑公子归生弑其君夷〔4〕。

赤狄侵齐。

秋，公如齐。

公至自齐。

冬，楚子伐郑。

【注释】

〔1〕平：调解。　莒：见1.2.1注〔2〕。　郯：嬴姓小国，相传为少皞之后，故址在今山东郯城北。

〔2〕向：此时为莒邑，参见1.2.1注〔2〕、〔3〕。

〔3〕秦伯稻：即秦共公，名稻(《史记·十二诸侯年表》作和，《秦本纪》索隐又名貑)，公元前608—前605年在位(《史记·秦本纪》谓“共公立五年卒”，与《春秋》不符)。

〔4〕公子归生：见7.2.1注〔1〕。　夷：郑灵公，名夷，公元前605年在位。

【译文】

四年春周历正月，宣公与齐惠公调解莒国与郯国。莒国不肯。宣公攻伐莒国，拿下向邑。

这是调解莒国，说不肯是为什么？是因为宣公的言辞里有拿下向邑的意图。

秦伯稻去世。

夏六月乙酉日，郑国的公子归生杀了他的国君夷。

赤狄侵犯齐国。

秋，宣公前往齐国。

宣公自齐国回国告至。

冬，楚庄王攻伐郑国。

【原文】

7.5.1　五年春，公如齐。

夏，公至自齐。

秋九月，齐高固来逆子叔姬〔1〕。

叔孙得臣卒。

冬，齐高固及子叔姬来[2]。

何言乎高固之来？言叔姬之来，而不言高固之来，则不可。子公羊子曰："其诸为其双双而俱至者与？"

楚人伐郑。

【注释】

〔1〕高固：谥宣，又称高宣子，高傒的曾孙，齐国的卿。 子叔姬：《穀梁传》同，《左传》脱子字。杨伯俊《春秋左传注》据此以为无"子"者为尚未成婚之称，成婚则冠以"子"字，不知加"子"是表示同母姊妹的意思，与是否成婚无关。高固来逆子叔姬，是高固自来迎娶。

〔2〕齐高固及子叔姬来：据《左传》记载，是来"反马"。反即返，返马是当时的一种婚俗。大夫亲迎，新娘乘母家车马与婿一起到夫家；婚后三月，夫家留其车而返其马。高固夫妇就是乘这机会"双双而俱至"鲁国。

【译文】

五年春，宣公前往齐国。

夏，宣公自齐国回国告至。

秋九月，齐国的高固来迎接子叔姬。

叔孙得臣去世。

冬，齐国的高固与子叔姬前来。

为什么说高固来？只说子叔姬来，而不说高固来，那就不可以。子公羊子说："岂不是因为他们双双而一起到达的吗？"

楚国人攻伐郑国。

【原文】

7.6.1　六年春，晋赵盾、卫孙免侵陈。

赵盾弑君，此其复见何？亲弑君者，赵穿也。亲弑君者赵穿，则曷为加之赵盾？不讨贼也。何以谓之不讨贼？晋史书贼曰[1]：“晋赵盾弑其君夷獆。”赵盾曰：“天乎，无辜！吾不弑君，谁谓我弑君者乎！”史曰：“尔为仁为义，人弑尔君而复国不讨贼，此非弑君如何[2]？”赵盾之复国奈何？灵公为无道，使诸大夫皆内朝[3]，然后处乎台上，引弹而弹之，己趋而辟丸，是乐而已矣。赵盾已朝而出，与诸大夫立于朝，有人荷畚自闺而出者[4]，赵盾曰：“彼何也？夫畚曷为出乎闺？”呼之不至，曰：“子，大夫也，欲视之，则就而视之。”赵盾就而视之，则赫然死人也。赵盾曰：“是何也？”曰：“膳宰也[5]。熊蹯不熟[6]，公怒，以斗摮而杀之[7]，支解将使我弃之。”赵盾曰：“嘻！”趋而入。灵公望见赵盾，愬而再拜[8]。赵盾逡巡北面再拜稽首，趋而出。灵公心怍焉[9]，欲杀之。于是使勇士某者往杀之[10]。勇士入其大门，则无人门焉者；入其闺，则无人闺焉者；上其堂，则无人焉。俯而窥其户，方食鱼飧[11]。勇士曰：“嘻！子诚仁人也，吾入子之大门，则无人焉；入子之闺，则无人焉；上子之堂，则无人焉：是子之易也[12]。子为晋国重卿，而食鱼飧，是子之俭也。君将使我杀子，吾不忍杀子也。虽然，吾亦不可复见吾君矣。”遂刎颈而死。灵公闻之怒，滋欲杀之甚[13]，众莫可使往者，于是伏甲于宫中，召赵盾而食之。赵盾之车右祁弥明者[14]，国之力士也，仡然从乎赵盾而入[15]，放乎堂下而立[16]。赵盾已食，灵公谓盾曰：“吾闻子之剑盖利剑也，子以示我，吾将观焉。”赵盾起将进剑，祁弥明自下呼之曰："盾食饱则出，何故拔剑于君所?"赵盾知之，躇阶而走〔17〕。灵公有周狗〔18〕，谓之獒〔19〕，呼獒而属之，獒亦躇阶而从之，祁弥明逆而踆之〔20〕，绝其颔。赵盾顾曰："君之獒，不若臣之獒也!"然而宫中甲鼓而起，有起于甲中者，抱赵盾而乘之。赵盾顾曰："吾何以得此于子?"曰："子某时所食活我于暴桑下者也〔21〕。"赵盾曰："子名为谁?"曰："吾君孰为介〔22〕? 子之乘矣，何问吾名〔23〕!"赵盾驱而出，众无留之者。赵穿缘民众不说〔24〕，起弑灵公，然后迎赵盾而入，与之立于朝，而立成公黑臀〔25〕。

夏四月。

秋八月，螺。

冬十月。

【注释】

〔1〕晋史：据《左传》，为董狐。孔子称之为良史，"书法不隐"；又称赵盾为良大夫，"为法受恶"。

〔2〕如：而。

〔3〕内朝：相对于外朝而言。周代天子诸侯皆有三朝，内朝二，外朝一。《礼记·文王世子》："公族朝于内朝，内，亲也。虽有贵者，以齿；明父子也。外朝以官，体异姓也。"注："体犹连结也。"内朝处理宗族之事，外朝处理国家之事。

〔4〕闺：宫中小门。《尔雅·释宫》："宫中之门谓之闱，其小者谓之闺。"

〔5〕膳宰：宫中掌宰割牲畜的官名。《仪礼·燕礼》："膳宰，具官馔于寝东。"

〔6〕熊蹯：熊掌。

〔7〕摮：旁击。

〔8〕愬：恐惧貌。

〔9〕怍：惭愧。

〔10〕勇士某者：《左传》记其名为钽麑。

〔11〕飧：水泡饭。

〔12〕易：简。

〔13〕滋：增益。

〔14〕车右：古代一车乘三人，将在左，驾车人在中间，选英勇有力的武士在右，称车右。祁弥明：《左传》作提弥明。

〔15〕仡然：《解诂》："壮勇貌。"

〔16〕放：至。　堂下：古代堂高，有阶以上堂。《礼记·礼器》："有以高为贵者，天子之堂九尺，诸侯七尺，大夫五尺，士三尺。"

〔17〕躇：越级，不按阶次。

〔18〕周狗：经过训练听从命令的狗。《解诂》："可以比周之狗，所指如意。"

〔19〕獒：《尔雅·释畜》："狗四尺为獒。"周尺四尺约当今一公尺许。此处獒为专名。

〔20〕踆：踢。《解诂》："以足逆蹋曰踆。"

〔21〕暴桑：《解诂》："蒲苏桑。"蒲苏，犹扶疏，枝叶茂密分披的样子。

〔22〕介：甲。

〔23〕何问吾名：《左传》记其名为灵辄。

〔24〕说：通悦。

〔25〕成公黑臀：晋成公，名黑臀，晋襄公之弟，晋灵公之叔。

【译文】

六年春，晋国的赵盾、卫国的孙免侵犯陈国。

赵盾杀了国君，这儿重新出现是为什么？亲手杀了国君的，是赵穿。亲手杀了国君的是赵穿，那么为什么加在赵盾身上？是因为他不诛杀凶手。为什么说他不诛杀凶手？晋国的史臣写下凶手道："晋国的赵盾杀了他的国君夷獆。"赵盾说："天哪，无辜！我没杀国君，谁说我杀了国君呢！"史臣说："你为仁为义，人家杀了你的国君，而你回国都不诛杀凶手，这不是杀国君又是什么！"赵盾回国都是怎样一回事？灵公行事无道，使众大夫都到内殿朝见，然后呆在台上，拉开弹弓弹他们，大夫们一个个小跑着躲避弹丸，以此为笑乐而已。赵盾朝罢出宫，与众大夫立在朝堂上，有人背着畚箕从宫门中出来，赵盾说："那是什么？畚箕为什么从宫中出来？"呼唤他也不过来，说："你是大夫，要看，就凑近来看吧。"赵盾凑近了一看，赫然是个死人。赵盾说："这是什么？"回答说："是膳宰。熊掌没有煮熟，主公发怒，用铜斗横扫一击，打死了他，大卸八块要叫我扔掉。"赵盾说："嗨！"快步而进。灵公望见赵盾，惶恐地一再打躬作揖。赵盾脚步迟缓下来，朝北面跪拜至再，又快步退了出去。灵公心里羞恼，想要杀掉赵盾。于是派某勇士前去杀他。勇士进了赵盾的大门，并没有人看守大门；进了小门，也没有人看守小门；上了厅堂，也没有人在那里。低下头窥视他内室的门，只见赵盾正在吃鱼汤泡饭。勇士说："嗨！你真是个仁人，我进了你的大门，没人在那里；进了小门，也没人在那里；上了厅堂，也没人在那里：这是你的省简；你是晋国的重臣正卿，却吃鱼汤泡饭，这是你的节俭。国君要叫我杀你，我不忍心杀你。虽然这样，我也不能再见我的国君了。"就用剑刎颈而死。灵公听说大怒，更增强了想要杀赵盾的念头。众人没有可以派去行刺的，于是在宫中埋伏了甲士，召赵盾来吃饭。赵盾的车右叫祁弥明的，是国中的力士，壮勇地跟着赵盾入宫，到了堂下站着。赵盾吃完了饭，灵公对他说："我听说你的剑是把锋利的剑，你给我拿出来，我要看看。"赵盾起身要呈进宝剑，祁弥明在堂下呼唤他说："赵盾吃饱了就出来，为什么在国君跟前拔剑？"赵盾明白了，越阶奔下。灵公有一头训练有素的狗，叫做獒，呼唤来獒并嗾使它，獒也越阶追赶赵盾，祁弥明迎上，一脚踢去，把狗的下巴踢断了。赵盾回头说："君主的獒，不及臣子的獒啊！"然而宫中的甲士击鼓而起，有一个人从甲士中奔出来，抱着赵盾送上车。赵盾回头说："我为何能从你这儿得到救助？"回答说："你某一天在茂密的桑树下给吃的救活了的人就是我。"赵盾说："你叫什么名字？"那人说："我国君为谁准备的甲士？你上车罢了，何必问我名字？"赵盾驱车出了国都，众甲士也一哄而散，没有留下的。赵穿乘着民众不高兴，起来杀了灵公，然后迎赵盾而入，与他站在朝堂上，立公了黑臀为君，是为成公。

夏四月。

秋八月，蝗虫。

冬十月。

【原文】

7.7.1 七年春，卫侯使孙良夫来盟[1]。

夏，公会齐侯伐莱[2]。

秋，公至自伐莱。

大旱。

冬，公会晋侯、宋公、卫侯、郑伯、曹伯于黑壤[3]。

【注释】

〔1〕孙良夫：谥桓，亦称孙桓子，卫国的上卿。

〔2〕莱：国名，今山东黄县有莱子城，即莱国故址。

〔3〕晋侯：晋成公。 郑伯：郑襄公。黑壤：晋国地名，在今山西沁水西北。

【译文】

七年春，卫成公派遣孙良夫前来结盟。

夏，宣公会合齐惠公攻伐莱国。

秋，宣公自伐莱处回国告至。

大旱。

冬，宣公在黑壤会见晋成公、宋文公、卫成公、郑襄公、曹文公。

【原文】

7.8.1 八年春，公至自会。

夏六月，公子遂如齐，至黄乃复[1]。

其言至黄乃复何？有疾也。何言乎有疾乃复？讥。何讥尔？大夫以君命出，闻丧徐行而不反[2]。

辛巳，有事于大庙[3]。仲遂卒于垂[4]。

仲遂者何？公子遂也。何以不称公子？贬。曷为贬？为弑子赤贬。然则曷为不于其弑焉贬？于文则无罪[5]，于子则无年[6]。

壬午，犹绎[7]。万入去籥[8]。

绎者何？祭之明日也。万者何？干舞也。籥者何？籥舞也。其言万入去籥何？去其有声者，废其无声者[9]，存其心焉尔。存其心焉尔者何？知其不可而为之也[10]。犹者何？通可以已也[11]。

戊子，夫人熊氏薨[12]。

晋师、白狄伐秦[13]。

楚人灭舒蓼[14]。

【注释】

〔1〕黄：齐国地名。

〔2〕闻丧徐行而不反：《解诂》："闻丧者，闻父母之丧；徐行者，不忍疾行。……以丧喻疾者，丧尚不当反，况于疾乎？"

〔3〕有事于大庙：指在大庙中举行禘祭。

〔4〕垂：齐国地名。

〔5〕于文则无罪：《解诂》："十八年编于文公贬之，则嫌有罪于文公，无罪于子赤也。"

〔6〕于子则无年：子赤被杀时是未逾年君，没有自己的纪年，用的还是文公的纪年。

〔7〕绎：祭祀的第二天又祭。

〔8〕万：万舞，本为商族的传统祭祀乐舞，周代"因于殷礼"，除宋国为殷之后外，卫、鲁、齐、楚四国也有过用万舞的记载。鲁用万舞始于考仲子之宫，仲子为宋女，故从宋国风俗用万舞祭祀，其后遂习用之。万舞的结构，据《左传》的叙述(《隐公五年》、《庄公二十八年》)、《诗经》的描写(《邶风·简兮》)和毛传的解释，可知包括文舞(羽籥舞)和

武舞（干戚舞）两部分。《公羊传》、郑玄《毛诗笺》、孔颖达《毛诗正义》则以为万舞只是干舞（干戚舞）。由于对万舞理解不同，对“万入去籥”也有了两种解释：前一种解释是在万舞中去掉羽籥舞，只以干戚舞上场；后一种解释是原来在跳羽籥舞，因为仲遂死了，就把万舞去代替羽籥舞。《公羊传》作后一种解释。

〔9〕废：置，存。《解诂》：“废，置也，置者不去也，齐人语。”《庄子·徐无鬼》：“于是为之调瑟，废一于堂，废一于室。”《释文》：“废，置。”

〔10〕知其不可而为之：《通义》：“知不可祭而犹祭，但屏去声音，略存哀死之心。”

〔11〕通可以已也：《礼记·檀弓下》：“仲遂卒于垂，壬午犹绎，万入去籥。仲尼曰：‘非礼也，卿卒不绎。’”孔疏：“此一节论卿卒重于绎祭之事。”

〔12〕熊氏：《穀梁传》同，《左传》作嬴氏。熊、嬴二字古文字形相近，音亦相通，在楚器铭文中，楚王的熊氏，皆写作酓字，可以为证。嬴、酓音同，则嬴、熊自可相通。

〔13〕白狄：狄的一支，据说因喜穿白色衣服而得名，有鲜虞、肥、鼓等部，分布于今陕西延安、山西介休境，后东徙于今河北境。

〔14〕舒蓼：《左传》同，《穀梁传》作舒鄝，字通。为群舒之一种（所谓群舒，除舒蓼外，还有舒庸、舒鸠、舒龙、舒鲍、舒龚，皆出于同宗之小国），其地当在今安徽庐江附近。

【译文】

八年春，宣公自会见处回国告至。

夏六月，公子遂前往齐国，到黄邑就回来了。

说到黄邑就回来了是为什么？是有病。为什么说有病就回来？是讥讽。为什么讥讽这件事？大夫奉国君的命令出去，即使听说父母亡故也只是徐徐而行，而不返回。

辛巳日，在太庙中有祭祀的事。仲遂在垂邑去世。

仲遂是什么人？是公子遂。为什么不称公子？是贬斥。为什么贬斥？因为杀了子赤而贬斥。这样的话那么为什么不在他杀的时候贬斥？是因为他对文公来说是没有罪的，而对于子赤来说又没有纪年。

壬午日，还进行了绎祭。万舞上场，去掉籥舞。

绎祭是什么？是祭祀的第二天又祭。万舞是什么？是盾舞。籥舞是什么？是羽籥舞。说万舞上场去掉籥舞是为什么？是去掉有声音的留下没有声音的，保存一点心意罢了。保存一点心意罢了是什么意思？是知道不可以而去做它。“还”是什么意思？是全都可以停止了。

戊子日，夫人熊氏去世。

晋国军队、白狄攻伐秦国。

楚国人灭了舒蓼。

【原文】

7.8.2　秋七月甲子，日有食之，既〔1〕。

冬十月己丑，葬我小君顷熊〔2〕，雨不克葬；庚寅，日中而克葬。

顷熊者何？宣公之母也。而者何？难也。乃者何〔3〕？难也。曷为或言而，或言乃？乃难乎而也。

城平阳〔4〕。

楚师伐陈。

【注释】

〔1〕秋七月甲子，日有食之，既：杜预据《春秋长历》查得七月甲子为晦日，而元代姜岌则据授时历推算得此年日食当在十月甲子朔，而非七月甲子。《元史·历志二》：“姜氏云：十月甲子朔，食。大衍同。今历推之，是岁十月甲子朔，加时在昼，食九分八十一秒。盖十误为七。”既，日全食，参见2.3.2注〔2〕。

〔2〕顷熊：《穀梁传》同，《左传》作敬嬴，盖音近字通。

〔3〕乃者何：此为比较了《定公十五年》“丁巳，葬我君定公，雨不克葬；戊午，日下昃乃克葬”而设问。见11.15.2。这里细致地分辨了“而”和“乃”同中之异。

〔4〕平阳：鲁国地名，《汉书·地理志》记泰山郡有东平阳县，即

是。在今山东新泰西北。

【译文】

秋七月甲子日，有日食，是日全食。

冬十月己丑日，安葬我小君顷熊，下雨不能葬；庚寅日，日中而能葬。

顷熊是什么人？是宣公之母。“而”是什么意思？是难啊。“乃”是什么意思？是难啊。为什么有时说“而”，有时说“乃”？“乃”比“而”还要难。

修筑平阳城墙。

楚国军队攻伐陈国。

【原文】

7.9.1 九年春王正月，公如齐。

公至自齐。

夏，仲孙蔑如京师[1]。

齐侯伐莱。

秋，取根牟[2]。

根牟者何？邾娄之邑也。曷为不系乎邾娄？讳亟也[3]。

八月，滕子卒[4]。

九月，晋侯、宋公、卫侯、郑伯、曹伯会于扈[5]。

晋荀林父帅师伐陈[6]。

辛酉，晋侯黑臀卒于扈[7]。

扈者何？晋之邑也。诸侯卒其封内不地，此何以地？卒于会，故地也；未出其地，故不言会也。

冬十月癸酉，卫侯郑卒[8]。

宋人围滕。

楚子伐郑。

晋郤缺帅师救郑。

陈杀其大夫泄冶〔9〕。

【注释】

〔1〕仲孙蔑：谥献，又称孟献子，公孙敖之孙，鲁国之卿。

〔2〕根牟：邾娄国地名。王献唐《三邾疆邑图考》："根牟初本为国，曹姓子爵，后为邾灭，故君仍在，故不系于邾，以存其国。《公羊》'讳亟'非也。……经文不系邾，故《左》《穀》二传未明言邾邑，绳以於余诸例，《公羊》之言正自可信。……要之，其地当在邾鲁交界，前代都邑时有变迁，亦或异地同名，未能考实也。"前人有杜预之说，在今沂水县南之牟乡；《太平寰宇记》、《春秋地理考实》则谓在安丘西南，皆距邾娄国甚远。

〔3〕讳亟：亟，急。《解诂》："属有小君之丧，邾娄子来加礼，未期而取其邑，故讳不系邾娄也。"徐彦疏："葬顷熊之时，邾娄子使人来加礼，但例不书之，故不见也。"

〔4〕滕子：滕昭公。

〔5〕扈：原为郑邑，此时已为晋所有，参 3.23.3 注〔3〕、6.7.3 注〔2〕。《通义》："杜预以为郑邑，非也。《汲郡竹书》晋出公十二年'河绝于扈'，是此地。"

〔6〕荀林父：谥桓，又因任晋国中行之帅，而以中行为氏，亦称中行桓子、桓伯林父，晋国的卿。

〔7〕晋侯黑臀：即晋成公，名黑臀，公元前 607—前 600 年在位。

〔8〕卫侯郑：即卫成公，名郑，公元前 634—前 600 年在位。

〔9〕泄冶：《穀梁传》同，《左传》作洩冶，字通。陈灵公与孔宁、仪行父三人同时淫通于夏姬，泄冶谏道："公卿宣淫，民无所效法，且名声不佳。"竟遭杀戮。

【译文】

九年春周历正月，宣公前往齐国。

宣公自齐国回国告至。

夏，仲孙蔑前往京师。

齐惠公攻伐莱国。

秋，拿下了根牟。

根牟是什么地方？是邾娄国的城邑。为什么不说明是邾娄国的根牟？是隐讳拿得太急了。

八月，滕昭公去世。

九月，晋成公、宋文公、卫成公、郑襄公、曹文公在扈邑会见。

晋国的荀林父率领军队攻伐陈国。

辛酉日，晋侯黑臀在扈邑去世。

扈邑是什么地方？是晋国的城邑。诸侯死在他的疆域之内不记地名，这为什么记地名？是在会见时去世的，所以记地名；没有离开那个地方，所以不说会见。

冬十月癸酉日，卫侯郑去世。

宋国人围困滕国。

楚庄王攻伐郑国。

晋国的郤缺率领军队救援郑国。

陈国杀了它的大夫泄冶。

【原文】

7.10.1　十年春，公如齐。

公至自齐。

齐人归我济西田〔1〕。

齐已取之矣，其言我何？言我者，未绝于我也。曷为未绝于我？齐已言取之矣，其实未之齐也。

夏四月丙辰，日有食之〔2〕。

己巳，齐侯元卒〔3〕。

齐崔氏出奔卫〔4〕。

崔氏者何？齐大夫也。称其崔氏何？贬。曷为贬？

讥世卿，世卿非礼也。

公如齐。

五月，公至自齐。

癸巳，陈夏征舒弑其君平国[5]。

【注释】

〔1〕济西田：宣公初立，赂齐以济西田以求承认，此时齐以济西田还鲁。《穀梁传》说："公娶齐，齐由以为兄弟反(返)之。不言来，公如齐受之也。"

〔2〕夏四月丙辰，日有食之：此年四月丙辰正好是朔日，史官漏书一朔字。当公元前599年3月6日之日环食。

〔3〕齐侯元：即齐惠公，名元，公元前608—前599年在位。

〔4〕崔氏：《左传》以为崔杼，曰"崔杼有宠于惠公，高、国(齐二上卿)畏其偪，公卒而逐之"。但《襄公二十五年》记"齐崔杼帅师伐我北鄙"、"齐崔杼弑其君光"（见9.25.1），后于此五十一年，时间上殊属可疑。崔氏是姜姓的一个分支，是齐侯的宗亲，齐国的世卿。

〔5〕夏征舒：陈国大夫。其父夏御叔娶郑缪公女夏姬为妻，御叔早死，陈灵公遂与孔宁、仪行父二卿私通于夏姬，且当了夏征舒之面说了亵侮之言，夏征舒忿而杀灵公，篡其位自立。　平国：即陈灵公，名平国，公元前613—前599年在位。

【译文】

十年春，宣公前往齐国。

宣公自齐国回国告至。

齐国人归还我济西田。

齐国人已经拿去了，还说"我"是为什么？说"我"是还没有与我国断了关系。为什么还没有与我国断了关系？齐国人已经说要拿它了，其实还没有到齐国手中。

夏四月丙辰日，有日食。

己巳日，齐侯元去世。

齐国的崔氏逃亡到卫国。

崔氏是什么人？是齐国的大夫。称崔氏是为什么？是贬斥。为什么贬斥？是讥讽世袭卿，世袭卿是不合礼法的。

宣公前往齐国。

五月，宣公自齐国回国告至。

癸巳日，陈国的夏征舒杀了他的国君平国。

【原文】

7.10.2　六月，宋师伐滕。

公孙归父如齐[1]。

葬齐惠公。

晋人、宋人、卫人、曹人伐郑。

秋，天王使王季子来聘[2]。

王季子者何？天子之大夫也。其称王季子何？贵也。其贵奈何？母弟也。

公孙归父帅师伐邾娄，取蘱[3]。

大水。

季孙行父如齐。

冬，公孙归父如齐。

齐侯使国佐来聘[4]。

饥。

何以书？以重书也。

楚子伐郑。

【注释】

〔1〕公孙归父：字子家，公子遂（襄仲）之子，鲁国的卿。此次“如齐”，是参加对齐惠公的会葬。

〔2〕天王：周定王。　王季子：食采于刘，谥康，史又称刘康公。

〔3〕薞：《左传》、《穀梁传》作绎。邾娄国地名。王献唐《三邾疆邑图考》谓“邾有二绎”，一为国都，一“在邾都之旁，亦因绎山得名，《公羊》字又作薞，当非邾都之绎，已不可考”。

〔4〕齐侯：齐顷公，此时还是个“未逾年君”，例应称子；或因齐惠公已安葬，故从宽而称侯。　国佐：谥武，史又称国武子，齐国的卿。

【译文】

六月，宋国军队攻伐滕国。

公孙归父前往齐国。

安葬齐惠公。

晋国人、宋国人、卫国人、曹国人攻伐郑国。

秋，周定王派遣王季子来访。

王季子是什么人？是天子的大夫。称王季子是为什么？是高贵。怎样高贵？是天子同母所生的弟弟。

公孙归父率领军队攻伐邾娄国，拿下了薞邑。

洪水。

季孙行父前往齐国。

冬，公孙归父前往齐国。

齐顷公派遣国佐来访。

饥荒。

为什么写下？因为严重而写下。

楚庄王攻伐郑国。

【原文】

7.11.1　十有一年春王正月。

夏，楚子、陈侯、郑伯盟于辰陵〔1〕。

公孙归父会齐人伐莒。

秋，晋侯会狄于欑函〔2〕。

冬十月，楚人杀陈夏征舒。

此楚子也，其称人何？贬。曷为贬？不与外讨也；

不与外讨者，因其讨乎外而不与也，虽内讨亦不与也。曷为不与？实与而文不与。文曷为不与？诸侯之义，不得专讨也。诸侯之义不得专讨，则其曰实与之何？上无天子，下无方伯，天下诸侯有为无道者，臣弑君，子弑父，力能讨之，则讨之可也。

丁亥，楚子入陈〔3〕，纳公孙宁、仪行父于陈〔4〕。

此皆大夫也，其言纳何？纳公党与也〔5〕。

【注释】

〔1〕陈侯：夏征舒弑灵公自立，孔宁、仪行父奔楚，太子午奔晋，此时他尚未得立，更不能返还陈国参加辰陵之盟，故此陈侯似指夏征舒。 辰陵：陈国地名。杜预注《左传》云："颍川长平县东南有辰亭。"在今河南西华东，地近陈都淮阳。

〔2〕晋侯：晋景公。 欑函：狄国地名。

〔3〕楚子入陈：照理，应先"入陈"，随后才能杀夏征舒。这里"入陈"反在后者，是因为楚庄王初欲灭陈以为县，经申叔时进谏后，方复陈，迎太子午于晋而立之，是为成公。"入者何？得而不居也。"（见1.2.1。）故"入陈"记之于后。《通义》："先言杀，后言入者，大其能悔过，得而弗居。"

〔4〕公孙宁：即孔宁，因其为陈宣公之孙，故称公孙。

〔5〕公：指陈成公。

【译文】

十一年春周历正月。

夏，楚庄王、陈国国君、郑襄公在辰陵结盟。

公孙归父会合齐国人攻伐莒国。

秋，晋景公在欑函会见狄君。

冬十月，楚国人杀了陈国的夏征舒。

这是楚庄王，称人是为什么？是贬斥。为什么贬斥？是不赞许外国的诛戮；不赞许外国的诛戮，是因为诛戮来自外部而不赞许，即使内部的诛戮也是不赞许的。为什么不赞许？是实际上赞许而文字上不赞许。文字上为什么不赞许？诸侯照道理不能擅自诛戮。诸侯照道理不能擅自诛戮，那么说实际上赞许是为什么？上没有圣明天子，下没有一方之长，天下诸侯有做出暴虐无道的事，臣子杀国君，儿子杀父亲，力所能诛戮，就诛戮他好了。

丁亥日，楚庄王进入陈国，纳公孙宁、仪行父于陈。

这都是大夫，说纳是为什么？是纳成公的党羽啊。

【原文】

7.12.1 十有二年春，葬陈灵公。

讨此贼者，非臣子也，何以书葬[1]？君子辞也。楚已讨之矣，臣子虽欲讨之，而无所讨也。

楚子围郑。

【注释】

〔1〕何以书葬：《通义》引刘敞曰："既葬而后乃讨贼，贼虽已讨，葬犹不追书也，闵公是已。讨贼虽迟，而葬在讨贼之后，则葬得书，此陈灵公是已。凡君弑，贼不讨，不敢葬；父弑，雠不复，不敢葬。不敢葬，则亦不敢除其服，是故寝苫枕戈，志必复而后已。此贼不讨，不书葬之义也。所以《春秋》有其贼未讨，虽久弗葬，而弗非也。"

【译文】

十二年春，安葬陈灵公。

诛戮这个凶手的，不是臣下和儿子，为什么写葬？是君子的措辞。楚国已经诛戮了，臣下和儿子虽然想要诛戮，也无所诛戮了。

楚庄王围困郑国。

【原文】

7.12.2　夏六月乙卯，晋荀林父帅师及楚子战于邲[1]，晋师败绩。

大夫不敌君，此其称名氏以敌楚子何？不与晋而与楚子为礼也。曷为不与晋而与楚子为礼也？庄王伐郑，胜乎皇门[2]，放乎路衢[3]。郑伯肉袒[4]，左执茅旌[5]，右执鸾刀[6]，以逆庄王。曰："寡人无良，边垂之臣，以干天祸，是以使君王沛焉[7]，辱到敝邑。君如矜此丧人[8]，锡之不毛之地，使帅一二耋老而绥焉[9]，请唯君王之命。"庄王曰："君之不令臣交易为言[10]，是以使寡人得见君之玉面，而微至乎此[11]。"庄王亲自手旌[12]，左右㧑军[13]，退舍七里。将军子重谏曰[14]："南郢之与郑[15]，相去数千里，诸大夫死者数人，厮役扈养死者数百人[16]，今君胜郑而不有，无乃失民臣之力乎？"庄王曰："古者杅不穿[17]，皮不蠹[18]，则不出于四方[19]。是以君子笃于礼而薄于利[20]，要其人而不要其土[21]。告从[22]，不赦，不详[23]。吾以不祥道民，灾及吾身，何日之有！"既则晋师之救郑者至，曰请战，庄王许诺。将军子重谏曰："晋，大国也，王师淹病矣[24]，君请勿许也。"庄王曰："弱者吾威之，强者吾辟之，是以使寡人无以立乎天下！"令之还师而逆晋寇[25]。庄王鼓之，晋师大败，晋众之走者，舟中之指可掬矣[26]。庄王曰："嘻！吾两君不相好，百姓何罪？"令之还师而佚晋寇。

秋七月。

冬十有二月戊寅，楚子灭萧[27]。

晋人、宋人、卫人、曹人同盟于清丘[28]。

宋师伐陈。

卫人救陈。

【注释】

〔1〕邲：郑国地名，在今河南郑州附近。

〔2〕皇门：郑国的外城门名，一说城门名。

〔3〕放：至。 衢：四通八达的路。

〔4〕肉袒：脱去上衣，袒露肢体，以示认罪臣服。《史记·宋微子世家》记周武王克殷，微子即“肉袒面缚，左牵羊，右把茅，膝行而前以告”，可见投降时肉袒之俗由来已久。

〔5〕茅旌：以茅所制之旗，古代祭祀宗庙时导神所用。

〔6〕鸾刀：饰有铃的刀，古代祭祀宗庙时割牲所用。郑伯献上茅旌和鸾刀，表示郑国今后是否祭祀宗庙，悉听楚庄王裁定。

〔7〕沛：充盛貌，此处特指怒气充盛。《解诂》：“沛焉者，怒有余之貌。”

〔8〕矜：怜悯。 丧人：《通义》：“丧国之人，郑伯自谓也。”

〔9〕一二耋老：《通义》：“谓其卿大夫。”《解诂》：“六十称耋，七十称老。绥，安也。”

〔10〕令：善。交易：往来。《解诂》：“言君之不善臣屡往来为恶言。”

〔11〕微至乎此：《通义》：“微，略也。深入国邑而言略至乎此，逊辞也。”

〔12〕旌：古代旗的一种，竿头缀旄牛尾，下饰五采析羽，用以指挥或开道。

〔13〕㧑：通挥，指挥。

〔14〕子重：名婴齐，字子重，又称公子婴齐，楚庄王之弟，任左尹之职，后升任令尹。

〔15〕南郢：即郢，楚之国都，在今湖北江陵西北，遗址称纪南城。

〔16〕厮役扈养：泛指服杂役的人。《解诂》：“艾草为防者曰厮，汲水浆者曰役，养马者曰扈，炊烹者曰养。”《通义》引《司马法》：“兵车一乘，炊家子十人，厩养五人，樵汲五人。”“樵谓之厮，汲谓之役”，

“扈，圉(养马人)也”，“炊烹者通名养”。

〔17〕杅：通盂。《通义》：“杅积而穿，器有余也。”

〔18〕皮：裘。皮积而蠹，裘有余也。《通义》：“此与《汉书》云‘粟陈腐不可食，钱贯朽不可校’其喻相类。”

〔19〕四方：四方之事，指战争。《通义》：“言师出则费财，故国必余富，然后敢从四方之事。明今伐郑致有损丧，固其所也。”

〔20〕笃：厚。

〔21〕要其人而不要其土：《解诂》：“本所以伐郑者，欲要其人服罪过耳，不要取其土地。”

〔22〕从：服从。

〔23〕详：审慎。

〔24〕淹：久。　病：疲惫困乏。

〔25〕晋寇：《通义》：“晋称寇者，敌国辞。”

〔26〕舟中之指可掬：《解诂》：“时晋乘舟渡邲水，战兵败反走，欲急去，先入舟者斩后扳舟者指，指堕舟中，身堕邲水中而死。可掬者言其多也，以两手曰掬。”

〔27〕萧：宋之附属国，见3.23.2注〔5〕。

〔28〕晋人、宋人、卫人：《通义》：“考之《左传》，是晋先縠、宋华椒、卫孔达也。大夫而专司盟于是始。”清丘：卫国地名，在今河南濮阳东南。

【译文】

夏六月乙卯日，晋国的荀林父率领军队与楚庄王在邲地交战，晋国军队溃败。

大夫与国君不相当，这里称荀林父的名、氏与楚庄王并列是为什么？是不赞许晋国而赞许楚庄王的行为有礼。为什么不赞许晋国而赞许楚庄王的行为有礼？楚庄王攻伐郑国，在外城门打了胜仗，到了大路口。郑襄公光着膀子，左手拿着茅旌，右手拿着鸾刀，来迎接楚庄王。说道：“都是我不好，我好比贵国边陲的臣子，犯了天祸，所以使君王发火了，有辱你到了鄙邑。君王如果能可怜我这丧国之人，赐我一点不毛之地，让我带领几个老者而安于此地，我将唯君王之命是听。”楚庄王说：“君公的不善之臣往来传达不善之言，所以使我能够见到君公的玉面，而略微进入到了此地。”楚庄王亲自手持旌旗，左右指挥军队，后退七里。将军子重进谏道：“南郢与郑国相距数千里，众位大夫死的有几个人，服杂役的人死的有几百个人，如今君王战胜了郑国而不占有，岂不是白费了臣民的力气吗?”楚庄王说：“古时候不到盂多得破裂，裘多得虫蛀的时候，就不出战于四方。所以君子厚于礼而薄于利，要他的人而不要他的土地。宣告投降了，不赦免他的罪，是不审慎的。我用不审慎来领导人民，灾祸降到我身上还有几天!”后来救援郑国的晋国军队到了，说要请战，楚庄王答应下来了。将军子重说：“晋国是个大国，君王的军队疲惫困乏已久了，君王不要答应吧。”楚庄王说：“弱的我威吓他，强的我躲避他，这样就使我无法立在天下了。”下令掉转军队迎战晋寇。庄王亲自击鼓，晋国军队大败，晋国兵众逃跑者，船中的手指头多得可以捧起来了。楚庄王说：“嗨！我两个国君不相好，百姓有什么罪?”下令掉转军队而放晋寇走。

秋七月。

冬十二月戊寅日，楚庄王灭了萧国。

晋国人、宋国人、卫国人、曹国人在清丘同盟。

宋国军队攻伐陈国。

卫国人救援陈国。

【原文】

7.13.1 十有三年春，齐师伐卫。

夏，楚子伐宋。

秋，螽。

冬，晋杀其大夫先縠[1]。

【注释】

〔1〕先縠：邲之战中，晋军中军的副帅。他因轻敌而极力主战，导致晋军失败。第二年，又里通外国，召赤狄来伐晋。二罪并发，被杀，且灭族。

【译文】

十三年春，齐国军队攻伐卫国。

夏，楚庄王攻伐宋国。

秋，蝗虫。

冬，晋国杀了它的大夫先縠。

【原文】

7.14.1　十有四年春，卫杀其大夫孔达〔1〕。

夏五月壬申，曹伯寿卒〔2〕。

晋侯伐郑。

秋九月，楚子围宋。

葬曹文公。

冬，公孙归父会齐侯于谷〔3〕。

【注释】

〔1〕孔达：姞姓，谥庄，字叔，又称孔庄叔，卫国的执政大夫。前年晋、宋、卫三国盟于清丘，孔达为卫国代表。三国议定“讨贰”，宋为盟故，伐陈。孔达不但不助宋，反救陈，见7.12.2。至此，晋派使者责卫，声称“罪无所归，将加尔师”。孔达为此自缢而死，卫人以悦于晋而免。故书曰：“卫杀其大夫孔达。”实际是自杀的。

〔2〕曹伯寿：即曹共公，名寿，公元前617—前595年在位。

〔3〕谷：见3.7.2注〔2〕。

【译文】

十四年春，卫国杀了它的大夫孔达。

夏五月壬申日，曹伯寿去世。

晋景公攻伐郑国。

秋九月，楚庄王围困宋国。

安葬曹文公。

冬，公孙归父与齐顷公在谷邑会见。

【原文】

7.15.1　十有五年春，公孙归父会楚子于宋[1]。

夏五月，宋人及楚人平。

外平不书，此何以书？大其平乎己也。何大乎其平乎己？庄王围宋，军有七日之粮尔，尽此不胜，将去而归尔。于是使司马子反乘堙而窥宋城[2]，宋华元亦乘堙而出见之[3]。司马子反曰："子之国如何？"华元曰："惫矣。"曰："何如？"曰："易子而食之，析骸而炊之。"司马子反曰："嘻，甚矣惫！虽然，吾闻之也，围者柑马而秣之[4]，使肥者应客。是何子之情也？"华元曰："吾闻之，君子见人之厄则矜之，小人见人之厄则幸之。吾见子之君子也，是以告情于子也。"司马子反曰："诺，勉之矣，吾军亦有七日之粮尔，尽此不胜，将去而归尔。"揖而去之，反于庄王。庄王曰："何如？"司马子反曰："惫矣。"曰："何如？"曰："易子而食之，析骸而炊之。"庄王曰："嘻，甚矣惫！虽然，吾今取此，然后而归尔。"司马子反曰："不可。臣已告之矣，军有七日之粮尔。"庄王怒曰："使子往视之，子曷为告之！"司马子反曰："以区区之宋，犹有不欺人之臣，可以楚而无乎！是以告之也。"庄王曰："诺，舍而止。虽然，吾犹取此然后归尔。"司马子反曰："然则君请处于此，臣请归尔。"庄王曰："子去我而归，吾孰与处于此？吾亦从子而归尔。"引师而去之。故君子大其平乎己也。此皆大夫也，其称人何？贬。曷为贬？平者在下也。

【注释】

〔1〕宋：宋国。此时楚庄王正围宋，故在军中会见。

〔2〕子反：名侧，字子反，又称公子侧，楚国的司马。　乘堙：乘，登；堙，筑以攻城的土山。

〔3〕华元：见7.2.1注〔1〕。《左传》的记载，与《公羊传》有异，华元是夜入楚师登子反之床，胁迫子反达成协议的，华元自己还做了人质。不像《公羊传》这样充满仁、义、信，这样理想化。

〔4〕柑马：使马口衔木。《解诂》："柑者，木衔其口，不欲令食粟，示有蓄积。"　秣：喂饲料。

【译文】

十五年春，公孙归父在宋国会见楚庄王。

夏五月，宋国人与楚国人讲和。

外国讲和不写，这为什么写下？强调他们是自己讲和的。为什么强调他们是自己讲和的？楚庄王围困宋国，军中只有七天的粮食罢了，七天之内不胜，将离宋而回国了。于是派司马子反登上土山窥探宋国的都城，宋国的华元也登上土山出来与司马子反见面。司马子反说："你的国都怎么样？"华元说："疲惫了。"司马子反问："什么程度？"华元说："交换孩子而吃他，剖出人骨而烧它。"司马子反说："嗨，疲惫得也太厉害了。虽然这样，我也听说，围城的喂马时使马口衔木，让胖人接应客人。你为什么向我吐露真情？"华元说："我听说，君子看到别人的困难就可怜他，小人看到别人的困难就幸灾乐祸。我看你是个君子，所以向你托出真情。"司马子反说："好，努力吧，我军也只有七天的粮食罢了，七天之内不胜，将离宋而回国了。"作揖而离去，返回楚庄王那儿。庄王问："怎么样？"司马子反说："疲惫了。"庄王问："什么程度？"司马子反说："交换孩子而吃他，剖出人骨而烧它。"庄王说："嗨，疲惫得也太厉害了。虽然这样，我如今也要拿下这座城，然后回国。"司马子反说："不能。臣子已经告诉他们，军中只有七天的粮食罢了。"庄王发怒说："派你去看看情况，你为什么告诉他们！"司马子反说："以区区一个宋国，尚且有不欺人的臣子，可以楚国反而没有吗？所以告诉了他们。"庄王说："好，先放下不打吧。虽然这样，我还是想拿下这座城然后回国。”司马子反说：“这样的话那么君王请留在这里，臣子请求回国。”庄王说：“你离开我而回国，我与谁留在这里？我也跟着你一起回国吧。”领着军队离开了。所以君子强调他们是自己讲和的。这都是大夫，称人是为什么？是贬斥。为什么贬斥？讲和的人是做臣下的人。

【原文】

7.15.2　六月癸卯，晋师灭赤狄潞氏〔1〕，以潞子婴儿归〔2〕。

潞何以称子？潞子之为善也，躬足以亡国。虽然，君子不可不记也。离于夷狄〔3〕，而未能合于中国。晋师伐之，中国不救，狄人不有，是以亡也。

秦人伐晋。

王札子杀召伯、毛伯〔4〕。

王札子者何？长庶之号也。

【注释】

〔1〕赤狄：见7.3.1注〔10〕。　潞氏：赤狄的一支，在今山西潞城东北潞县故城。氏是古代对少数民族支系的称号。

〔2〕潞子婴儿：潞子，杜预以为是“子爵也”，与《公羊传》不同。婴儿，潞子之名。其夫人为晋景公之姊伯姬。《左传》说：酆舒为政，杀伯姬，又伤潞子之目，故晋伐之。

〔3〕离于夷狄：《解诂》：“疾夷狄之俗而去离之，故称子。”

〔4〕王札子：名捷，又称王子捷。　召伯：谥戴，又称召戴公，召昭公之子。参见6.5.1注〔5〕。　毛伯：名卫。见6.9.1注〔1〕。《左传》说：王孙苏与召伯、毛伯争政，遂使王子捷杀了他们。

【译文】

六月癸卯日，晋国军队灭了赤狄潞氏，把潞子婴儿带回去。

潞为什么称子？潞子的行善，自身足以亡国。虽然这样，君子是不能不记的。他离开了夷狄，而没能融合于中国。晋国军队讨伐它，中国不救援，狄人也不保护，所以亡了。

秦国人攻伐晋国。

王札子杀了召伯、毛伯。

王札子是什么人？是长庶子的称号。

【原文】

7.15.3 秋，螺。

仲孙蔑会齐高固于牟娄[1]。

初税亩。

初者何？始也。税亩者何？履亩而税也[2]。初税亩何以书？讥。何讥尔？讥始履亩而税也。何讥乎始履亩而税？古者什一而借[3]。古者曷为什一而借？什一者，天下之中正也。多乎什一，大桀小桀[4]；寡乎什一，大貉小貉[5]。什一者，天下之中正也，什一行而颂声作矣。

冬，蝝生[6]。

未有言蝝生者，此其言蝝生何？蝝生不书，此何以书？幸之也[7]。幸之者何？犹曰受之云尔。受之云尔者何？上变古易常，应是而有天灾，其诸则宜于此焉变矣。

饥。

【注释】

〔1〕高固：谥宣，又称高宣子，齐国的卿。　牟娄：《左传》、《穀梁传》作无娄，字得通假。杞国地名。杞之牟娄已在隐公四年为莒所取，

此为杞国迁都后以故地名新邑。参见 1. 4. 1 注〔2〕。

〔2〕履亩而税：履，践；履亩，即踏看土地，谓根据土地多少而收税。《左传》说："初税亩，非礼也。"《穀梁传》说："初税亩，非正也。"《公羊传》也"讥始履亩而税"，认为是"变古易常"。说明这一改革在当时颇受正统势力的反对。

〔3〕什一而借：古代实行井田制，一井八家，田九百亩，其中公田八十亩，在中间；每家受田一百亩，如井字形排列在公田外。余下二十亩，每家二亩半庐舍。因八家共受旧八百亩，种公田八十亩，称为什一而借。《解诂》："什一以借民力，以什与民，自取其一为公田。"《穀梁传》："古者什一，借而不税。"

〔4〕大桀小桀：以暴君夏桀为喻，《解诂》："奢泰多取于民，比于桀也。"

〔5〕大貉小貉：以社会发展阶段相对落后的少数民族为喻，《解诂》："蛮貉无社稷、宗庙、百官制度之费，税薄。"

〔6〕蝝：未生翅的蝗子。

〔7〕幸：《解诂》："幸，侥幸。"《左传》亦有"幸之也"之语，杜注云："蝝未为灾，而书之者，幸其冬生，不为物害。"与《公羊传》之"上变古易常，应是而有天灾"之说异。于鬯《香草校书》创新说云："幸"实"㚔"（niè）隶变之异，《说文》释"㚔"为"所以警人也"。此说与《公羊传》之义实相合。今译文从于说。

【译文】

秋，蝗虫。

仲孙蔑在牟娄会见齐国的高固。

初税亩。

初是什么意思？是开始。税亩是什么意思？是根据田亩多少而征税。初税亩为什么写下？是讥讽。为什么讥讽这件事？是讥讽根据田亩多少而征税。为什么讥讽开始根据田亩多少而征税？古时候是十分劳动力中借一分劳动力的。古时候为什么十分劳动力中借一分劳动力？十分之一，是天下的中正。多于十分之一，就是大桀小桀；少于十分之一，就是大貉小貉。十分之一是天下的中正，实行了十分之一歌颂之声就起来了。

冬，出现蝗虫的幼虫。

没有说过出现蝗虫的幼虫的，这里说出现蝗虫的幼虫是为什么？出现蝗虫的幼虫不写，这为什么写下？这是一种警告。警告是什么意思？等于说是接受了天意。接受了天意是什么意思？上边改变古法常道，与此相应就有了天灾，岂不是应该在这时候变一变了？

饥荒。

【原文】

7.16.1　十有六年春王正月，晋人灭赤狄甲氏及留吁〔1〕。

夏，成周宣谢灾〔2〕。

成周者何？东周也。宣谢者何？宣宫之谢也〔3〕。何言乎成周宣谢灾？乐器藏焉尔〔4〕。成周宣谢灾何以书？记灾也。外灾不书，此何以书？新周也〔5〕。

秋，郯伯姬来归〔6〕。

冬，大有年。

【注释】

〔1〕甲氏、留吁：赤狄的两个分支，甲氏居地在今河北曲周一带，留吁居地在今山西屯留东南。

〔2〕成周：西周成王时，使召公营建洛邑，谓之王城，在今河南洛阳西；又使周公营建成周，在今河南洛阳东。平王东迁，都王城；至周敬王时迁都成周；赧王时又都王城。一般泛称，也把东都洛邑称为成周。　宣谢：《左传》、《穀梁传》作宣榭，阮元《公羊注疏校勘记》引惠栋云："古无榭字，或止作射。"字可互通。《尔雅·释宫》："无室曰榭。"徐彦疏引郭璞注（今本无）云："云'无室曰榭'者，但有大殿，无室内，名曰榭。"可见宣榭就是一间没有室的殿堂。　灾：《穀梁传》同，《左传》作火。《左传》记此事云："凡火，人火曰火，天火曰灾。""成周宣榭火，人火之也。"

〔3〕宣宫：周宣王的庙。按天子七庙之制，宣宫在周襄王时就应毁

庙了。《解诂》说："至此不毁者，有中兴之功。"

〔4〕乐器藏焉尔：《解诂》："宣王中兴所作乐器。"《穀梁传》："周灾不志也，其曰宣榭何也？以乐器之所藏目之也。"范宁集解："移风易俗莫善于乐，是故贵其器。"

〔5〕新周：《通义》："周之东迁本在王城，及敬王避子朝之难，更迁成周。作传者据时言之，故号成周为新周。犹晋徙于新田谓之新绛，郑居郭、郐之地谓之新郑云尔。传道此者，言成周虽非京师，而先王宫庙有大灾变，火为除旧布新之象，其后敬王果新邑于此。故《春秋》大之，同于京师而录其灾也。"

〔6〕郯伯姬：鲁女伯姬嫁给郯子为夫人者。《通义》："始嫁不书者，容郯子为世子时归之。"来归：被夫家离弃回娘家，所谓"大归曰来归"(3.27.3)。

【译文】

十六年春周历正月，晋国人灭了赤狄的甲氏和留吁。

夏，成周宣榭火灾。

成周是什么？是东周。宣榭是什么？是周宣王庙中的榭。为什么说成周宣榭火灾？乐器藏在那里呢！成周宣榭为什么写下？是记录灾情。国外的灾情不写，这为什么写下？因为成周是新周。

秋，郯伯姬被离弃归来。

冬，大丰收。

【原文】

7.17.1　十有七年春王正月庚子，许男锡我卒〔1〕。

丁未，蔡侯申卒〔2〕。

夏，葬许昭公。

葬蔡文公。

六月癸卯，日有食之〔3〕。

己未，公会晋侯、卫侯、曹伯、邾娄子〔4〕，同盟于断道[5]。

秋，公至自会。

冬十有一月壬午，公弟叔肸卒[6]。

【注释】

〔1〕许男锡我：即许昭公，名锡我，公元前621—前592年在位。

〔2〕蔡侯申：即蔡文公，名申，公元前611—前592年在位。

〔3〕六月癸卯，日有食之：《元史·历志二》引姜岌的推算，六月的朔日为甲辰，“不应食”。是六月既无癸卯日，又无日食。“今历推之，是岁五月乙亥朔入食限。”则此条日月皆有误。

〔4〕卫侯：卫缪公。　曹伯：曹宣公。

〔5〕断道：晋国地名。

〔6〕叔肸：《左传》、《穀梁传》作叔肸，字通。谥惠，又称惠伯叔肸，宣公的同母弟。《穀梁传》说：“其曰公弟叔肸，贤之也。其贤之何也？宣弑（指襄仲为立宣公而弑子赤）而非之也。非之则胡为不去也？曰，兄弟也，何去而之？与之财，则曰：‘我足矣。’织屦而食，终身不食宣公之食。”

【译文】

十七年春周历正月庚子日，许男锡我去世。

丁未日，蔡侯申去世。

夏，安葬许昭公。

安葬蔡文公。

六月癸卯日（当作五月乙亥日初一），有日食。

己未日，宣公会见晋景公、卫缪公、曹宣公、邾娄定公，在断道同盟。

秋，宣公自会见处回国告至。

冬十一月壬午日，宣公的同母弟叔肸去世。

【原文】

7.18.1　十有八年春，晋侯、卫世子臧伐齐[1]。

公伐杞。

夏四月。

秋七月，邾娄人戕鄫子于鄫[2]。

戕鄫子于鄫者何？残贼而杀之也[3]。

甲戌，楚子旅卒[4]。

何以不书葬？吴楚之君不书葬，辟其号也[5]。

公孙归父如晋[6]。

【注释】

〔1〕卫世子臧：卫缪公的太子，名臧，即后来的卫定公。

〔2〕鄫：参见5.14.2注〔1〕。《解诂》："言于鄫者，刺鄫无守备。"

〔3〕残贼：《解诂》："支解节断之，故变杀言戕。"

〔4〕楚子旅：《左传》同，《穀梁传》旅作吕，同音通假。即楚庄王，名旅（《史记·楚世家》作侣），公元前613—前591年在位。

〔5〕辟其号也：书葬要写下死者的谥号，楚君号称王，《春秋》根据当时"天无二日，土无二王"的观念，要避其号，故不书葬。《解诂》："旅即庄王也，葬从臣子辞，当称王，故绝其葬。"

〔6〕公孙归父如晋：《左传》说：公孙归父与宣公谋，"欲去三桓，以张公室"，因而访晋，欲借晋人之力达到目的。

【译文】

十八年春，晋景公、卫国的太子臧攻伐齐国。

宣公攻伐杞国。

夏四月。

秋七月，邾娄人在鄫国戕害鄫子。

在鄫国戕害鄫子是什么意思？是大卸八块而杀了他。

甲戌日，楚子旅去世。

为什么不写安葬？吴国、楚国的国君不写安葬，是避开他们的称号。

公孙归父前往晋国。

【原文】

7.18.2　冬十月壬戌，公薨于路寝。

归父还自晋，至柽[1]，遂奔齐[2]。

还者何？善辞也。何善尔？归父使于晋，还自晋，至柽，闻君薨家遣，墠帷[3]，哭君成踊[4]，反命乎介[5]，自是走之齐。

【注释】

〔1〕柽：《穀梁传》同，《左传》作笙，通假字。自晋返鲁路经之地。

〔2〕遂奔齐：宣公死后，襄仲当初"杀嫡立庶"就作为一个罪名被提了出来，造成了东门氏（襄仲之族）被逐的结局。《左传》记此事由季文子一手操纵，而《公羊传》则说是臧孙许所为。从后来公室卑，三桓强，政在季氏的政治走向看，《左传》的记载较为可信。公孙归父由此无法再回到鲁国，只能流亡到齐国。

〔3〕墠帷：扫地张帷，以遥祭宣公。《解诂》："扫地曰墠，今齐俗名之云尔。将袒踊，故设帷重形。"

〔4〕成踊：古代丧礼有哭踊的仪节，所谓"哭踊有节"（《礼记·檀弓上》）。踊本是向上跳，哭时配合着身体向上踊动，以示极度悲哀，称为哭踊。《解诂》："成踊，成三日五哭踊之礼。"即第一第二天的朝、暮各哭踊一次，第三天朝哭踊一次，共五次，称为成踊。

〔5〕反命乎介：介是随从通传的人。通过介向鲁国复命。《解诂》："因介反命。礼，卿出聘，以大夫为上介，以士为众介。"上介相当于副使。

【译文】

冬十月壬戌日，宣公在正寝去世。

公孙归父从晋国回还，到了柽邑，就投奔到齐国。

回还是什么意思？是好的用语。为什么要说这件事好？公孙归父出使到晋国，从晋国回还，到了柽邑，听说国君去世家被驱逐，就扫地设帷，痛哭国君完成了三日五哭踊之礼，通过副使向鲁国复命，从此流亡到齐国。

成　公

【题解】

鲁成公名黑肱，宣公之子，缪姜所生。旧有一说，据《左传》成公二年“公衡为质”于楚，杜注“公衡，成公子”为由，推测成公此时年当已长，因而不可能是缪姜所生。但若非缪姜所生，便是庶出，这与宣公死时季文子以“废嫡立庶”罪襄仲、逐东门氏之举显然矛盾。所以当从《公羊传》“宣公死，成公幼”之说，确认成公是缪姜所生嫡子才是。至于公衡，则杜注必误，当也是宣公之子、成公的庶兄可能性较大。正因为成公即位时年幼，才导致鲁国公室卑、三桓强、政在季氏的局面。《汉书·刑法志》批评“鲁成公作丘甲……搜狩治兵大阅之事皆失正，《春秋》书而讥之”，其实真是冤枉了鲁成公。成公元年。鲁国继初税亩之后又加重军赋，实行“作丘甲”，当时鲁成公还是个孩子，政事决于季文子、臧宣叔、孟献子等人。即便是他娶了夫人齐姜以后，政治上也还是十分稚嫩，以致在外事活动(沙随之会)中遭到大国晋国的轻视。《公羊传》替他开脱，说他“年幼”，所以“不耻”。实际上这时他已二十岁出头了。两年之后，他过早地结束了年轻的生命。成公在位十八年(前590—前573年)。

【原文】

8.1.1　元年春王正月，公即位。

一月辛酉，葬我君宣公。

无冰[1]。

三月，作丘甲[2]。

何以书？讥。何讥尔？讥始丘使也[3]。

夏，臧孙许及晋侯盟于赤棘[4]。

秋，王师败绩于贸戎[5]。

孰败之？盖晋败之。或曰贸戎败之[6]。然则曷为不言晋败之？王者无敌，莫敢当也。

冬十月。

【注释】

〔1〕无冰：周历二月，当夏历十二月，即所谓季冬之月，为一年最冷之时，古在此时取冰而藏之地窖。《礼记·月令》季冬之月："冰方盛，水泽腹坚（注：腹，厚也），命取冰。"这是正常的气候。这年冬暖，故书无冰。无冰者，无冰可取（冰的坚厚度不够），不一定是没有零下气温。

〔2〕作丘甲：丘是古代地方基层组织的一级。所谓九夫一井（本来是八家一井，实行初税亩后，取消公田，变为九家一井），四井为邑，四邑为丘，四丘为甸。《汉书·刑法志三》："甸六十四井也，有戎马四匹，兵车一乘，牛十二头，甲士三人，卒七十二人，干戈备具，是谓乘马之法。"这是原来以甸为基层单位征军赋之法。作丘甲则是以丘作为征军赋的基本单位。其具体内容古来说法很多，迄无定论。如《左传》杜注以为"甸所赋，今鲁使丘出之。"《穀梁传》说："作，为也，丘为甲地。"即释为使一丘之民人人作铠甲。《解诂》与《穀梁传》同。这两种说法，都有不切实际的地方。今取《通义》之说："今使丘出一甲，则甸有甲士四人，率三甸而增一乘。"即每丘出一甲士，戎马、兵车、牛、卒、干戈等负担按比例增加四分之一。

〔3〕始丘使：《通义》："始丘始者，言始不甸使也。"即原来以甸作为征军赋的单位，如今开始以丘作为征军赋的单位。

〔4〕臧孙许：字叔，谥宣，又称臧宣叔，臧文仲之子，鲁国的卿。赤棘：晋国地名。

〔5〕贸戎：《穀梁传》同，《左传》作茅戎，同音通假。戎的一支，其分布地一说即今山西平陆南之茅津渡，一说在河南修武一带。

〔6〕盖晋败之，或曰贸戎败之：据《左传》，周师为茅戎所败。则二说之中，或曰为是。

【译文】

元年春周历正月，成公即位。

二月辛酉日，安葬我先君宣公。

没有冰。

三月，作丘甲。

为什么写下？是讥讽？为什么讥讽这件事？是讥讽开始以丘作为征军赋的单位。

夏，臧孙许与晋景公在赤棘结盟。

秋，周王的军队在贸戎溃败。

谁打败了它？大概是晋国军队打败了它。也有人说是贸戎打败了它。这样的话那么为什么不说晋国军队打败了它？王者是没有对手的，没有谁敢与它处于对等的地位。

冬十月。

【原文】

8.2.1　二年春，齐侯伐我北鄙。

夏四月丙戌，卫孙良夫率师及齐师战于新筑〔1〕，卫师败绩。

六月癸酉，季孙行父、臧孙许、叔孙侨如、公孙婴齐帅师〔2〕，会晋郤克、卫孙良夫、曹公子手〔3〕，及齐侯战于鞍〔4〕，齐师败绩。

曹无大夫〔5〕，公子手何以书？忧内也〔6〕。

【注释】

〔1〕孙良夫：见7.7.1注〔1〕。新筑：卫国地名。

〔2〕叔孙侨如：谥宣，又称宣伯。叔孙得臣获长狄侨如，遂以“侨如”命名儿子以作纪念。公孙婴齐：谥声，又称声伯、子叔声伯，鲁文公之孙，叔肸之子。

〔3〕郤克：谥献，又称郤献子，郤缺之子，此时任晋国的中军元帅。曹公子手：《穀梁传》同，《左传》手作首，同音通假。

〔4〕鞍：齐国地名，在今山东济南。

〔5〕曹无大夫：参见3.24.3注〔3〕。

〔6〕内：指鲁国。《通义》："曹以内被齐难，遣大夫助战，故善而录之。"

【译文】

二年春，齐顷公攻伐我国北部边邑。

夏四月丙戌日，卫国的孙良夫率领军队与齐国军队在新筑交战，卫国军队溃败。

六月癸酉日，季孙行父、臧孙许、叔孙侨如、公孙婴齐率领军队，会合晋国的郤克、卫国的孙良夫、曹国的公子手，与齐顷公在鞍邑交战，齐国军队溃败。

曹国没有大夫，公子手为什么写下？是忧虑鲁国啊。

【原文】

8.2.2　秋七月，齐侯使国佐如师〔1〕。己酉，及国佐盟于袁娄〔2〕。

君不行使乎大夫，此其行使乎大夫何？佚获也〔3〕。其佚获奈何？师还齐侯，晋郤克投戟逡巡再拜稽首马前。逄丑父者，顷公之车右也，面目与顷公相似，衣服与顷公相似〔4〕，代顷公当左〔5〕。使顷公取饮，顷公操饮而至〔6〕。曰："革取清者〔7〕！"顷公用是佚而不反。逄丑父曰："吾赖社稷之神灵，吾君已免矣。"郤克曰："欺三军者，其法奈何？"曰："法斫。"于是斫逄丑父〔8〕。己酉，及齐国佐盟于袁娄，曷为不盟于师而盟于袁娄？前此者，晋郤克与臧孙许同时而聘于齐。萧同侄子者〔9〕，齐君之母也，踊于棓而窥客〔10〕，则客或跛或眇〔11〕，于是使跛者迓跛者，眇者迓眇者。大夫出，相与踦闾而语〔12〕，移日然后相去。齐人皆曰："患之起，必自此始。”二大夫归，相与率师为鞍之战，齐师大败。齐侯使国佐如师，郤克曰：“与我纪侯之甗[13]，反鲁、卫之侵地，使耕者东亩[14]，且以萧同侄子为质，则吾舍子矣。”国佐曰：“‘与我纪侯之甗’，请诺；‘反鲁、卫之侵地’，请诺；‘使耕者东亩’，是则土齐也[15]；萧同侄子者，齐君之母也，齐君之母，犹晋君之母也，不可。请战，一战不胜，请再；再战不胜，请三；三战不胜，则齐国尽子之有也，何必以萧同侄子为质！”揖而去之。郤克眣鲁、卫之使，使以其辞而为之请，然后许之，逮于袁娄而与之盟。

【注释】

〔1〕国佐：见7.10.2注〔4〕。

〔2〕袁娄：《左传》同，《穀梁传》作爰娄，同音通假。齐国地名，《穀梁传》：“鞍，去国五百里；爰娄，去国五十里。”在今山东临淄西。

〔3〕佚获：《解诂》：“已获而逃亡也。”

〔4〕衣服与顷公相似：《通义》：“军中上下同服，所谓均服。”

〔5〕代顷公当左：古代战车一车三人，一般战车御者在中，将在左，车右在右；国君或元帅的车，君、帅在中，御者在左，车右在右。逢丑父为车右，原来位在齐顷公右方，此时与齐顷公易位，故谓之当左。

〔6〕顷公操饮而至：《解诂》：“不知顷公将欲坚敌意邪？势未得去邪？”

〔7〕革取清者：《解诂》：“革，更也。军中人多，水泉浊。欲使远取清者，因亡去。”

〔8〕于是斫逢丑父：据《左传》，则逢丑父未死，郤克说：“人不难以死免其君，我戮之不祥，赦之以劝事君者。”乃免之。二传不知孰是。

〔9〕萧同侄子：《左传》作萧同叔子。《通义》：“萧同者，萧国之君，字同叔，附庸之君以字通也。侄子犹言侄女，顷公之母，是萧同叔之侄女也。兄弟之子犹子，故《左氏》直云萧同叔子矣。”

〔10〕踊于棓：踊，登上；棓，跳板。皆当时齐人语。

〔11〕客或跛或眇：《左传》说：“郤子登，妇人笑于房。”杜预注：“跛而登阶，故笑之。”则郤克跛，臧孙许眇。然此事传闻颇有相异，《穀梁传》将使者增为四人：“季孙行父秃，晋郤克眇，卫孙良夫跛，曹公子手偻，同时而聘于齐。齐使秃者御秃者，使眇者御眇者，使跛者御跛者，使偻者御偻者。萧同侄子处台上而笑之，闻于客。”臧孙许变成了季孙行父，各人的生理缺陷也有变化。但孔颖达《春秋左传正义》转引沈文阿所引古本《穀梁传》云：“鲁行父秃，晋郤克跛，卫孙良夫眇，曹公子手伛。”范宁为《穀梁传》集解也说：“谓笑其(指郤克)跛。”可见《穀梁传》本作郤克跛，与《左传》同。《史记·晋世家》则说：“齐顷公母从楼上观而笑之，所以然者，郤克偻，而鲁使蹇，卫使眇，故亦令人如之以导客。”又有不同。

〔12〕踦闾：《解诂》：“闾，当道门。闭一扇，开一扇；一人在外，一人在内，曰踦闾。”

〔13〕纪侯之甗：当为齐国灭纪所得的青铜器。甗为古代炊具，下部是三足的鬲，上部是透底的甑，上下部之间隔有一层有孔的箅。

〔14〕使耕者东亩：使田垄修成东西向的，晋伐齐时，战车易于通过。

〔15〕土齐：《解诂》：“则晋悉以齐为土地。”

【译文】

秋七月，齐顷公派遣国佐前往军队。己酉日，与国佐在袁娄结盟。

国君不出行在外时派遣大夫，这出行在外派遣大夫是为什么？是漏网了。他怎样漏网了？军队包围齐顷公，晋国的郤克扔下戟欲进又止在马前拜了又拜叩头。逢丑父是齐顷公的车右，面貌与齐顷公相像，衣服与齐顷公相像，替代齐顷公到了左面的位置。他差遣齐顷公去取点水来喝，齐顷公拿了水来。逢丑父说：“换一点清水来！”齐顷公因此逃逸不回。逢丑父说：“我依赖社稷的神灵，我的国君已经逃掉了。”郤克说：“欺骗三军的，按军法该怎么样？”左右回答说：“军法当斩。”于是斩了逢丑父。己酉日，与齐国的国佐在袁娄结盟，为什么不在军中结盟而在袁娄结盟？在此之前，晋国的郤克与臧孙许同时访问齐国。萧同侄子，是齐国国君的母亲，登上踏板而窥视客人，则客人一个是跛子，一个瞎了一只眼。于是派跛子迎接跛子，瞎了一只眼的迎接瞎了一只眼的。两位大夫出来后，一个在门里一个在门外说话，直到日影移动了才互相分别。齐国人都说："祸患的发生，一定从这开始。"两位大夫回国以后。一起率领军队进行了鞌之战，齐国军队大败。齐顷公派遣国佐前往军队，郤克说："给我纪侯之甗，归还鲁国、卫国被侵占的地盘，使农民把田垄都修成东西向的，而且要以萧同侄子作为人质，那么我就放你一马。"国佐说："'给我纪侯之甗'，可以签应；'归还鲁国、卫国被侵占的地盘'，可以签应；'使农民把田垄都修成东西向的'，这就把齐国的土地当成晋国的土地了；萧同侄子是齐国国君的母亲，齐国国君的母亲就好比晋国国君的母亲，不可以。请用打仗来解决问题吧，一战不胜，请再战；再战不胜，请三战；三战不胜，那么齐国全部归你所有了，何必以萧同侄子为人质！"作了个揖就走了。郤克向鲁国、卫国的使者以目示意，让他们以国佐的话为齐国求情，然后允许了，到了袁娄而与国佐结盟。

【原文】

8.2.3　八月壬午，宋公鲍卒〔1〕。

庚寅，卫侯遬卒〔2〕。

取汶阳田〔3〕。

汶阳田者何？鞌之赂也。

冬，楚师、郑师侵卫。

十有一月，公会楚公子婴齐于蜀〔4〕。

丙申，公及楚人、秦人、宋人、陈人、卫人、郑人、齐人、曹人、邾娄人、薛人、鄫人盟于蜀。

此公子婴齐也，其称人何？得一贬焉尔〔5〕。

【注释】

〔1〕宋公鲍：即宋文公，名鲍，公元前610—前589年在位。

〔2〕卫侯遬：《左传》、《穀梁传》作卫侯速，字通。即卫缪公，名遬，公元前599—前589年在位。

〔3〕汶阳田：汶阳即汶水之北，田在今山东泰安西南。

〔4〕公子婴齐：即子重，见7.12.2注〔14〕。蜀：鲁国地名，今山东汶上南有蜀山湖，湖中有蜀山。一说在今山东泰安西。

〔5〕得一贬焉尔：《通义》："大夫不敌君，本当贬称人，但会、盟两贬，则嫌楚实微者，故特见公子婴齐名氏于上，而于此一贬，以申其义也。"

【译文】

八月壬午日，宋公鲍去世。

庚寅日，卫侯遬去世。

拿回汶阳田。

汶阳田是什么？是鞍之战的贿赂。

冬，楚国军队、郑国军队侵犯卫国。

十一月，成公在蜀邑会见楚国的公子婴齐。

丙申日，成公与楚国人、秦国人、宋国人、陈国人、卫国人、郑国人、齐国人、曹国人、邾娄国人、薛国人、鄫国人在蜀邑结盟。

这是公子婴齐，称人是为什么？得有一处贬低他。

【原文】

8.3.1　三年春王正月，公会晋侯、宋公、卫侯、曹伯伐郑〔1〕。

辛亥，葬卫缪公〔2〕。

二月，公至自伐郑。

甲子，新宫灾〔3〕，三日哭〔4〕。

新宫者何？宣公之宫也。宣宫则曷为谓之新宫？不忍言也。其言三日哭何？庙灾三日哭，礼也。新宫灾何以书？记灾也。

乙亥，葬宋文公。

夏，公如晋[5]。

郑公子去疾率师伐许[6]。

公至自晋。

【注释】

〔1〕宋公：宋共公。卫侯：卫定公。

〔2〕卫缪公：《左传》、《穀梁传》作卫穆公，字通。

〔3〕新宫：新设立的宗庙，即宣公的庙。《穀梁传》："迫近不敢称谥，恭也。"

〔4〕三日哭：《穀梁传》："三日哭，哀也；其哀，礼也。"《礼记·檀弓下》："有焚其先人之室，则三日哭。故曰，新宫火，亦三日哭。"郑玄注："谓火烧其宗庙，哭者，哀精神之有亏伤。"

〔5〕公如晋：据《左传》，成公此行，是"拜汶阳之田"。晋使齐还鲁汶阳田，故前去答谢。

〔6〕公子去疾：字子良，郑缪公之庶子。率：《左传》、《穀梁传》作帅，字通。下同。

【译文】

三年春周历正月，成公会合晋景公、宋共公、卫定公、曹宣公攻伐郑国。

辛亥日，安葬卫缪公。

二月，成公自伐郑处回国告至。

甲子日，新宫火灾，哭了三天。

新宫是什么？是宣公的庙。是宣公的庙那么为什么称之为新宫？是不忍心说。说哭了三天是为什么？宗庙火灾哭三天，是礼。新宫火灾为什么写下？是记录灾情。

乙亥日，安葬宋文公。

夏，成公前往晋国。

郑国的公子去疾率领军队攻伐许国。

成公自晋国回国告至。

【原文】

8.3.2 秋，叔孙侨如率师围棘[1]。

棘者何？汶阳之不服邑也。其言围之何？不听也。

大雩。

晋郤克、卫孙良夫伐将咎如[2]。

冬十有一月，晋侯使荀庚来聘[3]。

卫侯使孙良夫来聘[4]。

丙午，及荀庚盟。

丁未，及孙良夫盟。

此聘也，其言盟何？聘而言盟者，寻旧盟也[5]。

郑伐许。

【注释】

〔1〕棘：汶阳邑名，杜预注《左传》云："在济北蛇丘县。"即今山东肥城南。因汶水改道，肥城县今在汶水之南，春秋时则在汶水之北。

〔2〕将咎如：将，《左传》作廧，《穀梁传》作墙，字皆同音通假，将咎如，赤狄的一支，隗姓，分布在今山西太原东北。

〔3〕荀庚：荀林父之子，晋国的卿。荀林父为晋国中行元帅，其后以中行为氏，荀庚史又称中行伯。

〔4〕卫侯：卫定公。

〔5〕寻：《解诂》："寻，犹寻绎也。"旧盟：与晋国的旧盟，当指元年的赤棘之盟，见8.1.1。与卫国的旧盟，当指宣公七年春之盟。见7.7.1。

【译文】

秋，叔孙侨如率领军队包围棘邑。

棘是什么地方？是汶阳之地中不服从的城邑。说围是为什么？是为不听话。

举行盛大的雩祭。

晋国的郤克、卫国的孙良夫攻伐将咎如。

冬十一月，晋景公派遣荀庚来访。

卫定公派遣孙良夫来访。

丙午日，与荀庚结盟。

丁未日，与孙良夫结盟。

这是来访，说结盟是为什么？来访而说结盟的，是寻绎旧盟。

郑国攻伐许国。

【原文】

8.4.1 四年春，宋公使华元来聘。

三月壬申，郑伯坚卒〔1〕。

杞伯来朝〔2〕。

夏四月甲寅，臧孙许卒。

公如晋。

葬郑襄公。

秋，公至自晋。

冬，城运〔3〕。

郑伯伐许〔4〕。

【注释】

〔1〕郑伯坚：即郑襄公，名坚，公元前604—前587年在位。

〔2〕杞伯：杞桓公。

〔3〕运：《左传》、《穀梁传》作郓，同音通假。鲁有东、西二运，此为西运，在今山东郓城东。参见6.12.3注〔3〕。

〔4〕郑伯：郑悼公。此为未逾年之君，照例当称名（参见2.11.3注〔3〕、〔4〕），因襄公已葬，从宽称爵（参见7.10.2注〔4〕）。

【译文】

四年春，宋共公派遣华元来访。

三月壬申日，郑伯坚去世。
杞桓公来访。
夏四月甲寅日，臧孙许去世。
成公前往晋国。
安葬郑襄公。
秋，成公自晋国回国告至。
冬，修筑西运城墙。
郑悼公攻伐许国。

【原文】

8.5.1　五年春王正月，杞叔姬来归〔1〕。

仲孙蔑如宋。

夏，叔孙侨如会晋荀秀于谷〔2〕。

梁山崩〔3〕。

梁山者何？河上之山也。梁山崩何以书？记异也。何异尔？大也。何大尔？梁山崩，壅河三日不沶〔4〕。外异不书，此何以书？为天下记异也。

秋，大水。

冬十有一月己酉，天王崩〔5〕。

十有二月己丑，公会晋侯、齐侯、宋公、卫侯、郑伯、曹伯、邾娄子、杞伯，同盟于虫牢〔6〕。

【注释】

〔1〕杞叔姬：鲁女叔姬嫁给杞伯为夫人者。嫁时《春秋》不书者，参见7.16.1注〔6〕。来归：见7.16.1注〔6〕。去年经书杞伯来朝，据《左传》说就是为了“归叔姬故也”。

〔2〕荀秀：《左传》、《榖梁传》作荀首，古音同可通。谥庄，食邑于知，又称知庄子。荀林父之弟，荀庚之叔，晋国的卿，中军副帅。谷：

见 3. 7. 2 注〔2〕。

〔3〕梁山：《尔雅·释山》：“梁山，晋望也。”郭璞注：“晋国所望祭者，今在冯翊夏阳县西北，临河上。”邢昺疏：“成五年《公羊传》曰：‘梁山者何？河上之山也。’故知临河上。”在今陕西韩城境，接洽阳县界。

〔4〕沶：古文流字。《穀梁传》：“梁山崩，壅遏河三日不流。”

〔5〕天王：周定王，名瑜，公元前 606—前 586 年在位。

〔6〕虫牢：郑国地名，《后汉书·郡国志三》兖州：“陈留郡封丘有桐牢亭，或曰古虫牢。”在今河南封丘北。

【译文】

五年春周历正月，杞叔姬被离弃归来。

仲孙蔑前往宋国。

夏，叔孙侨如在谷邑会见晋国的荀秀。

梁山崩塌。

梁山是什么？是黄河边上的山。梁山崩塌为什么写下？是记录异常情况。为什么把它当作异常情况？因为崩塌的范围大。为什么说它崩塌的范围大？梁山崩塌，壅塞黄河水三天不流。国外的异常情况不写，这为什么写下？是为天下记录异常情况。

秋，洪水。

冬十一月己酉日，周定王去世。

十二月己丑日，成公会见晋景公、齐顷公、宋共公、卫定公、郑悼公、曹宣公、邾娄定公、杞桓公，在虫牢同盟。

【原文】

8. 6. 1　六年春王正月，公至自会。

二月辛巳，立武宫[1]。

武宫者何？武公之宫也[2]。立者何？立者不宜立也，立武宫非礼也[3]。

取郓[4]。

郚者何？邾娄之邑也。曷为不系于邾娄？讳亟也。

卫孙良夫率师侵宋。

【注释】

〔1〕立武宫：《解诂》：“臧孙许伐齐有功，故立武宫。”以为是为纪念鞍之战胜利的，与《左传》“季文子以鞍之功立武宫”义同。《左传》也认为立武宫“非礼也”，因为鞍之战是“听于人以救其难”，胜利是依靠晋国的力量才取得的，“立武”应该“由己，非由人也”，从这个角度上论证立武宫非礼。这一点与《解诂》有异。

〔2〕武公：名敖，伯禽的玄孙，鲁隐公的曾祖父，时当西周宣王时。谥号武，是因为有“武德”的缘故。根据诸侯五庙的制度，武公早已毁庙了(参6.2.3注〔4〕)。此时重立，是纪念武功之意，已如上述。重立以后，附于祭祀周公的大庙之中，与祭祀伯禽的世室并列，也成为一个世室(参6.13.1注〔3〕—〔7〕)。《礼记·明堂位》：“鲁公之庙，文世室也；武公之庙，武世室也。”郑玄注：“世室者，不毁之名也。鲁公，伯禽也；武公，伯禽之玄孙也。”武世室自成公时始有。

〔3〕立武宫非礼也：周制：天子七庙，后稷、文王、武王之庙都是世世不毁的，后世诸王，只立高祖以下四庙，超过高祖的就毁其庙，总数始终保持七庙。诸侯五庙，始祖(始封之君)一庙，高祖以下四庙。鲁国因始祖与始封之君非一(始祖为周公，始封之君为伯禽)，所以在周公大庙之中设立不毁之世室祭祀伯禽。此时又重立武公之宫，就超过了规定了，所以说它非礼。武公之宫后来作为武世室处理，就是为了解决这个“非礼”的问题。《通义》：“立毁庙犹可言也，拟天子不可言也。”

〔4〕郚：王献唐《三邾疆邑图考》：“郚本小国，邾灭君存，鲁复取之，不系于邾，以存其国。顾氏《读史方舆纪要》‘或曰在山东沂州郯城县东北’，郯在小邾东南，相距甚远，鲁不能越数国往取，邾之疆域亦不至是，其地疑在邹县附近。”王氏云，邹县出土陶文有作“传”之繁体字形者。即郚。

【译文】

六年春周历正月，成公自会见处回国告至。

二月辛巳日，立武宫。

武宫是什么？是武公的庙。立是什么意思？立是不宜立，立武宫是不合礼法的。

拿下邿。

邿是什么地方？是邾娄国的城邑。为什么不说明是邾娄国的邿？是隐讳拿得太急了。

卫国的孙良夫率领军队侵犯宋国。

【原文】

8.6.2　夏六月，邾娄子来朝。

公孙婴齐如晋。

壬申，郑伯费卒〔1〕。

秋，仲孙蔑、叔孙侨如率师侵宋。

楚公子婴齐率师伐郑。

冬，季孙行父如晋。

晋栾书率师侵郑〔2〕。

【注释】

〔1〕郑伯费：即郑悼公，名费，公元前586—前585年在位。

〔2〕栾书：字伯，又称栾伯，晋国的卿，任下军元帅。侵郑：《左传》、《穀梁传》作救郑。郑本楚之与国，去年虫牢之盟郑国倒向晋国，故楚国伐郑，则晋必救郑，知《公羊传》此处字讹。译文改“救”字。

【译文】

夏六月，邾娄定公来访。

公孙婴齐前往晋国。

壬申日，郑伯费去世。

秋，仲孙蔑、叔孙侨如率领军队侵犯宋国。

楚国的公子婴齐率领军队攻伐郑国。

冬，季孙行父前往晋国。

晋国的栾书率领军队救援郑国。

【原文】

8.7.1 七年春王正月，鼷鼠食郊牛角〔1〕，改卜牛〔2〕，鼷鼠又食其角，乃免牛〔3〕。

吴伐郯〔4〕。

夏五月，曹伯来朝。

不郊，犹三望〔5〕。

秋，楚公子婴齐率师伐郑。

公会晋侯、齐侯、宋公、卫侯、曹伯、莒子、邾娄子、杞伯救郑。八月戊辰，同盟于马陵〔6〕。

公至自会。

吴入州来〔7〕。

冬，大雩。

卫孙林父出奔晋〔8〕。

【注释】

〔1〕鼷鼠：传说是鼠类最小的一种。《本草纲目·兽部三》引陈藏器曰："鼷鼠极细，卒不可见，食人及牛马等皮肤成疮。"郊牛：见7.3.1注〔1〕。

〔2〕卜牛：见7.3.1注〔2〕。

〔3〕免牛：参见5.31.2。

〔4〕吴：姬姓国名，始祖是周太王之子太伯、仲雍，至春秋时寿梦称王。因地处南方，被中原各国视为蛮夷。有今江苏、上海大部及安徽、浙江的一部，初建都于梅里(今江苏无锡东南)，诸樊时徙吴(今江苏苏州)。

〔5〕三望：见5.31.2注〔4〕。

〔6〕马陵：卫国地名，在今河北大名东南，一说在今河南范县西南。

〔7〕州来：国名，故址在今安徽凤台。

〔8〕孙林父：谥文，又称孙文子，孙良夫之子。《左传》谓"卫定公恶孙林父"，故孙林父出奔晋。

【译文】

七年春周历正月，鼷鼠吃了郊祭用的牛的角，换上一头牛来占卜，鼷鼠又吃了它的角，于是就免去了用牛。

吴国攻伐郯国。

夏五月，曹宣公来访。

不举行郊祭，还是举行了三望之祭。

秋，楚国的公子婴齐率领军队攻伐郑国。

成公会合晋景公、齐顷公、宋共公、卫定公、曹宣公、莒渠丘公、邾娄定公、杞桓公救援郑国。八月戊辰日，在马陵同盟。

成公自会盟处回国告至。

吴国进入州来。

冬，举行盛大的雩祭。

卫国的孙林父流亡到晋国。

【原文】

8.8.1　八年春，晋侯使韩穿来言汶阳之田归之于齐〔1〕。

来言者何？内辞也，胁我使我归之也。曷为使我归之？鞍之战，齐师大败，齐侯归，吊死视疾，七年不饮酒、不食肉。晋侯闻之曰："嘻，奈何使人君七年不饮酒、不食肉，请皆反其所取侵地。"

晋栾书帅师侵蔡。

公孙婴齐如莒。

宋公使华元来聘〔2〕。

【注释】

〔1〕韩穿：晋国的卿，新上军的副帅。

〔2〕宋公使华元来聘：据《左传》，华元来是为求亲。

【译文】

八年春，晋景公派遣韩穿来说归还齐国汶阳的田。

来说是什么意思？是内部隐讳的说法，是威胁我国使我国归还汶阳的田。为什么使我国归还汶阳的田？鞌之战，齐国军队大败，齐顷公回国后，吊唁死者探视伤员，七年不喝酒、不吃肉。晋景公听说这件事说：“嗨，怎么让人家的国君七年不喝酒、不吃肉，建议把所取侵占的地都还给他。”

晋国的栾书率领军队侵犯蔡国。

公孙婴齐前往莒国。

宋共公派遣华元来访。

【原文】

8.8.2　夏，宋公使公孙寿来纳币〔1〕。

纳币不书，此何以书？录伯姬也〔2〕。

晋杀其大夫赵同、赵括〔3〕。

秋七月，天子使召伯来锡公命〔4〕。

其称天子何〔5〕？“元年春王正月”，正也〔6〕；其余皆通矣。

冬十月癸卯，杞叔姬卒。

晋侯使士燮来聘〔7〕。

叔孙侨如会晋士燮、齐人、邾娄人伐郯。

卫人来媵。

媵不书，此何以书？录伯姬也。

【注释】

〔1〕公孙寿：宋桓公之孙，公子荡之子，宋共公的叔祖父。纳币：见3.22.2注〔2〕。

〔2〕伯姬：鲁宣公之女，缪姜所生，成公的同母姊姊。因嫁给宋共

公为夫人，故又称共姬。《公羊传》前后六次提到“录伯姬也”，是要强调《春秋》详录伯姬之事，以宣扬她是一个“贤女”。关于伯姬的“贤”，特别表现在《襄公三十年》的有关记述中，参见9.30.1。《解诂》：“伯姬守节，逮火而死，贤，故详录其礼，所以殊于众女。”实际上伯姬是礼教的殉葬品。

〔3〕赵同、赵括：赵衰之子，赵盾之异母弟。同、括还有一幼弟名婴齐。赵盾之子赵朔娶晋成公女赵庄姬为妻，赵朔早死，庄姬遂与夫叔赵婴齐通奸。赵同、赵括遂将赵婴齐放逐至齐国。庄姬为此衔恨，向自己的弟弟晋景公进谗言，诬称赵同、赵括“将为乱”，景公遂杀赵同、赵括，灭其族。见《左传》。

〔4〕召伯：召桓公。

〔5〕其称天子何：《春秋》前文对周王都称为天王，如6.1.1“天王使毛伯来锡公命”；这里不称天王而称天子，所以设问。

〔6〕正也：《解诂》：“正者，文不变也。”

〔7〕士燮：谥文，食邑于范，又称范文子，晋国的卿，上军元帅。

【译文】

夏，宋共公派公孙寿来送聘礼。

送聘礼不写，这为什么写下？是为了记录伯姬。

晋国杀了它的大夫赵同、赵括。

秋七月，天子派遣召桓公来赐给成公爵服。

称天子是为什么？“元年春王正月”的“王”，是不变的，其他地方天王、天子都是通用的。

冬十月癸卯日，杞叔姬去世。

晋景公派遣士燮来访。

叔孙侨如会合晋国的士燮、齐国人、邾娄国人攻伐郯国。

卫国人来送随嫁女。

送随嫁女不写，这为什么写下？是为了记录伯姬。

【原文】

8.9.1　九年春王正月，杞伯来逆叔姬之丧以归[1]。

杞伯曷为来逆叔姬之丧以归？内辞也，胁而归之也。

公会晋侯、齐侯、宋公、卫侯、郑伯、曹伯、莒子、杞伯[2]，同盟于蒲[3]。

公至自会。

二月，伯姬归于宋。

夏，季孙行父如宋致女[4]。

未有言致女者，此其言致女何？录伯姬也。

晋人来媵。

媵不书，此何以书？录伯姬也。

【注释】

〔1〕杞伯来逆叔姬之丧以归：叔姬是被杞伯离弃回娘家的，本来没有来迎遗体的道理，所以下文说是隐讳了实情，是胁迫杞伯来迎的。

〔2〕郑伯：郑成公。

〔3〕蒲：见2.3.1注〔3〕。

〔4〕致女：当时的一种礼俗：女儿出嫁后，娘家派亲人前去探望，叫做“致女”。季孙行父是伯姬的叔祖父。

【译文】

九年春周历正月，杞桓公来迎叔姬的遗体回国。

杞桓公为什么来迎叔姬的遗体回国？是内部隐讳的说法，是胁迫杞桓公才迎回去的。

成公会见晋景公、齐顷公、宋共公、卫定公、郑成公、曹宣公、莒渠丘公、杞桓公，在蒲邑同盟。

成公自会盟处到达鲁国。

二月，伯姬嫁到宋国。

夏，季孙行父前往宋国致女。

没有说致女的，这里说致是为什么？是为了记录伯姬。

晋国人来送随嫁女。

送随嫁女不写，这为什么写下？是为了记录伯姬。

【原文】

8.9.2　秋七月丙子，齐侯无野卒〔1〕。

晋人执郑伯〔2〕。

晋栾书帅师伐郑。

冬十有一月。葬齐顷公。

楚公子婴齐帅师伐莒。庚申，莒溃。楚人入运〔3〕。

秦人、白狄伐晋。

郑人围许。

城中城〔4〕。

【注释】

〔1〕齐侯无野：即齐顷公，名无野，公元前598—前582年在位。

〔2〕晋人执郑伯：郑成公前往晋国，晋人因其有贰心于楚而执之。

〔3〕运：东运，此时属莒，参见6.12.3注〔3〕。

〔4〕中城：指鲁国国都的内城。《穀梁传》："城中城者，非外民也。"外民即国都以外的民众。

【译文】

秋七月丙子日，齐侯无野去世。

晋国人捉拿了郑成公。

晋国的栾书率领军队攻伐莒国。庚申日，莒国溃败。楚国人进入运邑。

秦国人、白狄攻伐晋国。

郑国人围困许国。

修筑内城城墙。

【原文】

8.10.1　十年春，卫侯之弟黑背率师侵郑[1]。

夏四月，五卜郊[2]，不从，乃不郊。

其言乃不郊何？不免牲[3]，故言乃不郊也。

五月，公会晋侯、齐侯、宋公、卫侯、曹伯伐郑[4]。

齐人来媵。

来媵不书，此何以书？录伯姬也。三国来媵非礼也[5]，曷为皆以录伯姬之辞言之？妇人以众多为侈也[6]。

丙午，晋侯獳卒[7]。

秋七月，公如晋[8]。

【注释】

〔1〕黑背：史又称子叔黑背，卫定公之弟。

〔2〕五卜郊：卜郊之义，见5.31.2注〔1〕。5.31.2云："三卜，礼也；四卜，非礼也。"五卜当然就更非礼了。《通义》："五卜非礼，不发传者，四卜犹渎，过此何言矣。"

〔3〕不免牲：《通义》："不免牲，失礼，故讥之。言免牲则不郊可知，言不郊而不言免牲，则不免牲亦可知。"卜郊不顺，则当免牲不举行郊祭；此不郊祭而不免牲，当然是人享用了本当先祭天的牲畜。《解诂》："不免牲，当坐盗天牲，失事天之道。"

〔4〕齐侯：齐灵公。

〔5〕三国来媵非礼也：周代礼俗，一国嫁女，二国来媵，嫁者以侄娣从，媵者亦以侄娣从，这就是所谓"诸侯一娶九女"。三国来媵超过了规格，所以说非礼。特别齐以异姓之国来媵，也是不合当时正统的礼俗的。《解诂》："唯天子娶十二女。"

〔6〕妇人以众多为侈：《解诂》："侈，大也。朝廷侈于妒上，妇人侈于妒下。伯姬以至贤为三国所争媵，故侈大其能容之。"

〔7〕晋侯獳：即晋景公，名獳，公元前599—前581年在位。

〔8〕公如晋：此句下无“冬十月”一句，而《左传》、《穀梁传》并有之。浦镗以《公羊》为是，《左传》、《穀梁传》为后人妄增之衍文。《礼记·中庸》孔颖达疏：“成十年，不书‘冬十月’。”可以为证。《左传》记载当时实情说：“秋。公如晋。晋人止公，使送葬。……冬，葬晋景公。公送葬，诸侯莫在。鲁人辱之，故不书，讳之也。”可见。《春秋》为了隐讳成公送葬这一有失身份的事(一国诸侯死，其他国家诸侯不亲送葬，派大夫送葬)，所以不记载“葬晋景公”，连“冬十月”的例文也不书。

【译文】

十年春，卫定公的同母弟黑背率领军队侵犯郑国。

夏四月，对郊祭进行五次占卜，不顺，于是就不举行郊祭了。

说于是就不举行郊祭是为什么？是不免去用牲，所以说于是就不举行郊祭了。

五月，成公会合晋景公、齐灵公、宋共公、卫定公、曹宣公攻伐郑国。

齐国人来送随嫁女。

来送随嫁女不写，这为什么写下？是为了记录伯姬。三个国家来送随嫁女是不合礼法的，为什么都说是为了记录伯姬？妇女能以容忍众多媵妾为气量大。

丙午日，晋侯獳去世。

秋七月，成公前往晋国。

【原文】

8.11.1　十有一年春王三月，公至自晋。

晋侯使郤州来聘[1]。己丑，及郤州盟。

夏，季孙行父如晋。

秋，叔孙侨如如齐。

冬十月。

【注释】

〔1〕晋侯：晋厉公。郤州：《左传》、《穀梁传》作郤犨，音近可通，下同。晋国的大夫，郤克的堂兄弟，食采于苦，谥成，字叔，史又称苦成叔。

【译文】

十一年春周历三月，成公自晋国回国告至。

晋厉公派遣郤州来访。己丑日，与郤州结盟。

夏，季孙行父前往晋国。

秋，叔孙侨如前往齐国。

冬十月。

【原文】

8.12.1　十有二年春，周公出奔晋〔1〕。

周公者何？天子之三公也。王者无外，此其言出何？自其私土而出也〔2〕。

夏，公会晋侯、卫侯于沙泽〔3〕。

秋，晋人败狄于交刚〔4〕。

冬十月。

【注释】

〔1〕周公：名楚，为5.9.1宰周公之后。参该节注〔3〕。据《左传》，周公楚因受王室宗族之排挤，又争政而不胜，故怒而出。

〔2〕私土：《解诂》："私土者，谓其国也。"即周公楚食采之邑。

〔3〕沙泽：《左传》、《穀梁传》作琐泽，古音同可通。晋国地名，在今河北大名东。

〔4〕交刚：《左传》杜注云"地阙"，当在晋与白狄分布区交接处。

【译文】

十二年春，周公楚出奔到晋国。

周公是什么人？是天子的三公。王者是无所谓外的，这里说“出”是为什么？是从他私人的土地上出去的。

夏，成公在沙泽会见晋厉公、卫定公。

秋，晋国人在交刚打败狄。

冬十月。

【原文】

8.13.1　十有三年春，晋侯使郤锜来乞师[1]。

三月，公如京师。

夏五月，公自京师，遂会晋侯、齐侯、宋公、卫侯、郑伯、曹伯、邾娄人、滕人伐秦。

其言自京师何？公凿行也[2]。公凿行奈何？不敢过天子也[3]。

曹伯庐卒于师[4]。

秋七月，公至自伐秦。

冬，葬曹宣公。

【注释】

〔1〕郤锜：郤克之子，郤州之侄。史又称驹伯，晋国的卿，上军副帅。郤锜乞师，是为了伐秦。乞师，见5.26.1。

〔2〕凿行：改道而行。《解诂》：“凿，犹更造之意。”

〔3〕不敢过天子也：《解诂》：“时本欲直伐秦，涂过京师，不敢过京师而不朝，复生事修朝礼而后行。”

〔4〕曹伯庐：即曹宣公，名庐，公元前594—前578年在位。

【译文】

十三年春，晋厉公派遣郤锜来求援军队。

三月，成公前往京师。

夏五月，成公从京师，于是就会合晋厉公、齐灵公、宋共公、卫定公、郑成公、曹宣公、邾娄国人、滕国人攻伐秦国。

说从京师是为什么？是成公改道而行。成公怎样改道而行？是因为不敢过天子而不朝。

曹伯庐在军队里去世。

秋七月，成公自伐秦处回国告至。

冬，安葬曹宣公。

【原文】

8.14.1 十有四年春王正月，莒子朱卒〔1〕。

夏，卫孙林父自晋归于卫〔2〕。

秋，叔孙侨如如齐逆女。

郑公子喜率师伐许〔3〕。

九月，侨如以夫人妇姜氏至自齐〔4〕。

冬十月庚寅，卫侯臧卒〔5〕。

秦伯卒〔6〕。

【注释】

〔1〕莒子朱：即莒渠丘公，名朱，字季佗，公元前608—前577年在位。

〔2〕卫孙林父自晋归于卫：孙林父于七年冬出奔晋，见8.7.1，至今因晋厉公之力得以回国。《左传》："卫侯如晋，晋侯强见孙林父焉。定公不可。夏，卫侯既归，晋侯使郤犫送孙林父而见之。"《通义》："故经加'自晋'，晋有力文也。"

〔3〕公子喜：字子罕，郑缪公之子。

〔4〕侨如：不加"叔孙"，据《公羊传》的说法，是"一事而再见者，卒名也"（7.1.1）；《左传》则以为"舍族，尊夫人也"，并记君子之言曰："《春秋》之称，微而显，志而晦，婉而成章，尽而不汙，惩恶而劝善，非圣人，谁能修之。"妇姜氏：称"妇"，是"有姑之辞"（参见7.1.1注〔4〕），成公之母缪姜在。

〔5〕卫侯臧：即卫定公，名臧，公元前588—前577年在位。

〔6〕秦伯：秦桓公，公元前603—前577年在位。

【译文】

十四年春周历正月，莒子朱去世。

夏，卫国的孙林父自晋国回到卫国。

秋，叔孙侨如前往齐国迎女。

郑国的公子喜率领军队攻伐许国。

九月，侨如带着夫人妇姜氏自齐国到达鲁国。

冬十月庚寅日，卫侯臧去世。

秦桓公去世。

【原文】

8.15.1　十有五年春王二月，葬卫定公。

三月乙巳，仲婴齐卒。

仲婴齐者何？公孙婴齐也[1]。公孙婴齐则曷为谓之仲婴齐？为兄后也[2]。为兄后则曷为谓之仲婴齐？为人后者，为之子也。为人后者为其子，则其称仲何？孙以王父字为氏也[3]。然则婴齐孰后？后归父也。归父使于晋而未反[4]，何以后之？叔仲惠伯[5]，傅子赤者也。文公死，子幼，公子遂谓叔仲惠伯曰："君幼，如之何？愿与子虑之。"叔仲惠伯曰："吾子相之，老夫抱之，何幼君之有？"公子遂知其不可与谋，退而杀叔仲惠伯，弑子赤而立宣公。宣公死，成公幼，臧宣叔者相也[6]，君死不哭，聚诸大夫而问焉，曰："昔者叔仲惠伯之事孰为之？"诸大夫皆杂然曰："仲氏也，其然乎？"于是遣归父之家，然后哭君。归父使乎晋，还自晋，至柽，闻君薨家遣，埠帷哭君成踊，反命于介，自是走之齐。

鲁人徐伤归父之无后也，于是使婴齐后之也。

【注释】

〔1〕公孙婴齐：不是鞍之战中鲁国统帅之一的公孙婴齐。《通义》引顾炎武曰：“鲁有二婴齐，皆公孙也。‘仲婴齐卒’，其为仲遂后者也。十七年‘公孙婴齐卒于貍轸’，则子叔声伯也。”参8.2.1注〔2〕。

〔2〕为兄后也：据下文仲婴齐是过继给公孙归父为后的，公孙归父为其兄，则仲婴齐亦当是庄公之孙。

〔3〕孙以王父字为氏：王父，祖父。诸侯之后有此法。仲婴齐之仲，即是襄仲（公子遂）之字（襄为谥）。

〔4〕归父使于晋而未反：见7.18.2。

〔5〕叔仲惠伯：即叔彭生，参见6.11.1注〔2〕。

〔6〕臧宣叔：即臧孙许，参见8.1.1注〔4〕。

【译文】

十五年春周历二月，安葬卫定公。

三月乙巳日，仲婴齐去世。

仲婴齐是什么人？是公孙婴齐。是公孙婴齐那么为什么称之为仲婴齐？是做了兄长的后代。做了兄长的后代那么为什么称之为仲婴齐？做人后代的，就是做了人家的儿子。做人后代的就是做人家的儿子，那么称仲为什么？孙子是以祖父的字为氏的。这样的话那么婴齐是谁的后代？是归父的后代。归父出使到晋国而没有返回，为什么做他的后代？叔仲惠伯，是子赤的师傅。文公死后，子赤年幼，公子遂对叔仲惠伯说：“国君年幼，怎么办？愿和你考虑一下这事。”叔仲惠伯说：“你做他的相，老夫抱着他，哪有什么幼君？”公子遂知道他不能一起商量，退下后杀了叔仲惠伯，杀了子赤而立宣公。宣公死。成公年幼，臧宣叔是相，国君死了不哭，召集众大夫而问道：“从前叔仲惠伯的事是谁干的？”众大夫都七嘴八舌地说：“是仲氏，难道不是这样吗？”于是驱逐归父一家，然后哭国君。归父出使到晋国，从晋国回还，到了柽邑，听说国君去世家被驱逐，就扫地设帷，痛哭国君，完成了三日五哭踊之礼，通过副使向鲁国复命，从此流亡到齐国。鲁国人逐渐伤痛归父的没有后代，于是使婴齐做了他的后代。

【原文】

8.15.2　癸丑，公会晋侯、卫侯、郑伯、曹伯、宋世子成、齐国佐、邾娄人〔1〕，同盟于戚〔2〕。晋侯执曹伯，归于京师〔3〕。

公至自会。

夏六月，宋公固卒〔4〕。

楚子伐郑〔5〕。

秋八月庚辰，葬宋共公。

宋华元出奔晋〔6〕。

宋华元自晋归于宋。

宋杀其大夫山〔7〕。

宋鱼石出奔楚〔8〕。

【注释】

〔1〕卫侯：卫献公。曹伯：曹成公。宋世子成：宋共公的太子成，即后来的宋平公。从下文“宋公固卒”，可知此时宋共公有病不能赴会。

〔2〕戚：见6.1.1注〔6〕。

〔3〕晋侯执曹伯归于京师：曹成公是在曹宣公去世后，杀太子而自立的。诸侯这次集会，就是为了声讨曹成公。

〔4〕宋公固：即宋共公，名固，公元前588—前576年在位。

〔5〕楚子：楚共王。

〔6〕宋华元出奔晋：宋共公去世后，司马荡山削弱公室，杀公子肥，华元身为右师，无力制止，遂出奔晋。

〔7〕山：即荡山，字泽，宋之司马。华元自晋回国后，使人攻杀荡山。

〔8〕鱼石：宋之左师，与荡山皆为宋桓公后人，为同族。荡山被杀，因不服华元而出奔楚。

【译文】

癸丑日，成公会见晋厉公、卫献公、郑成公、曹成公、宋国太子成、齐国的国佐、邾娄国人，在戚邑同盟。晋厉公捉拿了曹成公送回京师。

成公自会盟处回国告至。

夏六月，宋公固去世。

楚共王攻伐郑国。

秋八月庚辰日，安葬宋共公。

宋国的华元出奔到晋国。

宋国的华元自晋国回到宋国。

宋国杀了它的大夫山。

宋国的鱼石出奔到楚国。

【原文】

8.15.3　冬十有一月，叔孙侨如会晋士燮、齐高无咎、宋华元、卫孙林父、郑公子鰌、邾娄人，会吴于钟离〔1〕。

曷为殊会吴？外吴也。曷为外也？《春秋》内其国而外诸夏，内诸夏而外夷狄。王者欲一乎天下，曷为以外内之辞言之？自近者始也。

许迁于叶〔2〕。

【注释】

〔1〕钟离：吴国地名，在今安徽凤阳东北。

〔2〕叶：在今河南叶县南。

【译文】

冬十一月，叔孙侨如会合晋国的士燮、齐国的高无咎、宋国的华元、卫国的孙林父、郑国的公子鰌、邾娄国人，与吴国在钟离会见。

为什么特别会见吴国？是以吴国为外。为什么以吴国为外？《春秋》以鲁国为内而以诸夏为外，以诸夏为内而以夷狄为外。王者要统一天下，为什么用外、内的用语来说？统一天下是从近处开始的。

许国迁到叶邑。

【原文】

8.16.1　十有六年春王正月，雨木冰〔1〕。

雨木冰者何？雨而木冰也。何以书？记异也。

夏四月辛未，滕子卒〔2〕。

郑公子喜帅师侵宋〔3〕。

六月丙寅朔，日有食之〔4〕。

晋侯使栾黡来乞师〔5〕。

甲午，晦。

晦者何？冥也。何以书？记异也。

晋侯及楚子、郑伯战于鄢陵〔6〕，楚子、郑师败绩。

败者称师，楚何以不称师？王痍也〔7〕。王痍者何？伤乎矢也〔8〕。然则何以不言师败绩？末言尔〔9〕。

楚杀其大夫公子侧〔10〕。

【注释】

〔1〕雨木冰：因濛濛细雨而在树木枝桠上形成的雾凇。雾凇为冬日的一种景观，当有雾或毛毛雨时，附着于地表或物体表面的凝结物或凝华物。《通义》引朱文公(熹)曰："上温，故雨而不雪；下冷，故着木而冰。"

〔2〕滕子：滕文公，公元前599—前575年在位。

〔3〕公子喜：字子罕，郑缪公之子。

〔4〕日有食之：此日食当公元前575年5月9日之日全食。

〔5〕栾黡：晋中军元帅栾书之子。乞师即为进行鄢陵之战。

〔6〕鄢陵：即1.1.3注〔1〕之鄢，后改称鄢陵。

〔7〕痍：创伤，此处用作动词。

〔8〕伤乎矢也：据《左传》，是被晋吕锜射中目。

〔9〕末言尔：《解诂》："末，无也，无所取于言师败绩也。凡举师败绩，为重众；今亲伤人君，当举伤君为重。"

〔10〕楚杀其大夫公子侧：公子侧，即子反，参见7.15.1注〔2〕。鄢陵之战，首日两军互有伤亡，不分胜负，次日当决战。而公子侧是夜喝醉酒，楚王召与谋，竟不能见。楚王于是决定连夜撤军，晋军不战而胜。事后楚王责公子侧误了军机，公子侧谢罪自杀。

【译文】

十六年春周历正月，雨雾淞。

雨雾淞是什么？是濛濛细雨形成了雾淞。为什么写下？是记录异常情况。

夏四月辛未日，滕文公去世。

郑国的公子喜率领军队侵犯宋国。

六月丙寅日初一，有日食。

晋厉公派遣栾黡来求援军队。

甲午日，晦冥。

晦冥是什么？就是大白天昏暗。为什么写下？是记录异常情况。

晋厉公与楚共王、郑成公在鄢陵交战，楚共王、郑国军队溃败。

败的一方称军队，楚国为什么不称军队？是楚王受伤了。楚王受伤是什么意思？是被箭所伤。这样的话那么为什么不说军队溃败？军队溃败比起楚王受伤是不足道了。

楚国杀了它的大夫公子侧。

【原文】

8.16.2　秋，公会晋侯、齐侯、卫侯、宋华元、邾娄人于沙随[1]。不见公[2]。

公至自会。

不见公者何？公不见见也。公不见见，大夫执[3]，何以致会[4]？不耻也。曷为不耻？公幼也。

公会尹子、晋侯、齐国佐、邾娄人伐郑[5]。

曹伯归自京师。

执而归者名，曹伯何以不名，而不言复归于曹何[6]？易也。其易奈何？公子喜时在内也[7]。公子喜时在内则何以易？公子喜时者，仁人也，内平其国而待之，外治诸京师而免之。其言自京师何？言甚易也，舍是无难矣[8]。

【注释】

〔1〕沙随：宋国地名，在今河南宁陵西北。

〔2〕不见公：《通义》："公不见见，实以叔孙侨如淫通缪姜，而谮公于晋之故。时公尚幼，未能亲政，凡有咎辱，责在大臣，故不以病公也。"

〔3〕大夫执：即下文的"晋人执季孙行父"。

〔4〕何以致会：据 3.6.3"得意致会，不得意致伐"的说法，这次是不得意，所以问何以致会。

〔5〕尹子：尹武公，周王之大夫。

〔6〕曹伯何以不名，而不言复归于曹何：这是对比 5.28.7"曹伯襄复归于曹"而言的，当时曹共公也曾被晋侯所执。

〔7〕公子喜时：《左传》作公子欣时，字子臧。据《左传》，此时公子欣时不在国内，而在宋国，晋厉公要他回国，作为释放曹成公的条件。"子臧反，曹伯归"。与《公羊传》所述有异。

〔8〕舍是无难：《通义》："天子有命归之，则诸侯不得治其咎，国人不得易其位，故无难矣。"

【译文】

秋，成公在沙随会见晋厉公、齐灵公、卫献公、宋国的华元、邾娄国人。晋厉公不见成公。

成公自会合处回国告至。

不见成公是什么意思？是成公不被接见。成公不被接见，大夫被捉拿，为什么还说用会合来告至？是不耻辱。为什么不耻辱？是因为成公年幼。

成公会合尹武公、晋厉公、齐国的国佐、邾娄国人攻伐郑国。

曹成公自京师回国。

被捉拿的诸侯记名，曹成公为什么不记名，而不说重新回到曹国是为什么？是容易。怎样容易？是公子喜时在国内。公子喜时在国内那么为什么容易？公子喜时是个仁人，对内安定国家而等待着，对外向京师提出交涉而免了曹成公的罪。说自京师是为什么？是说很容易，除了这点就没有什么难处了。

【原文】

8.16.3　九月，晋人执季孙行父，舍之于招丘[1]。

执未可言舍之者，此其言舍之何？仁之也。曰在招丘悕矣[2]，执未有言仁之者，此其言仁之何？代公执也。其代公执奈何？前此者，晋人来乞师而不与，公会晋侯，将执公。季孙行父曰："此臣之罪也。"于是执季孙行父。成公将会晋厉公，会不当期，将执公。季孙行父曰："臣有罪，执其君；子有罪，执其父；此听失之大者也。今此臣之罪也，舍臣之身而执臣之君，吾恐听失之为宗庙羞也。"于是执季孙行父[3]。

冬十月乙亥，叔孙侨如出奔齐[4]。

十有二月乙丑，季孙行父及晋郤州盟于扈[5]。

公至自会。

乙酉，刺公子偃〔6〕。

【注释】

〔1〕舍：通赦。　招丘：《左传》、《穀梁传》作苕丘，古音同可通。

〔2〕悕：可悲。

〔3〕于是执季孙行父：《通义》：“此一事而再言之者，先凡而后目也。‘前此者’以下，释代公执之意；自‘成公将会晋厉公’以下，乃申其事而详叙之。”据《左传》，晋厉公执季孙行父是受了叔孙侨如的挑拨，与《公羊传》有异。

〔4〕叔孙侨如出奔齐：季孙行父被赦回国，鲁国即驱逐叔孙侨如。

〔5〕扈：见3.23.3注〔3〕。

〔6〕刺：见5.28.1“内讳杀大夫，谓之刺之也”。公子偃：鲁成公之庶兄弟。缪姜要成公逐季孙行父，让叔孙侨如当政，声称如成公不从命，将废之而立公子偃。故成公回国后即杀公子偃。

【译文】

九月，晋国人捉拿了季孙行父，在招丘赦免了他。

捉拿没有说赦免了的，这里说赦免是为什么？是认为季孙行父仁。在招丘可悲了，捉拿没有说认为仁的，这里说认为仁是为什么？是因为他代替成公被捉拿。怎样代替成公被捉拿？在此之前，晋国人来求借军队而没借给，成公会见晋厉公，要捉拿成公。季孙行父说：“这是臣子的罪过。”于是捉拿了季孙行父。成公要会见晋厉公，会见时失了期，要捉拿成公。季孙行父说：“臣子有罪，捉拿他的国君；儿子有罪，捉拿他的父亲；这是处理问题的大错。如今这是臣子的罪，赦了臣子自身而捉拿了臣子的国君，我担心处理问题上的错误成为宗庙的羞耻。”于是捉拿了季孙行父。

冬十月乙亥日，叔孙侨如出奔齐国。

十二月乙丑日，季孙行父与晋国的郤州在扈邑结盟。

成公从会见处回国告至。

乙酉，杀死了公子偃。

【原文】

8.17.1　十有七年春，卫北宫结率师侵郑[1]。

夏，公会尹子、单子、晋侯、齐侯、宋公、卫侯、曹伯、邾娄人伐郑[2]。

六月乙酉，同盟于柯陵[3]。

秋，公至自会。

齐高无咎出奔莒[4]。

九月辛丑，用郊。

月者何？用者不宜用也，九月非所用郊。然则郊曷用？郊用正月上辛[5]。或曰用然后郊[6]。

晋侯使荀罃来乞师[7]。

【注释】

〔1〕北宫结：《左传》、《穀梁传》作北宫括，古音近可通。卫成公庶子之孙。

〔2〕单子：单襄公，周王之大夫。宋公：宋平公。

〔3〕柯陵：郑国地名。

〔4〕高无咎：齐国的卿。因受灵公之母声孟子的谗言而被灵公驱逐。

〔5〕郊用正月上辛：《左传·桓公五年》云："启蛰而郊。"春秋时之启蛰，至汉因避景帝讳而改称惊蛰，本在雨水之前，汉以后才改在雨水后。春秋时之启蛰，都在夏历正月，但不一定是上辛日。此是二说不同之处。

〔6〕用然后郊：《解诂》："用者，先有事存后稷神也。……鲁人将有事于天，必先有事于泮宫。"

〔7〕荀罃：字子羽，谥武，食邑于知，又称知罃、知武子，荀秀之子。

【译文】

十七年春，卫国的北宫结率领军队侵犯郑国。

夏，成公会合尹武公、单襄公、晋厉公、齐灵公、宋平公、卫献公、曹成公、邾娄国人攻伐郑国。

六月乙酉日，在柯陵同盟。

秋，成公自会盟处回国告至。

齐国的高无咎出奔到莒国。

九月辛丑日，举行郊祭。

举行是什么意思？举行是不适宜举行，九月不是举行郊祭的时候。这样的话那么郊祭什么时候举行？郊祭在正月上辛日举行。也有人说先祭祀了后稷神然后才郊祭。

晋厉公派遣荀罃来求援军队。

【原文】

8.17.2　冬，公会单子、晋侯、宋公、卫侯、曹伯、齐人、邾娄人伐郑。

十有一月，公至自伐郑。

壬申，公孙婴齐卒于貍轸〔1〕。

非此月日也〔2〕，曷为以此月日卒之？待君命然后卒大夫。曷为待君命然后卒大夫？前此者，婴齐走之晋。公会晋侯，将执公，婴齐为公请。公许之反为大夫。归至于貍轸而卒。无君命不敢卒大夫，公至，曰："吾固许之反为大夫。"然后卒之。

十有二月丁巳朔，日有食之〔3〕。

邾娄子貜且卒〔4〕。

晋杀其大夫郤锜、郤州、郤至〔5〕。

楚人灭舒庸〔6〕。

【注释】

〔1〕貍轸:《左传》作貍脤，《穀梁传》作貍蜃，音近通假。鲁国地名。

〔2〕非此月日也：不是这个月的日子。《春秋》记公子婴齐卒于壬申日，但据下“十有二月丁巳朔”可倒推出壬申日在十月而不在十一月。所以问为什么把壬申置于十一月下。

〔3〕日有食之：此日食当公元前574年10月22日之日全食。

〔4〕邾娄子貜且：即邾娄定公，名貜且，公元前613—前574年在位。

〔5〕郤至：字季，郤克的堂侄，晋国的卿，新军副帅。据《左传》，鄢陵之战后，晋厉公“欲尽去群大夫”，而立其亲信胥童等人，遂向“族大，多怨”的三郤开马，以暗杀方法杀了三郤。

〔6〕舒庸：群舒之一，参见7.8.1注〔14〕。

【译文】

冬，成公会合单襄公、晋厉公、宋平公、卫献公、曹成公、齐国人、邾娄国人攻伐郑国。

十一月，成公自伐郑处回国告至。

壬申，公孙婴齐在貍轸去世。

不是这个月的日子，为什么用这个月、日记去世？是等待国君的命令然后记大夫去世的日子。为什么等待国君的命令然后记大夫去世的日子？在此之前，婴齐出走到晋国。成公会见晋厉公，将要捉拿成公，婴齐为成公说情。成公答应婴齐回国任大夫。婴齐回到貍轸时去世。没有国君的命令不敢记大夫去世，成公到了，说：“我原本就答应他回国任大夫。”然后记下他去世的日子。

十二月丁巳日初一，有日食。

邾娄子貜且去世。

晋国杀了它的大夫郤锜、郤州、郤至。

楚国人灭了舒庸。

【原文】

8.18.1　十有八年春王正月，晋杀其大夫胥童〔1〕。

庚申，晋弑其君州蒲〔2〕。

齐杀其大夫国佐〔3〕。

公如晋。

夏，楚子、郑伯伐宋。

宋鱼石复入于彭城〔4〕。

公至自晋。

晋侯使士匄来聘〔5〕。

秋。杞伯来朝。

八月，邾娄子来朝〔6〕。

筑鹿囿。

何以书？讥。何讥尔？有囿矣，又为也。

己丑，公薨于路寝。

冬，楚人、郑人侵宋。

晋侯使士彭来乞师〔7〕。

十有二月，仲孙蔑会晋侯、宋公、卫侯、邾娄子、齐崔杼〔8〕，同盟于虚朾〔9〕。

【注释】

〔1〕胥童：字之昧。杀三郤后，晋厉公使胥童为卿。胥童又欲对栾书、中行偃下手，遂被二人所杀。

〔2〕州蒲：即晋厉公，名州蒲（或作州满，《史记·晋世家》作寿曼），公元前581—前574年在位。晋厉公亦为栾书、中行偃所杀。

〔3〕国佐：见7.10.2注〔4〕，因齐国统治集团内部矛盾，被齐灵公派杀手刺死。

〔4〕彭城：宋国地名，在今江苏徐州。鱼石出奔楚，见8.15.2并注〔8〕。此时楚、郑伐宋，纳鱼石入于彭城。

〔5〕晋侯：晋悼公。晋用夏历，《春秋》用周历记晋厉公之卒于今年正月，按夏历实为去年。晋悼公已是逾年之君，故称晋侯。 士匄：谥宣，又称范宣子，士燮之子。后来为晋国的卿，中军主帅。

〔6〕邾娄子：邾娄宣公。今年新即位。

〔7〕士彭：《左传》、《穀梁传》作士鲂，古音同可通。谥恭，食采

于彘，又称彘恭子，士会之子，士匄之叔，晋国的卿，下军副帅。晋乞师为救宋。

〔8〕崔杼：谥武，又称崔武子，此时为齐国大夫，后为齐正卿。

〔9〕虚朾：鲁国地名，在今山东泗水。

【译文】

十八年春周历正月，晋国杀了它的大夫胥童。

庚申日，晋国杀了它的国君州蒲。

齐国杀了它的大夫国佐。

成公前往晋国。

夏，楚共王、郑成公攻伐宋国。

宋国的鱼石重新回入彭城。

成公自晋国回国告至。

晋悼公派遣士匄来访。

秋，杞桓公来访。

修筑鹿囿。

为什么写下？是讥讽。为什么讥讽这件事？已经有蓄养禽兽的园林了，又造。

己丑日，成公在正寝去世。

冬，楚国人，郑国人侵犯宋国。

晋悼公派遣士彭来求援军队。

十二月，仲孙蔑会见晋悼公、宋平公、卫献公、邾娄宣公、齐国的崔杼，在虚朾同盟。

丁未日，安葬我国君成公。

襄　公

【题解】

鲁襄公名午，成公之子，定弋（《左传》、《穀梁传》作定姒）所生。《左传·襄公九年》记晋悼公问襄公的年龄，季武子回答说："会于沙随之岁，寡君以生。"晋悼公说："十二年矣。"推算即位之时，襄公才虚岁4岁（《史记·鲁周公世家》说"是时襄公三岁也"），和他父亲成公即位时的年龄差不多。虽然他12岁就行了冠礼，但实际上总归是个孩子。这就使鲁国的政事进一步被季氏为首的三桓所操纵。襄公十一年，鲁国作三军（一军一万二千五百人）。周制：天子六军，诸侯大国三军。实际上晋国在三军之外，早已设有三行，只是避六军之名而已。鲁国建国之初，原有三军，后来国势削弱，减为二军，至此又增至三军。中军由季武子掌管，上下二军分由孟孙氏、叔孙氏掌管。无论在政治上还是军事上，公室卑、三桓强的格局都已无法逆转。而在当时的列国之中，鲁国仍仅是晋国的一个小兄弟，并没有因增设三军而使二等国的地位有什么改观。襄公十九年，季武子访晋，在宴会上自称小国，说："小国之仰大国也，如百谷之仰膏雨焉。"（见《左传》）这虽是外交辞令，也反映了两国关系的实际。襄公的一生，就是这样一个"小国"的被架空了的国君。襄公在位三十一年（前572—前542年）。

【原文】

9.1.1　元年春王正月，公即位。

仲孙蔑会晋栾黡、宋华元、卫宁殖[1]、曹人、莒人、邾娄人、滕人、薛人围宋彭城。

宋华元曷为与诸侯围宋彭城？为宋诛也。其为宋诛奈何？鱼石走之楚，楚为之伐宋，取彭城以封鱼石。鱼石之罪奈何？以入是为罪也。楚已取之矣，曷为系之宋？不与诸侯专封也。

【注释】

〔1〕宁殖：谥惠，又称宁惠子，卫国的卿。

【译文】

元年春周历正月，襄公即位。

仲孙蔑会合晋国的栾黡、宋国的华元、卫国的宁殖、曹国人、莒国人、邾娄国人、滕国人、薛国人围困宋国的彭城。

宋国的华元为什么与诸侯国围困宋国的彭城？是为宋国讨伐。怎样为宋国讨伐？鱼石出走到楚国，楚国为他攻伐宋国，拿下了彭城来封鱼石。鱼石的罪怎么样？就以进入彭城为罪。楚国已经拿下了，为什么还是说宋国的彭城？是不赞许诸侯擅自封地。

【原文】

9.1.2　夏，晋韩屈帅师伐郑〔1〕。

仲孙蔑会齐崔杼、曹人、邾娄人、杞人、次于合〔2〕。

秋，楚公子壬夫帅师侵宋〔3〕。

九月辛酉，天王崩〔4〕。

邾娄子来朝〔5〕。

冬，卫侯使公孙剽来聘〔6〕。

晋侯使荀罃来聘。

【注释】

〔1〕韩屈：《左传》、《穀梁传》作韩厥，字可通。谥献，又称韩献子，晋国的卿。

〔2〕合：《左传》、《穀梁传》作鄫，郑国地名，在今河南睢县境。
〔3〕公子壬夫：字子辛，公子侧之弟，楚国大夫。
〔4〕天王：指周简王，名夷，公元前585—前572年在位。
〔5〕邾娄子：邾娄宣公。
〔6〕公孙剽：卫缪公之孙，子叔黑背之子，即后来的卫殇公。

【译文】

夏，晋国的韩屈率领军队攻伐郑国。

仲孙蔑会合齐国的崔杼、曹国人、邾娄国人、杞国人，在合邑驻留多日。

秋，楚国的公子壬夫率领军队侵犯宋国。

九月辛酉日，周简王去世。

邾娄宣公来访。

冬，卫献公派遣公孙剽来访。

晋悼公派遣荀罃来访。

【原文】

9.2.1　二年春王正月，葬简王[1]。

郑师伐宋。

夏五月庚寅，夫人姜氏薨[2]。

六月庚辰，郑伯睔卒[3]。

晋师、宋师、卫宁殖侵郑。

秋七月，仲孙蔑会晋荀罃、宋华元、卫孙林父、曹人、邾娄人于戚[4]。

己丑，葬我小君齐姜。

齐姜者何？齐姜与缪姜，则未知其为宣夫人与，成夫人与。

【注释】

〔1〕葬简王：《春秋》对周王一般不书葬，所谓“天子记崩不记葬”（见 1.3.2）；但也有书葬的，即所谓“不及时书，过时书，我有往者则书”（见 6.9.2）。葬简王书，是因为“不及时”，去世至葬仅五个月，不足规定的七个月之期。

〔2〕夫人姜氏：即齐姜，成公夫人。齐姜年轻先死，婆婆缪姜后死，《公羊传》遂有点疑惑不定，下文模棱两可地说“未知其为宣夫人与，成夫人与”。

〔3〕郑伯睔：即郑成公，名睔，公元前 584—前 571 年在位。

〔4〕戚：见 6.1.1 注〔6〕。

【译文】

二年春周历正月，安葬简王。

郑国军队攻伐宋国。

夏五月庚寅日，夫人姜氏去世。

六月庚辰日，郑伯睔去世。

晋国军队、宋国军队、卫国的宁殖侵犯郑国。

秋七月，仲孙蔑在戚邑会见晋国的荀䓨、宋国的华元、卫国的孙林父、曹国人、邾娄国人。

己丑日，安葬我小君齐姜。

齐姜是什么人？齐姜与缪姜，不知哪个是宣夫人，哪个是成夫人。

【原文】

9.2.2　叔孙豹如宋[1]。

冬，仲孙蔑会晋荀䓨、齐崔杼、宋华元、卫孙林父、曹人、邾娄人、滕人、薛人、小邾娄人于戚，遂城虎牢[2]。

虎牢者何？郑之邑也。其言城之何？取之也。取之则曷为不言取之？为中国讳也。曷为为中国讳？讳伐丧也。曷为不系乎郑？为中国讳也。大夫无遂事，此其言遂何？归恶乎大夫也。

楚杀其大夫公子申〔3〕。

【注释】

〔1〕叔孙豹：叔孙侨如之弟。叔孙侨如出奔齐（见8.16.3并注〔4〕）后，鲁国即立豹为叔孙氏之后，袭卿位。

〔2〕虎牢：郑国地名，在今河南荥阳汜水镇。自古为戍守要地。

〔3〕楚杀其大夫公子申：公子申为楚国右司马，据《左传》，他“多受小国之赂”，又逼夺令尹子重和公子壬夫的权势，故楚人杀之。

【译文】

叔孙豹前往宋国。

冬，仲叔蔑在戚邑会见晋国的荀䓨、齐国的崔杼、宋国的华元、卫国的孙林父、曹国人、邾娄国人、滕国人、薛国人、小邾娄国人，于是就修筑虎牢的城墙。

虎牢是什么地方？是郑国的城邑。说修筑城墙是为什么？实际是拿下了它。拿下了它为什么不说拿下了它？是为中原各国隐讳。为什么为中原各国隐讳？是隐讳在服丧期间攻伐。为什么不说明是郑国的虎牢？是为中原各国隐讳。大夫没有自己生出来的事，这里说“于是就”是为什么？是把恶名归结到大夫身上。

楚国杀了它的大夫公子申。

【原文】

9.3.1　三年春，楚公子婴齐帅师伐吴〔1〕。

公如晋。

夏四月壬戌，公及晋侯盟于长樗〔2〕。

公至自晋。

六月，公会单子、晋侯、宋公、卫侯、郑伯、莒子、邾娄子、齐世子光〔3〕。己未，同盟于鸡泽〔4〕。

陈侯使袁侨如会〔5〕。

其言如会何？后会也。

戊寅，叔孙豹及诸侯之大夫，及陈袁侨盟。

曷为殊及陈袁侨？为其与袁侨盟也。

秋，公至自会。

冬，晋荀罃帅师伐许。

【注释】

〔1〕公子婴齐：即子重，见7.12.2注〔14〕。公子婴齐此时为楚令尹，据《左传》，伐吴后即"遇心疾而卒"。

〔2〕长樗：晋国地名。

〔3〕郑伯：郑僖公。莒子：莒犁比公。齐世子光：齐灵公的太子，名光，即后来的齐庄公。

〔4〕鸡泽：即今河北鸡泽。

〔5〕袁侨：谥桓，又称袁桓子，袁涛涂的四世孙，陈国大夫。

【译文】

三年春，楚国的公子婴齐率领军队攻伐吴国。

襄公前往晋国。

夏四月壬戌日，襄公与晋悼公在长樗结盟。

襄公自晋国回国告至。

六月，襄公会见单襄公、晋悼公、宋平公、卫献公、郑僖公、莒犁比公、邾娄宣公、齐国的太子光。己未日，在鸡泽同盟。

陈成公派遣袁侨前往赴会。

说前往赴会是为什么？是到会晚了。

戊寅日，叔孙豹与诸侯的大夫，与陈国的袁侨结盟。

为什么特别提及陈国的袁侨？是因为与陈国的袁侨结盟。

秋，襄公自会盟处回国告至。

冬，晋国的荀罃率领军队攻伐许国。

【原文】

9.4.1　四年春王三月己酉，陈侯午卒[1]。

夏，叔孙豹如晋。

秋七月戊子，夫人弋氏薨[2]。

葬陈成公。

八月辛亥，葬我小君定弋。

定弋者何？襄公之母也。

冬，公如晋。

陈人围顿[3]。

【注释】

〔1〕陈侯午：即陈成公，名午，公元前598—前569年在位。

〔2〕弋氏：《左传》、《穀梁传》作姒氏，下定弋同。《通义》："姒姓之字，或作弋，《诗》所称孟弋是也(《诗·鄘风·桑中》："云谁之思，美孟弋矣。")。鲁有两定姒，《公羊春秋》一书弋，一书姒，盖特别之。"定弋是成公的妾，这里称她是夫人、小君，因为她是襄公的母亲，母以子贵。定弋的娘家，《解诂》说是莒国，《通义》说是鄫国，《左传》杜注、《穀梁传》范宁集解则以为是杞国。从下文看，《通义》之说较为合理。

〔3〕顿：见5.25.2注〔2〕。

【译文】

四年春周历三月己酉日，陈侯午去世。

夏，叔孙豹前往晋国。

秋七月戊子日，夫人弋氏去世。

安葬陈成公。

八月辛亥日，安葬我小君定弋。

定弋是什么人？是襄公的母亲。

冬，襄公前往晋国。

陈国人围困顿国。

【原文】

9.5.1　五年春，公至自晋。

夏，郑伯使公子发来聘[1]。

叔孙豹、鄫世子巫如晋[2]。

外相如不书，此何以书？为叔孙豹率而与之俱也。叔孙豹则曷为率而与之俱？盖舅出也[3]，莒将灭之，故相与往殆乎晋也[4]。莒将灭之，则曷为相与往殆乎晋？取后乎莒也。其取后乎莒奈何？莒女有为鄫夫人者，盖欲立其出也[5]。

仲孙蔑、卫孙林父会吴于善稻[6]。

【注释】

〔1〕公子发：字子国，郑缪公之子，子产之父，郑国的卿。

〔2〕鄫世子巫：郑国太子，名巫。

〔3〕舅出：出，今谓之外甥。《通义》："定弋，鄫女，盖即世子巫之姊妹。故巫于襄公为舅，襄公于巫为出也。"《尔雅·释亲》："男子谓姊妹之子为出。"

〔4〕殆：《通义》："殆，危也，告危于晋也。"

〔5〕欲立其出：这里的"出"，义引申为外孙。《解诂》："时莒女嫁为鄫后夫人，夫人无男有女，还嫁之于莒，有外孙。鄫子爱后夫人而无子，欲立其外孙。"《通义》："立外孙者，实莒胁鄫人使然。"

〔6〕善稻：《穀梁传》同，《左传》作善道，同音通假。吴国地名，在今安徽盱眙。

【译文】

五年春，襄公自晋国回国告至。

夏，郑僖公派遣公子发来访。

叔孙豹、鄫国的太子巫前往晋国。

外国相互往来不写，这为什么写下？是因为叔孙豹带了他一起去的。叔孙豹为什么带了他一起去？因为他与襄公是舅甥关系，莒国将要灭了鄫国，所以一起前往晋国告危。莒国将要灭了鄫国，那么为什么一起前往晋国告危？是选中了莒国的后代。怎样选中了莒国的后代？莒女有嫁为鄫子夫人的，想要立她的外孙为鄫国太子。

仲孙蔑、卫国的孙林父在善稻与吴国会见。

【原文】

9.5.2　秋，大雩。

楚杀其大夫公子壬夫〔1〕。

公会晋侯、宋公、陈侯、卫侯、郑伯、曹伯、莒子、邾娄子、滕子、薛伯、齐世子光、吴人、鄫人于戚〔2〕。

吴何以称人〔3〕？“吴鄫人”云则不辞〔4〕。

公至自会。

冬，戍陈〔5〕。

孰戍之？诸侯戍之。曷为不言诸侯戍之？离至不可得而序，故言我也。

楚公子贞帅师伐陈〔6〕。

公会晋侯、宋公、卫侯、郑伯、曹伯、莒子、邾娄子、滕子、薛伯、齐世子光救陈。

十有二月，公至自救陈。

辛未，季孙行父卒。

【注释】

〔1〕公子壬夫：见9.1.2注〔3〕。公子婴齐卒后，公子壬夫为令尹。《左传》说，楚王杀他，是因为他“贪也”。

〔2〕陈侯：陈哀公。　滕子：滕成公。　薛伯：薛献公。

〔3〕吴何以称人：据3.10.4“国不若氏，氏不若人”，称人比称国

高两个档次。中原各国视吴为蛮夷，所以上述善稻之会只称它“吴”。这里是问为什么提高档次称它为人。

〔4〕“吴鄫人”云则不辞：《通义》：“若言‘吴鄫人’则不成文，故使吴亦相随称人。”

〔5〕戍陈：陈本楚之与国，鸡泽之会陈袁侨赴会，倒向晋国，楚欲伐之。故晋于戚之会上要各国戍陈，以防御楚国。

〔6〕公子贞：字子囊，楚庄王之子，楚共王之弟，公子壬夫死后，由他任令尹。

【译文】

秋，举行盛大的雩祭。

楚国杀了它的大夫公子壬夫。

襄公在戚邑会见晋悼公、宋平公、陈哀公、卫献公、郑僖公、曹成公、莒犁比公、邾娄宣公、滕成公、薛献公、齐国的太子光、吴国人、鄫国人。

吴国为什么称人？“吴、鄫人”云云则不成文。

襄公自会见处回国告至。

冬，戍守陈国。

谁戍守它？诸侯戍守它。为什么不说诸侯戍守它？诸侯分别以后先后来到不能知道次序，所以只说鲁国。

楚国的公子贞率领军队攻伐陈国。

襄公会合晋悼公、宋平公、卫献公、郑僖公、曹成公、莒犁比公、滕成公、薛献公、齐国的太子光救援陈国。

十二月，襄公自救陈处回国告至。

辛未日，季孙行父去世。

【原文】

9.6.1　六年春王三月壬午，杞伯姑容卒〔1〕。

夏，宋华弱来奔〔2〕。

秋，葬杞桓公。

滕子来朝。

莒人灭鄫[3]。

冬，叔孙豹如邾娄。

季孙宿如晋[4]。

十有二月，齐侯灭莱[5]。

曷为不言莱君出奔？国灭，君死之[6]，正也。

【注释】

〔1〕杞伯姑容：即杞桓公，名姑容，公元前636—前567年在位。

〔2〕华弱：宋国的卿，任司武（司马）之职。《左传》说，华弱与乐辔“少相狎，长相优（戏弄），又相谤”，乐辔“以弓梏华弱于朝”，使司武大损威严，被宋平公认为“难以胜矣”而逐之。故华弱来奔。

〔3〕莒人灭鄫：《解诂》：“言灭者，以异姓为后。”不是用武力灭亡的。《穀梁传》：“莒人灭缯（同鄫），非灭也。非（责）立异姓以莅祭祀，灭亡之道也。”

〔4〕季孙宿：谥武，又称季武子，季孙行父之子，鲁国的卿。

〔5〕莱：见7.7.1注〔2〕。

〔6〕国灭，君死之：《礼记·曲礼下》：“国君死社稷。”郑玄注：“谓见侵伐也。《春秋传》曰：‘国灭，君死之，正也。’”

【译文】

六年春周历三月壬午日，杞伯姑容去世。

夏，宋国的华弱前来投奔。

秋，安葬杞桓公。

滕成公来访。

莒国人灭了鄫国。

冬，叔孙豹前往邾娄国。

季孙宿前往晋国。

十二月，齐灵公灭了莱国。

为什么不说莱国国君出奔？国灭亡了，国君为之而死，是正道。

【原文】

9.7.1　七年春，郯子来朝[1]。

夏四月，三卜郊，不从，乃免牲。

小邾娄子来朝[2]。

城费[3]。

秋，季孙宿如卫。

八月，螺。

冬十月，卫侯使孙林父来聘。壬戌，及孙林父盟。

楚公子贞帅师围陈。

【注释】

〔1〕郯子：国小史迹不详，不知其谥。此为郯子始朝鲁。

〔2〕小邾娄子：小邾娄穆公。

〔3〕费：本古小国，春秋时为鲁邑，僖公元年将费邑赐给季孙行父，从此成为季孙氏私邑。地在今山东费县西北。

【译文】

七年春，郯国国君来访。

夏四月，对郊祭进行三次占卜，不顺，就免去用牲。

小邾娄穆公来访。

修筑费邑城墙。

秋，季孙宿前往卫国。

八月，蝗虫。

冬十月，卫献公派遣孙林父来访。壬戌日，与孙林父结盟。

楚国的公子贞率领军队围困陈国。

【原文】

9.7.2　十有二月，公会晋侯、宋公、陈侯、卫侯、曹伯、莒子、邾娄子于鄬[1]。郑伯髡原如会[2]，未见诸侯，丙戌，卒于操[3]。

操者何？郑之邑也。诸侯卒其封内不地，此何以地？隐之也。何隐尔？弑也。孰弑之？其大夫弑之[4]。曷为不言其大夫弑之？为中国讳也。曷为为中国讳？郑伯将会诸侯于鄬，其大夫谏曰："中国不足归也，则不若与楚。"郑伯曰："不可。"其大夫曰："以中国为义，则伐我丧[5]；以中国为强，则不若楚。"于是弑之。郑伯髡原何以名[6]？伤而反，未至乎舍而卒也。未见诸侯，其言如会何？致其意也。

陈侯逃归。

【注释】

〔1〕鄬：《左传》同，《穀梁传》作邬，字同。郑国地名，确址不详。一说在今河南鲁山境。

〔2〕郑伯髡原：《穀梁传》同，《左传》原作顽，古音同可通。即郑僖公，名髡原，公元前570—前566年在位。

〔3〕操：《穀梁传》同，《左传》作鄵，字通。郑国地名，确址不详。

〔4〕其大夫弑之：据《左传》，是子驷派手下杀死的。

〔5〕伐我丧：指9.2.2仲孙蔑与晋荀罃等趁郑成公去世之际取郑虎牢。

〔6〕郑伯髡原何以名：《穀梁传》："礼，诸侯不生名，此其生名何也？卒之名也。卒之名则何为加之如会之上？见以如会卒也。"

【译文】

十二月，襄公在鄬邑会见晋悼公、宋平公、陈哀公、卫献公、曹成公、莒犁比公、邾娄宣公。郑伯髡原前来赴会，没有会见诸侯，丙戌日，在操邑去世。

操邑是什么地方？是郑国的城邑。诸侯死在他的疆域之内不记地名，这为什么记地名？是伤痛他。为什么伤痛他？是臣子杀国君。谁杀了他？是他的大夫杀了他。为什么不说他的大夫杀了他？是为中原各国隐讳。为什么为中原各国隐讳？郑僖公将要在郑邑会见诸侯，他的大夫进谏道："中原各国不值得去归附，那还不如与楚国在一起。"郑僖公说："不行。"大夫说："说中原各国义吧，则趁我国丧期攻伐我们；说中原各国强大吧，则不如楚国。"于是杀了郑僖公。郑伯髡原为什么记名？受伤返还，没有到住处就死了。没有会见诸侯，说前来赴会是为什么？是表达他的心意。

陈哀公逃会回国。

【原文】

9.8.1 八年春王正月，公如晋。

夏，葬郑僖公。

贼未讨，何以书葬[1]？为中国讳也。

郑人侵蔡，获蔡公子燮[2]。

此侵也，其言获何？侵而言获者，适得之也[3]。

季孙宿会晋侯、郑伯、齐人、宋人、卫人、邾娄人于邢丘[4]。

公至自晋。

莒人伐我东鄙。

秋九月，大雩。

冬，楚公子贞帅师伐郑。

晋侯使士匄来聘。

【注释】

〔1〕贼未讨，何以书葬：据1.11.2"《春秋》君弑贼不讨，不书葬，

以为无臣、子也”而发问。

〔2〕公子燮:《左传》同,《穀梁传》作公子湿,古音同字通。蔡庄公之子,蔡国的司马。

〔3〕适得之也:《解诂》:“时适遇,值其不备,获得之易。”

〔4〕郑伯:郑简公。邢丘:晋国地名,在今河南温县东。

【译文】

八年春周历正月,襄公前往晋国。

夏,安葬郑僖公。

凶手还没有惩处,为什么写葬?是为中原各国隐讳。

郑国人侵犯蔡国,俘获了公子燮。

这是侵犯,说俘获是为什么?侵犯而说俘获的,是正好遇上了。

季孙宿在邢丘会见晋悼公、郑简公、齐国人、宋国人、卫国人、邾娄国人。

襄公自晋国回国告至。

莒国人攻伐我国东部边邑。

秋九月,举行盛大的雩祭。

冬,楚国的公子贞率领军队攻伐郑国。

晋悼公派遣士匄来访。

【原文】

9.9.1　九年春,宋火[1]。

曷为或言灾,或言火?大者曰灾,小者曰火[2]。然则内何以不言火?内不言火者,甚之也[3]。何以书?记灾也。外灾不书,此何以书?为王者之后记灾也。

夏,季孙宿如晋。

五月辛酉,夫人姜氏薨。

秋八月癸未,葬我小君缪姜[4]。

冬，公会晋侯、宋公、卫侯、曹伯、莒子、邾娄子、滕子、薛伯、杞伯、小邾娄子、齐世子光伐郑〔5〕。十有二月己亥，同盟于戏〔6〕。

楚子伐郑。

【注释】

〔1〕宋火：《左传》、《穀梁传》作宋灾。盖传写之异。

〔2〕大者曰灾，小者曰火：《通义》：“大小者，分别延烧甚不甚也。”《左传·宣公十六年》则曰：“人火曰火，天火曰灾。”

〔3〕内不言火者，甚之也：《通义》：“甚痛内有灾变，虽小有火，如大灾也。《檀弓》称‘新宫火，三日哭’，盖《不修春秋》文如是；今经云‘新宫灾’，足知内不言火者，君子之新意矣。”

〔4〕缪姜：《左传》、《穀梁传》作穆姜，字通。缪姜者，宣公之夫人，成公之母。

〔5〕杞伯：杞孝公。

〔6〕戏：郑国地名，在今河南巩县东南。这次同盟，郑国也参与了，所以下文楚子伐郑。

【译文】

九年春，宋国着火。

为什么有时说火灾，有时说着火？大的叫火灾，小的叫着火。这样的话那么国内为什么不说着火？国内不说着火，是要把着火说得严重一些的缘故。为什么写下？是记录灾情。国外的灾情不写，这为什么写下？是为王者的后代记录灾情。

夏，公孙宿前往晋国。

五月辛酉日，夫人姜氏去世。

秋八月癸未日，安葬我小君缪姜。

冬，襄公会合晋悼公、宋平公、卫献公、曹成公、莒犁比公、邾娄宣公、滕成公、薛献公、杞孝公、小邾娄穆公、齐国的太子光攻伐郑国。十二月己亥日，在戏邑同盟。

楚共王攻伐郑国。

【原文】

9.10.1　十年春，公会晋侯、宋公、卫侯、曹伯、莒子、邾娄子、滕子、薛伯、杞伯、小邾娄子、齐世子光，会吴于柤[1]。

夏五月甲午，遂灭偪阳[2]。

公至自会。

楚公子贞、郑公孙辄帅师伐宋[3]。

晋师伐秦。

秋，莒人伐我东鄙。

公会晋侯、宋公、卫侯、曹伯、莒子、邾娄子、齐世子光、滕子、薛伯、杞伯、小邾娄子伐郑。

【注释】

〔1〕柤：杜预注《左传》云："楚地。"但晋侯以诸侯会吴，楚不与会，何以会址选在楚地，不可解。当为宋地（后属楚），在今江苏邳县西北。

〔2〕偪阳：《左传》同，《穀梁传》作傅阳，古音同可通。妘姓小国，地在今山东枣庄南偏东。

〔3〕公孙辄：字子耳，郑缪公之孙，郑国的卿，官任司空。

【译文】

十年春，襄公会合晋悼公、宋平公、卫献公、曹成公、莒犁比公、邾娄宣公、滕成公、薛献公、杞孝公、小邾娄穆公、齐国太子光，在柤邑与吴国会见。

夏五月甲午日，于是就灭了偪阳。

襄公自会见处到达鲁国。

楚国的公子贞、郑国的公孙辄率领军队攻伐宋国。

晋国军队攻伐秦国。

秋，莒国人攻伐我国东部边邑。

襄公会合晋悼公、宋平公、卫献公、曹成公、莒犁比公、邾娄宣公、齐国的太子光、滕成公、薛献公、杞孝公、小邾娄穆公攻伐郑国。

【原文】

9.10.2 冬，盗杀郑公子斐、公子发、公孙辄[1]。

戍郑虎牢。

孰戍之？诸侯戍之。曷为不言诸侯戍之？离至不可得而序，故言我也。诸侯已取之矣，曷为系之郑？诸侯莫之主有，故反系之郑。

楚公子贞帅师救郑。

公至自伐郑。

【注释】

〔1〕公子斐：《穀梁传》同，《左传》作公子騑，字可通假。字子驷，郑缪公之子，郑国的卿，执政大臣。公子发：字子国，郑缪公之子，郑国的卿，官任司马。公子斐等三人，是在尉止等人发动的暴乱中被杀的。公子发之子子产平定了这次暴乱。

【译文】

冬，凶手杀了郑国的公子斐、公子发、公孙辄。

戍守郑国的虎牢。

谁戍守它？诸侯戍守它。为什么不说诸侯戍守它？诸侯分别以后先后来到不能知道次序，所以只说鲁国。诸侯已经拿下了虎牢，为什么还说是郑国的？诸侯没有一个为主占有它，所以回过头还说是郑国的。

楚国的公子贞率领军队救援郑国。

襄公自伐郑处回国告至。

【原文】

9.11.1　十有一年春王正月，作三军[1]。

三军者何？三卿也[2]。作三军何以书？讥。何讥尔？古者上卿下卿，上士下士[3]。

夏四月，四卜郊，不从，乃不郊。

郑公孙舍之帅师侵宋[4]。

公会晋侯、宋公、卫侯、曹伯、齐世子光、莒子、邾娄子、滕子、薛伯、小邾娄子伐郑。

秋七月己未，同盟于京城北[5]。

【注释】

〔1〕三军：中军、上军、下军（楚国称中军、左军、右军）。每军设将（元帅）、佐（副帅），中军之将为三军之统帅。

〔2〕三卿：三军之将、佐都由卿担任，共有六卿。这里说三卿，是专指三军之将，由季孙氏、孟孙氏、叔孙氏担任。

〔3〕古者上卿下卿，上士下士：《通义》："古者，言鲁初时也。僖公之时犹未有中军，今始作之矣。"又引姚大夫曰："治国则谓之卿，在军旅则谓之士，卿而有军行者称卿士是也。诸侯之国得有二卿二军而已。上卿将上军则曰上士，下卿将下军则曰下士。"

〔4〕公孙舍之：字子展，郑缪公之孙，郑国的卿。

〔5〕京城：《穀梁传》同，《左传》作亳城，盖传写之异。郑国地名，在今河南荥阳东南。

【译文】

十一年春周历正月，建立三军。

三军是什么？是三个卿。建立三军为什么写下？是讥讽。为什么讥讽这件事？早先只有上卿下卿、上士下士。

夏四月，对郊祭进行四次占卜，不顺，就不举行郊祭。

郑国的公孙舍之率领军队侵犯宋国。

襄公会合晋悼公、宋平公、卫献公、曹成公、齐国的太子光、莒犁比公、邾娄宣公、滕成公、薛献公、小邾娄穆公攻伐郑国。

秋七月己未日，在京城北同盟。

【原文】

9.11.2 公至自伐郑。

楚子、郑伯伐宋。

公会晋侯、宋公、卫侯、曹伯、齐世子光、莒子、邾娄子、滕子、薛伯、杞伯、小邾娄子伐郑，会于萧鱼〔1〕。

此伐郑也，其言会于萧鱼何？盖郑与会尔。

公至自会。

楚人执郑行人良霄〔2〕。

冬，秦人伐晋。

【注释】

〔1〕萧鱼：郑国地名，在今河南原武东。

〔2〕行人：《周礼·秋官》有行人，管朝觐聘问之事。此处泛指使者。 良霄：字伯有，公孙辄之子。萧鱼之会，郑国也与会。良霄使楚，即告以将服于晋。楚因而执之。

【译文】

襄公自伐郑处回国告至。

楚共王、郑简公攻伐宋国。

襄公会合晋悼公、宋平公、卫献公、曹成公、齐国的太子光、莒犁比公、邾娄宣公、滕成公、薛献公、杞孝公、小邾娄穆公攻伐郑国，在萧鱼会见。

这是攻伐郑国，说在萧鱼会见是为什么？是因为郑国也与会的。

襄公自会见处回国告至。

楚国人拿下了郑国的使者良霄。

冬，秦国人攻伐晋国。

【原文】

9.12.1 十有二年春王三月〔1〕，莒人伐我东鄙。围台〔2〕。

邑不言围，此其言围何？伐而言围者，取邑之辞也；伐而不言围者，非取邑之辞也。

季孙宿帅师救台，遂入运〔3〕。

大夫无遂事，此其言遂何？公不得为政尔〔4〕。

夏，晋侯使士彭来聘。

秋九月，吴子乘卒〔5〕。

冬，楚公子贞帅师侵宋。

公如晋。

【注释】

〔1〕三月：《穀梁传》同，《左传》作二月。阮元《校勘记》云："《石经》、宋本、淳熙本、岳本、足利本二作三，不误。"

〔2〕台：《左传》同，《穀梁传》作邰，字通。鲁国地名，杜预注《左传》云："琅邪费县南有台亭。"在今山东费县南。

〔3〕运：东运，参见6.12.3注〔3〕。东运此时已为莒邑。《通义》："莒已取台，救之无及，故遂入莒邑以报之。"季孙宿拿下了东运，把它作为季氏的私邑。

〔4〕公不得为政尔：《解诂》："时公微弱，政教不行，故季孙宿遂取郓(运)而自益其邑。"

〔5〕吴子乘：即吴王寿梦，阮元《春秋左传注疏校勘记》引钱大昕云："乘、寿皆齿音，当读如畴，与乘为双声；梦古音莫登切，与乘为叠韵，并两字为一言。"是乘即寿梦。公元前585—前561年在位。

【译文】

十二年春周历三月，莒国人攻伐我国东部边邑。包围台邑。

城邑不说包围，这里说包围是为什么？攻伐而说包围的，是拿下城邑的用语；攻伐而不说包围的，不是拿下城邑的用语。

季孙宿率领军队救援台邑，于是就进入东运。

大夫没有自己生出来的事，这里说于是是为什么？襄公不能掌管政事罢了。

夏，晋悼公派遣士彭来访。

秋九月，吴子乘去世。

冬，楚国的公子贞率领军队侵犯宋国。

襄公前往晋国。

【原文】

9.13.1　十有三年春，公至自晋。

夏，取诗〔1〕。

诗者何？邾娄之邑也。曷为不系乎邾娄？讳亟也〔2〕。

秋九月庚辰，楚子审卒〔3〕。

冬，城防〔4〕。

【注释】

〔1〕诗：《左传》、《穀梁传》作邿，同音通假。本为任姓小国，地在今山东济宁东南。王献唐《三邾疆邑图考》：“殆初为小国，后为邾灭，复为鲁取。”“今济宁东南，逼近邹县，沿运河东南有邿城，地名师家庄。”诗、邿、师，同音异字。

〔2〕讳亟：十一年秋萧鱼之会，鲁、邾娄皆与会，至今不满两年，所以说讳亟。

〔3〕楚子审：即楚共王，名审，公元前590—前560年在位。

〔4〕防：鲁国地名，见3.29.1注〔4〕。

【译文】

十三年春，襄公自晋国回国告至。

夏，拿下诗。

诗是什么地方？是邾娄国的城邑。为什么不说明是邾娄国的诗？是隐讳拿得太急了。

秋九月庚辰日，楚子审去世。

冬，修筑防邑城墙。

【原文】

9.14.1　十有四年春王正月，季孙宿、叔老会晋士匄、齐人、宋人、卫人、郑公孙虿、曹人、莒人、邾娄人、滕人、薛人、杞人、小邾娄人[1]，会吴于向[2]。

二月乙未朔，日有食之[3]。

【注释】

〔1〕叔老：谥齐，又称子叔齐子，鲁宣公弟叔肸之孙。《左传》杜注云："鲁使二卿会晋，敬事霸国。"则叔老也是鲁国的卿。　公孙虿：《左传》、《穀梁传》作公孙虿，字通。字子蟜，郑缪公之孙，郑国的卿。

〔2〕向：吴国地名，在今安徽怀远。

〔3〕日有食之：此次日食，当公元前559年1月14日之日环食。

【译文】

十四年春周历正月，季孙宿，叔老会合晋国的士匄、齐国人、宋国人、卫国人、郑国的公孙虿、曹国人、莒国人、邾娄国人、滕国人、薛国人、杞国人、小邾娄国人，在向邑与吴国会见。

二月乙未日初一，有日食。

【原文】

9.14.2　夏四月，叔孙豹会晋荀偃、齐人、宋人、卫北宫结、郑公孙虿、曹人、莒人、邾娄人、滕人、薛人、杞人、小邾娄人伐秦〔1〕。

己未，卫侯衎出奔齐〔2〕。

莒人侵我东鄙。

秋，楚公子贞帅师伐吴。

冬，季孙宿会晋士匄、宋华阅、卫孙林父、郑公孙虿、莒人、邾娄人于戚〔3〕。

【注释】

〔1〕北宫结：《左传》、《穀梁传》作北宫括，古音近可通。谥懿，又称北宫懿子，卫国的卿。

〔2〕卫侯衎：即卫献公。因对执政大臣孙林父不敬，孙林父又疑其有忌己之心，遂先下手为强，以兵攻献公，迫使献公出奔齐国，另立卫缪公之孙、献公的族弟公孙剽为侯，是为卫殇公。

〔3〕华阅：华元之子，宋国的卿，嗣华元任右师之职。　戚：卫国地名，孙林父的采邑，见6.1.1注〔6〕。据《左传》，戚之会是“谋定卫也”。

【译文】

夏四月，叔孙豹会合晋国的荀偃、齐国人、宋国人、卫国的北宫结、郑国的公孙虿、曹国人、莒国人、邾娄国人、滕国人、薛国人、杞国人、小邾娄国人攻伐秦国。

己未日，卫侯衎出奔到齐国。

莒国人侵犯我国东部边邑。

秋，楚国的公子贞率领军队攻伐吴国。

冬，季孙宿在戚邑会见晋国的士匄、宋国的华阅、卫国的孙林父、郑国的公孙虿、莒国人、邾娄国人。

【原文】

9.15.1　十有五年春，宋公使向戌来聘〔1〕。二月己亥，及向戌盟于刘[2]。

刘夏逆王后于齐[3]。

刘夏者何？天子之大夫也。刘者何[4]？邑也。其称刘何？以邑氏也。外逆女不书[5]，此何以书？过我也。

夏，齐侯伐我北鄙，围成[6]。公救成，至遇[7]。

其言至遇何？不敢进也[8]。

季孙宿、叔孙豹帅师城成郛。

秋八月丁巳，日有食之[9]。

邾娄人伐我南鄙。

冬十有一月癸亥，晋侯周卒[10]。

【注释】

〔1〕向戌：宋国的卿，任左师之职。

〔2〕刘：鲁国地名，当距国都不远处。

〔3〕刘夏：谥定，史称刘定公，刘康公（王季子）之子。《通义》："天子大夫例字，夏名者，文连王后，君前臣名之义。"《解诂》："不称刘子而名者，礼，逆王后当使三公，故贬去大夫，明非礼也。"

〔4〕刘：初封王季子的采邑，地在今河南偃师西南。与注〔2〕的刘非一地。

〔5〕外逆女不书：春秋周十二王，书逆王后者仅二次，皆与鲁有关，一为桓公八年逆纪季姜，鲁为媒可（见2.8.2）；一为此次，路过鲁国。《通义》："见于《左传》者，庄十八年原庄公逆王后于陈，宣六年召桓公逆王后于齐，经并不书。"

〔6〕成：见2.6.2注〔1〕，3.8.3注〔1〕、〔2〕。

〔7〕遇：鲁国地名，确址不详，当在曲阜至宁阳之间。

〔8〕不敢进也：鲁师虽不敢进，齐师却闻讯而退了，所以有下文"城成郛"之事。

〔9〕秋八月丁巳，日有食之：《元史·历志二》："姜氏云：七月丁巳朔食。失闰也。大衍同。"是鲁历因失闰，把七月丁巳误记为八月丁巳。此次日食，当公元前558年5月31日之日偏食。

〔10〕晋侯周：即晋悼公，名周，公元前573—前558年在位。

【译文】

十五年春，宋平公派遣向戌来访。二月己亥日，与向戌在刘邑结盟。

刘夏到齐国迎王后。

刘夏是什么人？是天子的大夫。刘是什么？是采邑。他称刘是为什么？是以采邑为氏。国外迎女的事不写，这为什么写下？是路过我国。

夏，齐灵公攻伐我国北部边邑，包围成邑。襄公救援成邑，到遇邑。

说到遇邑是为什么？是不敢前进了。

季叔宿、叔孙豹率领军队修筑成邑的外城墙。

秋八月丁巳日，有日食。

邾娄国人攻伐我国南部边邑。

冬十一月癸亥日，晋侯周去世。

【原文】

9.16.1 十有六年春王正月，葬晋悼公。

三月，公会晋侯、宋公、卫侯、郑伯、曹伯、莒子、邾娄子、薛伯、杞伯、小邾娄子于溴梁〔1〕。戊寅，大夫盟。

诸侯皆在是，其言大夫盟何？信在大夫也。何言乎信在大夫？遍刺天下之大夫也。曷为遍刺天下之大夫？君若赘旒然〔2〕。

晋人执莒子、邾娄子以归〔3〕。

齐侯伐我北鄙。

夏，公至自会。

五月甲子，地震。

叔老会郑伯、晋荀偃、卫宁殖、宋人伐许。

秋，齐侯伐我北鄙，围成。

大雩。

冬，叔孙豹如晋。

【注释】

〔1〕晋侯：晋平公。溴梁：筑在溴（jú 菊）水旁的大堤。《尔雅·释地》："梁莫大于溴梁。"郭璞注："溴，水名；梁，堤也。"溴水在河南西北部，源出济源西，东流入黄河。地属晋国。

〔2〕赘旒：赘，缀连附属；旒，旌旗上的飘带。比喻国君大权旁落，为臣下所操纵挟持。《解诂》："旒，旗旒；赘，系属之辞……以旗旒喻者，为下所执持。"《义疏》："何氏意以旒属于旗，为人所执持；犹君属于臣，为下所执持。"

〔3〕晋人执莒子、邾娄子以归：据《左传》，罪名是"通齐、楚之使"。

【译文】

十六年春周历正月，安葬晋悼公。

三月，襄公在溴梁会见晋平公、宋平公、卫殇公、郑简公、曹成公、莒犁比公、邾娄宣公、薛献公、杞孝公、小邾娄穆公。戊寅日，大夫结盟。

诸侯都在这里，说大夫结盟是为什么？是盟誓在大夫手里。为什么说盟誓在大夫手里？是普遍讽刺天下的大夫。为什么普遍讽刺天下的大夫？国君好像附缀在旗上的飘带一般。

晋国人捉拿了莒犁比公、邾娄宣公带回去。

齐灵公攻伐我国北部边邑。

夏，襄公自会见处回国告至。

五月甲子日，地震。

叔老会合郑简公、晋国的荀偃、卫国的宁殖、宋国人攻伐许国。

秋，齐灵公攻伐我国北部边邑，包围成邑。

举行盛大的雩祭。

冬，叔孙豹前往晋国。

【原文】

9.17.1 十有七年春王二月庚午，邾娄子瞷卒〔1〕。

宋人伐陈。

夏，卫石买帅师伐曹〔2〕。

秋，齐侯伐我北鄙，围洮〔3〕。

齐高厚帅师伐我北鄙〔4〕，围防。

九月，大雩。

宋华臣出奔陈〔5〕。

冬，邾娄人伐我南鄙。

【注释】

〔1〕邾娄子瞷：瞷，《穀梁传》同，《左传》作牼，牼有瞷音，故通。即邾娄宣公，公元前573—前556年在位。

〔2〕石买：谥共，又称石共子，卫国的卿。

〔3〕洮：《左传》、《穀梁传》作桃，杜预注《左传》云：“弁县东南有桃墟。”《嘉庆一统志·兖州府·古迹》以为在今山东汶上。

〔4〕齐高厚：《穀梁传》同，《左传》无齐字。高厚，高固之子，世为齐国的卿。

〔5〕华臣：华元之子，华阅之弟。宋国的卿，司徒。阅死，华臣侵害华阅之子，乱宋国之政。适遇宋人追打疯狗，疯狗窜入华臣之家，人众从之而入，华臣惧，遂奔陈。

【译文】

十七年春周历二月庚午日，邾娄子瞷去世。

宋国人攻伐陈国。

夏，卫国的石买率领军队攻伐曹国。

秋，齐灵公攻伐我国北部边邑，包围洮邑。

齐国的高厚率领军队攻伐我国北部边邑，包围防邑。

九月，举行盛大的雩祭。

宋国的华臣出奔到陈国。

冬，邾娄国人攻伐我国南部边邑。

【原文】

9.18.1　十有八年春，白狄来。

白狄者何？夷狄之君也。何以不言朝？不能朝也〔1〕。

夏，晋人执卫行人石买〔2〕。

秋，齐师伐我北鄙。

冬十月，公会晋侯、宋公、卫侯、郑伯、曹伯、莒子、邾娄子、滕子、薛伯、杞伯、小邾娄子同围齐〔3〕。

曹伯负刍卒于师〔4〕。

楚公子午帅师伐郑〔5〕。

【注释】

〔1〕不能朝：朝为诸侯相访，不能朝指白狄不知诸侯相见之礼。

〔2〕晋人执卫行人石买：据《左传》，是因为石买去年伐曹，曹告于晋，故晋人执之问罪。

〔3〕邾娄子：邾娄悼公。

〔4〕曹伯负刍：即曹成公，名负刍，公元前577—前555年在位。

〔5〕公子午：字子庚，此时任楚国的令尹。

【译文】

十八年春，白狄来。

白狄是什么人？是夷狄的君长。为什么不说朝？是不知道诸侯相见之礼。

夏，晋国人捉拿了卫国的使者石买。

秋，齐国军队攻伐我国北部边邑。

冬十月，襄公会同晋平公、宋平公、卫殇公、郑简公、曹成公、莒犁比公、邾娄悼公、滕成公、薛献公、杞孝公、小邾娄穆公一起围攻齐国。

曹伯负刍在军队中去世。

楚国的公子午率领军队攻伐郑国。

【原文】

9.19.1 十有九年春王正月，诸侯盟于祝阿〔1〕。晋人执邾娄子〔2〕。

公至自伐齐。

此同围齐也，何以致伐〔3〕？未围齐也。未围齐，则其言围齐何？抑齐也。曷为抑齐？为其亟伐也。或曰，为其骄蹇，使其世子处乎诸侯之上也。

取邾娄田，自漷水〔4〕。

其言自漷水何？以漷为竟也。何言乎以漷为竟？漷移也。

季孙宿如晋。

葬曹成公。

【注释】

〔1〕诸侯：指去年围齐的十二家诸侯。　祝阿：《左传》、《穀梁传》作祝柯，字通。齐国地名，在今山东长清东北。

〔2〕晋人执邾娄子：据《左传》，为其伐鲁国之故。

〔3〕此同围齐也，何以致伐：这是据“得意致会，不得意致伐”设问，参见3.6.3注〔3〕、〔4〕。

〔4〕漷水：古水名，历经迁徙，今为山东滕县之郭河。王献唐《三邾疆邑图考》：“鲁邾以漷为界，河名数见《春秋》。今欲考其故道，则

今滕县之漷水，非《水经注》之水；《水经注》之水，非《水经》之水；《水经》之水，又非春秋鲁襄初年之水。因时变迁，分合无定，初在邹北，今入滕南。……春秋至今，漷凡四迁。初在邹县北境，东西横流；鲁襄初叶，又稍移而南，此一迁也。”这里经书“取邾娄田，自漷水”，就是因为漷水第一次南移而引起的鲁、邾娄两国国土重新划界。

【译文】

十九年春周历正月，诸侯在祝阿结盟。晋国人捉拿了邾娄悼公。

襄公自伐齐处回国告至。

这是一起围攻齐国，为什么说用攻伐来告至？是没有围攻齐国。没有围攻齐国，那么说围攻齐国是为什么？是抑制齐国。为什么抑制齐国？是因为它屡次攻伐。也有人说，是因为它傲慢，让它的太子置于诸侯之上。

取得邾娄国的田，自漷水以北。

说自漷水以北是为什么？是以漷水为国界。为什么说以漷水为国界？是因为漷水南移了。

季孙宿前往晋国。

安葬曹成公。

【原文】

9.19.2　夏，卫孙林父帅师伐齐。

秋七月辛卯，齐侯瑗卒[1]。

晋士匄帅师侵齐，至谷[2]，闻齐侯卒，乃还。

还者何？善辞也。何善尔？大其不伐丧也。此受命乎君而伐齐，则何大乎其不伐丧？大夫以君命出，进退在大夫也。

八月丙辰，仲孙蔑卒。

齐杀其大夫高厚[3]。

郑杀其大夫公子喜[4]。

冬，葬齐灵公。

城西郛。

叔孙豹会晋士匄于柯[5]。

城武城[6]。

【注释】

〔1〕齐侯瑗：《左传》、《穀梁传》作齐侯环，音近而通。即齐灵公、名瑗，公元前581—前554年在位。

〔2〕谷：见3.7.2注〔2〕。

〔3〕齐杀其大夫高厚：齐灵公晚年嬖爱姬妾戎子，立戎子之养子公子牙而废太子光，并使高厚傅公子牙。齐灵公病危时，崔杼迎光而复立为太子，灵公死，光遂即位为齐庄公。崔杼因高厚傅公子牙而杀之，《左传》说高厚的罪名是“从君于昏”。

〔4〕郑杀其大夫公子喜：公子喜，《左传》、《穀梁传》作公子嘉。字子孔，郑缪公之子。据《左传》，他为政专权，引起国人不满，因而被杀。

〔5〕柯：本为卫国地名，此时为晋所取。杜预注《左传》云：“魏郡内黄县东北有柯城。”在今河南内黄东北。

〔6〕武城：鲁国地名，杜注：“泰山南武城县。”在今山东费县西南，一说在今山东嘉祥。

【译文】

夏，卫国的孙林父率领军队攻伐齐国。

秋七月辛卯日，齐侯瑗去世。

晋国的士匄率领军队侵犯齐国，到了谷邑，听说齐灵公去世，于是就回还了。

回还是什么？是好的用语。为什么说这件事好？是夸他不趁办丧事攻伐。这是受命于国君而攻伐齐国，那么为什么夸他不趁办丧事攻伐？大夫接受君命外出，是进是退在于大夫。

八月丙辰日，仲孙蔑去世。

齐国杀了它的大夫高厚。
郑国杀了它的大夫公子喜。
冬，安葬齐灵公。
修筑西城的外城墙。
叔孙豹在柯邑会见晋国的士匄。
修筑武城的城墙。

【原文】

9.20.1　二十年春王正月辛亥，仲孙遬会莒人[1]，盟于向[2]。

夏六月庚申，公会晋侯、齐侯、宋公、卫侯、郑伯、曹伯、莒子、邾娄子、滕子、薛伯、杞伯、小邾娄子[3]，盟于澶渊[4]。

秋，公至自会。

仲孙遬帅师伐邾娄。

蔡杀其大夫公子燮[5]。

蔡公子履出奔楚[6]。

陈侯之弟光出奔楚[7]。

叔老如齐。

冬十月丙辰朔，日有食之[8]。

季孙宿如宋。

【注释】

〔1〕仲孙遬:《左传》、《穀梁传》作公孙速，字通，后文同。谥庄，史又称孟庄子，鲁国的卿。

〔2〕向：宣公四年伐莒取向以后，向成为鲁邑。参 7.4.1 注〔2〕，1.2.1 注〔2〕、〔3〕。

〔3〕齐侯：齐庄公。　曹伯：曹武公。

〔4〕澶渊：本为卫国湖泊名，此时其地为晋所取，故址在今河南濮阳西。

〔5〕蔡杀其大夫公子燮：公子燮见 9.8.1 注〔2〕。蔡国一直是楚国的与国，公子燮想倒向晋国，因而被蔡人所杀。

〔6〕公子履：公子燮的同母弟，因燮被杀而避嫌奔楚。

〔7〕光：《穀梁传》同，《左传》作黄，后文同。陈国也是楚国的与国，因统治集团内部矛盾，二卿庆虎、庆寅向楚国诬告陈侯之弟光与蔡公子燮有联系，光惧而投奔楚国以自明。

〔8〕日有食之：此次日食，当公元前 553 年 8 月 31 日之日环食。

【译文】

二十年春周历正月辛亥日，仲孙遬会见莒国人，在向邑结盟。

夏六月庚申日，襄公会见晋平公、齐庄公、宋平公、卫殇公、郑简公、曹武公、莒犁比公、邾娄悼公、滕成公、薛献公、杞孝公、小邾娄穆公，在澶渊结盟。

秋，襄公自会见处到达鲁国。

仲孙遬率领军队攻伐邾娄国。

蔡国杀了它的大夫公子燮。

蔡国的公子履出奔到楚国。

陈哀公的同母弟光出奔到楚国。

叔老前往齐国。

冬十月丙辰日初一，有日食。

季孙宿前往宋国。

【原文】

9.21.1　二十有一年春王正月，公如晋。

邾娄庶其以漆、闾丘来奔〔1〕。

邾娄庶其者何？邾娄大夫也。邾娄无大夫〔2〕，此何以书？重地也。

夏，公至自晋。

秋，晋栾盈出奔楚[3]。

九月庚戌朔，日有食之[4]。

冬十月庚辰朔，日有食之[5]。

曹伯来朝。

公会晋侯、齐侯、宋公、卫侯、郑伯、曹伯、莒子、邾娄子于商任[6]。

十有一月庚子，孔子生[7]。

【注释】

〔1〕邾娄庶其：邾娄国大夫，名庶其。漆、闾丘：邾娄国之二邑。据王献唐《三邾疆邑图考》，漆在今山东邹县城西十余里，俗名七女城，王氏疑为漆、闾之谐音。漆城东北十里有闾丘乡。二邑壤地相连，入鲁后并改为平阳邑。

〔2〕邾娄无大夫：参见 3. 24. 3 注〔3〕。

〔3〕栾盈：谥怀，又称栾怀子，栾黡之子，晋国的卿，下军副帅。栾黡死后，盈之母栾祁与家臣通奸，惧盈知将于己不利，遂先向父士匄诉盈欲为乱，栾盈难以自明，遂出奔楚。

〔4〕九月庚戌朔，日有食之：此次日食，当公元前 552 年 8 月 20 日之日环食。

〔5〕冬十月庚辰朔，日有食之：《元史·历志二》："姜氏云：比月而食，宜在误条；大衍亦以为然。今历推之，十月已过交限，不应频食。姜说为是。"此条当为误记。

〔6〕商任：原为卫国地名，此时已属晋，在今河南安阳。一说在今河北任城东南。

〔7〕十有一月庚子，孔子生：此条《左传》无，故知非经而为传文。《穀梁传》无"十有一月"，则庚子承上，是为十月庚子。《释文》本《公羊传》亦无"十有一月"。阮元《公羊注疏校勘记》引齐召南说云："十一月无庚子，庚子乃十月二十一日也。"因以为"作十月者是也"。按《史记·孔子世家》云："（叔梁）纥与颜氏女野合而生孔子。"古有中春野合之习俗，中春者，夏历二月也。颜氏女征在二月受孕，以妊娠期计之，生孔子当在十一月。唯此十一月乃夏历而非《春秋》所用之周

历。盖民间习用夏历(由《诗·豳风·七月》可知)，孔子之生日亦以夏历记之。孔门后学以孔子生日记入《公羊传》时未换算为周历，致干支记日亦有不合。要之，《公羊传》所记“十有一月庚子”当为孔子生时民间夏历之原始记录，《穀梁传》及《释文》本《公羊传》因干支记日与月份不合而删去“十有一月”者反失其真矣。夏历十一月，当周历次年之正月，则《史记·孔子世家》系孔子生日于鲁襄公二十二年亦可得合理解释。

【译文】

二十一年春周历正月，襄公前往晋国。

邾娄国的庶其拿漆、闾丘二邑前来投奔。

邾娄国的庶其是什么人？是邾娄国的大夫。邾娄国没有大夫，这为什么写下？是看重土地。

夏，襄公自晋国回国告至。

秋，晋国的栾盈出奔到楚国。

九月庚戌日初一，有日食。

冬十月庚辰日初一，有日食。

曹武公来访。

襄公在商任会见晋平公、齐庄公、宋平公、卫殇公、郑简公、曹武公、莒犁比公、邾娄悼公。

十一月庚子日，孔子诞生。

【原文】

9.22.1　二十有二年春王正月，公至自会。

夏四月。

秋七月辛酉，叔老卒。

冬，公会晋侯、齐侯、宋公、卫侯、郑伯、曹伯、莒子、邾娄子、滕子、薛伯、杞伯、小邾娄子于沙随〔1〕。

公至自会。

楚杀其大夫公子追舒〔2〕。

【注释】

〔1〕滕子：《穀梁传》同，《左传》无。沙随：见8.16.2注〔1〕。

〔2〕公子追舒：字子南，楚庄王之子，此时楚国之令尹。因权重势大，楚人患之，楚康王遂杀之于朝。

【译文】

二十二年春周历正月，襄公自会见处回国告至。

夏四月。

秋七月辛酉日，叔老去世。

冬，襄公在沙随会见晋平公、齐庄公、宋平公、卫殇公、郑简公、曹武公、莒犁比公、邾娄悼公、滕成公、薛献公、杞孝公、小邾娄穆公。

襄公自会见处回国告至。

楚国杀了它的大夫公子追舒。

【原文】

9.23.1　二十有三年春王二月癸酉朔，日有食之[1]。

三月己巳，杞伯匄卒[2]。

夏，邾娄鼻我来奔[3]。

邾娄鼻我者何？邾娄大夫也。邾娄无大夫，此何以书？以近书也。

葬杞孝公。

陈杀其大夫庆虎及庆寅[4]。

陈侯之弟光自楚归于陈[5]。

晋栾盈复入于晋，入于曲沃[6]。

曲沃者何？晋之邑也。其言入于晋、入于曲沃何？栾盈将入晋，晋人不纳，由乎曲沃而入也[7]。

【注释】

〔1〕日有食之：此次日食，当公元前550年1月5日之日环食。

〔2〕杞伯匄：即杞孝公，名匄，公元前566—前550年在位。

〔3〕邾娄鼻我：《左传》、《穀梁传》鼻作畀，同音通假。邾娄国之大夫，名鼻我。

〔4〕庆虎、庆寅：陈桓公之五世孙，食采于庆，以庆为氏，陈国的卿。陈哀公访楚，二庆向楚诬告公子光之事得明(参9.20.1注〔7〕)。楚召二庆，二庆据陈叛，筑城以拒。因虐杀筑城之役夫，役夫起义杀二庆。

〔5〕陈侯之弟光自楚归于陈：二庆死后，陈哀公借楚国之力回国，楚人因纳公子光于陈。

〔6〕曲沃：晋国地名，晋的别都，在今山西闻喜东北。一说这里的曲沃是栾盈的封邑，为今河南灵宝东的曲沃镇。

〔7〕由乎曲沃而入：栾盈自二十一年出奔楚后，又流亡至齐，这次是齐国借向晋国送媵妾之机使栾盈混入曲沃，得魏献子的帮助，才帅曲沃之甲进入绛都的。

【译文】

二十三年春周历二月癸酉日初一，有日食。

三月己巳日，杞伯匄去世。

夏，邾娄国的鼻我前来投奔。

邾娄国的鼻我是什么人？是邾娄国的大夫。邾娄国没有大夫，这为什么写下？是因为近而写下。

安葬杞孝公。

陈国杀了它的大夫庆虎与庆寅。

陈哀公的同母弟公子光自楚国回到陈国。

晋国的栾盈重新进入晋国，进入曲沃。

曲沃是什么地方？是晋国的城邑。说进入晋国、进入曲沃是为什么？栾盈想要进入晋国，晋国人不让他进去，是通过曲沃才进入的。

【原文】

9.23.2　秋，齐侯伐卫，遂伐晋。

八月，叔孙豹帅师救晋，次于雍渝〔1〕。

曷为先言救而后言次？先通君命也。

己卯，仲孙遬卒。

冬十月乙亥，臧孙纥出奔邾娄〔2〕。

晋人杀栾盈〔3〕。

曷为不言杀其大夫？非其大夫也。

齐侯袭莒。

【注释】

〔1〕雍渝：晋国地名，杜预注《左传》云："汲郡朝歌县东有雍城。"在今河南淇县东。

〔2〕臧孙纥：谥武，又称臧武仲，鲁国的卿，官任司寇。因帮助季武子而得罪了孟孙氏，孟孙氏告发他将叛乱，引起季武子对他的误会，命攻臧氏，臧孙纥斫断城门的栓而出奔邾娄。

〔3〕晋人杀栾盈：栾盈入晋后处境孤立，不久就被迫逃回曲沃，晋人围而克之，尽杀栾氏之族党。

【译文】

秋，齐庄公攻伐卫国，于是就攻伐晋国。

八月，叔孙豹率领军队救援晋国，驻留在雍渝多日。

为什么先说救援而后说驻留多日？是先把国君的命令表达出来。

己卯日，仲孙遬去世。

冬十月乙亥日，臧孙纥出奔到邾娄国。

晋国人杀了栾盈。

为什么不说杀了它的大夫？不是它的大夫。

齐庄公袭击莒国。

【原文】

9.24.1　二十四年春，叔孙豹如晋。

仲孙羯帅师侵齐〔1〕。

夏，楚子伐吴〔2〕。

秋七月甲子朔，日有食之，既〔3〕。

齐崔杼帅师伐莒。

大水。

八月癸巳朔，日有食之〔4〕。

公会晋侯、宋公、卫侯、郑伯、曹伯、莒子、邾娄子、滕子、薛伯、杞伯、小邾娄子于陈仪〔5〕。

冬，楚子、蔡侯、陈侯、许男伐郑〔6〕。

公至自会。

陈鍼宜咎出奔楚〔7〕。

叔孙豹如京师。

大饥。

【注释】

〔1〕仲孙羯：谥孝，又称孟孝伯，鲁国的卿。

〔2〕楚子：楚康王。

〔3〕日有食之，既：既，见2.3.2。此次日食，当公元前549年6月19日之日全食。

〔4〕八月癸巳朔，日有食之：《元史·历志二》：“《汉志》董仲舒以为比食又既。大衍云：不应频食，在误条。今历推之，立分不叶，不应食。大衍说是。”冯征《春秋日食集证》云：“当是文公十一年八月癸巳朔日食，脱简于此。”

〔5〕杞伯：杞文公。陈仪：见5.1.3注〔1〕。原为齐桓公迁邢之地，此时已成为卫国的城邑。

〔6〕蔡侯：蔡景公。许男：许灵公。

〔7〕鍼宜咎：陈鍼子的八世孙，二庆的党羽。因陈人查办庆氏余党，故而出奔楚国。

【译文】

二十四年春，叔孙豹前往晋国。

仲孙羯率领军队侵犯齐国。

夏，楚康王攻伐吴国。

秋七月甲子日初一，有日全食。

齐国的崔杼率领军队攻伐莒国。

洪水。

八月癸巳日初一，有日食。

襄公在陈仪会见晋平公、宋平公、卫殇公、郑简公、曹武公、莒犁比公、邾娄悼公、滕成公、薛献公、杞文公、小邾娄穆公。

冬，楚康王、蔡景公、陈哀公、许灵公攻伐郑国。

襄公自会见处回国告至。

陈国的鍼宜咎出奔到楚国。

叔孙豹前往京师。

大饥荒。

【原文】

9.25.1　二十有五年春，齐崔杼帅师伐我北鄙。

夏五月乙亥，齐崔杼弑其君光〔1〕。

公会晋侯、宋公、卫侯、郑伯、曹伯、莒子、邾娄子、滕子、薛伯、杞伯、小邾娄子于陈仪。

六月壬子，郑公孙舍之帅师入陈〔2〕。

秋八月己巳，诸侯同盟于重丘〔3〕。

公至自会。

卫侯入于陈仪〔4〕。

陈仪者何？卫之邑也。曷为不言入于卫？谖君以弑也〔5〕。

楚屈建帅师灭舒鸠〔6〕。

【注释】

〔1〕齐崔杼弑其君光：光即齐庄公之名，公元前553—前548年在位。崔杼娶同姓之美貌寡妇棠姜为妻，齐庄公与之私通，崔杼遂使人杀之而立景公。

〔2〕公孙舍之：见9.11.1注〔4〕。

〔3〕诸侯：即陈仪之会的诸侯。重丘：齐国地名，在今山东聊城东南，与卫之陈仪相距不远。

〔4〕卫侯：指十四年出奔至齐国的卫侯衎（卫献公）。重丘之盟后，晋平公派人迎卫侯衎，要卫殇公把陈仪之地给卫侯衎居住。

〔5〕谖君以弑：谖，欺诈。君，指卫殇公。卫殇公同意卫侯衎入居于陈仪，卫侯衎却密谋杀卫殇公，所以说是谖君以弑。

〔6〕屈建：字子木，楚国宗族，本任莫敖（莫敖为楚官名，位次于令尹），新任令尹。舒鸠：偃姓国名，群舒之一，地在今安徽舒城一带。

【译文】

二十五年春，齐国的崔杼率领军队攻伐我国北部边邑。

夏五月乙亥日，齐国的崔杼杀了他的国君光。

襄公在陈仪会见晋平公、宋平公、卫殇公、郑简公、曹武公、莒犁比公、邾娄悼公、滕成公、薛献公、杞文公、小邾娄穆公。

六月壬子日，郑国的公孙舍之率领军队进入陈国。

秋八月己巳日，诸侯在重丘同盟。

襄公自会盟处回国告至。

卫侯衎进入陈仪。

陈仪是什么地方？是卫国的城邑。为什么不说进入卫国？是因为欺诈而杀了国君。

楚国的屈建率领军队灭了舒鸠国。

【原文】

9.25.2　冬，郑公孙虿帅师伐陈〔1〕。

十有二月，吴子谒伐楚〔2〕，门于巢卒〔3〕。

门于巢卒者何？入门乎巢而卒也。入门乎巢而卒者何？入巢之门而卒也。吴子谒何以名〔4〕？伤而反〔5〕，未至乎舍而卒也。

【注释】

〔1〕公孙虿：《左传》、《穀梁传》作公孙夏。据《左传》，公孙虿（即虿）死于襄公十九年，则作公孙夏为是。

〔2〕吴子谒：《穀梁传》同，《左传》作吴子遏，字通。又称诸樊。《史记索隐》云：谒是其名，诸樊是其号。吴王寿梦之长子。

〔3〕门：用作动词，意为攻门。巢，见6.12.2注〔1〕。

〔4〕吴子谒何以名：《穀梁传》："诸侯不生名，取卒之名。加之伐楚之上者，见以伐楚卒也。"

〔5〕伤而反：《穀梁传》："吴子谒伐楚，至巢，入其门，门人射吴子，有矢创，反舍而卒。"《左传》记射箭之人名巢牛臣。《通义》："时巢人以吴子勇而轻死，开门诱之，谒果入其门，为所射杀。"

【译文】

冬，郑国的公孙虿率领军队攻伐陈国。

十二月，吴子谒攻伐楚国，攻门于巢国而死。

攻门于巢国而死是什么意思？是进入城门于巢国而死。进入城门于巢国而死是什么意思？是进入巢国的城门而死。吴子谒为什么记下名字？是受伤而返回，没有到达住处而死去。

【原文】

9.26.1　二十有六年春王二月辛卯，卫宁喜弑其君剽〔1〕。

卫孙林父入于戚以叛〔2〕。

甲午，卫侯衎复归于卫〔3〕。

此谖君以弑也，其言复归何〔4〕？恶剽也。曷为恶剽？剽之立，于是未有说也〔5〕。然则曷为不言剽之立？

不言剽之立者，以恶卫侯也[6]。

【注释】

〔1〕宁喜：谥悼，又称宁悼子，卫国的卿。《左传》说，卫侯衎入于陈仪后，派同母弟鱄与宁喜联系，以“政由宁氏，祭则寡人”为条件，要宁喜杀卫殇公。卫殇公至孙林父的采邑戚避难，宁喜攻破戚邑，杀了卫殇公。剽，公孙剽，即卫殇公，公元前558—前547年在位。

〔2〕卫孙林父入于戚以叛：戚见9.14.2注〔3〕，据《左传》，孙林父在卫殇公被杀后，带着戚邑投向晋国。

〔3〕甲午，卫侯衎复归于卫：《通义》：“辛卯弑君，甲午便归，是待弑而入，故得速也。”

〔4〕其言复归何：据2.15.2“复归者，出恶，归无恶”而设问。

〔5〕剽之立，于是未有说也：卫侯衎出奔齐后，孙林父立公孙剽为君，见9.14.2注〔2〕。《解诂》认为此是“篡立”，《通义》也说“剽逐君而立”，因此卫人至今没有一个说法。

〔6〕不言剽之立者，以恶卫侯也：《解诂》：“欲起卫侯失众出奔，故不书剽立。剽立无恶，则卫侯恶明矣。”《通义》：“《春秋》之于衎、剽，两无所与。”

【译文】

二十六年春周历二月辛卯日，卫国的宁喜杀了他的国君剽。

卫国的孙林父进入戚邑而叛国。

甲午日，卫侯衎重新回归于卫国。

这是欺诈而杀了国君，说重新回归是为什么？是认为剽不好。为什么认为剽不好？剽立为国君，到这时还没个说法。这样的话那么为什么不说剽立为国君？不说剽立为国君，是认为卫侯衎不好。

【原文】

9.26.2　夏，晋侯使荀吴来聘[1]。

公会晋人、郑良霄、宋人、曹人于澶渊[2]。

秋，宋公杀其世子痤[3]。

晋人执卫宁喜[4]。

此执有罪，何以不得为伯讨[5]？不以其罪执之也。

八月壬午，许男宁卒于楚[6]。

冬，楚子、蔡侯、陈侯伐郑。

葬许灵公。

【注释】

〔1〕荀吴：谥缪(穆)，史又称中行穆子或中行缪伯，荀偃之子，继承荀偃为晋卿。

〔2〕良霄：字伯有，郑缪公的曾孙，郑国的卿。据《左传》，晋人为晋赵武，本为会之主，不书其名而书晋人，是“尊公也”；宋人为宋向戌，不书其名而书宋人，是“后”至；郑国良霄如期而至，故书其名。澶渊之会，是晋国想要讨卫，取卫西鄙六十邑以与孙林父，故先协调诸侯。

〔3〕宋公杀其世子痤：痤，《左传》同，《穀梁传》作座，音近通假。宋平公听信寺人伊戾的诬告，误以为太子将为乱而杀之。

〔4〕晋人执卫宁喜：澶渊之会，宁喜也到了，为晋人所执。

〔5〕此执有罪，何以不得为伯讨：这是据5.4.3“称侯而执者，伯讨也；称人而执者，非伯讨也”所设的问。伯讨，见该节注〔5〕。

〔6〕许男宁：即许灵公，名宁，公元前591—前547年在位。

【译文】

夏，晋平公派遣荀吴来访。

襄公在澶渊会见晋国人、郑国的良霄、宋国人、曹国人。

秋，宋平公杀了他的太子痤。

晋国人捉拿了卫国的宁喜。

这是捉拿有罪的，为什么不能成为一方之长的声讨？是不用他的罪捉拿他。

八月壬午日，许男宁在楚地去世。

冬，楚康王、蔡景公、陈哀公攻伐郑国。

安葬许灵公。

【原文】

9.27.1 二十有七年春，齐侯使庆封来聘〔1〕。

夏，叔孙豹会晋赵武、楚屈建、蔡公孙归生、卫石恶、陈孔瑗、郑良霄、许人、曹人于宋〔2〕。

卫杀其大夫宁喜。卫侯之弟鱄出奔晋〔3〕。

卫杀其大夫宁喜，则卫侯之弟鱄曷为出奔晋？为杀宁喜出奔也。曷为为杀宁喜出奔？卫宁殖与孙林父逐卫侯而立公孙剽。宁殖病将死，谓喜曰："黜公者非吾意也，孙氏为之。我即死，女能固纳公乎〔4〕？"喜曰："诺。"宁殖死，喜立为大夫，使人谓献公曰："黜公者非宁氏也，孙氏为之。吾欲纳公，何如？"献公曰："子苟纳我，吾请与子盟。"喜曰："无所用盟，请使公子鱄约之。"献公谓公子鱄曰："宁氏欲纳我，吾欲与之盟。其言曰：'无所用盟，请使公子鱄约之。'子固为我与之约矣。"公子鱄辞曰："夫负羁縶〔5〕，执铁锧〔6〕，从君东西南北，则是臣仆庶孽之事也〔7〕。若夫约言为信，则非臣仆庶孽之所敢与也。"献公怒曰："黜我者非宁氏与孙氏，凡在尔！"公子鱄不得已而与之约。已约，归至，杀宁喜。公子鱄挈其妻子而去之，将济于河，携其妻子而与之盟曰："苟有履卫地食卫粟者，昧雉彼视〔8〕！"

【注释】

〔1〕齐侯：齐景公。庆封：字子家，齐国的左相。

〔2〕赵武：字孟，谥文，又称赵孟、赵文子，晋国的卿，执政大臣。公孙归生：蔡庄公之孙，蔡国的卿。石恶：石买之弟，石买死后，继任卫

卿。孔瑗：《左传》、《穀梁传》作孔奂，音近可通，后文同。陈国的卿。

〔3〕鱄：字子鲜，卫献公的同母弟弟。

〔4〕女：汝。固：必。《解诂》：“喜者，殖子。殖本与孙氏共立剽，而孙氏独得其权，故有此言。”

〔5〕羁絷：羁，马笼头；絷，拴缚马足的绳子。这里偏义指马笼头。

〔6〕𫓧锧：𫓧，通斧；锧：垫在下面的砧板。古代腰斩人的用具。

〔7〕庶孽：即庶子，本指妾媵之子，公子鱄是卫献公的同母弟，则并非妾媵之子，这里是卑谦抑己之辞。

〔8〕昧雉：杀雉。昧(wěn 稳)，通刎，割颈。《解诂》：“昧，割也。时割雉以为盟。犹曰视彼割雉，负此盟则如彼矣。”

【译文】

二十七年春，齐景公派遣庆封来访。

夏，叔孙豹在宋国会见晋国的赵武、楚国的屈建、蔡国的公孙归生、卫国的石恶、陈国的孔瑗、郑国的良霄、许国人、曹国人。

卫国杀了它的大夫宁喜。卫献公的同母弟公子鱄出奔到晋国。

卫国杀了它的大夫宁喜，那么卫献公的同母弟公子鱄为什么出奔到晋国？是因为杀了宁喜而出奔。为什么因为杀了宁喜而出奔？卫国的宁殖与孙林父驱逐了卫献公而立公孙剽为国君。宁殖病危将死，对宁喜说：“废黜主公不是我的主意，是孙氏干的。我就要死了，你能一定使主公进来吗？”宁喜说：“能的。”宁殖死了，宁喜立为大夫，派人对献公说：“废黜主公的不是宁氏，是孙氏干的。我想让主公进入卫国，怎么样？”献公说：“假如你能让我进入卫国，我建议与你盟誓。”宁喜说：“不必用盟誓了，请派公子鱄来缔约。”献公对公子鱄说：“宁氏想让我进入卫国，我要与他盟誓。他说道：‘不必用盟誓了，请派公子鱄来缔约。’你一定要为我与他缔约了。”公子鱄推辞道：“背着马笼头，拿着斧砧，跟随君主东西南北，那是臣仆庶子的事。如果是约定言辞作为证人，那就不是臣仆庶子所敢参与的。”献公发怒道：“废黜我的不是宁氏与孙氏，都在你们！”公子鱄不得已而与之缔约。缔约以后，献公回到卫国，杀了宁喜。公子鱄带着他的妻子儿女离开了卫国，将渡过黄河的时候，拉着妻子儿女的手和他们盟誓道：

“如果谁还踩卫国的土地吃卫国的粮食，就看那割杀了的雉！”

【原文】

9.27.2　秋七月辛巳，豹及诸侯之大夫盟于宋[1]。

曷为再言豹？殆诸侯也。曷为殆诸侯？为卫石恶在是也，曰：恶人之徒在是也[2]！

冬十有二月乙亥朔，日有食之[3]。

【注释】

〔1〕豹：叔孙豹。所以不书“叔孙”，据《公羊传》的说法，是“一事而再见者，卒名也”（见7.1.1），盟于宋和会于宋是一事的先后两阶段，所以后面只记其名。《左传》则认为“不书其族，言违命也”，是叔孙豹在与诸侯之大夫结盟时违反了季武子向他转达的襄公之命，所以不记氏族名以贬之，与《公羊传》义不同。《穀梁传》则云：“豹云者，恭也。诸侯不在而曰诸侯之大夫，大夫臣也，其臣恭也。”义又异于《公羊传》和《左传》。

〔2〕恶人之徒在是也：《解诂》以为恶人指献公，《通义》以为恶人指宁喜。据《左传》，石恶也是“宁氏之党”，则《通义》之说为是。盖宁喜杀君，今宁喜之同党与会，则诸侯危矣。

〔3〕十有二月乙亥朔，日有食之：《元史·历志二》：“姜氏云：十一月乙亥朔，交分入限，应食。大衍同。今历推之，是岁十一月乙亥朔，加时在昼，交分初日八百二十五分入食限。”可见经记十二月乙亥朔差了一个月，应为十一月。《左传》认为是司历“失闰”之过造成的。

【译文】

秋七月辛巳日，豹与诸侯之大夫在宋国结盟。

为什么再次说到豹？是为诸侯感到危险。为什么为诸侯感到危险？是因为卫国的石恶在这里，所以说：恶人的同党在这里啊！

冬十二(应为十一)月乙亥朔，有日食。

【原文】

9.28.1　二十有八年春，无冰。

夏，卫石恶出奔晋〔1〕。

邾娄子来朝。

秋八月，大雩。

仲孙羯如晋。

冬，齐庆封来奔〔2〕。

十有一月，公如楚。

十有二月甲寅，天王崩〔3〕。

乙未，楚子昭卒〔4〕。

【注释】

〔1〕卫石恶出奔晋：据《左传》，“卫人讨宁氏之党，故石恶出奔晋。”

〔2〕齐庆封来奔：据《左传》，庆封爱好田猎而嗜酒，不理国政，将政事交给儿子庆舍，沉湎于荒淫生活，致国内乱作，庆舍被杀，庆封出奔到鲁国，继而又出奔到吴国。

〔3〕天王：指周灵王，名泄心，公元前571—前545年在位。

〔4〕楚子昭：即楚康王，名昭，公元前559—前545年在位。

【译文】

二十八年春，没有冰。

夏，卫国的石恶出奔到晋国。

邾娄悼公来访。

秋八月，举行盛大的雩祭。

仲孙羯前往晋国。

冬，齐国的庆封前来投奔。

十一月，襄公前往楚国。

十二月甲寅日，周灵王去世。

乙未日，楚子昭去世。

【原文】

9.29.1　二十有九年春王正月，公在楚。

何言乎公在楚？正月以存君也〔1〕**。**

夏五月，公至自楚。

庚午，卫侯衎卒〔2〕。

阍杀吴子余祭〔3〕。

阍者何？门人也，刑人也〔4〕**。刑人则曷为谓之阍？刑人非其人也**〔5〕**，君子不近刑人**〔6〕**，近刑人则轻死之道也。**

仲孙羯会晋荀盈、齐高止、宋华定、卫世叔齐、郑公孙段、曹人、莒人、邾娄人、滕人、薛人、小邾娄人城杞〔7〕。

晋侯使士鞅来聘〔8〕。

杞子来盟〔9〕。

【注释】

〔1〕正月以存君：存，省问。古代臣子正月有执贽省问国君之礼。《解诂》："正月，岁终而复始，臣子喜其君父与岁终而复始，执贽存之，故言在。"

〔2〕卫侯衎：即卫献公，名衎，公元前576—前559、前546—前544年在位。

〔3〕阍：守门人。吴子余祭：吴王寿梦的次子，吴王谒（诸樊）之弟。据《春秋》，他在位四年即被杀。《史记·吴太伯世家》则说吴子余祭在位十七年而卒，与《春秋》异。当以《春秋》为正。

〔4〕刑人：受过刑的人。《左传》说："吴人伐越，获俘焉，以为阍。"未说他是刑人。马王堆三号汉墓出土帛书《春秋事语》则说："吴

伐越，复(俘)其民，弗复(残二字，当为“而又”)刑之。”与《公羊传》合。

〔5〕刑人非其人也:《解诂》:“以刑人为阍，非其人。”《礼记·祭统》:“阍者，守门之贱者也。古者不使刑人守门。”郑玄注:“古者不使刑人守门，谓夏、殷时。”

〔6〕君子不近刑人:《礼记·曲礼上》:“刑人不在君侧。”《穀梁传》:“礼，君不使无耻，不近刑人，不狎敌，不迩怨。贱人非所贵也，贵人非所刑也，刑人非所近也。举至贱而加之吴子，吴子近刑人也；阍弑吴子余祭，仇之也。”

〔7〕荀盈:谥悼，食邑于知，史又称知悼子、知伯，荀䓨之孙，晋国的卿。高止:字子容，齐国的卿。华定:宋国的卿，官任司徒。世叔齐:《左传》、《穀梁传》作世叔仪。谥文，史又称大叔文子。公孙段:字伯石，此时以郑国摄卿身份城杞，明年伯有死，才正式命为卿。邾娄人:《穀梁传》例作邾人，《左传》无。据《左传》，晋平公之母为杞女，故会合诸侯之大夫城杞。

〔8〕士鞅:谥献，食邑于范，史又称范献子，晋国的卿。

〔9〕杞子:杞文公。《春秋》多称杞国国君为杞伯，此处贬称为子。《左传》说:“书曰子，贱之也。”《解诂》:“贬称子者，微弱不能自城。”

【译文】

二十九年春周历正月，襄公在楚国。

为什么说襄公在楚国？正月是省问国君的时候。

夏五月，襄公自楚国回国告至。

庚午日，卫侯衎去世。

阍者杀了吴子余祭。

阍者是什么？是守门人，是个受过刑的人。受过刑的人那么为什么称之为阍者？受过刑的人守门是用非其人，君子不接近受过刑的人，接近受过刑的人那是一条轻死之道。

仲孙羯会合晋国的荀盈、齐国的高止、宋国的华定、卫国的世叔齐、郑国的公孙段、曹国人、莒国人、邾娄国人、滕国人、薛国人、小邾娄国人修筑杞国的城墙。

晋平公派遣士鞅来访。

杞文公前来结盟。

【原文】

9.29.2 吴子使札来聘〔1〕。

吴无君〔2〕，无大夫，此何以有君有大夫？贤季子。何贤乎季子？让国也。其让国奈何？谒也，余祭也，夷昧也，与季子同母者四。季子弱而才〔3〕，兄弟皆爱之，同欲立之以为君。谒曰："今若是迮而与季子国〔4〕，季子犹不受也。请无与子而与弟，弟兄迭为君，而致国乎季子。"皆曰："诺。"故诸为君者皆轻死而勇，饮食必祝曰："天苟有吴国，尚速有悔于予身〔5〕。"故谒也死，余祭也立；余祭也死，夷昧也立；夷昧也死，则国宜之季子者也，季子使而亡焉〔6〕，僚者长庶子也〔7〕，即之。季子使而反，至而君之尔。阖庐曰："先君之所以不与子国而与弟者，凡为季子故也〔8〕。将从先君之命与，则国宜之季子者也；如不从先君之命与，则我宜立者也。僚恶得为君乎！"于是使专诸刺僚〔9〕，而致国乎季子。季子不受，曰："尔弑吾君，吾受尔国，是吾与尔为篡也。尔杀吾兄，吾又杀尔，是父子兄弟相杀，终身无已也。"去之延陵〔10〕，终身不入吴国。故君子以其不受为义，以其不杀为仁。贤季子，则吴何以有君有大夫？以季子为臣，则宜有君者也。札者何？吴季子之名也。《春秋》贤者不名，此何以名？许夷狄者，不壹而足也〔11〕。季子者所贤也，曷为不足乎季子？许人臣者必使臣，许人子者必使子也〔12〕。

秋九月，葬卫献公。

齐高止出奔北燕[13]。

冬，仲孙羯如晋。

【注释】

〔1〕吴子：指吴王余祭未死之时。札：即季札、公子札，吴王谒之幼弟，故下文称季子，因封邑在延陵，又称延陵季子。

〔2〕吴无君，无大夫：《春秋》以往在记列国交往时，出于地域偏见，以吴国为夷狄，所以往往只提吴国而不提吴君及吴大夫名，如9.10.1“会吴于祖”、9.14.1“会吴于向”，都是。这就是《公羊传》所说的“《春秋》……内诸夏而外夷狄”（8.15.3）。所以并非吴无君，无大夫，而是《春秋》贬之，使无君，无大夫。

〔3〕弱：年少。

〔4〕迮：仓促。

〔5〕尚：表示祈求语气的副词。悔：咎，灾祸。

〔6〕亡：不在。

〔7〕僚者长庶子也：《公羊传》以僚为吴王寿梦的长庶子，即季札的庶兄，所以下文季子对阖庐说“尔杀吾兄”。《史记·吴太伯世家》则以僚为“王余昧(即夷昧)之子”，与《公羊传》异。

〔8〕阖庐：即公子光，王诸樊之长子。

〔9〕专诸：《左传·昭公二十七年》作鱄设诸。吴国堂邑(今江苏六合西北)人，勇士，《史记·刺客列传》有传。

〔10〕延陵：吴国地名，在今江苏常州市。

〔11〕不壹而足：见6.9.3注〔4〕。

〔12〕许人臣者必使臣，许人子者必使子：《通义》：“必使臣、必使子者，必使全其为臣、子之道。当札君、父之世，并未得有君、有大夫，今为季子足与之，则非臣、子尊荣欲与君、父共之之意，故仍未许醇同诸夏。”

〔13〕北燕：即燕国，姬姓国名，开国君主是召公奭，有今河北北部，辽宁西部，都蓟(今北京城西南隅)。因当时还有姞姓之南燕，故称北燕。据《左传》，高止“好以事自为功，且专”，为公孙虿、公孙灶驱逐出境。

【译文】

吴王余祭派遣札来访。

吴国没有国君，没有大夫，这里为什么有国君有大夫？是认为季子贤明。为什么认为季子贤明？是因为辞让国君的位置。他怎样辞让国君的位置？谒、余祭、夷昧，与季子同母所生的有四个。季子年少而有才，哥儿几个都爱他，一起想立他为国君。谒说："如今如果是仓促间把国家交给季子，季子还是不接受的，建议不要传位给儿子而传位给弟弟，弟兄轮流当国君，而把国家交给季子。"都说"好"。所以几个当国君的都看轻死，所作所为勇敢，饮食的时候都祝祷道："老天如果保有吴国，但愿赶快在我们身上降灾。"所以谒死，余祭即位；余祭死，夷昧即位；夷昧死，则国家应该传到季子手里，季子出使在外不在，僚是庶长子，即位了。季子出使返回，到达以后把僚当国君对待。阖庐说："先君之所以不把国家传给儿子而传给弟弟，都是为了季子的缘故。打算听从先君的命令呢，那么国家应该传到季子手里；如果不听从先君的命令呢，那么我应该立为国君。僚怎么能做国君呢！"于是派遣专诸刺死了僚，而把国家交给季子。季子不接受，说："你杀了我的国君，我接受你的国家，是我与你篡位了。你杀了我的兄长，我又杀你，是父子兄弟相杀，一辈子也没有完结了。"离开到了延陵，终身不进吴国国都。所以君子以他不接受为义，以他不杀为仁。认为季子贤明，那么吴国为什么有国君有大夫？以季子为臣子，那么应该有国君了。札是什么？是季子的名。《春秋》列贤明的人不记名，这为什么记名？对夷狄的认可，不是一下子就到位的。季子是被认为贤明的人，为什么在季子身上不到位？认可当臣子的就一定要使他成为臣子，认可当儿子的就一定要使他成为儿子。

秋九月，安葬卫献公。

齐国的高止出奔到北燕。

冬，仲孙羯前往晋国。

【原文】

9.30.1　三十年春王正月，楚子使薳颇来聘[1]。

夏四月，蔡世子般弑其君固[2]。

五月甲午，宋灾，伯姬卒[3]。

天王杀其弟年夫[4]。

王子瑕奔晋[5]。

秋七月，叔弓如宋[6]，葬宋共姬[7]。

外夫人不书葬，此何以书？隐之也。何隐尔？宋灾，伯姬卒焉。其称谥何？贤也。何贤尔？宋灾，伯姬存焉。有司复曰："火至矣，请出。"伯姬曰："不可。吾闻之也，妇人夜出，不见傅、母不下堂[8]。傅至矣，母未至也。"逮乎火而死。

郑良霄出奔许，自许入于郑。郑人杀良霄[9]。

【注释】

〔1〕楚子：郏敖。薳颇：《左传》、《穀梁传》作薳罢（音皮），字通。楚国大夫，楚灵王即位后任令尹。

〔2〕世子般：蔡景侯的太子，即后来的蔡灵侯。固：即蔡景侯，名固（《史记·管蔡世家》作同，《十二诸侯年表》作固），公元前591—前543年在位。据《左传》，蔡景侯为太子般娶于楚，而与楚女私通，太子遂杀景侯。

〔3〕伯姬：《穀梁传》同，《左传》伯姬上有宋字。见8.8.2注〔2〕。

〔4〕天王：周景王。年夫：《左传》、《穀梁传》作佞夫，音近得通。景王之弟。灵王崩，儋括欲立王子年夫，而年夫不知。景王立之二年，尹言多等五大夫杀年夫。年夫实无罪。《左传》说："书曰：'天王杀其弟佞夫。'罪在王也。"

〔5〕王子瑕：周灵王之子，儋括的同党。

〔6〕叔弓：谥敬，又称子叔敬叔，叔老之子。论辈分，是伯姬的侄孙。

〔7〕宋共姬：《左传》同，《穀梁传》无宋字。共音恭，从夫宋共公之谥。

〔8〕傅、母：傅，傅母；母，保母。《解诂》："礼，后夫人必有傅、

母，所以辅正其行，卫其身也。”《穀梁传》：“伯姬之舍失火，左右曰：‘夫人少辟火乎？’伯姬曰：‘妇人之义，傅母不在，宵不下堂。’左右又曰：‘夫人少辟火乎？’伯姬曰：‘妇人之义，保母不在，宵不下堂。’遂逮乎火而死。”

〔9〕郑人杀良霄：良宵已见 9. 26. 2 注〔2〕。良霄当国而嗜酒误政事，国遂生乱；良霄先奔许避乱，继而还入，为驷带所伐而死。

【译文】

三十年春周历正月，楚郏敖派遣薳颇来访。

夏四月，蔡国的太子般杀了他的君父固。

五月甲午日，宋国火灾，伯姬去世。

周景王杀了他的同母弟年夫。

王子瑕投奔到晋国。

秋七月，叔弓前往宋国，安葬宋共姬。

外国的夫人不写安葬，这为什么写下？是伤痛她。为什么伤痛她？宋国火灾，伯姬死在这上面。她称谥号是为什么？是因为她贤惠。为什么认为她贤惠？宋国火灾，伯姬还活着。女官报告说：“火到了，请出去。”伯姬说：“不行。我听说，妇女夜间出去，不见傅母、保母不下堂。傅母到了，保母还没有到。”火烧到她而死去。

郑国的良霄出奔许国，自许国还入郑国。郑国人杀了良霄。

【原文】

9. 30. 2　冬十月，葬蔡景公。

贼未讨，何以书葬[1]？君子辞也[2]。

晋人、齐人、宋人、卫人、郑人、曹人、莒人、邾娄人、滕人、薛人、杞人、小邾娄人会于澶渊[3]，宋灾故。

宋灾故者何？诸侯会于澶渊，凡为宋灾故也。会未有言其所为者，此言所为何？录伯姬也。诸侯相聚[4]，而更宋之所丧[5]，曰："死者不可复生，尔财复矣。"此大事也，曷为使微者？卿也[6]。卿则其称人何？贬。曷为贬？卿不得忧诸侯也[7]。

【注释】

〔1〕贼未讨，何以书葬：据1.11.2"《春秋》君弑贼不讨，不书葬"而设问。

〔2〕君子辞也：《解诂》："君子为中国讳。"《通义》："恕蔡人不敢讨君之嫡嗣，又臣民之心莫不欲讳其国恶，使若般弑为疑狱者，故缘情量力，不过责也。"

〔3〕澶渊：已见9.20.1注〔4〕。一说，为宋国之澶渊聚，在今安徽濉溪附近。

〔4〕聚：凑钱财。

〔5〕更：《解诂》："更，复也。复者，如故时。诸侯共偿，复其所丧。"

〔6〕卿也：据《左传》，与会者有鲁国的叔孙豹、晋国的赵武、齐国的公孙虿、宋国的向戌，卫国的北宫佗、郑国的罕虎等，都是卿。

〔7〕卿不得忧诸侯：卿的地位，还不够来担忧诸侯。这与《左传》所述有异。《左传》说澶渊之会不书卿名的原因，是"不信"，"谋归宋财"，"既而无归于宋"；所以《春秋》不书鲁大夫与会，是"讳之也"。

【译文】

冬十月，安葬蔡景公。

凶手没有惩处，为什么写安葬？这是君子的用语。

晋国人、齐国人、宋国人、卫国人、郑国人、曹国人、莒国人、邾娄国人、滕国人、薛国人、杞国人、小邾娄国人在澶渊会见，为了宋国火灾的缘故。

为了宋国火灾的缘故是什么意思？各诸侯国在澶渊集会，都是为了宋国火灾的缘故。集会没有说做什么的，这说了所做的事是为什么？是为了记录伯姬。诸侯国互相凑钱，而补偿宋国的损失，说："死了的不能复活了，你的财物得到补偿了。"这是大事，为什么派遣卑微的人？是卿。是卿那么称人为什么？是贬斥。

为什么贬斥？卿担忧不了诸侯。

【原文】

9.31.1　三十有一年春王正月。

夏六月辛巳，公薨于楚宫〔1〕。

秋九月癸巳，子野卒〔2〕。

己亥，仲孙羯卒。

冬十月，滕子来会葬。

癸酉，葬我君襄公。

十有一月，莒人弑其君密州〔3〕。

【注释】

〔1〕楚宫：《解诂》："公朝楚（见9.28.1），好其宫，归而作之，故名之云尔。"

〔2〕子野：襄公之妾敬归所生之子，被立为太子。襄公死，他过于悲伤，所谓哀毁而死。

〔3〕密州：莒犁比公之名，公元前576—前542年在位。莒犁比公先立子展舆为太子，继又废之。为政又虐，国人患之。展舆遂借国人之力以攻犁比公，杀之而自立。另一子去疾出奔齐。

【译文】

三十一年春周历正月。

夏六月辛巳日，襄公在楚宫去世。

秋九月癸巳日，子野去世。

己亥日，仲孙羯去世。

冬十月，滕成公前来会葬。

癸酉日，安葬我国君襄公。

十一月，莒国人杀了他们的国君密州。

昭　公

【题解】

鲁昭公名裯（《左传》、《史记·鲁周公世家》），一作稠（《史记·十二诸侯年表》、《世本》、《汉书·古今人表》、《律历志》），襄公之子，齐归所生。襄公死时，他十九岁了，却童心未泯，不但居丧不哀，还面有喜色，嬉耍如常，以致弄脏了好几套丧服。叔孙豹说他是个不孝之人，立他为君将来必为季氏忧。季武子却自有主张，还是让他登上了国君的宝座。也许在季武子看来，一个无所作为的国君更便于他摆布吧。于是，季氏三世（文子、武子、平子）为相，鲁国四公（宣、成、襄、昭）失政的局面便很自然地出现了。《左传·昭公二十五年》记了这样一件事：昭公"将禘于襄公，万者（跳万舞的人）二人，其众万于季氏"。这就是《论语·八佾》所说的"孔子谓季氏八佾舞于庭，是可忍，孰不可忍"了。昭公虽然习惯于做一个傀儡国君，到了这个份上，也忍无可忍了，决心为改变自己的命运抗争一下，除掉季氏。他找子家驹商量说："季氏为无道，僭于公室久矣，吾欲弑之，何如?"弑是以下杀上的用语，臣杀君、子杀父，才称作弑。可是鲁昭公要杀季平子，却不自觉地用了"弑"这个字眼，这也可见君臣的实际位置颠倒到什么程度，昭公的心理定势究竟怎么样了。子家驹劝他道："季氏得民众久矣，君无多辱焉。"昭公不听他的话，终以失败出奔而告终。他一生最后的七年四个月，流亡在齐国和晋国，过着寄人篱下的生活，被晋国的史墨评论道："鲁君世从（纵）其失（佚，安逸），季氏世修其勤，民忘君矣，虽死于外，其谁矜（可怜）之?"昭公在位三十二年（前541—前510年）。

【原文】

10.1.1　元年春王正月，公即位。

叔孙豹会晋赵武、楚公子围、齐国酌、宋向戌、卫石恶、陈公子招、蔡公孙归生、郑轩虎、许人、曹人于漷[1]。

此陈侯之弟招也，何以不称弟？贬。曷为贬？为杀世子偃师贬，曰“陈侯之弟招杀陈世子偃师[2]”。大夫相杀称人[3]，此其称名氏以杀何？言将自是弑君也[4]。今将尔，词曷为与亲弑者同？君亲无将，将而必诛焉。然则曷为不于其弑焉贬？以亲者弑，然后其罪恶甚。《春秋》不待贬绝而罪恶见者[5]，不贬绝以见罪恶也；贬绝然后罪恶见者，贬绝以见罪恶也。今招之罪已重矣，曷为复贬于此？著招之有罪也。何著乎招之有罪？言楚之托乎讨招以灭陈也[6]。

【注释】

〔1〕公子围：楚共王之子，郏敖之叔父，此时为楚令尹，后缢死病中的郏敖，自立为王，改名熊虔，是为灵王。　国酌：《左传》、《穀梁传》作国弱，古音同可通。齐国的卿。　石恶：《左传》、《穀梁传》作齐恶，阮元《公羊注疏校勘记》引齐召南云：“二传作齐恶是也，石恶已于襄公二十八年出奔晋矣。”又引孙志祖说：“《释文》不云‘二传作齐恶’，是公羊古本与二传同。”可见“石恶”或是传抄致误。　公子招：陈成公之子，陈国的卿，司徒。　轩虎：《左传》、《穀梁传》作罕虎，轩、罕皆干声，《释文》云“轩旧音罕”，是古音同可通，后文同。郑国的卿。　漷：《左传》作虢，《穀梁传》作郭，同音通假。郑国地名，在今河南荥阳东北。

〔2〕陈侯之弟招杀陈世子偃师：这是10. 8. 1的经文。公子招为陈哀公的同母弟，偃师为陈哀公的太子。公子招杀偃师而另立公子留为太子。

〔3〕大夫相杀称人：如公子招杀公子过，《春秋》记为“陈人杀其大夫公子过”（10. 8. 1）。

〔4〕言将自是弑君也：将，打算。据《公羊传》，公子招在杀了世子

偃师以后，还有杀陈哀公之心。而据《左传》，陈哀公是因为身患不治之症，又见太子被杀而自缢身死的，公子招虽不杀哀公，哀公实因他而死。

〔5〕贬绝：贬断，谓终身被贬，盖棺论定被贬。

〔6〕楚之托乎讨招以灭陈：陈本是楚的与国，公子招杀太子偃师，致哀公亦死以后，楚借口讨伐公子招而灭陈，五年以后，楚平王即位时才复封。《通义》："陈以招之故，君死国灭。……其杀世子之罪已见，亡陈之为罪首尚未见，故《春秋》甚恶招，重于此贬著之也。"

【译文】

元年春周历正月，昭公即位。

叔孙豹在漷邑会见晋国的赵武、楚国的公子围、齐国的国酌、宋国的向戌、卫国的石恶、陈国的公子招、蔡国的公孙归生、郑国的轩虎、许国人、曹国人。

这是陈哀公的同母弟招，为什么不称弟？是贬斥。为什么贬斥？为杀太子偃师而贬斥，所谓"陈哀公的弟弟招，杀了陈国的太子偃师"。大夫相杀称人，这里称名氏以杀是为什么？是说打算由此而杀国君。如今只是打算罢了，传文的用语为什么与亲自杀君一样？对国君和父母没有打算的事，打算了就一定要惩处。这样的话那么为什么不在他杀国君的时候贬斥？用亲人的身份杀国君，然后他的罪恶就更严重了。《春秋》不等贬断而罪恶显露的，不到贬断就显示罪恶；贬断而然后罪恶显露的，贬断的时候才显示罪恶。如今招的罪恶已经很重了，为什么在这里提前重复贬斥？是显示招的有罪。为什么显示招的有罪？是说楚国借口讨伐招而把陈国灭了。

【原文】

10.1.2　三月，取运〔1〕。

运者何？内之邑也。其言取之何？不听也〔2〕。

夏，秦伯之弟鍼出奔晋〔3〕。

秦无大夫，此何以书？仕诸晋也。曷为仕诸晋？有千乘之国，而不能容其母弟，故君子谓之出奔也。

六月丁巳，邾娄子华卒〔4〕。

晋荀吴帅师败狄于大原〔5〕。

此大卤也，曷为谓之大原？地物从中国，邑人名从主人。原者何？上平曰原，下平曰隰。

【注释】

〔1〕运：见6.12.3注〔3〕。东运在鲁、莒交界处，两国争夺，有时属鲁，有时属莒。

〔2〕不听：《解诂》："不听者，叛也。"《通义》："本内邑，久叛属莒，今复取之。不言伐莒者，讳伐丧也。"所谓伐丧，指襄公死虽逾年，尚在服丧期间。

〔3〕秦伯：秦景公。　鍼：又称后子，秦景公的同母弟。《通义》："鍼有宠于桓公，景公忌之，使出仕于晋。"秦桓公是秦景公和鍼的父亲。

〔4〕邾娄子华：即邾娄悼公，名华，公元前555—前541年在位。

〔5〕荀吴：谥穆，中行氏，史又称中行穆子，荀偃之子，晋国的卿。大原：《穀梁传》同，《左传》作大卤。《穀梁传》云："中国曰大原，夷狄曰大卤。号从中国，名从主人。"是大卤即大原，华语与狄语之异。地在今山西太原。

【译文】

三月，拿下了东运。

东运是什么地方？是鲁国的城邑。说拿下是为什么？是它叛我而属莒了。

夏，秦景公的同母弟鍼出奔到晋国。

秦国没有大夫，这为什么写下？是到晋国做官。为什么到晋国做官？有千乘之国，而不能容纳同母弟弟，所以君子称之为出奔。

六月丁巳，邾娄子华去世。

晋国的荀吴率领军队在大原打败狄。

这是大卤，为什么称之为大原？地名、物产名根据华夏语，城邑名、人名根据狄语。原是什么？高而平叫原，低而平叫隰。

【原文】

10.1.3　秋，莒去疾自齐入于莒〔1〕。莒展出奔吴〔2〕。

叔弓帅师疆运田〔3〕。

疆运田者何？与莒为竟也。与莒为竟，则曷为帅师而往？畏莒也。

葬邾娄悼公。

冬十有一月己酉，楚子卷卒〔4〕。

楚公子比出奔晋〔5〕。

【注释】

〔1〕去疾：莒犁比公的次子，母为齐女，故借助齐国的力量进入莒国。参9.31.1注〔3〕。

〔2〕展：《穀梁传》同，《左传》作展舆，一本亦作展，即展舆。因齐纳去疾入莒，展舆被迫奔吴（展舆之母为吴女）。

〔3〕疆运田：划定东运田地的边界。

〔4〕楚子卷：《穀梁传》同，《左传》作楚子麇，古音近得通，《史记·楚世家》则作员。即郏敖（郏为葬地，楚王无谥称敖），名卷，公元前544—前541年在位。据《左传》，郏敖有疾，公子围“入问王疾，缢而弑之”。

〔5〕公子比：字子干，楚共王之子，楚国的右尹。因公子围杀郏敖而出奔晋国。

【译文】

秋，莒国的去疾自齐国进入莒国。莒国的展舆出奔到吴国。

叔弓率领军队划定东运田地的边界。

划定东运田地的边界是什么意思？是与莒国确定边境线。与莒国确定边境线，那么为什么率领军队前去？是害怕莒国。

安葬邾娄悼公。

冬十一月己酉日，楚子卷去世。

楚国的公子比出奔到晋国。

【原文】

10.2.1　二年春，晋侯使韩起来聘〔1〕。

夏，叔弓如晋。

秋，郑杀其大夫公孙黑〔2〕。

冬，公如晋，至河乃复。

其言至河乃复何？不敢进也〔3〕。

季孙宿如晋〔4〕。

【注释】

〔1〕韩起：谥宣，史又称韩宣子，晋国的卿。赵武死后，他继任中军元帅，执政大夫。

〔2〕公孙黑：字子皙，郑缪公之孙。郑国执政大夫子产因他乱国，命他自缢而死。

〔3〕不敢进也：据《左传》，晋平公之宠妾少姜死，鲁昭公前往晋国亲吊。晋平公派人来辞退他说："非伉俪也，请君无辱。"鲁昭公遂还。

〔4〕季孙宿如晋：据《左传》，是为了馈赠少姜的襚服。

【译文】

二年春，晋平公派遣韩起来访。

夏，叔弓前往晋国。

秋，郑国杀了它的大夫公孙黑。

冬，昭公前往晋国，到了黄河边上就回来。

说到了黄河边上就回来是为什么？是不敢前进。

季叔宿前往晋国。

【原文】

10.3.1　三年春王正月丁未，滕子泉卒〔1〕。

夏，叔弓如滕。

五月，葬滕成公。

秋，小邾娄子来朝。

八月，大雩。

冬，大雨雹。

北燕伯款出奔齐〔2〕。

【注释】

〔1〕滕子泉：《左传》、《穀梁传》作滕子原，盖传写之异。即滕成公，名泉，公元前574—前539年在位。

〔2〕北燕伯款：即燕简公，名款。据《左传》，燕简公多嬖宠，欲去诸大夫而用其宠，诸大夫遂杀其宠。燕简公惧而奔齐。《春秋》因其出奔，当作失国之君而称名。

【译文】

三年春周历正月丁未日，滕子泉去世。

夏，叔弓前往滕国。

五月，安葬滕成公。

秋，小邾娄穆公来访。

八月，举行盛大的雩祭。

冬，大下雹子。

北燕伯款出奔到齐国。

【原文】

10.4.1　四年春王正月，大雨雪〔1〕。

夏，楚子、蔡侯、陈侯、郑伯、许男、徐子、滕子、顿子、胡子、沈子、小邾娄子、宋世子佐、淮夷会于申〔2〕。

楚人执徐子〔3〕。

【注释】

〔1〕大雨雪：《穀梁传》同，《左传》作大雨雹，盖传写之异。

〔2〕楚子：楚灵王。　蔡侯：蔡灵公。　许男：许悼公。　徐子：不知其谥。　滕子：滕悼公。　顿子：不知其谥。　胡子：不知其谥。胡为归姓小国，昭公之母齐归即胡国女，地在今安徽阜阳西北。　沈子：不知其谥。沈为姬姓小国，地在今河南平舆北。　世子佐：宋平公的太子，名佐，即后来的宋元公。　淮夷：古族名，居于淮河下游一带，本名隹夷，古鸟夷的一支，淮水即因此族而得名。　申：本为姜姓国名，为楚所灭，此时为楚国地名，在今河南南阳市北。

〔3〕楚人执徐子：据《左传》，徐子之母为吴女，楚灵王即将伐吴，认为徐子对楚有贰心而执之。

【译文】

四年春周历正月，下大雪。

夏，楚灵王、蔡灵公、陈哀公、郑简公、许悼公、徐国国君、滕悼公、顿国国君、胡国国君、沈国国君、小邾娄穆公、宋国的太子佐、淮夷在申邑会见。

楚国人捉拿了徐国国君。

【原文】

10.4.2　秋七月，楚子、蔡侯、陈侯、许男、顿子、胡子、沈子、淮夷伐吴，执齐庆封〔1〕，杀之。

此伐吴也，其言执齐庆封何？为齐诛也。其为齐诛奈何？庆封走之吴，吴封之于防〔2〕。然则曷为不言伐防？不与诸侯专封也。庆封之罪何？胁齐君而乱齐国也。

遂灭厉〔3〕。

九月，取鄫〔4〕。

其言取之何？灭之也。灭之则其言取之何？内大恶讳也。

冬十有二月乙卯，叔孙豹卒。

【注释】

〔1〕庆封：参见9.28.1注〔2〕。庆封奔吴后，吴王予以邑而安置之。

〔2〕封之于防：《左传》作朱方，地在今江苏丹徒。《穀梁传》则以为在钟离，地在今安徽凤阳。

〔3〕厉：《穀梁传》同，《左传》作赖，厉有赖之一读，故可通。小国名，故址在今湖北随县西北之厉山乡。

〔4〕取鄫：杨伯峻《春秋左传注》："鄫本国，姒姓，襄六年灭于莒，今为莒邑。"按《公羊传》之义，襄六年莒人灭鄫，只是莒人迫使鄫立莒人之后，并非以武力吞灭，故鄫此时仍为国，而非莒邑。参9.5.1并注〔5〕、9.6.1注〔3〕。

【译文】

秋七月，楚灵王、蔡灵公、许悼公、顿国国君、胡国国君、沈国国君、淮夷攻伐吴国，捉拿了齐国的庆封，杀了他。

这是攻伐吴国，说捉拿了齐国的庆封是为什么？是为齐国惩处。怎样为齐国惩处？庆封出走到吴国，吴国封他在防。这样的话那么为什么不说攻伐防？是不赞许诸侯擅自封地。庆封的罪是什么？是威胁齐国国君而搞乱了齐国。

于是就灭了厉国。

九月，拿下了鄫国。

说拿下了是什么意思？是灭了它。是灭了它那么说拿下了是为什么？内部的大恶就隐讳了。

冬十二月乙卯日，叔孙豹去世。

【原文】

10.5.1 五年春王正月，舍中军[1]。

舍中军者何？复古也[2]。然则曷为不言三卿[3]？五亦有中，三亦有中[4]。

楚杀其大夫屈申[5]。

公如晋。

夏，莒牟夷以牟娄及防、兹来奔[6]。

莒牟夷者何？莒大夫也。莒无大夫，此何以书？重地也。其言“及防、兹来奔”何？不以私邑累公邑也[7]。

【注释】

〔1〕舍中军：鲁国本两军(上军、下军)，鲁襄公十一年作三军，增设中军。此次废除中军，恢复两军，故传文说是“复古”。

〔2〕复古也：实际上是借复古之名，行权力再分配之实。作三军时，三桓三分公室；而此时季氏权重，三分有一已不符实际上的权力分配格局。故废除中军，所存上下两军每军分为二，成为四分公室，而季氏有其二，孟孙、叔孙各得其一。《通义》：“初作中军时三分公室，三家者各有其一。今更毁中军，四分公室，而季氏有其二。此实弱公室之事，然当时必以复古为名。”

〔3〕然则曷为不言三卿：这是据9.11.1“三军者何？三卿也”之文而设问。

〔4〕五亦有中，三亦有中：《解诂》：“此乃解上‘作三军’时意。作时益中军，不可言中军者，五亦有中，三亦有中，不知何中也。今此据上‘作三军’不言中，则益三之中、舍三之中皆可知也。”

〔5〕楚杀其大夫屈申：据《左传》，楚灵王“以屈申为贰于吴，乃杀之”。

〔6〕牟夷：莒大夫之名。　牟娄：原为杞邑，莒伐杞取之，见1.4.1注〔2〕。　防、兹：皆莒邑，近牟娄而稍北。据传文可知，防、兹为牟夷食采之邑。

〔7〕不以私邑累公邑也：《解诂》：“公邑，君邑也；私邑，臣邑也；累，次也。”《通义》引刘敞曰：“私邑者，所受于君而食之者也；公邑者，非食之者也。”

【译文】

五年春周历正月，废除中军。

废除中军是什么？是复古。这样的话那么为什么不说三卿？五也有中，三也有中。

楚国杀了它的大夫屈申。

昭公前往晋国。

夏，莒国的牟夷带着牟娄以及防邑、兹邑前来投奔。

莒国的牟夷是什么人？是莒国的大夫。莒国没有大夫，这为什么写下？是看重土地。说“以及防邑、兹邑前来投奔”是什么意思？是不直接把臣子的食采之邑排在国君的公邑后面。

【原文】

10.5.2　秋七月，公至自晋。

戊辰，叔弓帅师败莒师于濆泉〔1〕。

濆泉者何？直泉也。直泉者何？涌泉也。

秦伯卒〔2〕。

何以不名？秦者，夷也〔3〕，匿嫡之名也〔4〕。其名何〔5〕？嫡得之也〔6〕。

冬，楚子、蔡侯、陈侯、许男、顿子、沈子、徐人、越人伐吴。

【注释】

〔1〕濆泉：《左传》作蚡泉，《穀梁传》作贲泉，同音通假。鲁国地名，以有涌泉而得名。

〔2〕秦伯：秦景公，公元前576—前537年在位。

〔3〕秦者，夷也：《通义》：“秦居西陲，杂犬戎之习，非实夷国也，用夷俗耳。”

〔4〕匿嫡之名也：《解诂》：“嫡子立，不以名令于四竟，择勇猛者而立之。”

〔5〕其名何：6.18.1“秦伯罃卒”，7.4.1“秦伯稻卒”，皆记名，故

据此设问。

〔6〕嫡得之也：《解诂》："独婴(萫)、稻以嫡得立之。"

【译文】

秋七月，昭公自晋国回国告至。

戊辰日，叔弓率领军队在濆泉打败莒国军队。

濆泉是什么？是直上而出的泉水。直上而出的泉水是什么？是喷涌而出的泉水。

秦伯去世。

为什么不记名字？秦国是用夷俗的国家，嫡子的名字是不公开的。有记名字的是为什么？是嫡子得立了。

冬，楚灵王、蔡灵公、陈哀公、许悼公、顿国国君、沈国国君、徐国人、越国人攻伐吴国。

【原文】

10.6.1　六年春王正月，杞伯益姑卒〔1〕。

葬秦景公。

夏，季孙宿如晋。

葬杞文公。

宋华合比出奔卫〔2〕。

秋九月，大雩。

楚薳颇帅师伐吴。

冬，叔弓如楚。

齐侯伐北燕。

【注释】

〔1〕杞伯益姑：即杞文公，名益姑，公元前549—前536年在位。

〔2〕华合比：宋国的卿，任右师；受寺人柳陷害，被宋平公驱逐出境。

【译文】

六年春周历正月，杞伯益姑去世。

安葬秦景公。

夏，季孙宿前往晋国。

安葬杞文公。

宋国的华合比出奔到卫国。

秋九月，举行盛大的雩祭。

楚国的薳颇率领军队攻伐吴国。

冬，叔弓前往楚国。

齐景公攻伐北燕国。

【原文】

10.7.1　七年春王正月，暨齐平〔1〕。

三月，公如楚。

叔孙舍如齐莅盟〔2〕。

夏四月甲辰朔，日有食之〔3〕。

秋八月戊辰，卫侯恶卒〔4〕。

九月，公至自楚。

冬十有一月癸未，季孙宿卒。

十有二月癸亥，葬卫襄公。

【注释】

〔1〕暨齐平：此句无主语。《春秋》无主语之句，一般主语为我(即鲁)。1.1.2 辨“及”与“暨”之不同云：“及，我欲之；暨，不得已也。”《左传》：“暨齐平，齐求之也。”《解诂》：“时鲁方结婚于吴，外慕强楚，故不汲汲于齐。”案杜预注《左传》以“暨齐平”者是北燕，源于没有分好《左传》的段落，把鲁暨齐平与齐、北燕之事混在一起了。《通义》：“《左氏》许惠卿说此为燕与齐平，推寻经文，下有‘叔孙舍如齐莅盟’，与《定十一年》‘及郑平’、‘叔还如郑莅盟，情事正同。且以僖公之篇‘卫人侵狄。秋，卫人及狄盟’较之，彼间无他事而

重举卫，此伐在隔年而不重举北燕，其非燕齐平审矣。”

〔2〕叔孙舍：《左传》、《穀梁传》作叔孙婼，古音近得通，后文同。谥昭，史又称叔孙昭子，鲁国的卿。

〔3〕日有食之：这次日食，当公元前535年3月18日之日全食。

〔4〕卫侯恶：即卫襄公，名恶，公元前543—前535年在位。

【译文】

七年春周历正月，与齐国讲和。

三月，昭公前往楚国。

叔孙舍前往齐国就盟。

夏四月甲辰日初一，有日食。

秋八月戊辰日，卫侯恶去世。

九月，昭公自楚国回国告至。

冬十一月癸未日，季孙宿去世。

十二月癸亥日，安葬卫襄公。

【原文】

10.8.1　八年春，陈侯之弟招杀陈世子偃师〔1〕。

夏四月辛丑，陈侯溺卒〔2〕。

叔弓如晋。

楚人执陈行人干征师杀之〔3〕。

陈公子留出奔郑〔4〕。

【注释】

〔1〕陈侯之弟招杀陈世子偃师：见10.1.1注〔2〕。

〔2〕陈侯溺：即陈哀公，名溺，公元前568—前534年在位。见10.1.1注〔3〕。

〔3〕干征师：陈司徒公子招立公子留为君后派往楚国报告的使者。

〔4〕公子留：陈哀公次妃所生，太子偃师的庶弟。

【译文】

八年春，陈哀公的同母弟公子招杀死了陈国的太子偃师。

夏四月辛丑日，陈侯溺去世。

叔弓前往晋国。

楚国人捉拿了陈国的使者干征师杀了他。

陈国的公子留出奔到郑国。

【原文】

10.8.2　秋，蒐于红[1]。

蒐者何？简车徒也[2]。何以书？盖以罕书也。

陈人杀其大夫公子过[3]。

大雩。

冬十月壬午，楚师灭陈。执陈公子招放之于越。杀陈孔瑗[4]。

葬陈哀公。

【注释】

〔1〕蒐：阅兵。　红：鲁国地名，确址不详。

〔2〕简车徒：参见2.6.2注〔3〕。

〔3〕公子过：陈哀公之弟，与公子招合谋杀太子偃师、立公子留。《左传》说："陈公子招归罪于公子过而杀之。"是想把公子过作为自己的替罪羊，以讨好楚国。他的最后免于一死，或者与这一手有关。

〔4〕杀陈孔瑗：《解诂》："孔瑗，杀君贼也。"认为他是杀哀公的凶手，与《左传》叙述哀公自缢身死不同。

【译文】

秋，在红邑阅兵。

阅兵是什么？是检阅兵车和步卒。为什么写下？因为难得有而写下。

陈国人杀了他们的大夫公子过。

举行盛大的雩祭。

冬十月壬午日，楚国军队灭了陈国。捉拿了陈国的公子招把他放逐到越国。杀了陈国的孔瑗。

安葬陈哀公。

【原文】

10.9.1　九年春，叔弓会楚子于陈〔1〕。

许迁于夷〔2〕。

夏四月，陈火〔3〕。

陈已灭矣，其言陈火何？存陈也。曰存陈悕矣〔4〕，曷为存陈？灭人之国，执人之罪人，杀人之贼，葬人之君，若是则陈存悕矣。

秋，仲孙貜如齐〔5〕。

冬，筑郎囿〔6〕。

【注释】

〔1〕陈：楚灭陈后，已经把陈作为楚国的一个县。《解诂》："陈已灭，复见者，从地名录。"

〔2〕夷：又名城父，原为陈邑，此时属楚。据《左传》，迁许于夷是楚国作主的。地在今安徽亳县东南。

〔3〕陈火：《穀梁传》同，《左传》作陈灾，盖传写之异。

〔4〕曰：徐彦疏释为"公羊子曰"。悕：悲。

〔5〕仲孙貜：谥僖，史又称孟僖子，鲁国的卿。

〔6〕郎：已见1.9.3注〔1〕。　囿：畜养禽兽的园林。

【译文】

九年春，叔弓在陈地拜会楚灵王。

许国迁到夷邑。

夏四月，陈国着火。

陈国已经灭了，说陈国着火是为什么？是保存陈国。说保存陈国也很可悲了，为什么保存陈国？灭了人家的国家，捉拿了人家的罪人，杀了人家的凶手，安葬了人家的国君，像这样，那么陈国保存下来也很可悲了。

秋，仲孙貜前往齐国。

冬，修筑郎囿。

【原文】

10.10.1　十年春王正月。

夏，晋栾施来奔〔1〕。

秋七月，季孙隐如、叔弓、仲孙貜帅师伐莒〔2〕。

戊子，晋侯彪卒〔3〕。

九月，叔孙舍如晋。

葬晋平公。

十有二月甲子〔4〕，宋公戍卒〔5〕。

【注释】

〔1〕晋栾施：《左传》、《穀梁传》作齐栾施，是。阮元《公羊注疏校勘记》引孙志祖云："此非晋之栾氏，《公羊传》经文误，当同《左氏》作齐。"栾施，字子旗，为齐惠公之曾孙，《左传》说他嗜酒而信妇人之言，与陈桓子、鲍文子争权而被逐。

〔2〕季孙隐如：《左传》、《穀梁传》作季孙意如，古音近得通，后文同。谥平，即季平子，季武子之孙，鲁国的卿，执政大夫。

〔3〕晋侯彪：即晋平公，名彪，公元前557—前532年在位。

〔4〕十有二月：前无"冬"字。《左传》杜注以为史阙文，《穀梁传》范宁集解云："不书冬，宁所未详。"《解诂》则云："去冬者，盖昭公娶吴孟子之年，故贬之。"参12.12.1及前言。

〔5〕宋公戍：《左传》、《穀梁传》作宋公成，误。传世春秋宋器有宋公戍钟六，铭曰："宋公戍之歌钟。"见《博古图录》卷二十二。即宋

平公，名戌(《史记·宋微子世家》、《十二诸侯年表》亦误作成)，公元前575—前532年在位。

【译文】

十年春周历正月。

夏，晋(当为齐)国的栾施前来投奔。

秋七月，季孙隐如、叔弓、仲孙貜率领军队攻伐莒国。

戊子日，晋侯彪去世。

九月，叔孙舍前往晋国。

安葬晋平公。

十二月甲子日，宋公戌去世。

【原文】

10.11.1　十有一年春王正月，叔弓如宋。

葬宋平公。

夏四月丁巳，楚子虔诱蔡侯般杀之于申〔1〕。

楚子虔何以名？绝。曷为绝之？为其诱讨也〔2〕。此讨贼也〔3〕，虽诱之，则曷为绝之？怀恶而讨不义，君子不予也〔4〕。

楚公子弃疾帅师围蔡〔5〕。

五月甲申，夫人归氏薨〔6〕。

大蒐于比蒲〔7〕。

大蒐者何？简车徒也。何以书？盖以罕书也。

仲孙貜会邾娄子〔8〕，盟于侵羊〔9〕。

【注释】

〔1〕楚子虔：即楚灵王，名熊虔(熊为楚王专用的氏)。　蔡侯般：即蔡灵公，名般，公元前542—前531年在位。　申：见10.4.1注〔2〕。

〔2〕诱讨：据《左传》，“楚子伏甲而飨蔡侯于申，醉而执之”，继而又杀之。讨，诛戮。

〔3〕此讨贼也：9.30.1：“蔡世子般弑其君固。”

〔4〕君子：指孔子。《穀梁传·昭公四年》：“孔子曰：‘怀恶而讨，虽死不服。’”是孔子曾论及此。　予：通“与”，赞许。《荀子·大略》：“言味者予易牙，言音者予师旷。”

〔5〕公子弃疾：楚共王之幼子，楚灵王之弟，即后来的楚平王。

〔6〕夫人归氏：即齐归，昭公之母，襄公之妾，胡国之女，母以子贵而为夫人。齐为谥号，《谥法解》：“执心克庄曰齐(原注：能自严)。”

〔7〕比蒲：鲁国地名，不知今之确址。君之母死犹举行大蒐，反映了公室衰、三桓强，国之车徒皆在三家的事实。

〔8〕邾娄子：邾娄庄公。

〔9〕侵羊：《左传》、《穀梁传》作祲祥，同音通假。鲁国地名，不知今之确址。

【译文】

十一年春周历正月，叔弓前往宋国。

安葬宋平公。

夏四月丁巳日，楚子虔诱骗蔡侯般在申邑杀了他。

楚子虔为什么称名？是断绝他的爵位。为什么断绝他的爵位？是因为他用诱骗的手段诛戮。这是诛戮凶手，虽然诱骗，那么为什么断绝爵位？怀着恶念头而诛戮不义，君子是不赞许的。

楚国的公子弃疾率领军队包围蔡国。

五月甲申日，夫人归氏去世。

在比蒲大阅兵。

大阅兵是什么？是检阅战车和步卒。为什么写下？因为难得有而写下。

仲孙貜会见邾娄庄公，在侵羊结盟。

【原文】

10.11.2　秋，季孙隐如会晋韩起、齐国酌、宋华亥、卫北宫佗、郑轩虎、曹人、杞人于屈银[1]。

九月己亥，葬我小君齐归。

齐归者何？昭公之母也。

冬十有一月丁酉，楚师灭蔡，执蔡世子有以归[2]，用之[3]。

此未逾年之君也，其称世子何？不君灵公，不成其子也。不君灵公，则曷为不成其子？诛君之子不立[4]，非怒也，无继也。恶乎用之？用之防也[5]。其用之防奈何？盖以筑防也。

【注释】

〔1〕华亥：华合比之弟，华合比被逐奔卫后，代为右师。　北宫佗：谥文，史又称北宫文子，卫国的卿。　屈银：《左传》、《穀梁传》作厥慭，音近通假。卫国地名，不知今之确址。

〔2〕世子有：《左传》同，《穀梁传》作世子友，同音通假。蔡灵公之太子，名有（《史记·管蔡世家》、《集解》引《世本》亦作友），谥隐，史又称隐太子。

〔3〕用之：指杀后用于祭祀。

〔4〕诛君之子不立：诛君，被诛戮的国君。《通义》："此亦《春秋》托王法也。昔周公诛管叔而宥蔡叔，厥后蔡仲绍封而管叔之子不得立，是其制也。"

〔5〕防：堤防。按《左传》说："楚子灭蔡，用隐太子于冈山。"义与《公羊传》有异。

【译文】

秋，季孙隐如在屈银会见晋国的韩起、齐国的国酌、宋国的华亥、卫国的北宫佗、郑国的轩虎、曹国人、杞国人。

九月己亥日，安葬我小君齐归。

齐归是什么人？是昭公的母亲。

冬十一月丁酉日，楚国军队灭了蔡国，捉拿了蔡国的太子有带回去，杀了用于祭祀。

这是未逾年的国君，称他太子是为什么？是不以灵公为国君，所以也不把他的儿子当作成君。那么为什么不把他的儿子当作成君？被诛戮的国君他的儿子不立，这不是迁怒，是他理该没有继嗣。怎样杀了用之于祭祀？是用在堤防上了。怎样用在堤防上了？大概是修筑堤防时用来祭祀了。

【原文】

10.12.1 十有二年春，齐高偃帅师纳北燕伯于阳〔1〕。

“伯于阳”者何？公子阳生也〔2〕。子曰：“我乃知之也〔3〕。”在侧者曰：“子苟知之，何以不革〔4〕？”曰：“如尔所不知何〔5〕！《春秋》之信史也，其序，则齐桓、晋文〔6〕；其会，则主会者为之也〔7〕；其词，则丘有罪焉尔〔8〕。”

三月壬午，郑伯嘉卒〔9〕。

【注释】

〔1〕高偃：谥武，史又称高武子，高傒的玄孙；高止出奔齐后，齐立高偃为高氏之后，袭卿之位。 纳北燕伯于阳：《公羊传》对这几个字的理解，与《左传》、《穀梁传》有很大的差异。《左传》认为这讲的就是昭公三年出奔到齐国的北燕伯款，而阳一名唐，是燕国的别邑。《穀梁传》也认为“燕伯”应连续，并问“燕伯之不名何也”，显然也把燕伯理解为北燕伯款。独独《公羊传》留下了一些不同的史迹，显得格外可贵。燕国的历史，《左传》提到的远较其他各国为简略，而提到的一些，《史记》（《十二诸侯年表》、《燕召公世家》）又与之不符。《左传》把北燕伯款称之为燕简公，《史记》则称之为燕惠公。《史记》所记，有的地方与《春秋》却是完全符合的，如《年表》燕惠公元年（即鲁襄公二十九年）“齐高止来奔”；六年（即鲁昭公三年）“公欲杀公卿，立幸臣，公卿诛幸臣，公恐，出奔齐”；九年（即鲁昭公六年）“齐伐我”，与《春秋》所记全都一致。而十年（即鲁昭公七年）“惠公归至，卒”，则

《春秋》未记。司马迁写《史记》，多采《左传》，《左传》事阙者，亦采各国史记，燕国之事，当即采燕国史记。则《春秋》所说“北燕伯款”者，已在鲁昭公七年卒，无由在十二年又因齐高偃而纳之。《左传》、《穀梁传》之传《春秋》，在这件事上都可疑，独《公羊传》保存了有价值的史迹。

〔2〕“伯于阳”者何？公子阳生也：《公羊传》认为：“伯于阳”，是《春秋》有字误：“伯”是“公”之误，“于”是“子”之误，又残缺了一个“生”字，应是“公子阳生”。

〔3〕子曰：我乃知之也：《解诂》：“子谓孔子；乃，乃是岁也。时孔子年二十三，具知其事。”

〔4〕革：改。

〔5〕如尔所不知何：《解诂》：“如，犹奈也，犹曰：奈汝所不知何。”

〔6〕其序，则齐桓、晋文：《解诂》：“唯齐桓、晋文会，能以德优劣、国大小相次序。”

〔7〕其会，则主会者为之也：《解诂》：“非齐桓、晋文，则如主会者为之，虽优劣、大小相越，不改更信史。”

〔8〕其词，则丘有罪焉尔：《解诂》：“丘，孔子名。其贬绝讥刺之辞有所失者，是丘之罪。圣人德盛尚谦，故自名尔。”

〔9〕郑伯嘉：即郑简公，名嘉，公元前565—前530年在位。

【译文】

十二年春，齐国的高偃率领军队纳北燕伯于阳。

“伯于阳”是什么意思？是公子阳生。孔子说：“我那时就知道了。”在旁边的人说：“你如果知道，为什么不改正呢？”孔子说：“拿你不知道有什么办法！《春秋》是一部翔实可信的史书，它的排序次，则是齐桓公、晋文公定下的；它的其他会，则是主持会的人所安排的；它的文词有什么不妥当，则是我孔丘的罪责罢了。”

三月壬申日，郑伯嘉去世。

【原文】

10.12.2　夏，宋公使华定来聘[1]。

公如晋，至河乃复。

五月，葬郑简公。

楚杀其大夫成然[2]。

秋七月。

冬十月，公子整出奔齐[3]。

楚子伐徐。

晋伐鲜虞[4]。

【注释】

〔1〕宋公：宋元公。　华定：见9.29.1注〔7〕，为宋元公新即位而来通好。

〔2〕成然：《左传》作成熊，《穀梁传》作成虎，《左传》传文亦作成虎，盖传写之异。或云："熊"是名，"虎"是字，"然"为传抄之误。成然因受谮遭楚灵王杀害。

〔3〕公子整：《左传》、《穀梁传》作公子憖，《公羊传》或形近而讹。字子仲，襄公庶子，与季氏有矛盾而出奔齐。

〔4〕鲜虞：杜预注《左传》以为鲜虞是白狄别种，《世本》则以为姬姓之国。《国语·郑语》："北有卫、燕、狄、鲜虞……"韦昭注："鲜虞，姬姓在狄者也。"故址在今河北正定一带。因为是伐同姓，古来多认为《春秋》以国称晋是一种贬斥。《穀梁传》："其曰晋，狄之也。"《通义》："晋为诸侯盟主，楚翦覆姬宗，坐视不救，又效楚之尤，亦加兵于同姓，故称国狄之。"参3.10.4。

【译文】

夏，宋元公派遣华定来访。

昭公前往晋国，到黄河边上就回来。

五月，安葬郑简公。

楚国杀了它的大夫成然。

秋七月。

冬十月，公子整出奔到齐国。

楚灵王攻伐徐国。

晋国攻伐鲜虞。

【原文】

10.13.1 十有三年春，叔弓帅师围费[1]。

夏四月，楚公子比自晋归于楚[2]，弑其君虔于乾溪[3]。

此弑其君，其言归何[4]？归无恶于弑立也[5]。归无恶于弑立者何？灵王为无道，作乾溪之台，三年不成。楚公子弃疾胁比而立之，然后令于乾溪之役曰："比已立矣，后归者不得复其田里。"众罢而去之。灵王经而死。

楚公子弃疾弑公子比[6]。

比已立矣，其称公子何？其意不当也。其意不当，则曷为加弑焉尔？比之义宜乎效死不立[7]。大夫相杀称人，此其称名氏以弑何？言将自是为君也[8]。

【注释】

〔1〕费：鲁国地名，为季氏私邑，在今山东费县西北。季氏之臣费邑宰名南蒯者，以费叛鲁投向齐国，故叔弓帅师围之。

〔2〕公子比：见10.1.3注〔3〕。前因楚灵王杀郏敖自立，出奔晋已十三年，今因公子弃疾之召而归楚。

〔3〕弑其君虔于乾溪：虔即楚灵王，名(熊)虔，公元前540—前529年在位。灵王在乾溪，其弟公子比、公子弃疾等在楚都发动政变，杀灵王之太子及少子，立公子比为王，灵王感到众叛亲离，遂自缢而死。因公子比篡立为王，《春秋》遂把灵王之死说成是他弑的。

〔4〕其言归何：这是据2.15.2"归者，出入无恶"而设问。

〔5〕归无恶于弑立也：《解诂》："言归者，谓其本无弑君而立之

意。”主谋者是公子弃疾。

〔6〕楚公子弃疾弑公子比：《左传》、《穀梁传》弑作杀。《通义》：“弃疾奉比为君而己为之司马，比虽不成君，弃疾固君之矣，故经曰弑公子比。既不与比以君之名，仍罪弃疾以弑之实，《春秋》一言而权衡各当如此。”“弑二家经作杀，若然，则比专得弑君之罪，而弃疾反类于讨贼之人矣，不亦颇乎！此条及‘晋里克弑其君之子奚齐’，《公羊》经文皆特长于《左》、《穀》。”

〔7〕比之义宜乎效死不立：《通义》：“卷缢而比出，比归而虔缢，比自谓于虔无一日君臣之谊，然而君子恶比受弃疾之君己而乐成其弑也，故归弑于比以为后世大防。比不立而杀虔谓之讨贼，比立而杀虔是弑而已矣。高闶曰：弃疾不得比之势则无以济其乱，比见利而动，遽欲为君，则成楚灵之弑者乃比也。……圣人工名，比之弑君，所以绝后世奸人之祸也。”

〔8〕言将自是为君也：公子弃疾杀公子比后，自立为王，改名(熊)居，是为平王。

【译文】

十三年春，叔弓率领军队包围费邑。

夏四月，楚国的公子比自晋国回归到楚国，在乾溪杀了他的国君熊虔。

这是杀他的国君，说回归是为什么？回归对于杀君而立没有不好。回归对于杀君而立没有不好是什么意思？灵王是个无道的国君，修造乾溪之台，三年还没有完成。楚国的公子弃疾威迫比立为王，然后下令给乾溪的役夫们说：“比已经立为王了，回归得晚的不能恢复他的田地故里。”民众停下修台而离去了。灵王自缢而死。

楚国的公子弃疾弑了公子比。

比已经立为王了，称他公子是为什么？他的本意是不想当的。他的本意不想当，那么为什么把杀君的罪名加在他的头上？比的道理，应该是献出命来也不立为王。大夫相杀称人，这里称名氏以弑是为什么？是说将要从此做国君了。

【原文】

10.13.2　秋，公会刘子、晋侯、齐侯、宋公、卫侯、郑伯、曹伯、莒子、邾娄子、滕子、薛伯、杞伯、小邾娄子于平丘[1]。八月甲戌，同盟于平丘。公不与盟[2]。晋人执季孙意如以归。公至自会。

公不与盟者何？公不见与盟也。公不见与盟，大夫执，何以致会[3]？不耻也。曷为不耻？诸侯遂乱，反陈蔡[4]，君子耻不与焉。

蔡侯庐归于蔡[5]。

陈侯吴归于陈[6]。

此皆灭国也，其言归何？不与诸侯专封也。

冬十月，葬蔡灵公。

公如晋，至河乃复。

吴灭州来[7]。

【注释】

〔1〕刘子：谥献，又称刘献公，周王的卿士。　晋侯：晋昭公。　卫侯：卫灵公。　郑伯：郑定公。　莒子：莒著丘公。　邾娄子：邾娄庄公。　滕子：滕悼公。　杞伯：杞平公。　平丘：卫国地名，在今河南长垣南。

〔2〕公不与盟：昭公未参加平丘之盟。其原因，据《左传》说，是因为邾娄人、莒人向晋国申诉“鲁朝夕伐我，几亡矣。”并把他们不向晋国贡赋，归咎于鲁。因而晋昭公不见鲁昭公，并不使鲁国与盟，还把鲁国的执政大夫季孙意如拘押起来。

〔3〕何以致会：据3.6.3“得意致会”设问。

〔4〕诸侯遂乱，反陈蔡：诸侯，与盟之诸侯。　遂，使成。　乱，指楚国平王篡立之乱。　反，返。反陈蔡，指使陈、蔡复国。《解诂》：“时诸侯将征弃疾，弃疾乃封陈、蔡之君使说（悦）诸侯，诸侯从陈、蔡之君言，还反不复讨楚，楚乱遂成。”据《左传》，诸侯盟于平丘，与楚事无关；楚平王复陈、蔡，也与诸侯无关。义与《公羊传》异。

〔5〕蔡侯庐：即蔡平侯，名庐，蔡太子有之子。

〔6〕陈侯吴：即陈惠公，名吴，陈太子偃师之子。

〔7〕州来：古国名，为吴所灭后，曾一度成为楚邑，旋又归吴。哀公二年，吴迁蔡昭侯于此，遂名下蔡，地在今安徽凤台。

【译文】

秋，昭公在平丘会见刘献公、晋昭公、齐景公、宋元公、卫灵公、郑定公、曹武公、莒著丘公、邾娄庄公、滕悼公、薛献公、杞平公、小邾娄穆公。八月甲戌日，在平丘同盟。昭公不参加结盟。晋国人捉拿了季孙意如带回去。昭公自会见处回国告至。

昭公不参加结盟是为什么？是昭公不被准许参加结盟。昭公不被准许参加结盟，大夫又被捉拿了，为什么说用会合来告至？是不耻辱。为什么不耻辱？诸侯使楚国乱成，恢复了陈国、蔡国，君子以为可耻而不参加。

蔡侯庐回归到蔡国。

陈侯吴回归到陈国。

这都是灭亡了的国家，说回归是为什么？是不赞许诸侯擅自封国。

冬十月，安葬蔡灵公。

昭公前往晋国，到了黄河边上就回来。

吴国灭了州来国。

【原文】

10.14.1　十有四年春，隐如至自晋[1]。

三月，曹伯滕卒[2]。

夏四月。

秋，葬曹武公。

八月，莒子去疾卒[3]。

冬，莒杀其公子意恢[4]。

【注释】

〔1〕隐如至自晋：隐如不加季孙，《左传》以为是“尊晋罪己也”，与《公羊传》之义异。《公羊传》凡此皆以为“一事而再见者，卒名也”（见7.1.1）。《通义》：“一事而再见，卒名，常辞也。《左传》不达，乃以侨如为尊夫人（见8.14.1注〔4〕），隐如为尊晋。尊夫人或可通，尊晋则尤与内其国之义乖戾。”

〔2〕曹伯滕：即曹武公，名滕（《史记·曹叔世家》作胜），公元前554—前528年在位。

〔3〕莒子去疾：即莒著丘公，名去疾，公元前541—前528年在位。

〔4〕莒杀其公子意恢：据《左传》，莒著丘公死后，太子郊公不悲戚，国人不顺从他，蒲余侯兹夫遂杀太子同党公子意恢，迫郊公奔齐，立郊公之弟庚舆，是为莒共公。

【译文】

十四年春，隐如自晋国到达鲁国。

三月，曹伯滕去世。

夏四月。

秋，安葬曹武公。

八月，莒子去疾去世。

冬，莒国杀了它的公子意恢。

【原文】

10.15.1　十有五年春王正月，吴子夷昧卒〔1〕。

二月癸酉，有事于武宫〔2〕。籥入，叔弓卒。去乐卒事〔3〕。

其言去乐卒事何？礼也。君有事于庙，闻大夫之丧，去乐卒事；大夫闻君之丧，摄主而行〔4〕；大夫闻大夫之丧，尸事毕而往〔5〕。

夏，蔡昭吴奔郑〔6〕。

六月丁巳朔，日有食之〔7〕。

秋，晋荀吴帅师伐鲜虞。

冬，公如晋。

【注释】

〔1〕吴子夷昧：吴王寿梦的第三子，继吴王余祭而为王，公元前543—前527年在位。《史记·吴世家》及《年表》作余昧，其在位年数与《春秋》不合，当以《春秋》为准。

〔2〕武宫：见8.6.1注〔1〕、〔2〕、〔3〕。

〔3〕卒事：事指祭祀。《解诂》："毕其祭事。"《穀梁传》："君在祭乐之中，闻大夫之丧，则去乐卒事，礼也。"

〔4〕摄主而行：摄有代理、收敛二义。《解诂》释"摄主"取前义，《通义》则取后义。《解诂》："主，谓已主祭者。臣闻君之丧，义不可以不即行，故使兄弟若宗人摄行主事而往。不废祭者，古礼也。"《通义》则据《礼记·曾子问》"天子崩，五祀之祭不行"之说，以为必须停止祭祀而行，因而从后魏清河王怿把"摄主"释为"摄敛神主"。译文从后说。

〔5〕尸事：尸代死者受祭之事。古代祭祀时，代死者受祭、象征死者神灵的人叫尸，大夫的祭事，由死者的孙子充任尸。

〔6〕昭吴：《左传》、《穀梁传》作朝吴，音同可通。蔡国的大夫。楚国的费无极怕他辅佐蔡平侯使蔡国强盛，因而离间他与其他蔡国大臣的关系，使他在蔡国难以立足，出奔到郑国。　奔：《左传》、《穀梁传》作出奔。

〔7〕六月丁巳朔，日有食之：《元史·历志二》："大衍推五月丁巳朔食，失一闰。今历推之，是岁五月丁巳朔，加时在昼交分十三日九千五百六十七分入食限。"这次日食，当公元前527年4月18日之日环食。

【译文】

十五年春周历正月，吴子夷昧去世。

二月癸酉日，在武宫有祭祀。籥舞上场，叔弓去世。撤去了音乐把祭祀进行完毕。

说撤去了音乐把祭祀进行完毕是为什么？是礼节。国君在宗庙中有祭祀的事，听说大夫的死讯，撤去音乐把祭祀进行完毕；大夫听说国君的死讯，把神主收敛好就走；大夫听说大夫的死讯，神尸受祭的事完毕而前去。

夏，蔡国的昭吴出奔到郑国。

六(当作五)月丁巳日初一，有日食。

秋，晋国的荀吴率领军队攻伐鲜虞。

冬，昭公前往晋国。

【原文】

10.16.1　十有六年春，齐侯伐徐。

楚子诱戎曼子杀之〔1〕。

楚子何以不名〔2〕？夷狄相诱，君子不疾也。曷为不疾？若不疾，乃疾之也。

夏，公至自晋。

秋八月己亥，晋侯夷卒〔3〕。

九月，大雩。

季孙隐如如晋。

冬十月，葬晋昭公。

【注释】

〔1〕楚子：楚平王。　戎曼子：《左传》、《穀梁传》作戎蛮子，音近可通。戎曼国的首领，名嘉。戎曼为西戎的一支，故址在今河南临汝西南。据《左传》，楚平王使然丹诱戎蛮子嘉而杀之。

〔2〕楚子何以不名：据10.11.1“楚子虔诱蔡侯般杀之于申”而设问。该传文说：“楚子虔何以名？绝。曷为绝之？为其诱讨也。”诸侯不生名，称名是表示断绝他的爵位。《公羊传》以为《春秋》一称名一不称名，是因为蔡是“中国”，而戎蛮是“夷狄”，反映了狭隘的“内华夏而外夷狄”的思想。

〔3〕晋侯夷：即晋昭公，名夷，公元前531—前526年在位。

【译文】

十六年春，齐景公攻伐徐国。

楚平王诱骗戎曼子杀了他。

楚平王为什么不称名？夷狄互相诱骗，君子不憎恨。为什么不憎恨？好像是不憎恨，实际是憎恨的。

夏，昭公自晋国回国告至。

秋八月己亥，晋侯夷去世。

九月，举行盛大的雩祭。

季孙隐如前往晋国。

冬十月，安葬晋昭公。

【原文】

10.17.1　十有七年春，小邾娄子来朝。

夏六月甲戌朔，日有食之〔1〕。

秋，郯子来朝〔2〕。

八月，晋荀吴帅师灭贲浑戎〔3〕。

冬，有星孛于大辰〔4〕。

孛者何？彗星也。其言于大辰何？在大辰也。大辰者何？大火也〔5〕。大火为大辰，伐为大辰〔6〕，北辰亦为大辰〔7〕。何以书？记异也。

楚人及吴战于长岸〔8〕。

诈战不言战〔9〕，此其言战何？敌也。

【注释】

〔1〕夏六月甲戌朔，日有食之：《春秋》这次记载有误。《元史·历志二》："姜氏云：六月乙巳朔交分不叶，不应食，当误。大衍云：当在九月朔，六月不应食，姜氏是也。今历推之，是岁九月甲戌朔，加时在昼交分二十六日七千六百五十分入食限。"

〔2〕郯子：国小史迹不著，不知其谥。郯见7.4.1注〔1〕。

〔3〕贲浑戎：见7.3.1注〔14〕。

〔4〕孛：见6.14.1注〔4〕。　大辰：有广狭两义，狭义指苍龙七宿

中的房、心、尾三宿，也称为大火。《尔雅·释天》：“大辰，房、心、尾也。大火谓之大辰。”原始农业是刀耕火种，古人以天文物候为历法，每年春天房、心、尾三宿在黄昏时从地平线上升起时，就得抓紧烧田耕地了，所以称之为大火，又称之为大辰。广义的大辰，指用以定时辨向的重要星辰。

〔5〕大火：见上注。

〔6〕伐：参宿中一字斜排的三颗小星，亦称参伐。《史记·天官书》：“参为白虎……下有三星兑(锐)，曰罚。”正义：“罚亦作伐。《春秋运斗枢》云参伐事主斩艾。”斩艾即斩伐之事。古人观察参伐以定时，故亦称为大辰。

〔7〕北辰：北极星。《尔雅·释天》：“北极谓之北辰。”《论语·为政》：“譬如北辰，居其所而众星共(拱)之。”古人用以辨向，所以也称为大辰。

〔8〕长岸：即博望山，在今安徽当涂西南。

〔9〕诈战：见5.33.2注〔13〕。

【译文】

十七年春，小邾娄穆子来访。

夏六月(当在秋九月)甲戌日初一，有日食。

秋，郯国国君来访。

八月，晋国的荀吴率领军队灭了陆浑之戎。

冬，有颗孛星出现于大辰。

孛星是什么？是彗星。说于大辰是什么意思？是在大辰星中。大辰星是什么？就是大火。大火是大辰星，参伐是大辰星，北极星也是大辰星。为什么写下？是记录异常情况。

楚国人与吴国在长岸交战。

突发的战争不说交战，这里说交战是为什么？是势均力敌。

【原文】

10.18.1　十有八年春王三月，曹伯须卒〔1〕。

夏五月壬午，宋、卫、陈、郑灾〔2〕。

何以书？记异也，异其同日而俱灾也。外异不书，此何以书？为天下记异也。

六月，邾娄人入鄅[3]。

秋，葬曹平公。

冬，许迁于白羽[4]。

【注释】

〔1〕曹伯须：即曹平公，名须(《史记·曹叔世家》作顷，《年表》亦作须)，公元前527—前524年在位。

〔2〕宋、卫、陈、郑灾：四国同时火灾，《左传》有许多迷信和不科学的说法，《公羊传》则只说是“异”。

〔3〕鄅：妘姓小国，建国于启阳，在今山东临沂县北。据1.2.1“入者何？得而不居也”，邾娄人虽侵入鄅国，但并未占领它。

〔4〕白羽：在今河南西峡，一说在今河南内乡。

【译文】

十八年春周历三月，曹伯须去世。

夏五月壬午日，宋国、卫国、陈国、郑国火灾。

为什么写下？是记录异常情况，奇怪它们同一天都火灾。外国的异常情况不写，这为什么写下？是为天下记录异常情况。

六月，邾娄国人进入鄅国。

秋，安葬曹平公。

冬，许国迁到了白羽。

【原文】

10.19.1　十有九年春，宋公伐邾娄[1]。

夏五月戊辰，许世子止弑其君买[2]。

己卯，地震。

秋，齐高发帅师伐莒。

【注释】

〔1〕宋公伐邾娄：去年邾娄人入鄅，尽俘鄅人以归。鄅夫人为宋向戌之女，其兄向宁请师伐邾娄，邾娄人尽归其俘。见《左传》。

〔2〕世子止：许悼公的太子止。　买：许悼公，名买，公元前548—前523年在位。《左传》云："许悼公疟，五月戊辰，饮大子止之药卒。"

【译文】

十九年春，宋元公攻伐邾娄国。

夏五月戊辰，许国的太子止杀了他的君父买。

己卯日，地震。

秋，齐国的高发率领军队攻伐莒国。

【原文】

10.19.2　冬，葬许悼公。

贼未讨，何以书葬？不成于弑也。曷为不成于弑？止进药而药杀也。止进药而药杀，则曷为加弑焉尔？讥子道之不尽也。其讥子道之不尽奈何？曰乐正子春之视疾也〔1〕，复加一饭，则脱然愈〔2〕；复损一饭，则脱然愈；复加一衣，则脱然愈；复损一衣，则脱然愈。止进药而药杀，是以君子加弑焉尔。曰"许世子止弑其君买"，是君子之听止也〔3〕；"葬许悼公"，是君子之赦止也。赦止者，免止之罪辞也。

【注释】

〔1〕乐正子春：曾子的弟子，以孝闻名。《礼记·祭义》记其言曰："君子顷步而弗敢忘孝也。""一举足而不敢忘父母，一出言而不敢忘父母。"继承了曾子的孝道。　视疾：指视父母之疾。

〔2〕脱然：霍然。《解诂》："脱然，疾除貌也。"

〔3〕听：处置。《解诂》："听，治止罪。"

【译文】

冬，安葬许悼公。

凶手没有惩处，为什么写安葬？是因为不成其为杀君。为什么不成其为杀君？太子止是进药的时候药死了父亲，太子止进药的时候药死了父亲，那么为什么加上弑字？是讥讽他没有尽到人子之道。怎样讥讽他没有尽到人子之道？这样说吧：乐正子春探视父母的病，再增加一碗饭，病就霍然而愈了；再减少一碗饭，病就霍然而愈了；再添一件衣服，病就霍然而愈了；再减一件衣服，病就霍然而愈了。太子止进药而药死了父亲，所以君子加上了弑字。说“许国的太子止杀了他的君父买”，是君子处治了太子止的罪；说“安葬许悼公”，是君子赦了太子止的罪。赦了太子止的罪，就是免除了太子止的罪的用语。

【原文】

10.20.1　二十年春王正月。

夏，曹公孙会自鄸出奔宋〔1〕。

奔未有言自者，此其言自何？畔也〔2〕。畔则曷为不言其畔？为公子喜时之后讳也〔3〕。《春秋》为贤者讳，何贤乎公子喜时？让国也。其让国奈何？曹伯庐卒于师〔4〕，则未知公子喜时从与，公子负刍从与，或为主于国，或为主于师。公子喜时见公子负刍之当主也〔5〕，逡巡而退〔6〕。贤公子喜时，则曷为为会讳？君子之善善也长，恶恶也短，恶恶止其身，善善及子孙；贤者子孙，故君子为之讳也。

【注释】

〔1〕公孙会：曹宣公之孙，公子喜时之子。　鄸：《左传》同，《穀梁传》作梦，字通。曹国地名，在今山东菏泽西北。

〔2〕畔：通叛，据《解诂》，当时公孙会以鄸邑叛而奔宋。

〔3〕公子喜时：见 8.16.2 注〔7〕。

〔4〕曹伯庐卒于师：见 8.13.1。

〔5〕公子负刍：公子喜时的庶兄，即后来的曹成公。当主：当上了一国之主。《通义》："《左传》为主于师者盖喜时也，在师中为丧主也。负刍，宣公之长庶子。宣公卒，世子幼，使负刍摄主监国，负刍弑其世子而自立，故谓之当主也。"

〔6〕逡巡而退：《通义》："曹人将讨负刍，以喜时宣公母弟，次宜为君，喜时不受。"

【译文】

二十年春周历正月。

夏，曹国的公孙会自鄸邑出奔到宋国。

出奔没有说"自"的，这里说"自"是为什么？是叛国。叛国那么为什么不说他叛国？是为公子喜时的后代隐讳。《春秋》为贤明的人隐讳，公子喜时有什么贤明？是他辞让国君的位置。他怎样辞让国君的位置？曹伯庐在军队里去世，则不知是公子喜时跟随着呢，还是公子负刍跟随着，一个在国中主持丧礼，一个在军队中主持丧礼。公子喜时看到公子负刍当了一国之主，就止步不前而后退了。以公子喜时为贤明，那么为什么为公孙会隐讳？君子称许善良时间长，憎恨作恶时间短，憎恨作恶止于自身，称许善良及于子孙；贤明的人的子孙，所以君子为他隐讳。

【原文】

10.20.2　秋，盗杀卫侯之兄辄〔1〕。

母兄称兄，兄何以不立？有疾也。何疾尔？恶疾也〔2〕。

冬十月，宋华亥、向宁、华定出奔陈〔3〕。

十有一月辛卯，蔡侯庐卒〔4〕。

【注释】

〔1〕辄：《穀梁传》同，《左传》作縶，音近可通。字公孟，卫灵公的同母兄。

〔2〕恶疾：指残疾，据《穀梁传》，是足有残疾："有天疾者，不得入乎宗庙。辄者何也，曰：两足不能相过。齐谓之綦（刘兆云：连并也），楚谓之踂（刘兆云：聚合不解也），卫谓之辄（刘兆云：如见绊縶也）。"

〔3〕华亥：见10.11.2注〔1〕。　向宁：宋卿向戌之子。　华定：见9.29.1注〔7〕。《左传》说，"宋元公无信而私，恶华、向"，因而华氏、向氏作乱，宋元公攻华氏、向氏，三人遂出奔陈。

〔4〕蔡侯庐：即蔡平公，名庐，公元前530—前522年在位。

【译文】

秋，凶手杀了卫灵公的兄长辄。

同母兄称兄长，兄长为什么不立为国君？是因为有毛病。什么毛病？是残疾。

冬十月，宋国的华亥、向宁、华定出奔到陈国。

十一月辛卯日，蔡侯庐去世。

【原文】

10.21.1　二十有一年春王三月，葬蔡平公。

夏，晋侯使士鞅来聘〔1〕。

宋华亥、向宁、华定自陈入于宋南里以畔〔2〕。

宋南里者何？若曰因诸者然〔3〕。

秋七月壬午朔，日有食之〔4〕。

八月乙亥，叔痤卒〔5〕。

冬，蔡侯朱出奔楚〔6〕。

公如晋，至河乃复。

【注释】

〔1〕晋侯：晋顷公。　士鞅：士匄之子，晋国的卿。

〔2〕南里：宋国地名，《穀梁传》以为宋南方之边邑："其曰宋南里，宋之南鄙也。"恐非。杜预注《左传》则以为"宋城内里名。"亦非。畔：《左传》、《穀梁传》作叛，字通。

〔3〕因诸：《解诂》："因诸者，齐故刑人之地，公羊子齐人，故以齐喻也。"徐彦疏："旧说云，即《博物志》云'周曰囹圄，齐曰因诸'是也。"（今本《博物志》无此文。）是则南里为监狱之名。《通义》："畔人从（纵）刑人，情事为近。"

〔4〕日有食之：此次日食，当公元前521年6月10日之日全蚀。

〔5〕叔痤：《左传》、《穀梁传》作叔辄，音近通假。叔弓之子。

〔6〕蔡侯朱：《左传》同，《穀梁传》作东，以为即蔡灵公之孙东国，不确。东国为蔡平公之弟。蔡平公死后，子朱即位。东国贿赂楚国的权臣费无极，费无极遂散布不利于朱之流言，使蔡人逐朱而立东国，蔡侯朱出奔楚，死后无谥。

【译文】

二十一年春周历三月，安葬蔡平公。

夏，晋顷公派遣士鞅来访。

宋国的华亥、向宁、华定自陈国进入到宋国的南里反叛。

宋国的南里是什么地方？好像说因诸（监狱）那样。

秋七月壬午日初一，有日食。

八月乙亥日，叔痤去世。

冬，蔡侯朱出奔到楚国。

昭公前往晋国，到了黄河边上就回来。

【原文】

10.22.1　二十有二年春，齐侯伐莒。

宋华亥、向宁、华定自宋南里出奔楚。

大蒐于昌奸〔1〕。

夏四月乙丑，天王崩〔2〕。

六月，叔鞅如京师[3]。

葬景王。

【注释】

〔1〕大蒐：聚众打猎。《尔雅·释诂》："蒐，聚也。"郭璞注："春猎为蒐。蒐者，以其聚人众也。"但10.11.1说："大蒐者何？简车徒也。"古代狩猎每与阅兵相结合。此处译文仍从《公羊》义，译为"大阅兵"。　昌奸：《左传》、《穀梁传》作昌间，同音通假。鲁国地名，确址不详。

〔2〕天王：指周景王，名贵，公元前544—前520年在位。

〔3〕叔鞅：叔弓之子，鲁国的卿。为会葬景王而前往京师。

【译文】

二十二年春，齐景公攻伐莒国。

宋国的华亥、向宁、华定自宋国的南里出奔到楚国。

在昌奸大阅兵。

夏四月乙丑日，周景王去世。

六月，叔鞅前往京师。

安葬景王。

【原文】

10.22.2　王室乱[1]。

何言乎王室乱？言不及外也[2]。

刘子、单子以王猛居于皇[3]。

其称王猛何？当国也[4]。

秋，刘子、单子以王猛入于王城[5]。

王城者何？西周也[6]。其言入何？篡辞也。

冬十月，王子猛卒。

此未逾年之君也，其称王子猛卒何？不与当也[7]。

不与当者，不与当父死子继、兄死弟及之辞也。

十有二月癸酉朔，日有食之[8]。

【注释】

〔1〕王室：帝王之家。《通义》："室犹家也。"周景王死后，因太子寿早死，未定下继承人。刘子、单子拥立王子猛，尹氏则拥立王子朝，互相攻杀，所以说"王室乱"。

〔2〕言不及外也：《通义》："景王不能齐其家，适(嫡)庶分争，乱自内作，故直刺之也。"

〔3〕刘子：名狄，又名卷，字伯蚠，谥文，史又称刘文子。 单子：名旗，即单穆公。二人皆周王卿士。 王猛：景王之子，名猛，刘子、单子拥立他，但未逾年即去世，谥号悼王，因其实未即位，故此处称为王猛。 皇：周地名，又名黄，杜预注《左传》云："河南巩县西南有黄亭。"在今河南巩县西南。《通义》："居于皇者，避王子朝也。"

〔4〕当国：执政，主持国事。

〔5〕王城：见 7.16.1 注〔2〕。

〔6〕王城者何？西周也：此与 7.16.1 "成周者何？东周也" 当对照读。因王城在成周之西，故称西周；成周在王城之东，故称东周。

〔7〕不与当：谓《春秋》不赞许王子猛立为王。《通义》："猛之贵贱不可知，然子朝明告诸侯曰：'王后无适(嫡)，单、刘赞私立少。'则猛少而又非后之子可知矣。《春秋》于其生，以当国之辞言之；于其卒，曰'王子猛'，与王子朝同号，是猛亦未为正也。"猛死后，周人立其同母弟王子匄，是为敬王。

〔8〕日有食之：此次日食，当公元前 520 年 11 月 23 日之日全食。

【译文】

王室发生动乱。

说王室发生动乱是为什么？是说没有波及王室以外。

刘伯蚠、单穆公拥立王猛住在皇邑。

称王猛是为什么？是因为主持国政。

秋，刘伯蚠、单穆公拥王猛进入了王城。

王城是什么？是西周。说进入是为什么？是篡位的用语。

冬十月，王子猛去世。

这是服丧没过一年的君主，称王子猛去世是为什么？是不赞许他立为王。不赞许他立为王，是不赞许用父死子继、兄死弟及的名义立他为王的用语。

十二月癸酉日初一，有日食。

【原文】

10.23.1　二十有三年春王正月，叔孙舍如晋〔1〕。

癸丑，叔鞅卒。

晋人执我行人叔孙舍。

晋人围郊〔2〕。

郊者何？天子之邑也。曷为不系于周？不与伐天子也。

夏六月，蔡侯东国卒于楚〔3〕。

秋七月，莒子庚舆来奔〔4〕。

【注释】

〔1〕叔孙舍：《左传》、《穀梁传》作叔孙婼，古音近得通，后文同。谥昭，又称叔孙昭子。据《左传》，邾娄人诉于晋，谓鲁取其师、获其地，晋向鲁问罪，故鲁派叔孙舍前往，下文晋人执叔孙舍，也即为此事。

〔2〕郊：周地名。《通义》释“晋人围郊”云：“此晋人乘王室有乱而犯周之边鄙云尔。《左传》以为讨子朝，盖晋史饰成其事，丘明不能辨正。其明年传云晋侯使士弥牟问于周众，乃辞子朝之使，则是时晋犹助朝，安得有勤王之师？是自相枘凿也。”是《公羊》“伐天子”之义为实，《左传》“讨子朝”之义为虚。

〔3〕蔡侯东国：即蔡悼公，名东国，参 10.21.1 注〔6〕。公元前 521—前 519 年在位。

〔4〕莒子庚舆：即莒共公，参 10.14.1 注〔4〕，公元前 527—前 519 年在位。据《左传》，莒共公虐而好剑，铸剑成则杀人以试其锋利，国人遂逐之而迎立郊公。

【译文】

二十三年春周历正月，叔孙舍前往晋国。

癸丑日，叔鞅去世。

晋国人拿住我国使者叔孙舍。

晋国人包围郊邑。

郊邑是什么地方？是天子的城邑。为什么不说明是周的郊邑？是不赞许攻伐天子。

夏六月，蔡侯东国在楚国去世。

秋七月，莒子庚舆前来投奔。

【原文】

10.23.2 戊辰，吴败顿、胡、沈、蔡、陈、许之师于鸡父〔1〕。胡子髡、沈子楹灭〔2〕，获陈夏齧〔3〕。

此偏战也，曷为以诈战之辞言之〔4〕？不与夷狄之主中国也〔5〕。然则曷为不使中国主之？中国亦新夷狄也〔6〕。其言灭、获何？别君臣也：君死于位曰灭，生得曰获；大夫生死皆曰获。不与夷狄之主中国，则其言“获陈夏齧”何〔7〕？吴少进也〔8〕。

【注释】

〔1〕鸡父：《左传》同，《穀梁传》作鸡甫，字通。楚国地名，在今河南固始东南。

〔2〕胡子髡：胡国国君名髡，诸侯不生名，此因战死，故称名。下沈子楹同。 楹：《左传》作逞，《穀梁传》作盈。逞盖传写之异。

〔3〕夏齧：陈国大夫。

〔4〕此偏战也，曷为以诈战之辞言之：据《春秋》之例偏战当言“吴及顿、胡、沈、蔡、陈、许之师战于鸡父，诸侯之师败绩”而设问。《左传》则云：“不言战，楚未陈也。”（楚与六国同出师。）义与《公羊传》异。

〔5〕夷狄：指吴。

〔6〕中国亦新夷狄也：谓陈、蔡等虽中原之国，然都附楚，故称之为新夷狄。

〔7〕其言“获陈夏齧”何：据3.10.4《春秋》经文“荆败蔡师于莘，以蔡侯献舞归”、《公羊》传文“曷为不言其获？不与夷狄之获中国也”而设问。

〔8〕吴少进也：《解诂》：“能结日偏战，行少进，故从中国辞治之。”

【译文】

戊辰日，吴国在鸡父打败顿国、胡国、沈国、蔡国、陈国、许国的军队。胡子髡、沈子楹灭，获陈国的夏齧。

这是各据一方的战争，为什么用突发之战的用语来叙说？是不赞许夷狄作中原各国的主。这样的话那么为什么不使中原各国为主呢？是因为中原各国也成了新的夷狄。说灭、获是什么意思？是区别君臣：国君死在位置上称为灭，被活捉称为获；大夫活的死的都称为获。不赞许夷狄作中国各国的主，那么说“获陈国的夏齧”是为什么？是吴国稍为进了一步。

【原文】

10.23.3　天王居于狄泉〔1〕。

此未三年，其称天王何〔2〕？著有天子也〔3〕。

尹氏立王子朝〔4〕。

八月乙未，地震。

冬，公如晋，至河，公有疾，乃复。

何言乎公有疾乃复？杀耻也〔5〕。

【注释】

〔1〕天王：指周敬王。　狄泉：池水名，在今河南洛阳市故洛阳城中，已堙没。当时当在王城之外，敬王避王子朝而居此。

〔2〕此未三年，其称天王何：当时正规的礼制，天子要服丧三年期

满以后才称王，见 6.9.1 注〔3〕“天子三年然后称王”。因而此处设问。

〔3〕著有天子也：《通义》：“先著敬王之正，下言‘立王子朝’乃显其篡也。”

〔4〕尹氏：名圉，谥文，又称尹文公。

〔5〕杀耻：减除耻辱。在此之前，《春秋》已记有四次“公如晋，至河乃复”（分别见 10.2.1、10.12.2、10.13.2、10.21.1），都是昭公要去朝晋，晋国却以种种借口拒绝他，使他半道而回。10.2.1 传文说：“其言至河乃复何？不敢进也。”显示出鲁国处于小国地位的屈辱。这次又“至河”“乃复”，却加上了“公有疾”，表示是自己半道而回，不是被晋国辞退的，所以传文说是“杀耻也”。

【译文】

周敬王住在狄泉。

这还没有满三年，称王是为什么？是为了显示出有天子。

尹氏立王子朝为王。

八月乙未日，地震。

冬，昭公前往晋国，到了黄河边上，昭公有病，就回来了。

为什么说昭公有病就回来了？是减除耻辱。

【原文】

10.24.1　二十有四年春王二月丙戌，仲孙貜卒。

叔孙舍至自晋[1]。

夏五月乙未朔，日有食之[2]。

秋八月，大雩。

丁酉，杞伯郁厘卒[3]。

冬，吴灭巢[4]。

葬杞平公。

【注释】

〔1〕叔孙舍：《左传》、《穀梁传》作婼，无叔孙二字。《通义》：“再

氏者，为舍贤而录之也。公孙于齐（见 10.25.2），舍要季氏纳公，季氏有异志，舍度力不能为，怨咎自杀，盖鲁之贤大夫也。预见贤于此者，凡小善，就其事善之；小恶，亦就其事恶之。若乃先事而见褒贬，则必有大美大恶足以荣辱其终身者也。此《春秋》论人之法也。”

〔2〕日有食之：此次日食，当公元前 518 年 4 月 9 日之日环食。

〔3〕杞伯郁厘：即杞平公，名郁厘，公元前 535—518 年在位。

〔4〕巢：见 6.12.2 注〔1〕。

【译文】

二十四年春周历二月丙戌日，仲孙貜去世。

叔孙舍自晋国到达鲁国。

夏五月乙未日初一，有日食。

秋八月，举行盛大的雩祭。

丁酉日，杞伯郁厘去世。

冬，吴国灭了巢国。

安葬杞平公。

【原文】

10.25.1　二十有五年春，叔孙舍如宋。

夏，叔倪会晋赵鞅、宋乐世心、卫北宫喜、郑游吉、曹人、邾娄人、滕人、薛人、小邾娄人于黄父〔1〕。

有鸜鹆来巢〔2〕。

何以书？记异也。何异尔？非中国之禽也〔3〕，宜穴又巢也〔4〕。

秋七月上辛，大雩。季辛，又雩。

又雩者何？又雩者，非雩也，聚众以逐季氏也〔5〕。

【注释】

〔1〕叔倪：《穀梁传》同，《左传》作叔诣，古音同可通。叔弓之

子，鲁国的卿。　赵鞅：谥简，又称赵简子，晋国的卿，执政大臣。　乐世心：《左传》、《穀梁传》作乐大心，古大、世每通用，如世子亦称大子，世室亦称大室。宋国的卿，官任右师。　北宫喜：谥贞，又称北宫贞子，卫国的卿。　游吉：字大叔，郑缪公之曾孙，郑国的卿。　黄父：晋国地名，在今山西翼城东北。

〔2〕鸛鹆：《左传》、《穀梁传》作鸜鹆，《释文》云"鸛音权"，古与鸜音近通用，如《周礼·考工记》"鸜鹆不逾济"，《释文》本即作鸛鹆，徐彦疏引《冬官》亦作"鸛鹆不逾济"。《说文解字》又作鸲鹆。即八哥。

〔3〕非中国之禽也：这是古人的一种误解，实际上八哥在我国中部和南部各省平原和山林间都有留居，或鲁国当时少见。《考工记》"鸜鹆不逾济"，郑司农云："无妨于中国有之。"其见甚是。不逾济者，济西多见，鲁国在济东少见耳，济西亦为当时所称中国之地。故《通义》释"中国"为"国中"，译文从之。古人对"鸛鹆来巢"作了很多迷信的解释，如《左传》师己引童谣以为兆应于昭公之出。《解诂》也以为"鸛鹆犹权欲"，是"权臣欲国，自下居上之征也"。当然都是牵强附会之谈。

〔4〕宜穴又巢：《穀梁传》："鸜鹆穴者而曰巢，或曰增之也。"谓八哥选择树洞而筑巢。

〔5〕又雩者，非雩也，聚众以逐季氏也：《左传》云："书再雩，旱甚也。"义与《公羊传》异。据《左传》，昭公聚众欲逐季氏在九月戊戌。

【译文】

二十五年春，叔孙舍前往宋国。

夏，叔倪在黄父会见晋国的赵鞅、宋国的乐世心、卫国的北宫喜、郑国的游吉、曹国人、邾娄国人、滕国人、薛国人、小邾娄国人。

有八哥来筑巢。

为什么写下？是记录异常情况。为什么奇怪这件事？八哥不是鲁国国中的鸟，适宜于择树洞再筑巢。

秋七月上旬的辛日，举行盛大的雩祭。下旬的辛日，又举行雩祭。

又举行雩祭是什么意思？又举行雩祭，不是举行雩祭，而是昭公聚众想要驱逐季氏。

【原文】

10.25.2　九月己亥[1]，公孙于齐[2]，次于杨州[3]。齐侯唁公于野井[4]。

唁公者何？昭公将弑季氏[5]，告子家驹曰[6]：“季氏为无道，僭于公室久矣，吾欲弑之[7]，何如？”子家驹曰：“诸侯僭于天子，大夫僭于诸侯久矣。”昭公曰：“吾何僭矣哉？”子家驹曰：“设两观[8]，乘大路[9]，朱干玉戚以舞《大夏》[10]，八佾以舞《大武》[11]，此皆天子之礼也。且夫牛马维娄委己者也，而柔焉[12]；季氏得民众久矣，君无多辱焉。”昭公不从其言，终弑而败焉。走之齐，齐侯唁公于野井，曰：“奈何君去鲁国之社稷[13]？”昭公曰：“丧人不佞[14]，失守鲁国之社稷，执事以羞[15]。”再拜颡[16]。庆子家驹曰：“庆子免君于大难矣。”子家驹曰：“臣不佞，陷君于大难。君不忍加之以铁锧，赐之以死。”再拜颡。高子执箪食与四脡脯[17]，国子执壶浆[18]，曰：“吾寡君闻君在外[19]，馂饔未就[20]，敢致糗于从者[21]。”昭公曰：“君不忘吾先君，延及丧人，锡之以大礼。”再拜稽首[22]，以衽受[23]。高子曰：“有夫不祥，君无所辱大礼。”昭公盖祭而不尝。景公曰：“寡人有不腆先君之服[24]，未之敢服；有不腆先君之器，未之敢用。敢以请。”昭公曰：“丧人不佞，失守鲁国之社稷，执事以羞，敢辱大礼？敢辞。”景公曰：“寡人有不腆先君之服，未之敢服；

有不腆先君之器，未之敢用。敢固以请。”昭公曰：“以吾宗庙之在鲁也，有先君之服，未之能以服；有先君之器，未之能以出。敢固辞。”景公曰：“寡人有不腆先君之服，未之敢服；有不腆先君之器，未之敢用。请以飨乎从者〔25〕。”昭公曰：“丧人其何称?”景公曰：“孰君而无称!”昭公于是噭然而哭〔26〕，诸大夫皆哭〔27〕。既哭，以人为菑〔28〕，以幦为席〔29〕，以鞍为几〔30〕，以遇礼相见〔31〕。孔子曰：“其礼与，其辞足观矣。”

【注释】

〔1〕己亥：《左传》同，《穀梁传》作乙亥，误。

〔2〕孙：通逊，实即逃亡。参见3.1.2注〔1〕。

〔3〕次：停留。《穀梁传》：“次，止也。”　杨州：《左传》、《穀梁传》作阳州，同音通假。齐鲁边境之地，在今山东东平。

〔4〕唁：慰问失国者。《穀梁传》：“吊失国者曰唁。”野井：齐国地名，杜预注《左传》云：“济南祝阿县东有野井亭。”在今山东齐河东南。

〔5〕弑：《解诂》：“传言弑者，从昭公之辞。”

〔6〕子家驹：谥懿，史又称子家懿伯，鲁庄公之玄孙，昭公之叔祖父。《左传》作子家羁。

〔7〕吾欲弑之：这是昭公当时的实际语言。弑是下杀上之辞，季平子虽也是昭公的叔祖父，但毕竟有君臣关系在。只是因为昭公平时受季平子控制，潜意识中已把君臣关系颠倒了，所以不自觉地用了弑字。《解诂》：“昭公素畏季氏，意者以为如人君，故言弑。”这是很传神的一笔。

〔8〕两观：古代宫门口的高建筑物。徐锴《说文解字系传》卷二十三：“盖为二台于门外，人君作楼观于上，上员下方。以其阙然为道，谓之阙；以其上可远观，谓之观。”《解诂》：“礼，天子诸侯台门：天子外阙两观，诸侯内阙一观。”

〔9〕大路：古代天子所乘的一种大车。《礼记·明堂位》：“大路，殷路也。”郑玄注：“大路，木路也。”《周礼·春官·中车》称王有五路，

木路（大路）为其中之一（其余四路为玉路、金路、象路、革路）。

〔10〕干：盾。　戚：斧的一种。　《大夏》：周代六舞之一，相传为夏禹时代的乐舞。但是否用朱干玉戚为舞器，《礼记》有不同的说法。《祭统》："朱干玉戚以舞《大武》，八佾以舞《大夏》。"与《公羊传》正好相反。《明堂位》也说："朱干玉戚，冕而舞《大武》；皮弁素积，裼而舞《大夏》。"都说朱干玉戚是《大武》的舞器。《公羊传》或传述有误。

〔11〕八佾：佾为舞人的行列，一佾八人，八佾六十四人。八佾为天子乐舞的规格。　《大武》：周代六舞之一，是表现周武王伐纣武功的乐舞。据上引《礼记·祭统》及《明堂位》之文，《大武》用朱干玉戚。《大武》是武舞，《礼记》之说比较可信。

〔12〕牛马维娄委已者也，而柔焉：《解诂》："系马曰维，系牛曰娄。"《通义》："此言牛马不知择主，惟其能委饲已者而柔驯焉。以喻季氏能饮食国人，则国人乐为之用。"

〔13〕奈何君去鲁国之社稷：这是当时礼貌的用语。《礼记·曲礼下》："国君去其国，止之曰：奈何去社稷也。"

〔14〕丧人：昭公自称，逃亡的人。　不佞：自谦之语，无才。

〔15〕执事：原指侍从左右供使令的人，旧时也用以敬指对方，表示不敢直陈，故向执事者陈述。《通义》："不敢斥齐侯，谦言为齐执事之羞。"

〔16〕颡：稽颡的简称，古时一种跪拜礼，屈膝下拜，以额触地，表示极度感谢。《解诂》："颡者，犹今叩头矣，谢见唁也。"

〔17〕高子：齐国的世卿。　箪：竹制或苇制的盛器，古用以盛饭。　脡脯：直长条的干肉。

〔18〕国子：齐国的世卿。　浆：这里指酒。

〔19〕寡君：人臣对别国称自己国君的谦辞。

〔20〕馂：熟食。　饔：熟肉。

〔21〕糗：干粮，谦指食物粗糙。从者：《解诂》："谦不敢斥鲁侯，故言从者。"

〔22〕稽首：叩头到地的跪拜礼。《通义》："诸侯非见于天子无稽首。今昭公稽首者，自谓失国，遂同齐臣也。"

〔23〕衽：衣襟。《解诂》："衽，衣下裳当前者，乏器，谦不敢求索。"

〔24〕不腆：不丰厚，不善，自谦之词。

〔25〕飨：通享，享用。

〔26〕噭：哭声。

〔27〕诸大夫：《解诂》："鲁诸大夫从昭公者。"

〔28〕菑：《解诂》："菑，周埒垣（矮墙）也，所以分别内外，卫威仪。"

〔29〕幦：古时车轼上的覆盖物。

〔30〕鞍：马鞍。

〔31〕以遇礼相见：《解诂》："以诸侯出相遇之礼相见。"

【译文】

九月己亥，昭公逊让到齐国，停留在杨州。

齐景公在野井慰问昭公。

慰问昭公是什么意思？昭公想要杀季氏，告诉子家驹说："季氏行为无道，僭越公室很久了，我想要杀了他，怎么样？"子家驹说："诸侯僭越天子、大夫僭越诸侯很久了。"昭公说："我有什么僭越的地方？"子家驹说："宫门前设立两座观，乘坐大路，用红盾玉斧来舞《大夏》，八列六十四人舞《大武》，这些都是天子的礼。况且牛马被喂饲自己的人系缚着，很是柔顺；季氏获得民众很久了，国君不要多自取其辱了。"昭公不听从他的话，终于想杀季氏而失败了。出走到齐国，齐景公在野井慰问他，说："君侯离开了鲁国的社稷怎么办呢？"昭公说："流亡的人无才，未能守住鲁国的社稷，使执事蒙羞。"再拜叩头。齐景公庆贺子家驹说："庆贺你使君侯免于大难。"子家驹说："臣下不才，使君主陷于大难。君主不忍心对我加之以斧砧，赐我以死。"再拜叩头。高子拿了一箪饭和四条干肉，国子拿了一壶酒，说："鄙国君主听说君侯在外，还没有用过餐，敢给随从送一点干粮。"昭公说："君侯不忘我的先君，延续到我这流亡的人，赐我以大礼。"再拜叩头到地，用衣襟去接受。高子说："有这样不吉祥的事，君侯不必行此大礼。"昭公祭而不尝。景公说："寡人有先君传下的不太好的衣服，未曾敢穿；有先君传下的不太好的器皿，未曾敢用。敢请奉上。"昭公说："流亡的人无才，未能守住鲁国的社稷，使执事蒙羞，岂敢承受大礼？敢请辞谢。"景公说："寡人有先君传下的不太好的衣服，未曾敢穿；有先君传下的不太好的器皿，未曾敢用。敢请务必奉上。"昭公说："因为我的宗庙在鲁国，有先君传下的衣服，未能穿它；有先君传下的器皿，未能把它带出来。敢请一定辞谢。”景公说：“寡人有先君传下的不太好的衣服，未曾敢穿；有先君传下的不太好的器皿，未曾敢用。请让随从使用。”昭公说：“流亡的人怎么相称？”景公说：“哪有国君而不相称的！”昭公于是大声哭起来，众大夫也哭。哭完以后筑起了一条人墙，用盖车布当席子，用马鞍当几，以诸侯相遇的礼相见。孔子说：“那是礼吧，他们的言辞很可观了。”

【原文】

10.25.3　冬十月戊辰，叔孙舍卒〔1〕。

十有一月己亥，宋公佐卒于曲棘〔2〕。

曲棘者何？宋之邑也。诸侯卒其封内不地，此何以地？忧内也〔3〕。

十有二月，齐侯取运〔4〕。

外取邑不书，此何以书？为公取之也。

【注释】

〔1〕叔孙舍卒：据《左传》，叔孙舍是想促成昭公回国，因季平子“有异志”而不果，故而自杀的。

〔2〕宋公佐：即宋元公，名佐，公元前531—前517年在位。　曲棘：宋国地名，杜预注《左传》云：“陈留外黄县城中有曲棘里。”在今河南民权西北。

〔3〕忧内也：内指鲁国。宋元公为鲁昭公的事去晋国，半路行至曲棘而卒，故曰忧内。

〔4〕齐侯取运：运指西运，见8.4.1注〔3〕。

【译文】

冬十月戊辰日，叔孙舍去世。

十一月己亥日，宋公佐在曲棘去世。

曲棘是什么地方？是宋国的城邑。诸侯死在他的疆域之内不记地名，这为什么记下？是为了担忧鲁国而死的。

十二月，齐景公拿下了西运。

外国拿下城邑不写，这为什么写下？是为昭公拿下的。

【原文】

10.26.1 二十有六年春王正月，葬宋元公。

三月，公至自齐，居于运。

夏，公围成〔1〕。

秋，公会齐侯、莒子、邾娄子、杞伯〔2〕，盟于郓陵〔3〕。

公至自会，居于运。

九月庚申，楚子居卒〔4〕。

冬十月，天王入于成周〔5〕。

成周者何？东周也。其言入何？不嫌也〔6〕。

尹氏、召伯、毛伯以王子朝奔楚〔7〕。

【注释】

〔1〕成：见2.6.2注〔1〕。成邑此时已成为孟孙氏的私邑。昭公围成，用的是齐国的军队。《穀梁传》："非国不言围，所以言围者，以大（崇大其事）公也。"

〔2〕莒子：莒郊公。 杞伯：杞悼公。

〔3〕郓陵：不知今之确址。

〔4〕楚子居：即楚平王，名（熊）居，公元前528—前516年在位。

〔5〕成周：见7.16.1注〔2〕。

〔6〕其言入何？不嫌也：据2.15.2"入者，出入恶"，《公羊传》认为《春秋》"入"这个词每用于不好的地方。所以这里特别设问并加说明："不嫌也。"《解诂》："上言天王，著有天子已明，不嫌为篡主。言入者，起其难也。"

〔7〕尹氏：除尹文公外，尚有尹氏固等。 召伯：即召伯盈，名盈，

谥简，史又称召简公。　毛伯：即毛伯得，名得。都是王子朝之党。据《左传》，晋知跞、赵鞅之师配合周敬王攻王子朝，王子朝不敌而奔楚，其党羽中召伯盈倒戈迎敬王，未奔楚，奔楚者为召氏之族。译文从之。

【译文】

二十六年春周历正月，安葬宋元公。

三月，昭公自齐国到达鲁国，住在西运。

夏，昭公包围成邑。

秋，昭公会见齐景公、莒郊公、邾娄庄公、杞悼公，在剸陵结盟。

昭公自会盟处到达鲁国，住在西运。

九月庚申日，楚子居去世。

冬十月，周敬王进入成周。

成周是什么？是东周。说“入”是为什么？是无所嫌疑。

尹文公之族、召简公之族、毛伯得奉王子朝出奔到楚国。

【原文】

10.27.1　二十有七年春，公如齐。

公至自齐，居于运。

夏四月，吴弑其君僚[1]。

楚杀其大夫郤宛[2]。

秋，晋士鞅、宋乐祁犁、卫北宫喜、曹人、邾娄人、滕人会于扈[3]。

冬十月，曹伯午卒[4]。

邾娄快来奔。

邾娄快者何？邾娄之大夫也。邾娄无大夫，此何以书？以近书也。

公如齐。

公至自齐，居于运。

【注释】

〔1〕僚：即吴王僚，参9.29.2并注〔7〕、〔8〕、〔9〕，公元前526—前515年在位。

〔2〕郤宛：字子恶，楚国大夫。据《左传》，郤宛直而和，国人悦之，为佞臣费无极所陷害，令尹子常误会而攻之，郤宛被迫自杀。

〔3〕乐祁犁：字子梁，宋国的卿，任司城。　扈：见3.23.3注〔3〕。

〔4〕曹伯午：即曹悼公，名午，公元前523—前515年在位。

【译文】

二十七年春，昭公前往齐国。

昭公自齐国到达鲁国，住在西运。

夏四月，吴国杀了它的国君僚。

楚国杀了它的大夫郤宛。

秋，晋国的士鞅、宋国的乐祁犁、卫国的北宫喜、曹国人、邾娄国人、滕国人在扈邑会见。

冬十月，曹伯午去世。

邾娄国的快前来投奔。

邾娄国的快是什么人？是邾娄国的大夫。邾娄国没有大夫，这为什么写下？是因为近而写下。

昭公前往齐国。

昭公自齐国到达鲁国，住在西运。

【原文】

10.28.1　二十有八年春王三月，葬曹悼公。

公如晋，次于干侯〔1〕。

夏四月丙戌，郑伯宁卒〔2〕。

六月，葬郑定公。

秋七月癸巳，滕子宁卒〔3〕。

冬，葬滕悼公。

【注释】

〔1〕干侯：晋国地名，在今河北磁县境。书“次于干侯”，明晋侯对昭公的来访不予会见。

〔2〕郑伯宁：即郑定公，名宁，公元前529—前514年在位。

〔3〕滕子宁：即滕悼公，名宁，公元前538—前514年在位。

【译文】

二十八年春周历三月，安葬曹悼公。

昭公前往晋国，停留在干侯。

夏四月丙戌日，郑伯宁去世。

六月，安葬郑定公。

秋七月癸巳日，滕子宁去世。

冬，安葬滕悼公。

【原文】

10.29.1　二十有九年春，公至自干侯，居于运。

齐侯使高张来唁公〔1〕。

公如晋，次于干侯。

夏四月庚子，叔倪卒。

秋七月。

冬十月，运溃〔2〕。

邑不言溃，此其言溃何〔3〕？郛之也〔4〕。曷为郛之？君存焉尔〔5〕。

【注释】

〔1〕高张：谥昭，史又称高昭子，齐国的卿。

〔2〕溃：见5.4.1“溃者何？下叛上也”并注〔2〕。

〔3〕邑不言溃，此其言溃何：据5.4.1“国曰溃，邑曰叛”而设问。

〔4〕郛：外城，这里用作动词，意为修筑外城。

〔5〕君存焉尔：《解诂》：“昭公居之，故从国言溃。”《穀梁传》：“溃之为言，上下不相得也，上下不相得则恶矣，亦讥公也。昭公出奔，民如释重负。”可见是驱使民修筑外城，民不堪重负而溃散的。《通义》则引赵汸曰：“公如晋，次于干侯而运溃者，季氏诱运人，胁使逃散，则公不得复居鲁地，乃大夫据国叛君之事，故特书之。”亦可备一说。

【译文】

二十九年春，昭公自干侯到达鲁国，住在西运。

齐侯派遣高张来慰问昭公。

昭公前往晋国，停留在干侯。

夏四月庚子日，叔倪去世。

秋七月。

冬十月，西运民众溃逃。

城邑不说民众溃逃，这里说民众溃逃是为什么？是因为修筑外城。为什么修筑外城？是因为国君还住在那儿。

【原文】

10.30.1　三十年春王正月，公在干侯。

夏六月庚辰，晋侯去疾卒[1]。

秋八月，葬晋顷公。

冬十有二月，吴灭徐，徐子章禹奔楚[2]。

【注释】

〔1〕晋侯去疾：即晋顷公，名去疾，公元前525—前512年在位。

〔2〕徐子章禹：《左传》经文、《穀梁传》禹作羽，同音通假。《左传》传文作章禹。

【译文】

三十年春周历正月，昭公在干侯。

夏六月庚辰日，晋侯去疾去世。

秋八月，安葬晋顷公。

冬十二月，吴国灭了徐国，徐子章禹出奔到楚国。

【原文】

10.31.1　三十有一年春王正月，公在干侯。

季孙隐如会晋荀栎于适历〔1〕。

夏四月丁巳，薛伯穀卒〔2〕。

晋侯使荀栎唁公于干侯〔3〕。

秋，葬薛献公。

【注释】

〔1〕荀栎:《穀梁传》同，《左传》作荀跞，音同字通。食采于知，又称知伯。　适(音嫡)历:晋国地名，今之确址不详。

〔2〕薛伯穀:即薛献公，名穀，公元前?—前511年在位。

〔3〕晋侯:晋定公。

【译文】

三十一年春周历正月，昭公在干侯。

季孙隐如在适历会见晋国的荀栎。

夏四月丁巳日，薛伯穀去世。

晋定公派遣荀栎到干侯慰问昭公。

秋，安葬薛献公。

【原文】

10.31.2　冬，黑弓以滥来奔〔1〕。

文何以无邾娄?通滥〔2〕。曷为通滥?贤者子孙宜有地也。贤者孰谓？谓叔术也[3]。何贤乎叔术？让国也。其让国奈何？当邾娄颜之时[4]，邾娄女有为鲁夫人者，则未知其为武公与[5]，懿公与[6]。孝公幼[7]。颜淫九公子于宫中[8]，因以纳贼[9]，则未知其为鲁公子与，邾娄公子与[10]。臧氏之母，养公者也[11]。君幼则宜有养者，大夫之妾，士之妻，则未知臧氏之母者曷为者也[12]。养公者必以其子入养[13]。臧氏之母闻有贼，以其子易公，抱公以逃。贼至，凑公寝而弑之[14]。臣有鲍广父与梁买子者，闻有贼，趋而至。臧氏之母曰："公不死也，在是，吾以吾子易公矣。"于是负孝公之周诉天子[15]，天子为之诛颜而立叔术，反孝公于鲁。颜夫人者，妪盈女也[16]，国色也。其言曰："有能为我杀杀颜者，吾为其妻。"叔术为之杀杀颜者，而以为妻。有子焉，谓之盱。夏父者，其所为有于颜者也[17]。盱幼而皆爱之，食必坐二子于其侧而食之，有珍怪之食，盱必先取足焉。夏父曰："以来！人未足[18]，而盱有余。"叔术觉焉，曰："嘻，此诚尔国也夫！"起而致国于夏父。夏父受而中分之，叔术曰："不可。"三分之，叔术曰："不可。"四分之，叔术曰："不可。"五分之，然后受之。公扈子者，邾娄之父兄也[19]，习乎邾娄之故，其言曰："恶有言人之国贤若此者乎[20]！诛颜之时天子死，叔术起而致国于夏父。当此之时，邾娄人常被兵于周，曰何故死吾天子！"通滥，则文何以无邾娄？天下未有滥也。天下未有滥，则其以滥来奔何？叔术者，贤大夫也[21]，绝之，则为叔术不欲绝[22]；不绝，则世大夫也[23]。大夫之义不得世，故于是推而通之也[24]。

十有二月辛亥朔，日有食之[25]。

【注释】

〔1〕黑弓：《左传》、《穀梁传》作黑肱，同音通假。滥国的国君。　滥：是从邾娄国中分出的一个小国，因国小，且非天子所封，故不为天下所知。《左传》还误以为它是邾娄国的邑名，称“邾黑肱以滥来奔，贱而书名，重地故也”，与《春秋》之义不合。杜预看出这一点，强为之说《春秋》无邾字，是“史阙文”。这段史实，幸赖《公羊传》得以保存。《穀梁传》之义与《公羊传》同，云：“其不言邾黑肱何也？别乎邾也。其不言滥子何也？非天子所封也。”王献唐《春秋邾分三国考》谓“左氏则不知是矣”，“误滥为邾，故谓黑肱为叛”，“非特与《公》《穀》不合，且与经旨大悖，经固未言邾，且未言叛也”，良是。王氏《考》云：“滥城在今滕县东南六十里，陶山北，周十里许，有子城。”

〔2〕通滥：这个“通”字，与3.5.1“倪者何？小邾娄也。小邾娄则曷为谓之倪？未能以其名通也”的“通”同义。《通诂》：“通滥为国，故使无所系。”王献唐《春秋邾分三国考》：“此言通者，以原有滥国，名称无闻，通其名使天下皆知耳。”

〔3〕叔术：滥国的始国之君。《解诂》：“叔术者，邾娄颜公之弟也，或曰群公子。”

〔4〕邾娄颜：邾娄国的国君，名颜，字夷父，当周宣王时在位。据《世本》，自邾娄子侠立国，五世至夷父颜。

〔5〕武公：见8.6.1注〔2〕。

〔6〕懿公：名戏，武公之少子。《史记·鲁周公世家》云：“武公九年春，武公与长子括、少子戏西朝周宣王，宣王爱戏”，遂立戏为鲁太子。武公卒，戏立，是为懿公。

〔7〕孝公：名称，懿公之弟。

〔8〕公子：指女公子。《通义》：“颜于鲁为妻父，因得入宫淫女公子。”

〔9〕因以纳贼：《通义》：“盖鲁公子伯御。”案伯御非公子，而为武公长子括之子，当称公孙。据《鲁周公世家》，“懿公九年，懿公兄括之子伯御，与鲁人攻弑懿公而立伯御为君。”

〔10〕则未知其为鲁公子与，邾娄公子与：两者皆非，如上说当为鲁之公孙伯御。

〔11〕养公者：公指孝公，养公者指孝公的乳母。

〔12〕未知臧氏之母者曷为者也：《通义》："礼曰：卜士之妻，大夫之妾，使食之。谓于二者科取其一。今未知臧氏之母者，大夫之妾与，士之妻与。"

〔13〕其子：指乳母之子。《解诂》："不离人母子，因以娱公也。"

〔14〕凑公寝而弑之：公指孝公，实为乳母之子。《通义》："时伯御既弑懿公，将并除孝公也。"

〔15〕天子：指周宣王。据《鲁周公世家》，"伯御即位十一年，周宣王伐鲁，杀其君伯御。"

〔16〕妪盈：徐彦疏："此老妪是盈姓之女。"王献唐《春秋邾分三国考》："今滕县出土'此嬴鼎'，嬴盈通用，'此嬴'为訾娄嬴姓之女，即《公羊》所谓之妪盈女也。出土地域既为滥国旧壤，嚣又盈氏所有，当是叔术居滥，与其妻嫂携往者。"

〔17〕其所为有于颜者也：《解诂》："为颜公夫人时所生也。"

〔18〕人未足：《解诂》："人，夏父自谓也。"

〔19〕公扈子者，邾娄之父兄也：《解诂》："公扈者，氏也。"父兄犹言父老。以下公扈子所言，与《公羊传》不同，别为一说，《公羊传》录而并存之。主要认为叔术为国之贤人，无妻嫂之事。王氏《考》云："公扈为邾父兄，其作此言，或故意掩饰。叔术身为邾君，国人属目，非鄙野细故，可以讹传，况又明明生子盱乎！""后人不察，漫以公扈饰词附入传文，既失事实本真，复增读者迷惑。明乎公扈立言本旨，及传文增合之故，知叔术妻嫂实有其事，传称其贤，贤在让国，与妻嫂无涉也。"

〔20〕国贤：国之贤人。

〔21〕叔术者，贤大夫也：这是就"天下未有滥"而说的，滥国未经天子所封，为天下所不知，则叔术仍似是邾娄国的大夫。

〔22〕绝之，则为叔术不欲绝：指《春秋》不欲绝叔术，所以记录黑弓以滥来奔之事与9.21.1"邾娄庶其以漆、闾丘来奔"之事不同。《通义》："假令与邾娄庶其同书，则黑弓醇为叛人，而叔术子孙无专滥之道，是绝之也。今为叔术贤，故既不欲绝其世。"

〔23〕不绝，则世大夫也：《通义》："假令不绝，则当云'滥黑弓来奔'，又嫌大夫皆得世其邑。"与大夫不得世袭其采邑的制度不合。

〔24〕大夫之义不得世，故于是推而通之也：《解诂》："推犹因也。

主书者，在春秋前见，王者起，当追有功，显有德，兴灭国，继绝世。”“王者起”的王者指孔子，谓《春秋》之文所以不书邾娄，是为了把滥是一个国的事实通于天下。

〔25〕日有食之：此次日食，当公元前511年11月14日之日全食。

【译文】

冬，黑弓拿着滥国前来投奔。

文中为什么没有邾娄国？是为了把滥是一个国通于天下。为什么把滥是一个国通于天下？是因为贤者的子孙应该有土地。贤者是指谁？是指叔术。叔术有什么贤明？他辞让国君的位置。他怎样辞让国君的位置？当邾娄颜的时候，邾娄国之女有做了鲁国夫人的，但不知是武公的呢，还是懿公的。孝公年幼。颜在鲁宫中与九个女公子淫乱，因而放进了凶手，则不知是鲁国的公子呢，还是邾娄国的公子。臧氏之母，是孝公的乳母。国君年幼，则应该有乳母，大夫的妾，士的妻，都可以充任，但不知臧氏之母是什么身份。君公的乳母一定得把自己的儿子带进宫去养育。臧氏之母听说有凶手，用自己的儿子换下了孝公，抱了孝公就逃跑。凶手来到，凑近孝公的卧室把里面的孩子杀了。臣子中有个叫鲍广父和梁买子的，听说有凶手，快步赶到。臧氏之母说：“君公没有死，在这里，我用我的儿子换下君公了。”于是背着孝公到周朝去向宣王控诉，宣王为此诛杀了颜而立叔术为邾娄国君，把孝公送回鲁国。颜的夫人，盈姓老妪的女儿，是个绝色女子。她说：“有能为我杀掉杀颜的人，我就做他的妻子。”叔术为她杀了杀颜的人，而把她当作了妻子。生下了个孩子，取名叫盱。夏父，是她为颜夫人时所生的。盱小并且大家都喜爱他，吃饭的时候叔术必定让两个孩子坐在身边而挟食物给他们，有珍奇的食物，盱必定先拿够了。夏父说：“拿过来！人家还没有够，而盱有剩余了。”叔术觉察了，说：“嗨，这实在是你的国家啊！”起来把国家交给夏父。夏父接受而给叔术一半，叔术说：“不可以。”给叔术三分之一，叔术说：“不可以。”给叔术四分之一，叔术说：“不可以。”给叔术五分之一，然后才接受了。有个叫公扈子的，是邾娄国的父老，熟悉邾娄国的故事，他说道：“哪有说人一国的贤者而像这样的呢！诛杀颜时的天子一死，叔术就起来把国家交给夏父。在那个时候，邾娄国人常加兵于周，说我们的天子为什么死掉！”把滥是一个国通于天下，则文中为什么没有邾娄国？是因为天下还没有滥国。天下还没有滥国，那么拿着滥国前来投奔是什么意思？叔术，是个贤明的大夫，要断绝黑弓，那么为了叔术不想断绝他；不断绝黑弓，那他就成了世袭的大夫。大夫按道理是不能世袭的，所以于是因而把滥是一个国家通于天下。

【原文】

10.32.1　三十有二年春王正月，公在干侯。

取阚〔1〕。

阚者何？邾娄之邑也。曷为不系乎邾娄？讳亟也。

夏，吴伐越。

秋七月。

冬，仲孙何忌会晋韩不信、齐高张、宋仲几、卫世叔申、郑国参、曹人、莒人、邾娄人、薛人、杞人、小邾娄人城成周〔2〕。

十有二月己未，公薨于干侯。

【注释】

〔1〕阚：见2.11.4注〔4〕。王献唐《三邾疆邑图考》论阚曰：“颇疑地初属邾，后为鲁取。”其后或属鲁或属邾娄，“至昭公之取阚，《左传》孔疏引贾逵说，谓为季氏所夺，复从而取之。季虽专横，仍为鲁臣，与臣下争邑，于谊未安，殆取于邾也。”“余藏邹县纪王城出土陶文，有作划文阚字者，当即阚邑，器出邾城，可证属邾之谊。旧址在今汶上县西南旺湖中，距邾西北颇远，虽地域变迁难定，而邾之最初疆域，其西北形势由此可见。”

〔2〕仲孙何忌：谥懿，史又称孟懿子。仲孙貜之子。　韩不信：字伯音，谥简，史又称韩简子。韩起之孙。　仲几：字子然，宋国的左师。

世叔申：谥懿，史又称大叔懿子。　国参：子产之子。　城成周：周敬王以成周为京师，因其地较王城为狭小，故新筑城墙以广之。

【译文】

三十二年春周历正月，昭公在干侯。

拿下了阚邑。

阚邑是什么地方？是邾娄国的城邑。为什么不写明是邾娄国的阚邑？是隐讳拿得太急了。

夏，吴国攻伐越国。

秋七月。

冬，仲孙何忌会合晋国的韩不信、齐国的高张、宋国的仲几、卫国的世叔申、郑国的国参、曹国人、莒国人、邾娄国人、薛国人、杞国人、小邾娄国人修筑成周的城墙。

十二月己未日，昭公在干侯去世。

定　公

【题解】

鲁定公名宋，《左传》和《史记》都说他是襄公之子，昭公之弟；但经传未记载他的生母之名，是否也是齐归所生，于史无考。何休在《定公元年》“异大乎灾也”下说：“定公喜于得位，而不念父黜逐之耻。”是何休以为定公是昭公之子，盖传闻之异。据《左传》，昭公有四子，公衍为太子。但季平子因为昭公要杀他，不但赶走了昭公，也不想立他的儿子。从季氏迫不及待立炀宫之举，也可以旁证定公确是昭公之弟。因为炀宫是炀公之庙，而炀公是鲁国历史上第一个兄终弟及的国君。季平子立炀宫，古为今用的目的十分明显，是为自己废太子、立公子宋找历史根据的。定公五年，季平子去世，季氏的家臣阳虎(一作阳货)专鲁国之政，权势很大。八年，他囚禁季桓子，想除去三桓嫡系，另立自己的亲信，但终于在攻伐孟氏时失败，次年出奔到晋国，投在赵氏门下。由于阳虎之乱，三桓的擅权一度出现了缺口。定公用孔子为中都宰、司空、大司寇，直到代理相。当时，季孙氏建费都(今山东费县)，孟孙氏建成都(今山东宁阳东北)，叔孙氏建郈都(今山东东平东南)，三都之宰不但与公室对抗，也并不听命于三桓。定公十二年，孔子使子路任季氏宰，打算要堕(隳)三都。郈、费先后都堕了，成宰公敛处父却抗命不堕。定公亲自出马围成，也没有结果。定公十四年，深为理想和现实的矛盾所苦恼的孔子，对定公和季桓子热衷于齐国送来的女乐而三日不听政感到绝望，悄然引退。鲁国又回复到旧日的轨道上。定公在位十五年(前509—前495年)。

【原文】

11.1.1　元年春王。

定何以无正月？正月者，正即位也；定无正月者，即位后也。即位何以后？昭公在外，得入不得入未可知也〔1〕。曷为未可知？在季氏也〔2〕。定、哀多微辞〔3〕，主人习其读而问其传〔4〕，则未知己之有罪也。

【注释】

〔1〕昭公在外，得入不得入未可知也：指昭公的遗体还在晋国的干侯，能不能运回来还没有定。

〔2〕曷为未可知？在季氏也：《通义》："是时昭公之世子衍与公子宋俱从在外，季氏谋黜衍而立宋，故虽逾年，君位尚未有定属也。"

〔3〕微辞：隐含贬意的言辞。定公、哀公与孔子同时代，故《春秋》对此二君的事，多用"微辞"来表示贬意。《通义》："微辞者，意有所托而辞不显，唯察其微者乃能知之。"

〔4〕主人：指《春秋》所记事中的主人翁，《解诂》以为"主人谓定、哀也"，其实不一定只指定公、哀公，也可能指掌实权的季氏。读：指《春秋》所记词句。　传：指对《春秋》经文的解释。《解诂》："设使定、哀习其经而读之，问其传解诂，则不知己之有罪于是。"

【译文】

元年春周历。

定公为什么没有正月？正月，正是即位的时间；定公没有正月，是因为即位延后了。即位为什么延后？昭公的遗体在国外，能运入不能运入还不可知呢。为什么还不可知？在于季氏作主。定、哀二公多隐晦的贬辞，所记事实的主人翁即使熟悉经文也问了它的解释，也未必知道自己的有罪过。

【原文】

11.1.2　三月，晋人执宋仲几于京师〔1〕。

仲几之罪何？不衰城也〔2〕。其言于京师何？伯讨也。伯讨则其称人何〔3〕？贬。曷为贬？不与大夫专执也。曷为不与？实与而文不与。文曷为不与？大夫之义，不得专执也。

【注释】

〔1〕晋人：指韩不信。　京师：成周。　当时鲁、晋、齐、宋、卫、郑等十二国正在成周修筑城墙，仲几是代表宋国前来的。

〔2〕不衰城：指不接受按国家大小分配的筑城任务。衰，义为依照一定的标准递减。《十三经注疏》本《公羊传》衰作蓑，何休解释为“若今以草衣城是也”。《释文》作衰，云“或作蓑”。《汉书·五行志》作“不衰城”，颜师古注：“衰城谓以差次受功赋也。”阮元《公羊注疏校勘记》云：“按《释文》及《汉志》，知《公羊》本作‘不衰城’。《说文》：‘衰，雨衣，从衣象形。’何注用《说文》本义，作蓑，俗字也。衰城义当从师古说。”

〔3〕伯讨则其称人何：这是据5.4.3“执者曷为或称侯，或称人？称侯而执者，伯讨也；称人而执者，非伯讨也”而设问。

【译文】

三月，晋国人在京师捉拿了宋国的仲几。

仲几的罪是什么？是不接受按国家大小分配的筑城任务。说“在京师”是为什么？是一方之长的声讨。一方之长的声讨那么称人是为什么？是贬斥。为什么贬斥？是不赞许大夫擅自捉拿人。为什么不赞许？是实际上赞许而文字上不赞许。文字上为什么不赞许？大夫的道理，是不能擅自捉拿人的。

【原文】

11.1.3　夏六月癸亥，公之丧至自干侯。

戊辰，公即位。

癸亥，公之丧至自干侯，则曷为以戊辰之日然后即位？正棺于两楹之间[1]，然后即位。子沈子曰：“定君乎国，然后即位[2]。”即位不日，此何以日？录乎内也〔3〕。

秋七月癸巳，葬我君昭公。

【注释】

〔1〕正棺于两楹之间：楹是厅堂前面的柱子。古代殡殓，停柩有一定的地方。《史记·孔子世家》记孔子死前七日对子贡说："夏人殡于东阶，周人于西阶，殷人两柱间。昨暮，予梦坐奠两柱之间，予始殷人也。"可见正棺于两楹之间是殷礼。《通义》："鲁有王礼，辟(避)时天子，故多杂殷法也。""丧自外来，当尽始死哀礼，故五日而后殡，其明日即位。"癸亥丧至，戊辰即位，中间首尾相隔五天。

〔2〕定君乎国，然后即位：这是《公羊》学后师子沈子的另一种说法，认为所以即位在丧至以后五天，是季氏与众大臣决定由谁嗣位需要时间。《通义》："此后师别自为说，谓季氏立定公之谋至戊辰然后定也。"《榖梁传》记载这两种说法正好与《公羊传》颠倒："何为戊辰之日然后即位也？正君乎国，然后即位也。沈子曰：'正棺乎两楹之间，然后即位也。'"

〔3〕录乎内也：《通义》："即位不日者，有常日也(正常的情况下，都在正月初一即位)。今而非常，故录之也。"

【译文】

夏六月癸亥日，昭公的遗体从干侯到达鲁国。

戊辰日，定公即位。

癸亥日，昭公的遗体从干侯到达鲁国，那么为什么要到戊辰那一天然后才即位呢？要在厅堂两柱之间安放好棺材，然后即位。子沈子说："要定下一国之君，然后即位。"即位不记日子，这为什么记下日子？是内部记录下来的。

秋七月癸巳，安葬我国君昭公。

【原文】

11.1.4　九月，大雩。

立炀宫。

炀宫者何？炀公之宫也[1]。立者何？立者不宜立也，立炀宫非礼也。

冬十月，霣霜杀菽[2]。

何以书？记异也[3]。此灾菽也。曷为以异书？异大乎灾也[4]。

【注释】

〔1〕炀公：鲁国的第三代国君，伯禽之子。《史记·鲁周公世家》："鲁公伯禽卒，子考公酋立。考公四年卒，立弟熙，是谓炀公。"《索隐》："熙，一作怡。"《集解》引《世本》曰："炀公徙鲁。"

〔2〕霣：《左传》、《穀梁传》作陨，字通。　菽：大豆。大豆较耐寒，尚且受霜害，其他可知。《解诂》云："时独杀菽，不杀他物，故为异。"实为误解。《穀梁传》说："未可以杀而杀，举重。……其曰菽，举重也。"范宁集解："举杀菽，则杀草可知。"

〔3〕记异也：周历十月，当夏历八月，尚是仲秋天气，霣霜杀耐寒之菽，所以为异。

〔4〕异大乎灾：古人所谓异，是指天降异兆以警戒人事，所以说异大乎灾。《解诂》："异者，所以为人戒也。重异不重灾，君子所以贵教化而贱刑罚也。"

【译文】

九月，举行盛大的雩祭。

建立炀宫。

炀宫是什么？是炀公的庙。立是什么意思？立是不合适立，立炀宫是不合礼法的。

冬十月，降霜冻死了大豆。

为什么写下？是记录异常情况。这是大豆受灾，为什么用异常情况写下？异常情况比灾害大。

【原文】

11.2.1　二年春王正月。

夏五月壬辰，雉门及两观灾[1]。

其言雉门及两观灾何？两观微也[2]。然则曷为不言雉门灾及两观？主灾者两观也[3]。主灾者两观，则曷为后言之？不以微及大也。何以书？记灾也。

秋，楚人伐吴。

冬十月，新作雉门及两观。

其言新作之何？修大也。修旧不书，此何以书？讥。何讥尔？不务乎公室也[4]。

【注释】

〔1〕雉门：诸侯宫三门（库门、雉门、路门）之一。鲁之雉门，是公宫南门的中门。　两观：见10.25.2注〔8〕。两观在雉门之两旁，故火灾连累及之。

〔2〕两观微也：《解诂》："雉门、两观皆天子之制，门为其主，观为其饰，故微也。"按两观为天子之制，雉门则既为天子五门之一，亦为诸侯三门之一，未可即谓为天子之制。

〔3〕主灾者两观也：谓火灾始起的地方是两观。

〔4〕不务乎公室也：《通义》："讥季氏当国，不勉务公室之事，朝阙重地，被灾弥五月然后修之。"

【译文】

二年春周历正月。

夏五月壬辰日，雉门及两观火灾。

说雉门及两观火灾是为什么？是因为两观轻微。这样的话那么为什么不说雉门火灾连累到两观？开始起火的地方是两观。开始起火的地方是两观，那么为什么后说它？是不从轻微的说到重大的。为什么写下？是记录灾情。

秋，楚国人攻伐吴国。

冬十月，新修造雉门及两观。

说新修造是为什么？是修造得大了。修旧的不写，这为什么写下？是讥讽。为什么讥讽这件事？是对公室的事没有紧迫感。

【原文】

11.3.1 三年春王正月，公如晋。至河乃复。

三月辛卯〔1〕，邾娄子穿卒〔2〕。

夏四月。

秋，葬邾娄庄公。

冬，仲孙何忌及邾娄子盟于枝〔3〕。

【注释】

〔1〕三月：《穀梁传》同，《左传》作二月，盖传写之异。阮元《公羊注疏校勘记》云："唐石经原刻三月，磨改作二月。解云：《公羊》、《穀梁》皆作三月，《左传》作二月，未知孰正。按此当从唐石经原刻。"

〔2〕邾娄子穿：即邾娄庄公，名穿，公元前540—前507年在位。

〔3〕邾娄子：指邾娄隐公。此为未逾年君，按理不当称爵，或因邾娄庄公已葬，故从宽称之。《通义》："入春秋以来，邾娄数伐我边鄙，内亦亟取其邑。唯终定公之世，二国修礼，未尝相犯，故特与大信辞也。未逾年称爵者，与其所可与，讥其所可讥。"枝：《左传》、《穀梁传》作拔。阮元《校勘记》云："按枝当为拔字之误也。"《左传》传文作郯，杜注："郯即拔也。"则在今山东郯城北。参7.4.1注〔1〕。

【译文】

三年春周历正月，定公前往晋国。到了黄河边上就回来了。

三月辛卯日，邾娄子穿去世。

夏四月。

秋，安葬邾娄庄公。

冬，仲孙何忌与邾娄隐公在枝邑结盟。

【原文】

11.4.1　四年春王二月癸巳，陈侯吴卒〔1〕。

三月，公会刘子、晋侯、宋公、蔡侯、卫侯、陈子、郑伯、许男、曹伯、莒子、邾娄子、顿子、胡子、滕子、薛伯、杞伯、小邾娄子、齐国夏于召陵〔2〕，侵楚〔3〕。

夏四月庚辰，蔡公孙归姓帅师灭沈〔4〕，以沈子嘉归〔5〕，杀之。

五月，公及诸侯盟于浩油〔6〕。

杞伯戊卒于会〔7〕。

六月，葬陈惠公。

许迁于容城〔8〕。

【注释】

〔1〕陈侯吴：即陈惠公，名吴，公元前533—前506年在位。

〔2〕刘子：名卷，即刘文公。见10.22.2注〔3〕。　宋公：宋景公。　蔡侯：蔡昭公。　陈子：陈怀公。　郑伯：郑献公。　许男：名斯，国灭无谥。　曹伯：曹隐公。　莒子：莒郊公。　顿子、胡子：国小不知其谥。　滕子：滕顷公。　薛伯：薛襄公。　杞伯：杞悼公。　国夏：谥惠，史又称国惠子，齐国的卿。　召陵：见5.4.2注〔2〕。

〔3〕侵楚：《解诂》："楚以一裘之故，拘蔡昭公数年然后归之，诸侯杂然侵之，会同最盛。"据《左传》，楚令尹子常欲得蔡昭公之裘与佩，不给，拘蔡昭公三年。后蔡人献佩于子常，蔡侯始得归。蔡侯朝晋请伐楚，遂有召陵之会。但会上只"谋伐楚"，而并无实际军事行动。召陵为楚国地名，诸侯会于召陵，故言"侵楚"。

〔4〕公孙归姓：《左传》、《穀梁传》无归字，盖传写之异。公孙归姓灭沈，《解诂》云："为不会召陵故也。"

〔5〕沈子嘉：沈国国君，名嘉。

〔6〕诸侯：即召陵之会的诸侯。　浩油：《左传》、《穀梁传》作皋鼬，通假字。杜预注《左传》云："繁阳县东南有城皋亭。"地在今河南临颍南。

〔7〕杞伯戊：《左传》、《穀梁传》作杞伯成，盖传写之异。即杞悼公，名戊，公元前516—前505年在位。

〔8〕容城：参见1.11.1注〔3〕。

【译文】

四年春周历二月癸巳日，陈侯吴去世。

三月，定公在召陵会见刘文公、晋定公、宋景公、蔡昭公、卫灵公、陈怀公、郑献公、许国国君、曹隐公、莒郊公、邾娄隐公、顿国国君、胡国国君、滕顷公、薛襄公、杞悼公、小邾娄穆公、齐国的国夏，侵入楚国。

夏四月庚辰，蔡国的公孙归姓率领军队灭了沈国，把沈子嘉带回去，杀了他。

五月，定公与诸侯在浩油结盟。

杞伯戊在会盟时去世。

六月，安葬陈惠公。

许国迁徙到容城。

【原文】

11.4.2 秋七月，公至自会。

刘卷卒〔1〕。

刘卷者何？天子之大夫也。外大夫不卒，此何以卒？我主之也〔2〕。

葬杞悼公。

楚人围蔡。

晋士鞅、卫孔圄帅师伐鲜虞〔3〕。

葬刘文公。

外大夫不书葬，此何以书？录我主也。

【注释】

〔1〕刘卷：即上文的刘子。为什么不称刘子卷？《通义》引刘敞曰："何以不言爵？畿内之君也，不世爵，故不与爵称也。王者之制，内诸侯禄，外诸侯嗣，此三代之礼所最重者也。于经未有以言之，观乎刘卷卒则可信矣。故生称爵，其禄也；卒称名，从正也；葬称公，主人之事也。"

〔2〕我主之也：《通义》："我主之者，盖刘子反自召陵，遘疾道卒，鲁人为之辩护其丧事与？"

〔3〕孔圄：《左传》、《穀梁传》作孔圉，通假字。

【译文】

秋七月，定公自会盟处回国告至。

刘卷去世。

刘卷是什么人？是天子的大夫。国外的大夫不记去世，这为什么记去世？是我国主持运回了他的遗体。

安葬杞悼公。

楚国人包围蔡国。

晋国的士鞅、卫国的孔圄率领军队攻伐鲜虞。

安葬刘文公。

国外的大夫不写安葬，这为什么写下？是记录我国主持运回了他的遗体。

【原文】

11.4.3　冬十有一月庚午，蔡侯以吴子及楚人战于伯莒〔1〕，楚师败绩。

吴何以称子？夷狄也而忧中国。其忧中国奈何？伍子胥父诛乎楚〔2〕，挟弓而去楚，以干阖庐〔3〕。阖庐曰："士之甚，勇之甚！"将为之兴师而复雠于楚。伍子胥复曰："诸侯不为匹夫兴师，且臣闻之，事君犹事父也，亏君之义，复父之雠，臣不为也。"于是止。蔡昭公朝于楚，有美裘焉，囊瓦求之[4]，昭公不与。为是拘昭公于南郢[5]，数年然后归之。于其归焉，用事乎河[6]，曰："天下诸侯苟有能伐楚者，寡人请为之前列。"楚人闻之，怒，为是兴师，使囊瓦将而伐蔡。蔡请救于吴。伍子胥复曰："蔡非有罪也，楚人为无道，君如有忧中国之心，则若时可矣[7]。"于是兴师而救蔡。曰："事君犹事父也[8]，此其为可以复雠奈何？"曰："父不受诛[9]，子复雠可也[10]。父受诛，子复雠，推刃之道也[11]。复雠不除害[12]，朋友相卫而不相迿[13]，古之道也。"

楚囊瓦出奔郑。

庚辰，吴入楚。

吴何以不称子？反夷狄也。其反夷狄奈何？君舍于君室，大夫舍于大夫室[14]，盖妻楚王之母也[15]。

【注释】

〔1〕伯莒：《左传》作柏举，《穀梁传》作伯举，同音通假。楚国地名，在今湖北麻城县境，见《元和郡县志》二七。

〔2〕伍子胥(？—前484)：名员，字子胥。其父伍奢为楚平王所杀。

〔3〕以干阖庐：《解诂》："不待礼见曰干，欲因阖庐以复雠。"阖庐，见9. 29. 2 注〔8〕。

〔4〕囊瓦：囊氏，名瓦，字子常，楚国的令尹。

〔5〕南郢：即郢，楚国都城，因地居楚国南境，故称南郢，在今湖北江陵西北。

〔6〕河：河流的通称，非专称黄河。《解诂》云："时北如晋，请伐楚，因祭河。"以河为黄河，非。《左传》、《穀梁传》均谓蔡侯自楚归蔡，及汉而祭。是河指汉水。

〔7〕若：此。

〔8〕事君犹事父也：《通义》："就举上子胥辞，责其事楚君何不如

事父。”

〔9〕不受诛：《解诂》：“罪不当诛也。”

〔10〕子复雠可也：《解诂》：“父以无罪为君所杀，诸侯之君与王者异，于义得去，君臣已绝，故可也。”

〔11〕推刃之道：《解诂》：“一往一来曰推刃。”意谓若父罪当诛而子复仇，则仇家之子亦必报复，形成一往一来的循环报复。

〔12〕复雠不除害：谓复仇不能斩草除根，只能杀仇家一人，仇人之子即使对自己可能构成危害也不除去。《解诂》：“取雠身而已，不得兼雠子复将恐害己而杀之。时子胥因吴众堕平王之墓，烧其宗庙而已。昭王虽可得杀，不除云。”传说还说伍子胥鞭平王之尸。

〔13〕朋友相卫：《解诂》：“同门曰朋，同志曰友，相卫不使为雠所胜。时子胥因仕于吴为大夫，君臣言朋友者，阖庐本以朋友之道为子胥复雠。”不相迿：迿，争先。谓帮朋友复仇不争先刺击仇人，以让孝子亲自复仇。

〔14〕君舍于君室，大夫舍于大夫室：室指内室，是君之妃、大夫之妻所住的地方。形容吴军淫乱。《穀梁传》：“君居其君之寝，而妻其君之妻；大夫居其大夫之寝，而妻其大夫之妻。”

〔15〕楚王之母：指楚昭王之母。昭王之母，本平王六年夺太子建妇而娶之者，至此已年近四十。

【译文】

冬十一月庚午，蔡昭公借吴子之力与楚国人在伯莒交战，楚国军队溃败。

吴为什么称子？虽是夷狄而能忧虑中原之国。它怎样忧虑中原之国？伍子胥的父亲被楚国诛杀，他挟着弓离开楚国，去求见吴王阖庐。阖庐说：“士中的杰出者，勇敢极了！”打算为他起兵向楚国复仇。伍子胥报告说：“诸侯不为个人起兵，而且臣子听说，服事国君就像服事父亲，损害了国君的道义，报父亲的仇，臣子不做这样的事。”于是作罢。蔡昭公访问楚国，有一件精美的裘，囊瓦向他索取，昭公不给。为了这件事把昭公拘留在南郢，几年以后才放他回去。昭公在回去的路上，祭祀汉水说：“天下诸侯倘若有能攻伐楚国的，寡人要求做他的先头部队。”楚国人听说，发怒了，为此而起兵，派囊瓦率领军队攻伐蔡国。蔡国向吴国求救。伍子胥报告说："蔡国并没有罪过，楚国人所为无道，国君如果有忧虑中原之国之心，那么这个时候可以了。"于是起兵救援蔡国。阖庐说："你说过服事国君就像服事父亲，这次怎么可以向楚国国君复仇了呢？"伍子胥说："父亲没有罪而被诛杀，儿子复仇是可以的。父亲应诛杀，儿子去复仇，一来一去就没有了结了。复仇不斩草除根，朋友相互卫护而不争先刺击，这是古来的道理。"

楚国的囊瓦出奔到郑国。

庚辰日，吴进入楚国。

吴为什么不称子？是使它返回到夷狄。它怎样返回到夷狄？国君住在楚君的内室，大夫住在楚大夫的内室，恐怕楚昭王的母亲也被睡过觉了。

【原文】

11.5.1　五年春王正月辛亥朔〔1〕，日有食之〔2〕。

夏，归粟于蔡〔3〕。

孰归之？诸侯归之。曷为不言诸侯归之？离至不可得而序，故言我也。

於越入吴〔4〕。

於越者何？越者何〔5〕？於越者，未能以其名通也〔6〕；越者，能以其名通也〔7〕。

六月丙申，季孙隐如卒。

秋七月壬子，叔孙不敢卒〔8〕。

冬，晋士鞅帅师围鲜虞。

【注释】

〔1〕正月：《穀梁传》同，《左传》作三月。《元史·历志二》云："今历推之，三月辛卯朔，加时在昼交分十四日三百三十四分入食限。"则"正月"为"三月"之误。《左传》月虽不误，干支纪日亦不合。

〔2〕日有食之：此次日食，当公元前505年2月16日之日环食。

〔3〕归：通馈，赠送。蔡因与楚交战，影响农业生产，缺粮，故有归粟之举。此句无主语，则主语为鲁。但归粟不止鲁一国，下文云："诸侯归之。"《穀梁传》也说："诸侯无粟，诸侯相归粟，正也。孰归之？诸侯也。"其义甚明。杨伯峻《春秋左传注》批评《公羊》、《穀梁》"谬妄不足信"，未免轻率。

〔4〕於越：即越国。唐孔颖达认为於为越人自称时的发声。待考。

〔5〕於越者何？越者何：据10.5.2"越人"、10.32.1"吴伐越"皆称越而设问。

〔6〕於越者，未能以其名通也：《解诂》："越人自名於越，君子名之曰越。治国有状，能与中国通者，以中国之辞言之曰越；治国无状，不能与中国通者，以其俗辞言之。"

〔7〕越者，能以其名通也：《通义》："本受中国封号曰越，其俗自名曰於越。"

〔8〕叔孙不敢：谥成，史又称叔孙成子，叔孙舍之子。

【译文】

五年春周历正月辛亥日（当为三月辛卯日）初一，有日食。

夏，赠送粟给蔡国。

谁赠送粟？是诸侯赠送粟。为什么不说诸侯赠送粟？离开蔡国又来到蔡国不能排列先后次序，所以只说我国。

於越进入吴国。

於越是什么？越是什么？於越，是还不能通于中原之国的俗名；越，是能通于中原之国的正名。

六月丙申日，季孙隐如去世。

秋七月壬子日，叔孙不敢去世。

冬，晋国的士鞅率领军队围困鲜虞。

【原文】

11.6.1　六年春王正月癸亥，郑游遬帅师灭许[1]，以许男斯归[2]。

二月，公侵郑。

公至自侵郑。

夏，季孙斯、仲孙何忌如晋〔3〕。

秋，晋人执宋行人乐祁犁〔4〕。

冬，城中城〔5〕。

季孙斯、仲孙忌帅师围运〔6〕。

此仲孙何忌也，曷为谓之仲孙忌？讥二名〔7〕，二名非礼也〔8〕。

【注释】

〔1〕游遬：《左传》、《穀梁传》作游速，字通。郑执政大臣游吉之子。

〔2〕许男斯：许国国君，男爵，名斯，公元前522—前504年在位。

〔3〕季孙斯：谥桓，即季桓子，李孙隐如之子，鲁国的卿。

〔4〕乐祁犁：字子梁，宋大夫。出使至晋，时"晋政多门"（郑子产语），范、中行、知、赵、韩、魏六大家族号称六卿，都掌有实权。宋原奉范献子，这次乐祁犁改投赵简子门下，范献子遂谮于晋定公而执乐祁犁。

〔5〕中城：见8.9.2注〔4〕。

〔6〕运：指西运。西运自昭公二十五年十二月齐侯取之以居昭公后，实在齐国势力控制之下，故鲁围之。

〔7〕二名：两个字的名字。

〔8〕二名非礼也：春秋时的风尚，取名多单名。取二名者自古以来就有，春秋时也有，如季孙隐如、仲孙何忌、叔孙不敢、乐祁犁等都是。关于二名非礼，《解诂》强调这不是古礼，而是"春秋之制"，《通义》也说："周礼本得二名，但《春秋》讥之耳。""春秋之制者，君子所托新意，损益周制以为后王法。"所以提倡单名，据《解诂》说，是因为二名"为其难讳也；一字为名，令难言而易讳，所以长臣子之敬，不逼下也。"杜预注《左传》云："何忌不言何，史阙文。"《通义》驳之曰："名阙一字，复何难晓，而君子不敢增也？"又云："据《论语》注，子服景伯亦名何忌，《左传》又谓之'子服何'。或单言何，或单言忌，盖时多有此，《春秋》取其单言者为正焉。"

【译文】

六年春周历正月癸亥日，郑国的游遬率领军队灭了许国，把许男斯带了回去。

二月，定公侵入郑国。

定公自侵郑处到达鲁国。

夏，季孙斯、仲孙何忌前往晋国。

秋，晋国人捉拿了宋国使者乐祁犁。

冬，修筑内城城墙。

季孙斯、仲孙忌率领军队包围西运。

这是仲孙何忌，为什么称之为仲孙忌？是讥讽两个字的名字，两个字的名字是不合礼法的。

【原文】

11.7.1　七年春王正月。

夏四月。

秋，齐侯、郑伯盟于咸〔1〕。

齐人执卫行人北宫结，以侵卫〔2〕。

齐侯、卫侯盟于沙泽〔3〕。

大雩。

齐国夏帅师伐我西鄙。

九月，大雩。

冬十月。

【注释】

〔1〕咸：见5.13.1注〔1〕。咸为卫地，据《左传》，齐、郑二国亦邀卫灵公与会。因此时齐、晋有矛盾，卫如赴会，则将叛晋，故卫诸大夫以为不可。

〔2〕齐人执卫行人北宫结，以侵卫：这是卫国为要与齐结盟而与齐国取得默契后，做给晋国看的一种姿态。《左传》：“卫侯使北宫结如齐，

而私于齐侯曰：'执结以侵我。'齐侯从之。"

〔3〕沙泽：《左传》、《穀梁传》作沙，而《左传》传文作"琐"，沙、琐字可通假。见8.12.1注〔3〕。

【译文】

七年春周历正月。

夏四月。

秋，齐景公、郑献公在咸邑结盟。

齐国人捉拿了卫国使者北宫结，以侵入卫国。

齐景公、卫灵公在沙泽结盟。

举行盛大的雩祭。

齐国的国夏率领军队攻伐我国西部边邑。

九月，举行盛大的雩祭。

冬十月。

【原文】

11.8.1 八年春王正月，公侵齐。

公至自侵齐。

二月，公侵齐。

三月，公至自侵齐。

曹伯露卒〔1〕。

夏，齐国夏帅师伐我西鄙。

公会晋师于瓦〔2〕。

公至自瓦。

秋七月戊辰，陈侯柳卒〔3〕。

晋赵鞅帅师侵郑〔4〕，遂侵卫。

葬曹靖公。

九月，葬陈怀公。

季孙斯、仲孙何忌帅师侵卫。

【注释】

〔1〕曹伯露：即曹靖公，名露，公元前505—前502年在位。

〔2〕瓦：卫国地名，杜预注《左传》云："东郡燕县东北有瓦亭。"故城在今河南滑县瓦岗。

〔3〕陈侯柳：即陈怀公，名柳，公元前505—前502年在位。

〔4〕赵鞅：《左传》、《穀梁传》作士鞅，据《左传》传文，作士鞅者是，《公羊》字讹。

【译文】

八年春周历正月，定公侵犯齐国。

定公自侵齐处回国告至。

二月，定公侵犯齐国。

三月，定公自侵齐处回国告至。

曹伯露去世。

夏，齐国的国夏率领军队攻伐我国西部边邑。

定公在瓦邑与晋国军队相会。

定公自瓦邑回国告至。

秋七月戊辰日，陈侯柳去世。

晋国的赵(当作士)鞅率领军队侵犯郑国，继而又侵犯卫国。

安葬曹靖公。

九月，安葬陈怀公。

季孙斯、仲孙何忌率领军队侵犯卫国。

【原文】

11.8.2　冬，卫侯、郑伯盟于曲濮〔1〕。

从祀先公。

从祀者何？顺祀也〔2〕。文公逆祀，去者三人〔3〕。定公顺祀，叛者五人〔4〕。

盗窃宝玉、大弓。

盗者孰谓？谓阳虎也。阳虎者曷为者也？季氏之宰也[5]。季氏之宰，则微者也，恶乎得国宝而窃之？阳虎专季氏，季氏专鲁国。阳虎拘季孙[6]，孟氏与叔孙氏迭而食之，睋而锓其板[7]，曰："某月某日，将杀我于蒲圃[8]，力能救我则于是。"至乎日，若时而出。临南者[9]，阳虎之出也[10]，御之[11]。于其乘焉，季孙谓临南曰："以季氏之世世有子，子可以不免我死乎？"临南曰："有力不足，臣何敢不勉？"阳越者，阳虎之从弟也，为右[12]。诸阳之从者，车数十乘。至于孟衢[13]，临南投策而坠之[14]，阳越下取策，临南骕马[15]，而由乎孟氏。阳虎从而射之，矢著于庄门[16]。然而甲起于琴如[17]，弑不成，却反舍于郊，皆说然息[18]。或曰："弑千乘之主而不克[19]，舍此可乎？"阳虎曰："夫孺子得国而已[20]，如丈夫何[21]！"睋而曰："彼哉彼哉[22]，趣驾[23]！"既驾，公敛处父帅师而至[24]，慬然后得免[25]。自是走之晋。宝者何？璋判白[26]，弓绣质[27]，龟青纯[28]。

【注释】

〔1〕曲濮：卫国地名。

〔2〕顺祀：相对于逆祀而言。6. 2. 3"大事于大庙，跻僖公"，是文公在周公庙大合祭时，把父亲僖公的神主放在了闵公之前，颠倒了世系次序，这称为逆祀。至此把次序又倒了过来，使闵公的神主放在僖公之前，称为顺祀。《通义》："此阳虎为之也。"

〔3〕去者三人：《解诂》："谏不从而去之。"史未载此三人之名。

〔4〕叛者五人：据《左传》："季寤（季平子的庶子）、公钼极（季武

子的玄孙)、公山不狃(季氏家臣，费宰，《论语·阳货》作公山弗扰)皆不得志于季氏，叔孙辄(叔孙氏之庶子)无宠于叔孙氏，叔仲志(叔仲惠伯之玄孙)不得志于鲁，故五人因阳虎。"《通义》以为"叛者五人"即指此五人。

〔5〕宰：春秋时卿大夫总管家务的大臣，卿大夫私邑的长官，都称为宰。阳虎为季氏之宰指前者。

〔6〕季孙：指季孙斯，即季桓子。季孙隐如死后，季孙斯较年轻，所以不但大权旁落，还被阳虎拘禁，将要杀之。

〔7〕睋：通俄，俄顷，不久。　锓：刻。　板：指送食物的器皿上的盖。

〔8〕蒲圃：鲁都城外的一处场圃。

〔9〕临南：《左传》作林楚，临、林同音通假，南、楚或一名一字。

〔10〕出：外甥。

〔11〕御之：之指季孙斯。

〔12〕右：车右，实际是监视季孙斯的人。

〔13〕孟衢：孟孙氏庄院前的四岔路口。衢，四达之道。

〔14〕策：马鞭。

〔15〕駷马：掣动马衔令马疾驰。

〔16〕庄门：《通义》："孟氏所入门名。"实际不一定是专名，即庄院之门。

〔17〕甲：甲士。孟氏、叔孙氏得季孙斯在食器盖上所刻日期，在此埋伏武装欲劫夺之。　琴如：《解诂》："地名。"

〔18〕说：通税，休憩止息。

〔19〕千乘之主：指季孙斯。《解诂》："时季氏邑至于千乘。"

〔20〕孺子：阳虎以季孙斯年轻而谓之孺子。

〔21〕丈夫：阳虎自称。

〔22〕彼哉彼哉：《解诂》："望见公敛处父师而曰彼哉彼哉，再言之者，切遽意。"

〔23〕趣：音促，赶快。

〔24〕公敛处父：名阳，字处父，公敛为氏，孟氏家臣，成邑之宰。

〔25〕慬：迫近。

〔26〕璋：古玉器名，长条形，下方，上端作斜锐角形，古代贵族礼器，用于朝聘、祭祀、丧葬等。　判白：半白。据《解诂》，天子之璋白，诸侯之璋青。鲁因周公之故特许郊天，故用半白。

〔27〕质：《解诂》："柎也。"即弓柄部两侧的骨片。

〔28〕纯：音准，边缘。 以上璋、弓、龟三宝，《解诂》以为：“此皆鲁始封之赐。”所以为国宝。《通义》：“经未见龟者，虎止窃弓、璋，传广言鲁所有宝尔。”

【译文】

冬，卫灵公、郑献公在曲濮结盟。

从祀先公。

从祀是什么意思？是挨着次序祭祀。文公颠倒次序祭祀，因谏诤而离去的有三个人。定公挨着次序祭祀，背叛的有五个人。

盗窃者偷走了宝玉、大弓。

盗窃者指谁？指阳虎。阳虎是做什么的？是季氏的家臣。季氏的家臣，那么是低微的人，怎么拿到国宝而偷窃了它？阳虎在季氏家专权，季氏在鲁国专权。阳虎拘禁了季孙斯，孟氏与叔孙氏轮流去送饭，不久季孙斯在食器盖上刻了字，说：“某月某日，将要在蒲圃杀我，有力量救我那就在这个时候。”到了日子，就在这个时候出来。临南，是阳虎的外甥，给季孙斯驾车。在车子里，季孙斯对临南说：“以季氏的世世代代有儿子，你可以使我不免于死吗？”临南说：“力量不够，臣子怎么敢不尽力？”阳越是阳虎的堂弟，为车右。阳氏家族的随从者，车有几十辆。到了孟氏庄院的路口，临南投掷马鞭而掉了下去，阳越下车去拿马鞭，临南拉动马衔使马疾驰，而随顺孟氏。阳虎跟在后面射他，箭著在庄院门上。然后在琴如这地方，孟氏和叔孙氏两家的甲士起来了，阳虎一伙杀季孙斯没成功，就退回到郊外停下，都在那里休憩止息。有人说：“杀拥有一千乘兵车的主人而不成功，停在这里可以吗？”阳虎说：“这小子得了个国家罢了，能把老子怎么样！”一会儿说：“那儿啊那儿啊，赶快驾车！”车子刚驾走，公敛处父就率领军队到了，逼近了然后才得以逃遁。从此出走到晋国。国宝是什么？半白的璋，绣柎的弓，青边的龟。

【原文】

11.9.1 九年春王正月。

夏四月戊申，郑伯蠆卒[1]。

得宝玉、大弓[2]。

何以书？国宝也，丧之书，得之书。

六月，葬郑献公。

秋，齐侯、卫侯次于五氏[3]。

秦伯卒[4]。

冬，葬秦哀公。

【注释】

〔1〕郑伯蠆：《左传》、《穀梁传》作郑伯虿，字通。即郑献公，公元前513—前501年在位。

〔2〕得宝玉、大弓：据《左传》，是“阳虎归宝玉、大弓”。《穀梁传》则云：“恶得之？得之堤下。或曰：阳虎以解众也。”杨士勋疏解后一种说法云：“阳虎窃国重宝，非其所用，畏众之讨，送纳归君。”与《左传》合。《通义》：“先王之赐，先君之世守，失之足以为辱，得之足以为重，故两录之也。此阳虎归之也。然可言为盗所窃，不可言为盗所归，故但举得之而已。”

〔3〕五氏：晋国地名。据《左传》，齐国为卫国而同伐晋国，仅有一些小交锋，而无大的军事行动。

〔4〕秦伯：秦哀公，公元前536—前501年在位。

【译文】

九年春周历正月。

夏四月戊申，郑伯蠆去世。

得到宝玉、大弓。

为什么写下？因为是国宝，失掉写下，得到也写下。

六月，安葬郑献公。

秋，齐景公、卫灵公在五氏驻留多日。

秦伯去世。

冬，安葬秦哀公。

【原文】

11.10.1 十年春王三月，及齐平〔1〕。

夏，公会齐侯于颊谷〔2〕。

公至自颊谷。

晋赵鞅帅师围卫。

齐人来归运、讙、龟阴田〔3〕。

齐人曷为来归运、讙、龟阴田？孔子行乎季孙，三月不违〔4〕，齐人为是来归之〔5〕。

【注释】

〔1〕及齐平：11.7.1、11.8.1齐国夏两次帅师伐鲁西鄙，11.8.1定公两次侵齐，至此两国遂讲和。

〔2〕颊谷：《穀梁传》同，《左传》作夹谷，字通。齐国地名，在今山东莱芜南。关于颊谷之会，《左传》、《穀梁传》、《史记·孔子世家》都有详细描写，鲁国方面以孔子为定公之相，与齐国展开了针锋相对的斗争，挫败了齐国想要以兵劫鲁侯的阴谋。兹录《穀梁传》文以作参考："颊谷之会，孔子相焉。两君就坛，两相相揖。齐人鼓噪而起，欲以执鲁君。孔子历阶而上，不尽一等，而视归乎齐侯，曰：'两君合好，夷狄之名何为来为？'命司马止之。齐侯逡巡而谢曰：'寡人之过也。'退而属其二三大夫曰：'夫人(这个人，指孔子)率其君与人行古人之道，二三子独率我而入夷狄之俗，何为？'罢会。齐人使优施舞于鲁君之幕下，孔子曰：'笑君者罪当死。'使司马行法焉。首足异门而出。齐人来归郓、讙、龟阴之田者，盖为此也。因是以见虽有文事，必有武备，孔子于颊谷之会见之矣。"归田之说，与《公羊传》略有不同。

〔3〕运：西运，见8.4.1注〔3〕。 讙：见2.3.3注〔3〕。 龟阴：龟山之北，龟山在今山东泗水东北，接新泰东南，与蒙阴之蒙山相连。 上三地皆本鲁田而为齐所取者。

〔4〕孔子行乎季孙，三月不违：《解诂》："孔子仕鲁，政事行乎季孙，三月之中不见违过。""不言政行乎定公者，政在季氏之家。"

〔5〕齐人为是来归之：《解诂》："齐侯自颊谷会归，谓晏子曰：'寡人或过于鲁侯，如之何？'晏子曰：'君子谢过以质，小人谢过以文，齐

尝侵鲁四邑，请皆还之。'”《解诂》所言，与《史记·孔子世家》同。唯《史记》言“郓、汶阳、龟阴之田”。实则运、讙、龟阴之田皆汶阳之田。

【译文】

十年春周历三月，与齐国讲和。

夏，定公在颊谷与齐景公会见。

定公自颊谷回国告至。

晋国的赵鞅率领军队包围卫国。

齐国人来还西运、讙邑、龟山之北的田。

齐国人为什么来还西运、讙、龟山之北的田？孔子在季孙氏之家行使政事，三个月没有犯任何错误，齐国人为此来还田。

【原文】

11.10.2　叔孙州仇、仲孙何忌帅师围郈〔1〕。

秋，叔孙州仇、仲孙何忌帅师围费〔2〕。

宋乐世心出奔曹〔3〕。

宋公子池出奔陈〔4〕。

冬，齐侯、卫侯、郑游遬会于鞍。

叔孙州仇如齐。

宋公之弟辰暨宋仲佗、石驱出奔陈〔5〕。

【注释】

〔1〕叔孙州仇：谥武，史又称叔孙武叔，叔孙不敢之子。　郈：叔孙氏之邑，在今山东东平东南。时郈之马正侯犯杀郈宰公若而叛，故叔孙州仇偕同仲孙何忌帅师围之。

〔2〕费：《左传》、《穀梁传》皆作郈，盖传闻之异。《通义》：“郈、费皆内邑不听者。”费为季孙氏之邑，在今山东费县。《左传》则云，围郈首次不克，故此次再围。

〔3〕宋乐世心出奔曹：乐世心为宋之右师，宋景公派他盟于晋，且

迎乐祁犁之尸，乐世心托疾不往。乐祁犁之子子明遂谮于宋景公，谓乐世心将作乱，宋景公就将他驱逐出境。

〔4〕公子池：《左传》、《穀梁传》作公子地，盖传写之异。宋景公的庶弟。因与景公各有嬖臣，为赐嬖臣马发生矛盾，公子池遂出奔陈表示抗议，景公不加阻止。

〔5〕辰：宋景公的同母弟。　宋仲佗：《穀梁传》同，《左传》无宋字。仲几之子，宋国的卿。　石彄：宋国的卿。此三人因嫌宋景公处理公子池的问题不妥当，也出奔陈。

【译文】

叔孙州仇、仲孙何忌率领军队包围郈邑。

秋，叔孙州仇、仲孙何忌率领军队包围费邑。

宋国的乐世心出奔到曹国。

宋国的公子池出奔到陈国。

冬，齐景公、卫灵公、郑国的游遨在鞍邑会见。

叔孙州仇前往齐国。

宋景公的同母弟辰与宋国的仲佗、石彄出奔到陈国。

【原文】

11.11.1　十有一年春，宋公之弟辰及仲佗、石彄、公子池自陈入萧以叛[1]。

夏四月。

秋，宋乐世心自曹入于萧。

冬，及郑平[2]。

叔还如郑莅盟[3]。

【注释】

〔1〕萧：本为宋之附庸国，宣公十二年为楚所灭，此时又属宋，为宋邑。参见3.23.2注〔5〕、7.12.2注〔27〕。

〔2〕及郑平：《通义》：“平六年侵郑之怨也，既平之后，遂终春秋未

尝相犯，故特与莅盟，同为大信辞。”

〔3〕叔还：叔弓之曾孙。

【译文】

十一年春，宋景公的同母弟辰与仲佗、石彄、公子池自陈国进入萧邑据以反叛。

夏四月。

秋，宋国的乐世心自曹国进入萧邑。

冬，与郑国讲和。

叔还前往郑国莅盟。

【原文】

11.12.1　十有二年春，薛伯定卒〔1〕。

夏，葬薛襄公。

叔孙州仇帅师堕郈〔2〕。

卫公孟彄帅师伐曹〔3〕。

季孙斯、仲孙何忌帅师堕费〔4〕。

曷为帅师堕郈，帅师堕费？孔子行乎季孙，三月不违〔5〕，曰：“家不藏甲，邑无百雉之城〔6〕。”于是帅师堕郈，帅师堕费。雉者何？五板而堵〔7〕，五堵而雉〔8〕，百雉而城〔9〕。

【注释】

〔1〕薛伯定：即薛襄公，名定，公元前510—前498年在位。

〔2〕堕：通隳，毁坏。《通义》引啖助曰：“毁，全除之也；堕，但损之。”郈之马正侯犯去岁据城而叛，故叔孙氏对堕三都首先响应；且侯犯之乱已平，故堕城顺利。

〔3〕公孟彄：名彄，原为卫灵公之庶子，过继与公孟辄为子，故称公孟彄，卫国的卿。

〔4〕堕费：费宰公山不狃为阳虎之党，对季孙斯不听命，故季孙氏也愿堕都。但遭到公山不狃反抗，伐之，才堕成。《解诂》："郈，叔孙氏所食邑；费，季氏所食邑。二大夫宰吏数叛，患之，以问孔子。孔子曰：'陪臣执国命，采长数叛者，坐邑有城池之固、家有甲兵之藏故也。'季氏悦其言而堕之。故君子时然后言，人不厌其言。"

〔5〕三月不违：《通义》："再言'三月不违'者，前据为中都宰时，此据为司空时也。《盐铁论》曰：'孔子仕于鲁，前仕三月，及齐平；后仕三月，及郑平。务以德安近而绥远。当此之时，鲁无敌国之难，邻境之患。'"

〔6〕雉：古代计算城墙面积的单位，其大小说法不一。《左传·隐公元年》："都城过百雉，国之害也。"杜预注："方丈曰堵，三堵曰雉，一雉之墙长三丈、高一丈。"与《公羊传》异。

〔7〕五板而堵：《解诂》："八尺曰板，堵凡四十尺。"

〔8〕五堵而雉：《解诂》："二百尺。"《通义》："案《韩诗说》：八尺为板，板广二尺，积高五板为一丈。又《古周礼说》：三堵为雉。与此传不合。或当以五堵者度长，三堵者度高。若然，一堵之墙高丈、长四丈，一雉之墙高三丈、长二十丈。"

〔9〕百雉而城：《解诂》："二万尺，凡周十一里三十三步二尺，公侯之制也。"《通义》："此城每面五百丈，近三里之城。《墨子》曰：'率万家而城方三里。'若以六尺为步、三百步为里计之，三里之城实周百有八雉，容举成数也。""都城百雉，于子男为大都，于侯伯为中都，于公为小都。今三家私邑，悉如中都之制，不利公室，故讽使堕之。"

【译文】

十二年春，薛伯定去世。

夏，安葬薛襄公。

叔孙州仇率领军队毁坏郈邑的城墙。

卫国的公孟驱率领军队攻伐曹国。

季孙斯、仲孙何忌率领军队毁坏费邑的城墙。

为什么率领军队毁坏郈邑的城墙，率领军队毁坏费邑的城墙？孔子在季孙氏之家行使政事，三个月没有犯任何错误，说："私家不藏甲兵，都邑没有百雉的城墙。"于是率领军队毁坏郈邑的城墙，率领军队毁坏费邑的城墙。雉是什么？五板是一堵，五堵是一雉，一百雉是一座城墙。

【原文】

11.12.2　秋，大雩，

冬十月癸亥，公会晋侯[1]，盟于黄[2]。

十有一月丙寅朔[3]，日有食之[4]。

公至自黄。

十有二月，公围成[5]。

公至自围成。

【注释】

〔1〕晋侯：《左传》、《穀梁传》作齐侯。阮元《公羊注疏校勘记》云："此作晋误也。宋张洽云：黄，齐地，《公羊》作晋侯误。"译文从正。

〔2〕黄：齐国地名。

〔3〕十有一月丙寅朔：《元史・历志二》："今历推之，是岁十月丙寅朔，加时在昼交分十四日二千六百二十二分入食限。盖失一闰。"

〔4〕日有食之：此次日食，当公元前498年9月22日之日环食。

〔5〕公围成：《通义》："为孟氏不肯堕成故。"

【译文】

秋，举行盛大的雩祭。

冬十月癸亥日，定公会见齐景公，在黄邑结盟。

十一(当作十)月丙寅日初一，有日食。

定公自黄邑回国告至。

十二月，定公包围成邑。

定公自围成处回都告至。

【原文】

11.13.1　十有三年春，齐侯、卫侯次于垂瑕[1]。

夏，筑蛇渊囿[2]。

大蒐于比蒲〔3〕。

卫公孟彄帅师伐曹。

秋，晋赵鞅入于晋阳以叛〔4〕。

冬，晋荀寅及士吉射入于朝歌以叛〔5〕。

晋赵鞅归于晋。

此叛也，其言归何〔6〕？以地正国也〔7〕。其以地正国奈何？晋赵鞅取晋阳之甲，以逐荀寅与士吉射。荀寅与士吉射曷为者也？君侧之恶人也。此逐君侧之恶人，曷为以叛言之？无君命也。

薛杀其君比〔8〕。

【注释】

〔1〕卫侯：《左传》同，《穀梁传》无此二字。　垂瑕：《左传》、《穀梁传》作垂葭，通假字。地在今山东巨野西南。二国欲伐晋，故次于此。

〔2〕蛇渊囿：蛇渊，鲁国地名。筑于蛇渊之苑囿。地在今山东肥城南。

〔3〕大蒐：见10.22.1注〔1〕。　比蒲：见10.11.1注〔7〕。

〔4〕晋阳：晋国赵氏私邑，地在今山西太原市南晋源镇。时晋国六卿专权，相互矛盾深刻。中行氏、范氏与赵氏有隙，赵氏先发难，中行氏、范氏伐赵氏之宫，赵鞅遂奔晋阳。时晋国有命令，始祸者死，所以称赵鞅为叛。

〔5〕荀寅：中行氏，谥文，史又称中行文子。　及：《左传》、《穀梁传》无此字。　士吉射：范氏，谥昭，史又称范昭子。荀寅之子娶士吉射之女，为姻亲，故联合在一起。二家攻赵之后，又作乱攻晋定公。知氏、韩氏、魏氏三家助晋定公攻范氏、中行氏，荀寅及士吉射遂奔朝歌。　朝歌：在今河南淇县。

〔6〕此叛也，其言归何：据2.15.2“归者，出入无恶”设问。

〔7〕以地正国：地谓地方，指晋阳。赵鞅以晋阳之兵力平国之乱，故曰以地正国。

〔8〕比：薛国国君，名比，在位仅一年(前497)。

【译文】

十三年春，齐景公、卫灵公在垂瑕驻留多日。

夏，建筑蛇渊囿。

在比蒲大阅兵。

卫国的公孟弫率领军队攻伐曹国。

秋，晋国的赵鞅进入晋阳反叛。

冬，晋国的荀寅与士吉射进入朝歌反叛。

晋国的赵鞅回归晋国。

这是反叛，说回归是为什么？是用地方来整顿国家。他怎样用地方来整顿国家？晋国的赵鞅拿晋阳的武装，来驱逐荀寅与士吉射。荀寅与士吉射是干什么的？是国君身边的坏人。这是驱逐国君身边的坏人，为什么用反叛来说他？是因为没有国君的命令。

薛国杀了它的国君比。

【原文】

11.14.1　十有四年春，卫公叔戍来奔〔1〕。

晋赵阳出奔宋〔2〕。

三月辛巳〔3〕，楚公子结、陈公子佗人帅师灭顿〔4〕，以顿子牄归〔5〕。

夏，卫北宫结来奔〔6〕。

五月，於越败吴于醉李〔7〕。

吴子光卒〔8〕。

公会齐侯、卫侯于坚〔9〕。

公至自会。

【注释】

〔1〕公叔戍：卫献公的曾孙，卫灵公的堂侄。因其富而骄，灵公对他有恶感，他又与灵公的夫人南子的亲信有矛盾，南子向灵公诉说他将为乱，遂遭灵公驱逐。

〔2〕晋赵阳：《穀梁传》同，《左传》作卫赵阳，据《左传》孔颖达疏引《世本》，赵阳为卫赵黡之孙，是《左传》为正。译文从正。

〔3〕三月：《左传》、《穀梁传》作二月。阮元《公羊注疏校勘记》以“三”为误云：“唐石经原刻作三月，后磨去上一划。按《左氏》、《穀梁》皆作二月，此作三误。”

〔4〕公子结：字子期，楚平王之子，楚国大夫。　　公子佗人：《左传》、《穀梁传》作公孙佗人。　顿：见5.25.2注〔2〕。

〔5〕顿子牄：《左传》、《穀梁传》作顿子牂，通假字。顿国国君，名牄。《通义》：“不别以归何国者，楚主兵可知。”

〔6〕卫北宫结来奔：《左传》云：“公叔戍之故也。”

〔7〕醉李：《左传》、《穀梁传》作檇李，同音通假。吴国地名，杜预注《左传》云：“吴郡嘉兴县南醉李城。”地在今浙江嘉兴西南。

〔8〕吴子光：即吴王阖庐，名光，公元前514—前496年在位。

〔9〕坚：《左传》、《穀梁传》作牵，音近而通。卫国地名，杜预注《左传》云：“魏郡黎阳县东北有牵城。”在今河南浚县北。

【译文】

十四年春，卫国的公叔戍前来投奔。

卫国的赵阳出奔到宋国。

三(当作二)月辛巳，楚国的公子结、陈国的公子佗人率领军队灭了顿国，把顿子牄带了回去。

夏，卫国的北宫结前来投奔。

五月，越国在醉李打败吴国。

吴子光去世。

定公在坚邑会见齐景公、卫灵公。

定公自会见处回国告至。

【原文】

11.14.2　秋，齐侯、宋公会于洮〔1〕。

天子使石尚来归脤[2]。

石尚者何？天子之士也。脤者何？俎实也[3]。腥曰脤[4]，熟曰燔[5]。

卫世子蒯聩出奔宋[6]。

卫公孟彄出奔郑[7]。

宋公之弟辰自萧来奔。

大蒐于比蒲[8]。

邾娄子来会公[9]。

城莒父及霄[10]。

【注释】

〔1〕洮：见 5.8.1 注〔2〕。

〔2〕天子：周敬王。　石尚：周王的上士，参 1.1.4 注〔4〕。　归脤：归通馈，赠送。脤为古代王侯祭社稷所用的肉。

〔3〕俎实也：《解诂》："实俎肉也。"徐彦疏："以肉填实于俎上。"俎为古代祭祀时用以载牲的礼器。

〔4〕腥：生肉。

〔5〕燔：通膰，祭祀用的炙肉。《穀梁传》："脤者何也？俎实也，祭肉也。生曰脤，熟曰膰。"《周礼·春官·大宗伯》："以脤膰之礼亲兄弟之国。"《解诂》："礼，诸侯朝天子，助祭于宗庙，然后受俎实。时鲁不助祭而归之，故书以讥之。"

〔6〕蒯聩：卫灵公太子。灵公宠夫人南子，而南子与宋朝通。蒯聩欲杀南子，未遂而奔宋。

〔7〕卫公孟彄出奔郑：公孟彄为太子之党，故亦出奔。

〔8〕大蒐于比蒲：《解诂》："讥亟也。"徐彦疏："大蒐之礼，五年一为，若数于此，则书而讥亟也。"去岁夏已大蒐，今又大蒐，故云亟。

〔9〕邾娄子来会公：《通义》："杜元凯（《左传》杜注）谓会公于比蒲，是也。大蒐，大阅，公虽在，不书，国内常礼，省文可知。"

〔10〕莒父及霄：鲁之二邑，不知今之确址，或云在山东莒县境。此年无"冬"，杜预以为"史阙文"。《通义》述《公羊》义云："无冬者，师说以为齐人归女乐之岁也，鲁君臣受之，三日不朝，虽讳而削其事，

事系于冬，故去冬以起之。《史记》曰：定公十四年，孔子由大司寇摄行相事，齐人闻而惧，遗鲁君女乐、文马。季桓子微服往观再三，将受，乃语鲁君，为周道游，往观终日，怠于政事。子路曰：‘夫子可以行矣。’孔子曰：‘鲁今且郊，如致膰乎大夫，则吾犹可以止云。’且郊者，谓明年春当郊，实受女乐在是冬之证。”

【译文】

秋，齐景公、宋景公在洮邑会见。

周敬王派遣石尚来送脤。

石尚是什么人？是天子的士。脤是什么？是装满俎的祭肉。生肉叫脤，熟肉叫燔。

卫国的太子蒯聩出奔到宋国。

卫国的公孟彄出奔到郑国。

宋景公的同母弟辰自萧邑前来投奔。

在比蒲大阅兵。

邾娄隐公来会见定公。

修筑莒父与霄邑的城墙。

【原文】

11.15.1　十有五年春王正月，邾娄子来朝。

鼷鼠食郊牛[1]，牛死，改卜牛[2]。

曷为不言其所食[3]？漫也[4]。

二月辛丑，楚子灭胡[5]，以胡子豹归[6]。

夏五月辛亥，郊[7]。

曷为以夏五月郊[8]？三卜之运也[9]。

壬申，公薨于高寝[10]。

郑轩达帅师伐宋[11]。

齐侯，卫侯次于籧篨[12]。

邾娄子来奔丧[13]。

其言来奔丧何？奔丧非礼也[14]。

【注释】

〔1〕鼷鼠：见8.7.1注〔1〕。　郊牛：见7.3.1注〔1〕。

〔2〕卜牛：见7.3.1注〔2〕。

〔3〕曷为不言其所食：据8.7.1“鼷鼠食郊牛角”而设问。

〔4〕漫：《解诂》：“漫者，遍食其身，灾不敬也。”

〔5〕胡：归姓小国，地在今安徽阜阳。

〔6〕胡子豹：胡国国君，子爵，名豹。

〔7〕郊：见5.31.2注〔1〕。

〔8〕曷为以夏五月郊：参8.17.1“然则郊曷用？郊用正月上辛。”《穀梁传·哀公元年》：“郊自正月至三月，郊之时也。夏四月郊，不时也；五月郊，不时也。”

〔9〕三卜之运：《解诂》：“运，转也。已卜春三正不吉，复转卜夏。”《通义》：“鲁郊本以十月上甲系牲，十二月下辛卜日。今为改卜牛，故正月始系牲，更以三月下辛卜四月上辛。不从，又以四月下辛卜也。”

〔10〕高寝：3.32.3“路寝者何？正寝也。”《解诂》有一段言及高寝，该处未引，兹录于此：“天子诸侯皆有三寝，一曰高寝，二曰路寝，三曰小寝。父居高寝，子居路寝，孙从王父，妻从夫寝，夫人居小寝。”徐彦疏：“父居高寝者，盖以寝中最尊。”《穀梁传》则云：“公薨于高寝。高寝非正也。”盖以路寝为君薨之正寝。

〔11〕轩达：《左传》、《穀梁传》作罕达，通假字。后文同。

〔12〕籧篨：《左传》、《穀梁传》作渠蒢，《左传》传文则作蘧挐，皆通假字。地名，不知今之确址。据《左传》，因郑伐宋，齐侯、卫侯谋救宋。

〔13〕奔丧：《穀梁传》：“丧急，故以奔言之。”

〔14〕奔丧非礼也：《解诂》：“礼，天子崩，诸侯奔丧、会葬。诸侯薨，有服者奔丧，无服者会葬。邾娄与鲁无服，故以非礼书。”《通义》：“会葬亦当遣大夫而已。”

【译文】

十五年春周历三月，邾娄隐公来访。

鼷鼠吃了准备郊祭的牛，牛死了，换一头牛来占卜。
为什么不说鼷鼠吃了牛的什么部位？遍体都咬吃了。
二月辛丑日，楚昭王灭了胡国，把胡子豹带了回去。
夏五月辛亥日，举行郊祭。
为什么在夏五月郊祭？是占卜了三次轮转下来的。
壬申日，定公在高寝去世。
郑国的轩达率领军队攻伐宋国。
齐景公、卫灵公在籧篨驻留多日。
邾娄隐公来奔丧。
说来奔丧是为什么？国君奔丧是不合礼法的。

【原文】

11.15.2　秋七月壬申，姒氏卒〔1〕。

姒氏者何？哀公之母也。何以不称夫人？哀未君也。

八月庚辰朔，日有食之〔2〕。

九月，滕子来会葬。

丁巳，葬我君定公，雨不克葬，戊午；日下昃乃克葬〔3〕。

辛巳，葬定姒。

定姒何以书葬？未踰年之君也。有子则庙〔4〕，庙则书葬。

【注释】

〔1〕姒氏：即定姒，杞国之女，定公之妾，生哀公，故书卒书葬。

〔2〕日有食之：此次日食，当公元前495年7月22日之日全食。

〔3〕昃：日西斜。《解诂》："昃，日西也。《易》曰'日中则昃'是也。"《易》引文见《丰》。下昃，指夕阳西下时。

〔4〕庙：宗庙，古代供祀祖宗的屋舍。此处指神主进入宗庙。

【译文】

秋七月壬申日，姒氏去世。

姒氏是什么人？是哀公的母亲。为什么不称夫人？是因为哀公还没有做国君。

八月庚辰日初一，有日食。

九月，滕子前来会葬。

丁巳日，安葬我国君定公，天下雨不能下葬；第二天戊午日，夕阳西下的时候，才能够下葬。

辛巳日，安葬定姒。

定姒为什么写安葬？因为哀公是服丧没过一年的国君。有儿子神主就能进入宗庙，神主进入宗庙就写安葬。

哀　公

【题解】

鲁哀公名蒋(《世本》、《史记·十二诸侯年表》)，一作将(《史记·鲁周公世家》)。定公之子，定姒所生。如按《史记·六国年表》以周元王元年(前475)为战国之始，则哀公是“跨时代”(春秋末、战国初)的国君。他和他的伯父昭公命运相同，也不甘于三桓的专权，想借越国的力量除去三桓，在他即位的第二十七个年头，曾被三桓逐出鲁国，为此，《汉书·古今人表》又称他为出公。哀公十二年，继宣公十五年“初税亩”、成公元年“作丘甲”之后，季氏又推行“用田赋”，进一步加重人民负担，被孔子批评为“不度于礼，而贪冒无厌”。哀公十四年，西狩获麟，孔子叹道：“吾道穷矣。”《公羊传》、《穀梁传》经文都到此为止，相传孔子所修《春秋》原貌如此。《左传》经文增至哀公十六年夏四月己丑孔子卒，为孔门后人所续。《左传》传文则直至二十七年，终哀公之一生。哀公在位二十七年(前494—前468年)。

【原文】

12.1.1　元年春王正月，公即位。

楚子、陈侯、随侯、许男围蔡〔1〕。

鼷鼠食郊牛，改卜牛。

夏四月辛巳，郊〔2〕。

秋，齐侯、卫侯伐晋〔3〕。

冬，仲孙何忌帅师伐邾娄。

【注释】

〔1〕陈侯：陈闵公。　　随侯：随称侯仅此一见。据1.5.4“大国称侯，小国称伯子男”，随为姬姓小国，此时实为楚之附庸国，见5.20.3注〔2〕。《解诂》释其称侯之因曰：“随，微国，称侯者，本爵俱侯，土地见侵削，故微尔。”可见侯是其始封时之爵。　许男：许元公。11.6.1载郑“灭许，以许男斯归”，是许曾为郑灭。《解诂》：“今戌(许元公之名)复见者，自复。”《通义》：“何氏必知许自复者，令诸侯复之，当有不与专封文。”许何时复国，戌何时即位，经皆不书，故不能确知。

〔2〕夏四月辛巳，郊：《通义》：“亦以改卜牛故。三月下辛始卜郊，特此一卜得吉尔。”《穀梁传》：“夏四月郊，不时也。”“我以十二月下辛，卜正月上辛；如不从，则以正月下辛，卜二月上辛；如不从，则以二月下辛，卜三月上辛；如不从，则不郊矣。”

〔3〕齐侯、卫侯伐晋：据《左传》，为“救范氏也”。

【译文】

元年春周历正月，哀公即位。

楚昭王、陈闵公、随国国君、许国国君包围蔡国。

鼷鼠吃了准备郊祭的牛，换一头牛来占卜。

夏四月辛巳日，举行郊祭。

秋，齐景公、卫灵公攻伐晋国。

冬，仲孙何忌率领军队攻伐邾娄国。

【原文】

12.2.1　二年春王二月，季孙斯、叔孙州仇、仲孙何忌帅师伐邾娄，取漷东田及沂西田〔1〕。

癸巳，叔孙州仇、仲孙何忌及邾娄子盟于句绎〔2〕。

夏四月丙子，卫侯元卒〔3〕。

滕子来朝。

晋赵鞅帅师纳卫世子蒯聩于戚〔4〕。

戚者何？卫之邑也。曷为不言入于卫？父有子，子不得有父也〔5〕。

秋八月甲戌，晋赵鞅帅师及郑轩达帅师战于栗〔6〕，郑师败绩。

冬十月，葬卫灵公。

十有一月，蔡迁于州来〔7〕。

蔡杀其大夫公子驷〔8〕。

【注释】

〔1〕漷东田及沂西田：王献唐《三邾疆邑图考》："所谓沂西田，指沂水以西之田；漷东田，指漷水以东之田。……漷东田不能于邾北鲁南求之，沂西田亦不能于邾北鲁南求之。二田相距必不甚远，且皆为邾地，就二水之东西，求两田之近处，殆在邹县东境偏北一带乎？沂经其东，其水西之田，即沂西田；漷水源出于此西北流，其水东之田，即漷东田。证以今地，田黄一带，则沂西田也；仙桥庄一带，则漷东田也。"据《左传》，鲁三卿本伐邾娄之绞邑(绞在今山东滕县东鄙，与鲁接壤)，因绞邑土地肥沃，邾娄人遂赂以漷东田及沂西田，盟于句绎。

〔2〕句绎：王献唐《三邾疆邑图考》："句绎为小邾疆邑，邾与小邾谊气相关，国境交错，可假地小邾为盟，盟不必尽在本国境也。其地当在小邾之东北境，与邾鲁交界处，今滕县东北武城乡一带也。"《左传》杜注云："句绎，邾地。"与十四年《左传》经文"小邾射以句绎来奔"矛盾，误。《穀梁传》："三人伐而二人盟，何也？各盟其得也。"范宁集解："季孙不得田，故不与盟。"《左传》孔疏则引服虔云："季孙尊卿，敌服先归，使二子与之盟。"与《穀梁传》异。

〔3〕卫侯元：即卫灵公，名元，公元前534—前493年在位。

〔4〕戚：卫国地名，见6.1.1注〔6〕。

〔5〕父有子，子不得有父也：《解诂》："明父得有子而废之，子不得有父之所有，故夺其国文，正其义也。"《通义》的解释与之稍异："以蒯聩对辄言之，固父也，虽若得有其子之国；以蒯聩对灵公言之，则子也，灵公不以卫与蒯溃，即蒯聩不得而有卫也。"参下12.3.1。

〔6〕及郑轩达帅师战于栗：阮元《公羊注疏校勘记》："疏本作'及郑轩达战于铁'。《解》云：'诸家之经，轩达下有帅师，唯服引经者无。于铁者三家同有作栗字者，误也。今定本作栗字。'按'郑轩达'下不

言‘帅师’者，蒙上‘晋赵鞅帅师’也，今三家下有‘帅师’，当衍。疏本与服氏无之，是也。疏又谓三家同作‘战于铁’，定本作‘栗’者误。而《释文》同定本作‘栗’，区别之云：‘二传作铁。’案陆德明所据之本，不及疏本也。”据此，译文从阮校。杜预注《左传》云：“铁在戚城南。”则亦在今河南濮阳附近。

〔7〕州来：见10.13.2注〔7〕。州来为吴所灭，此时蔡为楚所迫，请迁于吴，吴以州来与之，故州来遂名下蔡。

〔8〕蔡杀其大夫公子驷：据《左传》，蔡昭公欲迁于州来，吴师已至，“蔡侯告大夫，杀公子驷以说”。是公子驷是大夫中对迁徙持反对意见者的代表。

【译文】

二年春周历二月，季孙斯、叔孙州仇、仲孙何忌率领军队攻伐邾娄，拿了漷水以东的田与沂水以西的田。

癸巳日，叔孙州仇、仲孙何忌与邾娄隐公在句绎结盟。

夏四月丙子，卫侯元去世。

滕顷公来访。

晋国的赵鞅率领军队使卫国的太子蒯聩进入戚邑。

戚邑是什么地方？是卫国的城邑。为什么不说进入卫国？父亲可以取得儿子的所有，儿子不能取得父亲的所有。

秋八月甲戌日，晋国的赵鞅率领军队与郑国的轩达在铁邑交战，郑国军队溃败。

冬十月，安葬卫灵公。

十一月，蔡国迁徙到州来。

蔡国杀了它的大夫公子驷。

【原文】

12.3.1　三年春，齐国夏、卫石曼姑帅师围戚〔1〕。

齐国夏曷为与卫石曼姑帅师围戚？伯讨也〔2〕。此其为伯讨奈何？曼姑受命乎灵公而立辄〔3〕，以曼姑之义，为固可以距之也〔4〕。辄者曷为者也？蒯聩之子也。然则曷为不立蒯聩而立辄？蒯聩为无道，灵公逐蒯聩而立辄[5]。然则辄之义可以立乎？曰：“可。”其可奈何？不以父命辞王父命[6]，以王父命辞父命，是父之行乎子也[7]。不以家事辞王事[8]，以王事辞家事，是上之行乎下也[9]。

【注释】

〔1〕石曼姑：卫国的卿。　围戚：因蒯聩在戚。《穀梁传》：“此卫事也，其先国夏何也？子不围父也。不系戚于卫者，子不有父也。”“子不围父”的子指辄，“子不有父”的子指蒯聩。

〔2〕伯讨：见5.4.3注〔5〕。因为卫国君位之争牵涉到祖孙三代的关系，《春秋》是不支持蒯聩的，所以《公羊传》用“伯讨”来解释《春秋》把“齐国夏”写在“卫石曼姑”的前面。

〔3〕辄：蒯聩之子，卫灵公的嫡孙，即卫出公。据《左传》，卫灵公废逐太子蒯聩以后，有意立庶子公子郢(字子南)。卫灵公死后，公子郢辞让不立，才立了蒯聩之子辄。与《公羊传》“曼姑受命乎灵公而立辄”义异。但周代的制度，传位给嫡子，如嫡子不存，则传位给嫡孙。从这个意义上说，卫灵公废了蒯聩，则立辄也可以说是他的遗命。

〔4〕距：通拒。指抵拒蒯聩回来争国。

〔5〕灵公逐蒯聩：见11.14.2注〔6〕。

〔6〕辞：不接受。　王父：祖父。

〔7〕是父之行乎子也：《解诂》：“是灵公命行乎蒯聩。”

〔8〕王事：公事，指周王的制度。

〔9〕是上之行乎下也：《解诂》：“是王法行于诸侯。”《论语·述而》曾记载孔子对这件事的看法，可与《春秋》参看。“冉有曰：‘夫子为卫君乎？’(何晏集解：“郑曰：为犹助也，卫君者谓辄也。”)子贡曰：‘诺，吾将问之。’入曰：‘伯夷、叔齐何人也？’曰：‘古之贤人也。’曰：‘怨乎？’曰：‘求仁而得仁，又何怨？’出曰：‘夫子不为也。’(集解：“郑曰：父子争国，恶行。孔子以伯夷、叔齐为贤且仁，故知不助卫君明矣。”)”可见孔子也并不认为辄听祖父之命与父争国是“贤且仁”的。《通义》：“辄之道虽当让，而卫人奉辄自不失尊王父之意。若夫《论语》所言贤者之至行，又乌足以责辄也。”用今天的话来说，卫人立辄，是

个法律问题；而辄不像伯夷、叔齐那样让国，则是个道德问题。

【译文】

三年春，齐国的国夏、卫国的石曼姑包围戚邑。

齐国的国夏为什么与卫国的石曼姑率领军队包围戚邑？是一方之长的声讨。这怎样是一方之长的声讨？石曼姑受了卫灵公的遗命而立辄，从曼姑的道理来说，是本来可以抵拒蒯聩的。辄是做什么的？是蒯聩的儿子。这样的话那么为什么不立蒯聩而立辄？蒯聩所作所为无道，卫灵公驱逐了蒯聩而立辄。这样的话那么辄在道理上可以立吗？回答说："可以的。"怎样可以？不用父亲的命令来不接受祖父的命令，而用祖父的命令来不接受父亲的命令，这是儿子实行父亲的命令。不用家里的事来不接受有关王法的事，而用有关王法的事来不接受家里的事，这是下面实行上面的命令。

【原文】

12.3.2 夏四月甲午，地震。

五月辛卯，桓宫、僖宫灾。

此皆毁庙也〔1〕，其言灾何？复立也。曷为不言其复立？《春秋》见者不复见也〔2〕。何以不言及？敌也〔3〕。何以书？记灾也。

季孙斯、叔孙州仇帅师城开阳〔4〕。

宋乐髡帅师伐曹。

秋七月丙子，季孙斯卒。

蔡人放其大夫公孙猎于吴〔5〕。

冬十月癸卯，秦伯卒〔6〕。

叔孙州仇、仲孙何忌帅师围邾娄。

【注释】

〔1〕毁庙：见6.2.3注〔4〕。《解诂》："礼，亲过高祖则毁其庙。"桓公至哀公已十一世，僖公至哀公也已八世，都已早应毁庙。

〔2〕《春秋》见者不复见也：《通义》："《春秋》之大法，凡主讥者有所托见，则不复特见。一省其文，一微其义。若然，经有'有事于武宫'，复言'立武宫'者，武公不在《春秋》中，嫌本有武世室，其为庙毁复立未明，故特见也。"

〔3〕敌也：《通义》："自义率祖，则太庙而外其尊同；自仁率亲，则高祖而上其疏等：故言敌也。"《穀梁传》："言及，则祖有尊卑，由我言之则一也。"

〔4〕开阳：《左传》、《穀梁传》作启阳。案开为《公羊传》避汉景帝讳而改。

〔5〕蔡人：指蔡国的执政大夫，称人为贬。《解诂》："称人者，恶大夫骄蹇作威，相放，当诛，故贬。"公孙猎：据《左传》杜注说是公子驷之党。

〔6〕秦伯：秦惠公，公元前500—前492年在位。

【译文】

夏四月甲午日，地震。

五月辛卯日，桓公的庙、僖公的庙火灾。

这都是应该毁迁的庙，说它们火灾是为什么？是重新立的。为什么不说它们重新立？《春秋》出现过的就不再出现。为什么不说"及"，是因为地位同等。为什么写下？是记录灾情。

季孙斯、叔孙州仇率领军队修筑开阳的城墙。

宋国的乐髡率领军队攻伐曹国。

秋七月丙子日，季孙斯去世。

蔡国人把他们的大夫公孙猎放逐到吴国。

冬十月癸卯，秦伯去世。

叔孙州仇、仲孙何忌率领军队包围邾娄国。

【原文】

12.4.1　四年春王三月庚戌〔1〕，盗弑蔡侯申〔2〕。

弑君贱者穷诸人[3]，此其称盗以弑何？贱乎贱者也。贱乎贱者孰谓？谓罪人也[4]。

蔡公孙辰出奔吴[5]。

葬秦惠公。

宋人执小邾娄子。

夏，蔡杀其大夫公孙归姓、公孙霍[6]。

晋人执戎曼子赤归于楚[7]。

赤者何？戎曼子之名也。其言归于楚何？子北宫子曰："辟伯晋而京师楚也[8]。"

城西郛。

【注释】

〔1〕三月：《左传》、《穀梁传》作二月。三月无庚戌，作二月者是。

〔2〕弑：此据唐石经。《穀梁传》同，《左传》作杀。　蔡侯申：即蔡昭公，名申，公元前518—前491年在位。

〔3〕弑君贱者穷诸人：见6.16.2"大夫弑君称名氏，贱者穷诸人"。

〔4〕谓罪人也：《公羊》之说，与《左传》、《穀梁传》皆异。《左传》叙杀蔡昭公者为"恐其又迁"的诸大夫。《穀梁传》则云："《春秋》有三盗：微杀大夫，谓之盗；非所取而取之，谓之盗；辟中国之正道以袭利，谓之盗。"第一种情况如12.13.2的"盗杀陈夏彄夫"；第二种情况如11.8.2的"盗窃宝玉、大弓"，这里说的"盗弑蔡侯申"是第三种情况。故范宁集解云："即杀蔡侯申者是非微者也"，与《公羊》义异。

〔5〕公孙辰：据《左传》，为杀蔡昭公之党。

〔6〕公孙归姓(《左传》、《穀梁传》无归字)、公孙霍：据《左传》，亦为杀蔡昭公之党，《通义》："《左氏》以为皆弑君之党，然经不以讨贼之辞言之，则彼未足信。"

〔7〕晋人执戎曼子赤归于楚：据《左传》，楚围蛮氏(即戎曼子)，蛮子赤奔晋，晋国不敢得罪楚，遂以诈执蛮子赤而畀楚。

〔8〕伯晋而京师楚：伯与京师皆"名词"作"以动词"用，犹言以

晋为伯而以楚为京师。

【译文】

四年春周历三(当作二)月庚戌日，盗贼杀了蔡侯申。

杀国君身份低微的一律称人，这称盗贼以杀是为什么？是比身份低微的还要低微。比身份低微的还要低微指谁？指犯过罪的人。

蔡国的公孙辰出奔到吴国。

安葬秦惠公。

宋国人捉拿了小邾娄穆公。

夏，蔡国杀了它的大夫公孙归姓、公孙霍。

晋国人捉拿了戎曼子赤送回到楚国。

赤是什么？是戎曼子的名字。说送回到楚国是为什么？子北宫子说："是避免以晋国为方伯而以楚国为京师。"

修筑西外城的城墙。

【原文】

12.4.2　六月辛丑，蒲社灾〔1〕。

蒲社者何？亡国之社也〔2〕。社者封也〔3〕，其言灾何？亡国之社盖揜之，揜其上而柴其下〔4〕。蒲社灾何以书？记灾也。

秋八月甲寅，滕子结卒〔5〕。

冬十有二月，葬蔡昭公〔6〕。

葬滕顷公。

【注释】

〔1〕蒲社：《左传》、《穀梁传》作亳社。蒲社即《礼记·郊特牲》之"薄社"，《释文》："薄，本又作亳。"《礼记·郊特牲》疏："殷始都薄，故呼其社为薄社也。"古代建国时必先立社，以祭祀地神。周灭殷

后，薄社即成为亡国之社。

〔2〕亡国之社：《解诂》："蒲社者，先世之亡国，在鲁境。"以为先时别有蒲国者，不知蒲即亳，误。《穀梁传》："亳社者，亳之社也。亳，亡国也。"范宁集解："亳即殷也，殷都于亳，故因谓之亳社。"

〔3〕社者封也：古代立社，堆土为之。封，即堆土。《书·禹贡》："厥贡惟土五色。"孔安国传："王者封五色土为社，建诸侯，则各割其方色土与之，使立社。"

〔4〕揜其上而柴其下：古代立社，为了使它能够通天，都是露天的。亡国之社则筑屋掩盖其上，使它不能通天，所以说"揜其上"，揜，即掩。《礼记·郊特牲》："天子大社，必受霜露风雨，以达天地之气也。是故丧国之社屋之，不受天阳也。"柴其下则指亡国之社的下部以散木阻拦，使不通四方。《解诂》："揜、柴之者，绝不得使通天地四方，以为有国者戒。"

〔5〕滕子结：即滕顷公，名结，公元前513—前491年在位。

〔6〕葬蔡昭公：《通义》："书葬，明贼已讨。不见讨文者，盗贱不足录也。"

【译文】

六月辛丑，薄社火灾。

蒲社是什么？是亡国之社。社是堆土筑成的，说火灾是为什么？亡国之社是有覆盖的，筑屋覆盖它的上面而堆木阻挡它的下面。蒲社火灾为什么写下？是记录灾情。

秋八月甲寅日，滕子结去世。

冬十二月，安葬蔡昭公。

安葬滕顷公。

【原文】

12.5.1　五年春，城比〔1〕。

夏，齐侯伐宋。

晋赵鞅帅师伐卫。

秋九月癸酉，齐侯处臼卒〔2〕。

冬，叔还如齐。

闰月，葬齐景公。

闰不书，此何以书？丧以闰数也[3]。丧曷为以闰数？丧数略也[4]。

【注释】

〔1〕比：《左传》、《穀梁传》作毗，通假字。鲁国地名，确址不详。

〔2〕齐侯处臼：《左传》、《穀梁传》作齐侯杵臼，通假字。即齐景公，名处臼，公元前547—前490年在位。

〔3〕丧以闰数：《通义》："礼，丧服以年为节者，不数闰；以月为节者，数闰。五月而葬，亦事之以月数者，故同得计闰。"

〔4〕略：减省。

【译文】

五年春，修筑比邑的城墙。

夏，齐景公攻伐宋国。

晋国的赵鞅率领军队攻伐卫国。

秋九月癸酉，齐侯处臼去世。

冬，叔还前往齐国。

闰月，安葬齐景公。

闰月不写，这为什么写下？丧葬的事是连闰月也计算进去的。丧葬的事为什么连闰月也计算进去？丧葬的计算方法讲究减省。

【原文】

12.6.1 六年春，城邾娄葭[1]。

晋赵鞅帅师伐鲜虞。

吴伐陈。

夏，齐国夏及高张来奔[2]。

叔还会吴于祖[3]。

【注释】

〔1〕葭：《左传》、《穀梁传》作瑕，通假字。本邾娄国地名，此时为鲁邑。王献唐《三邾疆邑图考》："案即今济宁邾瑕乡一带也。地为邾邑，与郣相近，为鲁所取，因为邾地，于瑕上加邾为邾瑕，后又谓之邾瑕城邾瑕乡。"《解诂》："城者，取之也。不言取者，鲁数围取邾娄邑，邾娄未曾加非于鲁，而侮夺之不知足，有夷狄之行，故讳之，明恶甚。"

〔2〕齐国夏及高张来奔：齐景公死后，国内政局不稳，国、高二卿奉景公遗命立舍（《左传》、《穀梁传》作荼，古音同可通）为君，舍为景公幼子，景公宠妾鬻姒所生，年小，时号晏孺子；陈乞则谋立公子阳生。陈乞的第一步就是联合其他大夫共攻国、高，国、高不敌，遂奔鲁。

〔3〕柤：见9.10.1注〔1〕。此时柤或已从楚国所有转为吴国所有。

【译文】

六年春，修筑邾娄葭的城墙。

晋国的赵鞅率领军队攻伐鲜虞。

吴国攻伐陈国。

夏，齐国的国夏与高张前来投奔。

叔还在柤邑与吴国会见。

【原文】

12.6.2　秋七月庚寅，楚子轸卒〔1〕。

齐阳生入于齐〔2〕。

齐陈乞弑其君舍〔3〕。

弑而立者，不以当国之辞言之〔4〕，此其以当国之辞言之何〔5〕？为谖也〔6〕。此其为谖奈何？景公谓陈乞曰："吾欲立舍，何如？"陈乞曰："所乐乎为君者，欲立之则立之，不欲立则不立。君如欲立之，则臣请立之〔7〕。"阳生谓陈乞曰："吾闻子盖将不欲立我也。"陈乞曰："夫千乘之主将废正而立不正〔8〕，必杀正者。吾不立子者，所以生子者也。走矣！”与之玉节而走之〔9〕。景公死而舍立，陈乞使人迎阳生于诸其家〔10〕。除景公之丧〔11〕，诸大夫皆在朝。陈乞曰：“常之母有鱼菽之祭〔12〕，愿诸大夫之化我也〔13〕。”诸大夫皆曰“诺”。于是皆之陈乞之家坐。陈乞曰：“吾有所为甲，请以示焉。”诸大夫皆曰“诺”。于是使力士举巨囊而至于中霤〔14〕。诸大夫见之，皆色然而骇〔15〕。开之，则闯然公子阳生也〔16〕。陈乞曰：“此君也已。”诸大夫不得已，皆逡巡北面，再拜稽首而君之尔。自是往杀舍。

冬，仲孙何忌帅师伐邾娄。

宋向巢帅师伐曹。

【注释】

〔1〕楚子轸：即楚昭王，名轸(《史记·楚世家》及《年表》作珍)，公元前515—前489年在位。

〔2〕阳生：即后来的齐悼公，齐景公之子。

〔3〕陈乞：谥僖，史又称陈僖子，《史记》作田乞、田釐子。　舍：见12.6.1注〔2〕。

〔4〕弑而立者，不以当国之辞言之：《通义》：“弑而立者，谓继弑君而立者。若宋督弑殇公而立庄公，未尝言‘宋冯入于宋’；赵盾弑灵公而立景公，未尝言‘晋黑臀入于晋’之类是也。”

〔5〕此其以当国之辞言之何：《通义》：“谓阳生不氏公子。”

〔6〕谖：欺诈。《通义》：“冯、黑臀等皆君弑而后复国，此则先复国乃以谖弑舍，故特为篡辞。与齐小白入于齐而后杀纠者同罪。”参见3.9.2“齐小白入于齐。曷为以国氏？当国也。其言入何？篡辞也。”

〔7〕则臣请立之：这是陈乞的策略。《解诂》：“陈乞欲拒言不可，恐景公杀阳生。”

〔8〕废正而立不正：正指阳生，不正指舍。《穀梁传》：“阳生入而弑

其君，以陈乞主之何也？不以阳生君荼（即舍）也。其不以阳生君荼何也？阳生正，荼不正。不正则其曰君何也？荼虽不正，已受命矣。”

〔9〕玉节：玉制的符节。古代使者持节作为自己身份的凭证。陈乞给阳生玉节，是使他出齐国时可顺利通过沿途关口稽查，到达鲁国。

〔10〕于诸：《解诂》：“置也，齐人语也。”

〔11〕除景公之丧：指景公死后周年除去丧礼之服。《礼记·丧服小记》：“故期而祭，礼也；期而除丧，道也。”期即一周年。

〔12〕常之母：陈乞指自己的妻子。常即陈恒（《史记》作田常，避汉文帝讳），陈乞之子，谥成，史又称陈成子或田成子。鱼菽之祭：宴请的谦辞。《解诂》：“言鱼豆者，示薄陋无所有。”《通义》：“牲用鱼，荐用菽，家之小祭祀。”

〔13〕化：《通义》：“不将礼而相过曰化。”

〔14〕中霤：室的中央。

〔15〕色然：《解诂》：“惊骇貌。”

〔16〕闯然：《解诂》：“闯，出头貌。”

【译文】

秋七月庚寅日，楚子轸去世。

齐国的阳生进入到齐国。

齐国的陈乞杀了他的国君舍。

继杀掉国君而立的，不用掌握国政的用语来说他，这儿用掌握国政的用语来说他是为什么？是因为欺诈。怎样欺诈？齐景公问陈乞说：“我想要立舍，怎么样？”陈乞说：“乐于做国君的，想要立他就立他，不想立就不立。君公如果想要立他，那么臣子建议立他。”阳生对陈乞说：“我听说你好像将要不想立我了。”陈乞说：“拥有千乘兵车的国君打算废正而立不正，必定要杀掉名正言顺的。我不立你的原因，是为了保你活命。你走吧！”给了他玉节让他走。景公死而舍立为国君，陈乞派人把阳生迎回来安顿在自己家里。景公的丧期满了周年除去丧服时，众大夫都在朝廷上。陈乞说：“我孩子的娘备下了鱼豆之祭，希望众大夫不要送礼前来我家。”众大夫都说“好”。于是都到陈乞的家里坐下。陈乞说：“我有做好的甲胄，拿出来请大家看。”众大夫都说“好”。于是派遣大力士举着一只大口袋来到室中央。众大夫见了，都面色惊疑心里惊怕。把大口袋打开，露出头来原来是公子阳生。陈乞说：“这是国君。”众大夫不得已，都迟疑不决地面向北，拜了再拜叩头到地奉阳生为国君。从这时前去杀了舍。

冬，仲孙何忌率领军队攻伐邾娄国。

宋国的向巢率领军队攻伐曹国。

【原文】

12.7.1 七年春，宋皇瑗帅师侵郑。

晋魏曼多帅师侵卫〔1〕。

夏，公会吴于鄫〔2〕。

秋，公伐邾娄。八月己酉，入邾娄，以邾娄子益来〔3〕。

入不言伐〔4〕，此其言伐何？内辞也，若使他人然〔5〕。邾娄子益何以名？绝。曷为绝之？获也〔6〕。曷为不言其获？内大恶讳也。

宋人围曹。

冬，郑驷弘帅师救曹。

【注释】

〔1〕魏曼多：谥襄，史又称魏襄子。

〔2〕鄫：见5.14.2注〔1〕。

〔3〕邾娄子益：即邾娄隐公，名益，公元前506—前485年在位。

〔4〕入不言伐：参见3.10.1“战不言伐，围不言战，入不言围，灭不言入：书其重者也。”

〔5〕若使他人然：《通义》：“若公伐既归而使他人入之者然。讳不欲公首其恶。”

〔6〕曷为绝之？获也：儒家认为国君要与社稷共存亡，国在则君在，国不在则君死之，国君被俘获是极其可耻的事。《穀梁传》：“益之名，恶也。”范宁集解：“恶其不能死社稷。”

【译文】

七年春，宋国的皇瑗率领军队侵入郑国。

晋国的魏曼多率领军队侵入卫国。

夏，哀公在鄫国与吴国会见。

秋，哀公攻伐邾娄国。八月己酉日，进入邾娄国，把邾娄子益带回国。

记了进入就不说攻伐，这里说攻伐是为什么？是内部的隐讳之辞，好像使得是别人进入那样。邾娄子益为什么称名？是断绝他的爵位。为什么断绝他的爵位？是因为被俘获了。为什么不说他被俘获？是鲁国的大恶因而隐讳了。

宋国人包围曹国。

冬，郑国的驷弘率领军队救援曹国。

【原文】

12.8.1　八年春王正月，宋公入曹，以曹伯阳归〔1〕。

曹伯阳何以名？绝。曷为绝之？灭也。曷为不言其灭？讳同姓之灭也〔2〕。何讳乎同姓之灭？力能救之而不救也。

吴伐我〔3〕。

夏，齐人取讙及僤〔4〕。

取外邑不书，此何以书？所以赂齐也。曷为赂齐？为以邾娄子益来也〔5〕。

归邾娄子益于邾娄。

秋七月。

冬十有二月癸亥，杞伯过卒〔6〕。

齐人归讙及僤〔7〕。

【注释】

〔1〕曹伯阳：曹国末代之君，名阳，因国灭无谥，公元前501—前

487 年在位。

〔2〕同姓：指鲁、曹皆姬姓之国。

〔3〕吴伐我：《通义》："不言鄙者，近逼城下之辞。"

〔4〕讙：见 2.3.3 注〔1〕。　僤：《左传》、《穀梁传》作阐，通假字。鲁国地名，在今山东宁阳西北。

〔5〕为以邾娄子益来也：《解诂》："邾娄，齐与国，畏为齐所怒，而赂之。"《左传》则云，齐悼公将娶季康子之妹，季康子之叔父季鲂侯与其妹私通，季康子不敢嫁妹，齐悼公怒而伐鲁，取讙及阐。与《公羊传》义异。

〔6〕杞伯过：即杞僖公，名过，公元前 505—前 487 年在位。

〔7〕齐人归讙及僤：《通义》："既归邾娄子，齐亦还所赂。"《左传》则说，齐悼公还是把季康子妹季姬迎了回去，而且宠爱她。归还讙与阐，是"季姬嬖故也"。与《公羊传》义异。

【译文】

八年春周历正月，宋景公进入曹国，把曹伯阳带了回去。

曹伯阳为什么称名？是断绝他的爵位。为什么断绝他的爵位？是因为曹国灭亡了。为什么不说他灭亡？是隐讳同姓之国的灭亡。为什么隐讳同姓之国的灭亡？是因为鲁国力能救之而不救。

吴国攻伐我国。

夏，齐国人拿下了讙邑与僤邑。

外国拿下城邑不写，这为什么写下？是用它们来贿赂齐国的。为什么贿赂齐国？是因为把邾娄子益带回鲁国来。

送邾娄子益回到邾娄国。

秋七月。

冬十二月癸亥日，杞伯过去世。

齐国人归还了讙邑与僤邑。

【原文】

12.9.1　九年春王二月，葬杞僖公。

宋皇瑗帅师取郑师于雍丘[1]。

其言取之何？易也。其易奈何？诈之也。

夏，楚人伐陈。

秋，宋公伐郑。

冬十月。

【注释】

〔1〕雍丘：原为杞国的始封地，杞国东迁后，地为宋国所得，在今河南杞县。据《左传》，郑师围宋雍丘而未下，宋皇瑗帅师围郑军，用“每日迁舍”的办法，在郑师外围筑堡垒挖壕沟，待“垒合”，郑师处于内外交困的形势之下，遂为宋师所取。《公羊传》说“易也”、“诈之也”，即指此，与《左传》合。

【译文】

九年春周历二月，安葬杞僖公。

宋国的皇瑗率领军队在雍丘拿下了郑国军队。

说拿下了是为什么？是容易。怎样容易？用欺诈的办法。

夏，楚国人攻伐陈国。

秋，宋景公攻伐郑国。

冬十月。

【原文】

12.10.1　十年春王二月，邾娄子益来奔〔1〕。

公会吴伐齐。

三月戊戌，齐侯阳生卒〔2〕。

夏，宋人伐郑。

晋赵鞅帅师侵齐。

五月，公至自伐齐。

葬齐悼公。

卫公孟彄自齐归于卫。

薛伯寅卒[3]。

秋，葬薛惠公。

冬，楚公子结帅师伐陈。

吴救陈[4]。

【注释】

〔1〕邾娄子益来奔：《通义》："益反国，仍为无道，见逐于吴，故出。"

〔2〕齐侯阳生：即齐悼公，名阳生，公元前488—前485年在位。据《左传》，悼公为齐人所杀。

〔3〕薛伯寅：即薛惠公，名寅，公元前496—前485年在位。

〔4〕吴救陈：据《左传》，知吴国带领军队的是季子。此处不称其名，也不称人，而单称国名吴，根据3.10.4"国不若氏，氏不若人，人不若名，名不若字"的说法，仍表示一种贬意。《通义》引何焯曰："救中国不进者，吴楚结憾，志不在救中国，故不进。"

【译文】

十年春周历二月，邾娄子益前来投奔。

哀公会合吴国攻伐齐国。

三月戊戌日，齐侯阳生去世。

夏，宋国人攻伐郑国。

晋国的赵鞅率领军队侵犯齐国。

五月，哀公自伐齐处到达鲁国。

安葬齐悼公。

卫国的公孟彄自齐国回到卫国。

薛伯寅去世。

秋，安葬薛惠公。

冬，楚国的公子结率领军队攻伐陈国。

吴国救援陈国。

【原文】

12.11.1 十有一年春，齐国书帅师伐我[1]。

夏，陈袁颇出奔郑[2]。

五月，公会吴伐齐。甲戌，齐国书帅师及吴战于艾陵[3]。齐师败绩，获齐国书。

秋七月辛酉，滕子虞母卒[4]。

冬十有一月，葬滕隐公。

卫世叔齐出奔宋[5]。

【注释】

〔1〕国书：国夏(11.4.1 注〔1〕)之子，袭父为齐卿。

〔2〕袁颇：《左传》、《穀梁传》作辕颇，字通。袁涛涂(5.4.3 注〔1〕)的后代，陈国的司徒。据《左传》，袁颇以嫁陈闵公之女为名义敛取赋税，从中贪污，故为国人所逐。

〔3〕艾陵：齐国地名，在今山东莱芜东北。

〔4〕滕子虞母：即滕隐公，名虞母，公元前490—前484年在位。

〔5〕世叔齐：《左传》传文称之为大叔疾，谥悼，又称大叔悼子。世叔申(10.32.1 注〔2〕)之子。据《左传》，因其私生活不合当时礼制与道德，耻而出奔。

【译文】

十一年春，齐国的国书率领军队攻伐我国。

夏，陈国的袁颇出奔到郑国。

五月，哀公会合吴国攻伐齐国。甲戌日，齐国的国书率领军队与吴国在艾陵交战。齐国军队溃败，俘获了齐国的国书。

秋七月辛酉日，滕子虞母去世。

冬十一月，安葬滕隐公。

卫国的世叔齐出奔到宋国。

【原文】

12.12.1　十有二年春，用田赋〔1〕。

何以书？讥。何讥尔？讥始用田赋也。

夏五月甲辰，孟子卒〔2〕。

孟子者何？昭公之夫人也。其称孟子何？讳娶同姓〔3〕，盖吴女也。

公会吴于橐皋〔4〕。

秋，公会卫侯、宋皇瑗于运〔5〕。

宋向巢帅师伐郑。

冬十有二月，螺。

何以书？记异也。何异尔？不时也〔6〕。

【注释】

〔1〕用田赋：季康子对当时田赋的一种改革，使原来只在国家有武事时征收田赋，改为常年征收，加重了人民的负担。《国语·鲁语下》记孔子对冉有私下评论季康子此举时说：先王时"有军旅之出则征之，无则已"，可见季康子是不管有没有军旅之出，一律征之了。《通义》："古者公田，籍而不税，有武事然后取其赋，故赋之字从贝从武。""今鲁用田赋者，是无军旅之岁亦一切取之，厉民甚矣。"

〔2〕孟子：鲁昭公的夫人，吴女。吴与鲁同为姬姓，周代强调同姓不婚，昭公娶同姓，是违反当时礼法的。《论语·述而》记陈司败（陈国大夫，司败为官名）问孔子："昭公知礼乎？"孔子回答说"知礼"，被陈司败批评为："吾闻君子不党，君子亦党乎！"他指出："君（指昭公）娶于吴为同姓，谓之吴孟子。君而知礼，孰不知礼！"驳得孔子只好说："丘也幸，苟有过，人必知之。"《通义》："谓之吴孟子，犹言吴之长女，特避不称孟姬耳。杜预以为诡托宋姓者，非也。孟子者，贵母姊妹之称。《诗》曰'齐子由归'可证也。"《礼记·坊记》："《鲁春秋》犹去夫人之姓曰吴，其死曰'孟子卒'。"可见未经孔子修订的《鲁春秋》中亦有"吴孟子"之称。

〔3〕讳娶同姓：《礼记·曲礼上》："取妻不取同姓，故买妾不知其姓

则卜之。”《礼记·坊记》：“子云：‘取妻不取同姓，以厚别也。’故买妾不知其姓，则卜之。”

〔4〕橐皋：吴国地名，在今安徽巢县西北。

〔5〕卫侯：卫出公。运：《左传》、《穀梁传》作郧，同音通假。吴国地名，杜预注《左传》云，郧一名发阳，也即“广陵海陵县东南”的“发繇亭”，地在今江苏如皋东。

〔6〕何异尔？不时也：《解诂》：“周十二月，夏之十月，不当见，故为异。”

【译文】

十二年春，采用征田赋的政策。

为什么写下？是讥讽。为什么讥讽这件事？是讥讽开始采用征田赋的政策。

夏五月甲辰日，孟子去世。

孟子是什么人？是昭公的夫人。称孟子是为什么？是隐讳娶同姓，大概是吴国的女儿吧。

哀公在橐皋与吴国相会。

伙，哀公在运邑会见卫出公、宋国的皇瑗。

宋国的向巢率领军队攻伐郑国。

冬十二月，蝗虫。

为什么写下？是记录异常情况。为什么奇异这件事？是不合时令。

【原文】

12.13.1　十有三年春，郑轩达帅师取宋师于喦〔1〕。

其言取之何？易也。其易奈何？诈反也〔2〕。

夏，许男戌卒〔3〕。

公会晋侯及吴子于黄池〔4〕。

吴何以称子？吴主会也〔5〕。吴主会，则曷为先言晋侯？不与夷狄之主中国也。其言及吴子何〔6〕？会两伯之辞也[7]。不与夷狄之主中国，则曷为以会两伯之辞言之？重吴也。曷为重吴？吴在是，则天下诸侯莫敢不至也[8]。

楚公子申帅师伐陈。

於越入吴。

【注释】

〔1〕嵒：据《左传》说是“宋、郑之间”的“隙地”，地当在今河南杞县、通许一带。郑、宋双方原取得谅解，互不占有此地。后郑城之，宋遂围嵒。郑轩达又围宋师，宋向魋救之，郑悬赏道：“得向魋者有赏。”向魋逃归，宋师遂败。《左传》所言仅如此。《公羊》所谓郑用诈或即指悬赏而言。

〔2〕诈反也：指对 12.9.1“宋皇瑗帅师取郑师于雍丘”用“诈”的回报。《解诂》：“前宋行诈取郑师，今郑复行诈取之，苟相报偿，不以君子正道，故传言诈反，反犹报也。”

〔3〕许男戌：《左传》、《穀梁传》作许男成，盖传写之异。即许元公，名戌。《通义》：“失国复立。”公元前？—前 482 年在位。

〔4〕吴子：吴王夫差。　黄池：原为卫地，此时属宋，在今河南封丘西南，济水与黄沟交会处。

〔5〕吴主会也：据《左传》，黄池之会，吴、晋争当盟主。“吴人曰：‘于周室，我为长(吴之先为周文王的大伯父太伯)。’晋人曰：‘于姬姓，我为伯。’”结果是“先晋人”，与《公羊传》有异。《公羊传》与《国语·吴语》“吴公先歃，晋侯亚之”合。

〔6〕其言及吴子何：据 8.15.3“曷为殊会吴？外吴也”而设问。

〔7〕会两伯之辞：《解诂》：“晋序上者，主会文也；吴言‘及’者，亦人往为主之文也。方不与夷狄主中国，而又事实当见，不可醇夺，故张两伯辞，先晋，言及吴子，使若晋主会为伯，吴亦主会为伯，半抑半起，以夺见其事也。”

〔8〕天下诸侯莫敢不至：《春秋》记黄池之会只鲁、晋、吴三国，《左传》谓周之卿士单平公亦与会，《公羊传》则谓天下诸侯皆至，《春秋》未尽书而已。《解诂》云：“时吴强而无道，败齐临菑，乘胜大会中国，齐晋前驱，鲁卫骖乘，滕薛侠毂而趋。”《通义》：“诸侯不序者，序

在晋下则仍似外吴常辞，两伯不显；序在吴下，则是外吴而并外中国诸侯矣。文不可施，故一切削之，但张两伯辞，则诸侯皆在可知。”据《左传》，宋国未赴黄池之会，会后吴王夫差即欲伐之。则其他诸侯或确皆与会了。

【译文】

十三年春，郑国的轩达率领军队在嵒邑拿下了宋国军队。

说拿下了是什么意思？是容易。怎样容易？回报以欺诈的办法。

夏，许男戌去世。

哀公在黄池会见晋定公及吴子。

吴为什么称子？是吴国在会上主盟。吴国在会上主盟，那么为什么先说晋定公？是不赞许夷狄成为中原各国之主。说“及吴子”是为什么？是两个霸主相会的用语。不赞许夷狄成为中原各国之主，那么为什么拿两个霸主相会的用语来说？是重视吴国。为什么重视吴国？吴国在这里，那么天下诸侯没有敢不到的。

楚国的公子申率领军队攻伐陈国。

越国进入了吴国。

【原文】

12.13.2　秋，公至自会。

晋魏多帅师侵卫[1]。

此晋魏曼多也，曷为谓之晋魏多？讥二名，二名非礼也。

葬许元公。

九月，螺。

冬十有一月，有星孛于东方。

孛者何？彗星也。其言于东方何？见于旦也[2]。何以书？记异也。

盗杀陈夏弧夫[3]。

十有二月，螺。

【注释】

〔1〕魏多：《左传》、《穀梁传》作魏曼多。《史记·魏世家》《索隐》引《世本》云："（魏）献子（荼）生简子取，取生襄子侈。"是魏襄子本名侈，为单名而非二名。《春秋》或作魏曼多（12.7.1），或作魏多，多即侈之假借字。

〔2〕其言于东方何？见于旦也：《解诂》："旦者，日方出时，宿不复见，故言东方（而不言宿）知为旦。"

〔3〕夏弧夫：《左传》、《穀梁传》作夏区夫，通假字。陈国大夫。

【译文】

秋，哀公自会盟处到达鲁国。

晋国的魏多率领军队侵犯卫国。

这是晋国的魏曼多，为什么称他为晋国的魏多？是讥讽两个字的名字，两个字的名字是不合礼法的。

安葬许元公。

九月，蝗虫。

冬十一月，有颗孛星出现在东方。

孛星是什么？是彗星。说在东方是为什么？是出现在黎明的时候。为什么写下？是记录异常情况。

盗贼杀了陈国的夏弧夫。

十二月，蝗虫。

【原文】

12.14.1　十有四年春，西狩获麟[1]。

何以书？记异也。何异尔？非中国之兽也[2]。然则孰狩之？薪采者也[3]。薪采者则微者也，曷为以狩言之？大之也。曷为大之？为获麟大之也。曷为为获麟大之？麟者，仁兽也[4]，有王者则至，无王者则不至[5]。有以告者曰："有麕而角者[6]。"孔子曰："孰为来者！孰为来者！"反袂拭面，涕沾袍。颜渊死[7]，子曰："噫，天丧予！"[8]子路死[9]，子曰："天祝予[10]！"西狩获麟，孔子曰："吾道穷矣！"[11]。

【注释】

〔1〕麟：麒麟的简称，古代传说中的神兽，四灵之一。《礼记·礼运》："何谓四灵？麟凤龟龙。"《尔雅·释兽》作麐，叙其状曰："麕身，牛尾，一角。"陆玑《毛诗草木虫鱼疏》更详为描述："麕身，牛尾，马足，黄色，圆蹄，一角，角端有肉。音中钟吕，行中规矩。"《史记·司马相如列传》《索隐》引张揖："雄曰麒，雌曰麟。"别为一说。据《左传》，获麟的地点在大野，即今山东巨野，地在鲁之西境，故曰西狩。

〔2〕非中国之兽也：中国，即国中。《通义》："非鲁国中所有。"此句别有异文。阮元《公羊注疏校勘记》云："《春秋左氏传·序》引孔舒元《公羊传》本作'今麟非常之兽，其为非常之兽奈何？'与注本迥异。"

〔3〕薪采者也：《左传》则云："叔孙氏之车(御车者)子钽商(子钽为複姓)获麟。"与《公羊传》异。《通义》调和二说云："叔孙氏之车子钽商采薪于大野，获麟焉，折其前左足，载而归。"

〔4〕麟者，仁兽也：陆玑《毛诗草木虫鱼疏》在上引文后又说："游必择地，详而后处，不履生虫，不践生草，不群居，不侣行，不入陷井，不罹罗网，王者至仁则出。"《解诂》：麟"一角而戴肉，设武备而不为害，所以为仁也。"

〔5〕有王者则至，无王者则不至：《礼记·礼运》云：圣王之时，"山出器车，河出马图，凤凰麒麟，皆在郊棷。"《诗·周南·麟之趾》孔颖达疏："案《中候握河纪》云：'帝轩题象，麒麟在囿。'又《唐传》云：'尧时，麒麟在郊薮。'又《孔丛》云：'唐、虞之世，麟凤游于田。'由此言之，黄帝、尧、舜致麟矣。"又曰："孔子之时所以致麟者，自为制作之应，非化洽所致，不可以难此也。"阮元《校勘记》云，孔舒元《公羊传》本在"有王者则至，无王者则不至"下有"然则孰为

而至？为孔子之作《春秋》”二句，“今何注本此下无此二句”。

〔6〕麕：即獐。《诗·召南·野有死麕》：“野有死麕，白茅包之。”

〔7〕颜渊死：《史记·仲尼弟子列传》：“颜回者，鲁人也，字子渊，少孔子三十岁。”又云：“回年二十九，发尽白，蚤(早)死。”《索引》引《孔子家语》云：“三十二而死。”推其生年，晚于孔子三十，则为昭公十九年；推其死年，在哀公三年。

〔8〕子曰：“噫，天丧予”：《论语·先进》：“颜渊死，子曰：‘噫，天丧予！天丧予！’”

〔9〕子路死：《史记·仲尼弟子列传》：“仲由字子路，卞人也，少孔子九岁。”《左传·哀公十五年》记子路在卫乱中被蒯聩之党“以戈击之，断缨。子路曰：‘君子死，冠不免。’结缨而死”。则子路生于襄公三十年，死于哀公十五年。

〔10〕祝：断。

〔11〕西狩获麟，孔子曰：“吾道穷矣”：文亦见《史记·儒林列传》。

【译文】

十四年春，在西境狩猎获得麒麟。

为什么写下？是记录异常情况。为什么奇异这件事？因为它不是鲁国国中的兽类。这样的话那么是谁打猎打到的？是一个斫柴的。斫柴的那是低微的人，为什么用狩猎来说他？是抬高他。为什么抬高他？为得到麒麟而抬高他。为什么为得到麒麟而抬高他？麒麟，是仁兽，有王者就来到，没有王者就不来到。有把这个消息告诉孔子的说：“有一头像獐而长了角的。”孔子说：“为谁来的！为谁来的！”翻过衣袖擦脸，眼泪沾湿了袍子。颜渊死后，孔子说：“唉，天使我丧失了助手！”子路死后，孔子说：“天断了我臂膀！”在西境狩猎获得麒麟后，孔子说：“我的政治主张到此为止了！”

【原文】

12. 14. 2

《春秋》何以始乎隐？祖之所逮闻也[1]。所见异辞，所闻异辞，所传闻异辞[2]。何以终乎哀十四年？曰：备矣[3]。君子曷为为《春秋》[4]？拨乱世反诸正，莫近诸《春秋》[5]。则未知其为是与，其诸君子乐道尧舜之道与。末不亦乐乎尧舜之知君子也，制《春秋》之义以俟后圣，以君子之为亦有乐乎此也[6]。

【注释】

〔1〕祖之所逮闻也：《通义》：“隐公以来之事，祖虽不及见，犹及闻而知之。过是以往，文献不足，恐失其实，故断自隐始。”

〔2〕所闻、所传闻：《通义》：“所闻者，己之所逮闻也。至于祖之所逮闻，而父受之祖、己受之父，则所传闻也。”

〔3〕备矣：《解诂》：“人道浃，王道备，必止于麟者，欲见拨乱功成于麟。”《通义》：“上治隐、桓，而贬、绝之法立；下录定、哀，而尊、亲之义著。君君、臣臣，父父、子子，夫夫、妇妇，采毫毛之善，讥纤芥之恶，凡所以示后王经制者，靡不具焉。天之大数，不过十二，因而十之，周而再之。天道浃于上，人事备于下。”

〔4〕君子：指孔子。

〔5〕拨乱世反诸正，莫近诸《春秋》：《通义》：“子曰：‘我欲托之空言，不如见之行事之深切著明也。’盖理不穷其变则不深，事不当其势则不切，高论尧舜之道而无成败之效，则不著不明。故近取诸春秋，因乱世之事，季俗之情，渐裁以正道，庶贤者易勉，不肖者易晓，亦致治太平之所由基也。”

〔6〕“末不亦乐乎”至“亦有乐乎此也”：《通义》：“言君子岂不乐当世有圣帝如尧舜者知君子而用之也，既不可得，退修《春秋》，以俟后世王者复起，推明《春秋》之义以治天下，则亦君子之所乐也。”末，徐彦疏以为即指孔子：“孔子之道既与尧舜雅合，故得与尧舜相对为首末。然则指孔子言‘不亦’也。”

【译文】

《春秋》为什么从隐公开始？是祖辈所及于听说的。所看到的说法不一样，所听到的说法不一样，所传闻的说法不一样。为什么到哀公十四年结束？回答说：已经完备了。君子为什么修

《春秋》？拨乱世返之于正，没有比《春秋》更近的。那就不知是这样呢，还是君子乐于叙说尧舜之道呢。孔子不是也很乐于尧舜的理解君子么，制订《春秋》的大义来等待后世的圣王，拿君子的所作所为来说，也是有乐于这一点的。